Theologischer Dialog mit
der Russischen Orthodoxen Kirche

Beihefte zur Ökumenischen Rundschau Nr. 108

Petra Bosse-Hubert | Martin Illert (Hrsg.)

Theologischer Dialog
mit der Russischen Orthodoxen Kirche

Die Begegnungen 2008–2015

EVANGELISCHE VERLAGSANSTALT
Leipzig

In memoriam Siegfried Kasparick (1955–2016)

Bibliographische Information der Deutschen Nationalbibliothek
Die Deutsche Nationalbibliothek verzeichnet diese Publikation in der
Deutschen Nationalbibliographie; detaillierte bibliographische Daten
sind im Internet über http://dnb.dnb.de abrufbar.

© 2016 by Evangelische Verlagsanstalt GmbH · Leipzig
Printed in Germany

Das Buch wurde auf alterungsbeständigem Papier gedruckt.

Cover: Kai-Michael Gustmann, Leipzig
Satz: Steffi Glauche, Leipzig
Druck und Binden: Hubert & Co., Göttingen

ISBN 978-3-374-04550-1
www.eva-leipzig.de

Vorwort

Der vorliegende Band dokumentiert die drei jüngsten Begegnungen im bilateralen theologischen Dialog zwischen der Evangelischen Kirche in Deutschland (EKD) und der Russischen Orthodoxen Kirche (ROK).

Während die ersten beiden Dialogtreffen (»Freiheit und Verantwortung« [2008] und »Multikulturelle Gesellschaft« [2012]) individualethische Fragen in den Mittelpunkt stellten, nahm die dritte Dialogbegegnung (»70 Jahre nach dem Ende des Zweiten Weltkriegs« [2015]) die Herausforderungen an das diakonische Handeln beider Kirchen in den Blick. Darüber hinaus markierten beide Seiten in der dritten Begegnung ihr nachhaltiges Interesse an einer vertieften Kooperation im Bereich der akademischen Theologie.

Ohne ihre Differenzen in den sozialethischen Grundpositionen zu leugnen, haben beide Kirchen mit der Münchener Begegnung ein neues Kapitel in der bald sechzigjährigen Geschichte ihrer Dialogbeziehungen aufgeschlagen: Nach einer über ein Jahrzehnt dauernden Phase, in der EKD und ROK sich vor allem als Vertreter der Normen und Werte ihrer politischen Systeme begegnet waren und auch der Pointierung der eigenen Positionen bis hin zur Konfrontation mit dem Gesprächspartner nicht ausgewichen waren, betonten sie in der Münchener Begegnung das Verbindende: Beide Kirchen stehen gegenwärtig vor gemeinsamen Aufgaben und sind deshalb aufeinander angewiesen, wie Metropolit Hilarion in seinem Referat hervorhob.

Die Herausforderungen, vor die eine säkularisierte Gesellschaft kirchliches Handeln und theologisches Denken stellt, sind bereits seit den 1960er Jahren immer wieder Thema der Dialoge zwischen EKD und ROK gewesen. Wegweisend und zukunftsträchtig erschien beiden Seiten in München das Modell einer »public Theology«, die die Wortmeldung von Kirche und Theologie im gesellschaftlichen Diskurs zugleich begründet und einfordert. Als eine wichtige Voraussetzung für eine qualifizierte Wortmeldung kam auf russischer Seite auch die Öffnung der staatlichen Universitäten für die theologische Ausbildung und deren staatliche Akkreditierung in den Blick.

Die Betonung gemeinsamer kirchlicher Interessen verlieh dem Dialog eine veränderte Dynamik, die sich spürbar von der Abkühlung unterschied, welche in den letzten Jahren auf der Ebene der politischen Beziehungen zu beobachten war. Nach dem Eindruck vieler Teilnehmer begegneten sich in München die Delegationen stärker als in den Vorjahren jenseits politischer Ideologien und konfessioneller Stereotypen als christliche Mitgeschwister.

In unsere Dokumentation haben wir alle schriftlich vorgelegten Referate, Statements und Grußworte aufgenommen. Mit einer Ausnahme, bei der das entsprechende deutsche Referat der russischen Seite bereits aus einem anderen Zusammenhang in russischer Übersetzung vorliegt, bieten wir die Referate in beiden Konferenzsprachen. Für die Statements und Grußworte wurde auf eine Übersetzung verzichtet. Frau Nadja Simon und Herrn Protodiakon Dr. Georg Kobro danke ich herzlich für die hier enthaltenen Übersetzungen der Beiträge aus den Jahren 2008 und 2012. Herrn Matthias Kobro gebührt herzlicher Dank für die Übersetzungen der Referate der Begegnung von 2015. Die beeindruckende Leistung der Dolmetscher während der drei Begegnungen halten alle Delegationsmitglieder in dankbarer Erinnerung.

Vizepräsidentin Bischöfin Petra Bosse-Huber

Leiterin der Hauptabteilung Ökumene- und
Auslandsarbeit des Kirchenamtes der EKD

Inhalt

Freiheit und Verantwortung aus
christlicher Sicht – Wittenberg 2008

Kommuniqué des bilateralen Theologischen Dialogs zwischen der Russischen Orthodoxen Kirche und der Evangelischen Kirche in Deutschland vom 22. bis 28. Februar 2008 in Lutherstadt Wittenberg

1

Auf Einladung der Evangelischen Kirche in Deutschland (EKD) fand vom 22. bis 28. Februar 2008 der 24. bilaterale Theologische Dialog (Bad Urach V) zwischen der Evangelischen Kirche in Deutschland und der Russischen Orthodoxen Kirche in der Lutherstadt Wittenberg statt. Das Hauptthema des Gesprächs war: »Freiheit und Verantwortung aus christlicher Sicht«.

An dem Gespräch nahmen folgende Personen teil:

von Seiten der Evangelischen Kirche in Deutschland

Bischof Martin Schindehütte, Leiter der Hauptabteilung Ökumene und Auslandsarbeit des Kirchenamtes der EKD, Hannover, Delegationsleiter
Vizepräses Petra Bosse-Huber, Evangelische Kirche im Rheinland, Düsseldorf
Pfarrer Prof. Dr. Christof Gestrich, Humboldt-Universität, Berlin
Oberkirchenrat Pfarrer Michael Hübner, Kirchenamt der EKD, Hannover
Stellv. Bischof Propst Siegfried T. Kasparick, Lutherstadt Wittenberg
Pfarrerin Dr. Ariane B. Schneider, Hannover
Pfarrer Dekan Prof. Dr. Martin Tamcke, Universität Göttingen
Pfarrer Prof. Dr. Dr. h.c. Reinhard Thöle, Bensheim (Berater)
Oberkirchenrat Pfarrer Dr. Johann Schneider, Kirchenamt der EKD, Hannover

von Seiten der Russischen Orthodoxen Kirche

S. E. Erzbischof Sergij von Samara und Syzran, Samara, Delegationsleiter
Priester Igor Vyshanov, Sekretär des Kirchlichen Außenamtes des Moskauer Patriarchats, Moskau
Priester Georgij Rjabych, amt. Sekretär für Beziehungen der Kirchen und der Öffentlichkeit des Moskauer Patriarchates, Moskau
Priester Vladimir Schmalij, Sekretär der synodalen theologischen Kommission des Moskauer Patriarchats, Prorektor der Moskauer Geistlichen Akademie, Moskau
Priester Valentin Vasechko, Leiter des Lehrstuhls für Konfessionskunde an der Hl. Tichon-Universität, Moskau
Archimandrit Kirill (Govorun), Mitarbeiter der Kiever Metropolie der Ukrainischen Orthodoxen Kirche und Dozent an der Kiever Geistlichen Akademie, Kiev
Priester Vladimir Hulap, Eparchie der ROK, St. Petersburg
Vladimir Burega, Dozent an der Moskauer Geistlichen Akademie, Moskau
Elena Speranskaya, Dozentin der Moskauer Geistlichen Akademie
Mitarbeiterin des Kirchlichen Außenamtes des Moskauer Patriarchates, Moskau
Vakhtang Kipshidse, Mitarbeiter des Kirchlichen Außenamtes des Moskauer Patriarchates, Moskau

Nadja Simon, Pulheim (Dometscherin)
Protodiakon Dr. Georg Kobro, München (Dolmetscher)
Priestermönch Amphian (Vechelkovsky), Assistent des Erzbischofs von Samara und Syzran, Sergij, Samara
Helga Meyer, Hannover (Sekretariat)

als Gäste

Pastor Andreas Hamburg, Deutsche Ev. Lutherische Kirche in der Ukraine, Odessa
Katariina Ylikännö, Ev. Luth. Kirche in Finnland, Lutherstadt Wittenberg
Kyrill Ukolov, Stipendiat des Diakonischen Werkes der EKD, Berlin

2

Die Sitzungen der Dialogberatungen wurden abwechselnd von Erzbischof Sergij von Samara und Syzran und von Bischof Martin Schindehütte moderiert. Zur Eröffnung unterstrich Bischof Schindehütte die Bedeutung dieses Dialogs als besonderes ökumenisches Modell und als gelungenes Beispiel einer guten Kommunikation zwischen zwei Völkern durch den Hinweis auf die Verleihung des Europäischen Kulturpreises für den Dialog zwischen der EKD und der ROK, der im Jahr 2006 in Dresden von Metropolit Kyrill und Bischof Wolfgang Huber entgegengenommen wurde. Erzbischof Sergij erinnerte an die Gefahren, die mit dem modernen Globalisierungsprozess und mit dem Verlust der spirituellen Werte sowohl in Russland als auch in ganz Europa verbunden sind. In diesem Zusammenhang betonten beide Delegationsleiter, wie wichtig das Thema dieses Dialoges sei. Der Dialog wurde durch tägliche Morgen- und Abendgebete gerahmt, die abwechseind von orthodoxer und evangelischer Seite gestaltet wurden.

Am Sonntag, dem 24. Februar, fand in der Stadtkirche zu Wittenberg (dem früheren Predigtort Martin Luthers) ein Abendmahlsgottesdienst statt. Die Orthodoxe Delegation nahm an diesem Gottesdienst betend teil und Erzbischof Sergij wandte sich mit einem geistlichen Wort an die evangelische Gemeinde. Am Nachmittag standen Führungen durch das Melanchthonhaus und durch das Lutherhaus auf dem Programm, durch welche die Delegationen mit der Geschichte der Reformation vertraut gemacht wurden. Abends fand auf Einladung der Evangelischen Kirche der Kirchenprovinz Sachsen und der Evangelischen Kirche in Deutschland ein Empfang für beide Delegationen und für Vertreter des gesellschaftlichen und kirchlichen Lebens in Wittenberg im Refektorium des Lutherhauses statt. Oberbürgermeister Eckhard Naumann, der Direktor der Stiftung Luthergedenkstätten, Dr. Stephan Rhein, und die beiden Delegationsleiter hoben in ihren Grußworten sowohl die Bedeutung des Dialoges als auch die Bedeutung Wittenbergs als Ort internationaler und ökumenischer Begegnungen hervor.

Am Mittwoch, dem 27. Februar wurde in der Leipziger russischen Kirche des Hl. Alexius von Erzbischof Sergij und den Priestern der orthodoxen Delegation die Göttliche Liturgie zelebriert. Die deutsche Delegation nahm an dieser Liturgie betend teil und Bischof Martin Schindehütte richtete am Ende des Gottesdienstes ein geistliches Wort an die dort versammelte Gemeinde. Danach besichtigten die Delegationen die Leipziger St. Peters-Kirche, in der Pfarrer Johannes Toaspern die Bedeutung der christlichen Gemeinden für die Wende 1989 in Ostdeutschland anschaulich machte. Anschließend folgte ein Stadtrundgang durch Leipzig, der die Thomaskirche und die Nikolaikirche einschloss.

3

Das Thema wurde in folgenden Referaten entfaltet:
1) Freiheit und Verantwortung.
   Biblisch theologische Grundlegung und hermeneutische Reflexion
   (Prof. Dr. Christof Gestrich)
2) Orthodoxe Betrachtungsweise der Menschenrechte
   (Priester Georgij Rjabych)
3) Zwei Bedeutungen der Freiheit in der östlichen patristischen Tradition
   (Archimandrit Kirill Govorun)
4) Freiheit und Verantwortung. Menschenrechte als christliche Verpflichtung
   (Bischof Martin Schindehütte)

Zusammenfassungen der Referate:

1) Christof Gestrich
Freiheit ist seit dem Sündenfall Adams und Evas eine zwiespältige Angelegenheit. Dies wird an biblischen und patristischen Befunden aufgezeigt. Die Philosophie der Neuzeit hat Freiheit im Sinne eines individuellen menschlichen Selbstbestimmungsrechts (Autonomie) unter den Menschenrechten obenan gestellt. Seither ist es aber zwischen Theologie und Philosophie strittig, wie die Freiheit ethisch richtig verstanden und gebraucht wird. Die neuzeitliche Säkularisierung schuf eine sich über die ganze Erde verbreitende schwierige Lage, weil sich in ihr kirchliche und antikirchliche, christliche und nichtchristliche Gedanken gemischt haben: Negative Freiheit »von« und positive Freiheit »für«, Freiheit als Unabhängigkeit und Freiheit als Liebe, Freiheit als Wahlfreiheit und Freiheit als Unabhängigkeit von der Welt im Glauben, Freiheit als menschliche Selbstbestimmung und Freiheit als menschliche Selbsthingabe sind nicht immer leicht zu entwirren. Ihre Durchmischungen hermeneutisch zu klären, wurde in diesem Vortrag angestrebt. Es wurde davon ausgegangen, dass die Kirche ihr Verständnis der Freiheit heute nur im Bündnis mit einigen vorbildlichen oder wenigstens akzeptablen weltlichen Freiheitsverständnissen in der modernen Gesellschaft zur Wirkung bringen kann.

2) Georgij Rjabych

In seinem Beitrag empfahl Priester Georgij Rjabych, die Frage der Menschenrechte aus der Sicht eines soteriologischen Ansatzes zu betrachten. Erörtert wurde der Einfluss der protestantischen Tradition auf das moderne Verständnis und die Anwendung der Menschenrechte. Als ein Problem erscheint der rein juristische Charakter der Menschenrechte, wodurch es zu einer Entfremdung von der inneren Persönlichkeitsentwicklung kommen kann. Die Schlussfolgerung muss sein: Die Umsetzung der Menschenrechte darf nicht die öffentliche Stellung der Religion behindern.

3) Kirill Govorun

Der Vortrag von Archimandrit Kirill (Govorun) war der Untersuchung des Begriffes »Freiheit« in der östlichen patristischen Tradition gewidmet. In dieser Tradition kommen der Freiheit zwei sich ähnelnde, zugleich jedoch auch unterschiedliche Bedeutungen zu. »Autexousion« stellt jene Freiheit dar, die jedem geschenkt wird, ungeachtet davon, ob der Betreffende ihrer würdig ist oder auch nicht, während »Eleutheria« eine Freiheit darstellt, die über die Synergie von Mensch und Gott erreicht werden kann. Während erstere der menschlichen Natur eigen ist, stellt die zweite eine Gabe Gottes dar. In beiden Bedeutungen steht die Freiheit für die Vorherrschaft der Vernunft über die Natur. Im ersten Fall ist diese Freiheit potentiell, im zweiten tatsächlich. Bei keiner dieser Bedeutungen lässt sich der Begriff auf die Vorstellung von einer Pluralität der Wahl reduzieren. Das östliche Freiheitsverständnis ist weniger auf äußere Umstände bzw. auf Möglichkeiten, über die der Mensch verfügt, bezogen, als vielmehr auf ein Freisein von Leidenschaften und vom Bösen.

4) Martin Schindehütte

Menschenrechte als universale Rechte müssen begründungsoffen für verschiedene religiöse und weltanschauliche Zugänge sein. Sie sind für Christen jedoch nicht aus sekundären politischen Gründen verbindlich, sondern weil sie aus dem christlichen Glauben heraus begründet werden können. Schöpfungstheologisch gründen sie auf der Ebenbildlichkeit des Menschen zu Gott. Diese Ebenbildlichkeit ist christologisch bestimmt durch das Leben Jesu als wahrer Mensch und wahrer Gott. In ihm kommt eine Liebe zum Ausdruck, die um der freien Antwort des Menschen willen Leiden auf sich nimmt. Durch das Wirken des Heiligen Geistes werden Christen und christliche Kirchen in die Verpflichtung geführt, für die Menschenrechte einzutreten. Eine christliche Begründung der Menschenrechte ist nicht nur für die Kirche selbst wichtig, sondern auch für die jeweilige Gesellschaft und den Staat, in dem Christen leben. Ein Gemeinwesen kann nur existieren aus den inneren Überzeugungen seiner Bürger, soweit sie der gerechten Teilhabe aller und damit dem Frieden dienen. Der Staat lebt von Voraussetzungen, die er selbst nicht schaffen kann. Die Menschenrechte sind zugleich Freiheitsrechte. Freiheit jedoch ist unlöslich verknüpft mit Verantwortung, ebenso wie Individualität und Sozialität einander notwendig bedingen. Diese Freiheit zur Verantwortung gilt es in verschiedenen Kontexten zu gestalten, wie dem der Bildung, der Kunst und Kultur, der sozialen Verpflichtung und dem Dienst für den Frieden.

4

Die Gespräche im Anschluss an die Referate waren durch eine große Offenheit und eine tiefe theologische Reflexion gekennzeichnet. In ein geistliches Gespräch über Galater 5,1–15 brachten die Teilnehmer des Dialoges ihre Erfahrungen und ihre theologischen Überlegungen zum Thema ein.

Insgesamt stimmten die Dialogpartner darin überein, dass die thematischen Begriffe wie Freiheit, Verantwortung, Menschenwürde und Menschenrechte für Christen aus der biblischen und kirchlichen Tradition entwickelt werden müssen.

Diese Begriffe können nicht einfach unkritisch aus anderen Begründungszusammenhängen übernommen werden.

Zum Begriff Freiheit stellten die Teilnehmer fest, dass er eine grundlegende anthropologische Kategorie darstellt. Sie hebt den Menschen aus der übrigen Schöpfung Gottes heraus.

Die Freiheit ist begründet in der Gottebenbildlichkeit des Menschen und im Erlösungshandeln Christi.

Freiheit bedeutet sowohl die der menschlichen Natur eigene Fähigkeit zum Wählen, einschließlich der Wahl zwischen Gut und Böse, sie bedeutet auch, dass menschliche Handlungen nicht determiniert sind und sie meint auch die Freiheit vom Bösen und die Freiheit für die Liebe, sowie die Nichtgebundenheit durch die Ketten der Sünde und der Leidenschaften, d. h. die Freiheit in Christus, von welcher der Apostel Paulus spricht.

Die Freiheit ist mit anderen sittlichen und ontologischen Kategorien des menschlichen Seins untrennbar verbunden. In der orthodoxen und evangelischen Tradition ist die Freiheit ohne Verantwortung undenkbar.

Der Mensch soll und muss seine Freiheit nutzen. Dabei soll er sich immer die Rechenschaft ablegen, dass sie ihm selbst und auch den ihn umgebenden Menschen sowohl das Gute als auch das Böse bringen kann. Die Kategorie der Freiheit ist auch mit der Kategorie des Willens verbunden. Durch den Willen setzt der Mensch seine Freiheit der Wahl um.

Dabei ist der Wille des Menschen als unentbehrlicher Teil der menschlichen Natur durch die Sünde verdorben und braucht Erlösung durch Christus. Deshalb kann der Mensch die ihm eigene Freiheit nicht erreichen, solange er in der Macht des Gesetzes der Sünde bleibt, also nicht die Befreiung im Herrn Jesus Christus bekommen hat.

Die Freiheit ist kein Selbstzweck, sondern ein Werkzeug zur moralisch – geistigen Vervollkommnung des Menschen.

Die Freiheit als Vorbedingung für die Wahl des Guten und das gnädige Handeln Gottes gehören untrennbar zusammen.

Beide Seiten stimmten darin überein, dass das in der modernen Welt dominierende säkulare Verständnis der Freiheit als der höchstmöglichen Vielheit der Wahl sowie als einer möglichst geringen äußeren Einschränkung eines Individuums bei der Umsetzung seiner Wünsche unzureichend ist und dem christlichen Verständnis der Freiheit direkt widerspricht.

Der Begriff der Menschenwürde stellt nicht nur den hohen Wert des menschlichen Geschöpfes fest, sondern er ruft auch auf zu einem wahrhaft freien Leben, das mit Tugend und Verantwortung verknüpft ist. In diesem Sinne bestätigt Freiheit im christlichen Sinn die Menschenwürde. Sie eignet von der Schöpfung her generell allen Menschen. Der Schutz der Menschenwürde ist darum eine grundlegende gesellschaftliche Aufgabe. Dieser Aufgabe sollen die Menschenrechte dienen.

Sie lassen sich allerdings nicht auf eine bloße Aufzählung von Vorrechten und Freiheiten reduzieren. Die Menschenrechte sind zwar ein wichtiger, aber nicht der einzige Weg, um die Menschenwürde zu schützen. Dennoch müssen sie im Leben der Gesellschaft und des Staates anerkannt und berücksichtigt werden. Bis in die jüngste Zeit hat die Kodifizierung der Menschenrechte nicht verhindert, dass menschliche Freiheit verletzt wurde. Immer wieder sind die Menschenrechte für eigene Interessen missbraucht worden. Die Moral lässt sich nicht allein in Formen des Rechts kleiden.

Dennoch gehören zu den wichtigsten Bereichen der Zusammenarbeit zwischen Staat und Kirche die konkrete Ausgestaltung der Menschenrechte und außerdem ein Zusammenwirken im Bildungswesen und in den Medien.

Die Teilnehmer kamen darin überein: Eine Abkehr der Gesellschaft von ethischer Orientierung bei der Umsetzung der Menschenrechte stellt eine Bedrohung für die Würde des Menschen dar.

Die Dialogpartner betonten, dass sich die Kirchen von ihrem christlichen Glauben her in den gesellschaftlichen Diskurs einzubringen haben, indem sie helfen, für die ganze Gesellschaft Freiheit zu beschreiben, Menschenrechte zu formulieren und Menschenwürde zu schützen.

Gleichzeitig haben sie die Aufgabe, im Geist des christlichen Glaubens und der christlichen Liebe allen Tendenzen entgegenzutreten, wenn Menschen und Gruppen Begriffe wie Freiheit und Menschenrechte für eigene Zwecke missbrauchen. Auch haben die Kirchen die Aufgabe, den Staat an seine Verpflichtung zu erinnern, Freiheit und Menschenwürde für die Menschen zu schützen und in diesem Sinne Recht zu gestalten.

IV Am Mittwoch wurde in Anwesenheit der Delegationen das Kommuniqué im Tagungssaal des Luther Hotels von den Delegationsleitern feierlich unterzeichnet.

Wir blicken im Jahr 2009 zurück auf eine 50jährige Geschichte der Dialoge.

In dieser Zeit ist zwischen unseren Kirchen in verschiedenen historischen, politischen, gesellschaftlichen Kontexten und auch in manch schwieriger ökumenischer Situation ein gegenseitiges verlässliches Vertrauen gewachsen. Dieser Dialog ist ein Weg unter dem Gebet unseres Herrn, »auf das sie eins seien« (Joh 17,11).

Die Dialogpartner waren sich im Blick auf diese Geschichte, aber gerade auch im Blick auf diesen letzten Dialog einig, dass die Stärke und die Verheißung der Gespräche in der Vielfalt der thematischen Zugänge in ihren biblischen, patristischen, dogmatischen, liturgischen und ethischen Dimensionen liegt.

In diesem Sinne sollten die Gespräche auch weitergeführt werden.

Für die Evangelische Kirche in Deutschland	Für die Russische Orthodoxe Kirche
Bischof Martin Schindehütte	Erzbischof Sergij von Samara und Syzran

Freiheit und Verantwortung – Menschenrechte als christliche Verpflichtung

Martin Schindehütte

Eminenzen,
verehrte Väter,
liebe Schwestern und Brüder,

in der Tat, die Formulierung einer »christlichen Verpflichtung« in unserem Thema ist überraschend. In ihr steckt eine starke These, die besagt, dass unser Verhältnis zu den Menschenrechten kein beliebiges sein kann, sondern ein bestimmtes ist. Wir können uns von den Menschenrechten nicht als einer Voraussetzung politischen, gesellschaftlichen und kulturellen Lebens distanzieren. Sie haben auch für uns Christen einen verbindlichen Charakter.

Ist diese These richtig? Kann uns als Christen und kann unsere Kirche etwas binden, was im gesellschaftlichen und politischen Raum universalen Anspruch erhebt? Wie steht dann diese universale Geltung der Menschenrechte zu unserer unbedingten Glaubensbindung an Gott in unserem Herrn Jesus Christus?

Die Antwort ist klar: Die Universalität der Menschenrechte kann für uns nur mit unserem Bekenntnis zu Gott der Schöpfer und Erlöser der ganzen Welt zusammengedacht werden, wenn aus unserem Glauben heraus und in eigener theologischer Verantwortung begründet werden kann, dass unser Handeln vor Gott in Freiheit und Verantwortung die christliche Verpflichtung auf die Menschenrechte einschließt. Genau darum bemühen wir uns in unserem gegenwärtigen Dialog. Dazu haben wir uns in den bisherigen Vorträgen zuerst um das Verständnis von Freiheit und Verantwortung aus den biblischen Grundlagen bemüht und nach ihrer Bedeutung für das Zeugnis unseres Glaubens heute gefragt. In diesem Kontext von christlich verstandener Freiheit und Verantwortung fragen wir nun nach der Bedeutung der Menschenrechte.

1 Menschenwürde und Menschenrechte

Menschenrechte und Menschenwürde stehen in einem engen Zusammenhang. Die voraussetzungslose Gabe der Menschenwürde ist die Grundlage für die Geltung und Wahrung der Menschenrechte.

Beide Begriffe kennt die Bibel nicht. Der Begriff der »Menschenwürde« ist aus der griechischen Philosophie in die christliche Theologie eingewandert und spätestens seit Ambrosius, der im Jahre 374 zum Bischof in Mailand gewählt wurde, in Gebrauch. Das kennen wir auch von anderen Begriffen wie »Trinität«, »Person«, »Mission« oder »Geschichte«. Der Begriff »Menschenrechte« ist weitaus jünger und entstammt der politischen Entwicklung des 19. und 20. Jahrhunderts.

Methodisch haben wir also zu fragen, was mit dem Begriffen »Menschenwürde« und »Menschenrechte« gemeint ist und wie die mit ihnen bezeichnete Sache in unserem biblisch begründeten theologischen Denken und unserem Handeln als Kirche vorkommt.

Der bekannte deutsche Theologe Wilfried Härle hat in sechs Punkten ohne unmittelbaren theologischen Bezug, also in »profaner« Sprache den Begriff Menschenwürde folgendermaßen konkretisiert, nämlich darin, dass ein Mensch

1. als Zweck und nicht als bloßes Mittel gebraucht wird,
2. als Person geachtet und nicht zum Objekt herabgewürdigt wird,
3. Selbstbestimmung üben kann und nicht völlig fremdbestimmt wird,
4. Entscheidungsfreiheit behält und nicht durch Zwangsmaßnahmen gefügig gemacht wird,
5. in der Sphäre der Intimität bleiben kann und nicht bloßgestellt wird und
6. als gleichberechtigt behandelt und nicht diskriminiert wird.

Der biblische Bezug zur Menschenwürde wird klassisch durch den ersten Schöpfungsbericht hergestellt: »Und Gott schuf den Menschen zu seinem Bilde, zum Bilde Gottes schuf er ihn; und schuf sie als Mann und Weib« (Gen 1,27). Gemeinhin werden »Menschenwürde« und »Gottebenbildlichkeit« als austauschbare Begriffe angesehen. Das ist zwar nicht falsch, aber meines Erachtens zu kurz gedacht. Für uns muss der Begriff der Menschenwürde von Gottes Gabe der Ebenbildlichkeit her gefüllt werden – und nicht etwa umgekehrt. Es gilt darum im biblischen Kontext weiterzufragen, welche besonderen Inhalte und Profilierungen der Begriff der Menschenwürde durch den biblischen Bezug erfährt:

Ich tue das mit dem vielleicht überraschenden Verweis auf Jesu Gleichnis von den Arbeitern im Weinberg: Sie wissen: Mit den Arbeitern, die früh am Morgen im Weinberg zu arbeiten begonnen haben, vereinbarte der Weinbergbesitzer einen Silbergroschen Tagelohn – das eben, was man zum Leben braucht. Am Abend jedoch bekamen alle, auch die, die später angefangen hatten, und sogar die, die nur eine Stunde gearbeitet hatten, je einen Silbergroschen. Offenbar hat dieses Gleichnis einen doppelten Blick auf die Arbeiter. Zum einen den Blick auf den Preis, den die Arbeit wert ist, und zum anderen den Blick auf den Menschen, der in seinen grundlegenden Lebensbedürfnissen geachtet werden muss.

Was ist der Grund, warum der Mensch in diesem Gleichnis nicht allein unter dem ersten Blickwinkel gesehen, also auf seinen relativen, an Leistung orientierten Wert reduziert und nicht als bloßes Mittel zum Zweck angesehen wird? Eben auch der, der nur eine Stunde gearbeitet hat, erhält ja unverdient allein aus Achtung vor den elementaren Grundbedürfnissen seines Lebens, was er zum Leben braucht.

In Aufnahme des Gleichnisses und in seiner Weiterführung antworte ich mit einem Zitat aus einem Vortrag unseres Präsidenten des Kirchenamtes der Evangelischen Kirche in Deutschland Dr. Hermann Barth:

> »Die Beziehung, in die sich Gott zu den Menschen setzt, sein gütiger und liebender Blick, der auf jeden Menschen fällt, gibt ihm die Würde, die zwar zeitweise missachtet und verletzt werden kann, aber unverlierbar, nicht verhandelbar, durch keine gegenteilige menschliche Verabredung oder gesellschaftliche Ordnung aufhebbar ist.«

Hier werden dem Menschen eine Würde und damit Lebensrechte zugeeignet, die eben nicht an besondere Eigenschaften, Fähigkeiten und Leistungen, eben in gar keiner Weise an irgendwelche vom Menschen zu erwerbenden Prädikate geknüpft werden. Nicht aus sich selbst, sondern aus der Beziehung zu Gott, der den Menschen zu seinem Bilde schafft und ihm einen Auftrag in seiner Schöpfung erteilt, konstituiert sich die Würde des Menschen und – wie uns das Gleichnis zeigt – auch seine grundlegenden Lebensrechte.

Seit nunmehr 60 Jahren eröffnet der Hinweis auf die Menschenwürde das Grundgesetz der Bundesrepublik Deutschland:

> »Die Würde des Menschen ist unantastbar. Sie zu achten und zu schützen ist Verpflichtung aller staatlichen Gewalt.«

Das ist die säkulare Formulierung jener Grundüberzeugung, die wir als Kirchen gar nicht anders können, als sie aus unserem christlichen Glauben zu begründen. Damit sie anerkannt und gelebt werden können, brauchen sie die Anerkennung möglichst aller Menschen, nicht nur als Grundprinzip für die staatliche Ordnung sondern für das gesamte gesellschaftliche Zusammenleben. Diese Anerkennung ist nicht selbstverständlich gegeben. Sie muss in jeder Generation neu gewonnen und lebendig gestaltet werden. Für die Erhaltung und Ausgestaltung dieses gesellschaftlichen Konsenses ist der Beitrag der Kirchen unerlässlich. Nicht nur als wichtiger Teil der Gesellschaft sondern auch um der besonderen Inhalte willen, die wir als Christen zu einem gelebten Verständnis der Menschenwürde beitragen können.

Der frühere deutsche Verfassungsrichter Ernst-Wolfgang Böckenförde hat im Blick auf diese ethische Grundorientierung schon 1976 wegweisend und prägend formuliert:

> »Der freiheitliche, säkularisierte Staat lebt von Voraussetzungen, die er selbst nicht garantieren kann. Das ist das große Wagnis, das er, um der Freiheit willen, eingegangen ist. Als freiheitlicher Staat kann er einerseits nur bestehen, wenn sich die Freiheit, die er seinen Bürgern gewährt, von innen her, aus der moralischen Substanz des einzelnen und der Homogenität der Gesellschaft, reguliert. Anderseits kann er diese inneren Regulierungskräfte nicht von sich aus, das heißt mit Mitteln des Rechtszwangs und autoritativem Gebots zu garantieren versuchen, ohne seine Freiheitlichkeit aufzugeben und – auf säkularisierter Ebene – in jenen Totalitätsanspruch zurück zu fallen, aus dem er in den konfessionellen Bürgerkriegen herausgeführt hat.«

Staat und Gesellschaft brauchen also notwendig auch religiöse und kulturelle Quellen, aus denen sie schöpfen können. Der kalte Hauch der Zweckrationalität, die immanenten Logiken von Nutzen und Gebrauch, die verführerische Faszination der Genusses »hier und jetzt« begründen keine Gemeinschaft, die füreinander und über sich hinaus Verantwortung übernimmt. Gesellschaft und Staat brauchen den Glauben und die Grundorientierung von Menschen, die sich mit ihren Überzeugungen, ihren ethischen und religiösen Bindungen für die Gemeinschaft über den Augenblick hinaus für die Lebensgrundlagen auch der kommenden Generationen engagieren und mit ihrem Glauben als einem freien Angebot für andere Menschen orientierend wirken.

Gesellschaft und Staat brauchen darum aufgrund von Geschichte und Gegenwart auch den Dienst und das Zeugnis der christlichen Kirchen – nicht als einzige, aber als kräftige, notwendige und unverzichtbare Quelle, aus der menschliche Gemeinschaft gespeist wird. Ohne diese geistigen und religiösen Quellen verlieren Menschenwürde und Menschenrechte ihre konkrete und erfahrbare Gestalt. Sie müssen gelebt und praktiziert werden. Menschen müssen ihren grundlegenden Gehalt als alltägliche Grundhaltung von Menschen erleben und »genießen«. Als Abstraktum, ohne Menschen, die sie leben, füllen und für diese Menschenwürde einstehen, verlieren sie ihre Kraft und bindende Wirkung.

Es ist ja unübersehbar, dass der Status der Unantastbarkeit der Menschenwürde immer wieder in Frage steht. Sie werden ja verletzt und missachtet. Geschichte und Gegenwart sind voller Beispiele. Historische Gründe für die Wahrung der Menschenwürde verblassen. Das Erschrecken über abgrundtiefe Missachtung der Menschenwürde etwa in der nationalsozialistischen Diktatur verliert an prägender Kraft. Andere kritisieren die angebliche Kulturgebundenheit der Menschenrechte. Es handele sich eben doch nicht um universale Rechte, sondern um solche, die einer bestimmten westlichen und Dominanz beanspruchenden Kultur erwachsen sei und nun exportiert werden solle. Wieder andere stellen die Menschenwürde und Menschenrechte in den Kontext der jeweiligen politischen oder gesellschaftlichen Konstellationen, der jeweiligen wissenschaftlichen Fortschritte oder gar der jeweiligen wirtschaftlichen Interessen und behaupten, diese Zwänge mache die unbedingte Wahrung der Menschenwürde obsolet. Der Ratsvorsitzende der EKD Bischof Dr. Wolfgang Huber hat vor Jahren einmal formuliert, wir stünden in der gegenwärtigen Debatte in einem Fundamentalkonflikt zwischen einer »Ethik der Menschenwürde«, die eben von jenen unantastbaren Grundrechten von Menschen ausgeht, und einer »Ethik der Interessen«, in der sich diejenigen durchsetzen, die am besten in der Lage seien, ihre Interessen durchzusetzen. Wer keine Interessen mehr formulieren könne, verliere in diesem Denken seine Würde. Ein bedrückendes Beispiel einer solchen Denkweise ist die »Philosophie« des australischen »Ethikers« Peter Singer. Ein solches Denken repräsentiert dann nicht mehr ein ethisches Fundamentalmodell, sondern ein »ethisches Marktmodell«.

Für den christlichen Glauben gilt es festzuhalten, – das wiederhole ich ausdrücklich – dass für ihn die Menschenwürde einen unbedingten Charakter hat. Sie leitet sich weder aus bestimmten Eigenschaften noch von bestimmten Leistungen des Menschen ab. Es ist eine Würde, die dem Menschen von Gott zuerkannt wird. Sie gilt universal, also aus der Sicht eines Christen auch für den, der sich für ihre Begründung und Herleitung auf andere als christliche Quellen beruft. Das macht unsere christliche Begründung nicht beliebig. Für uns gilt sie unbedingt, aber eben nicht nur für uns untereinander, sondern in unserem Umgang mit allen Menschen.

Zu den Konsequenzen dieser Würde gehört es, dass der Mensch in keiner Phase seines Lebens nur unter dem Gesichtspunkt der Nützlichkeit oder Brauchbarkeit betrachtet werden kann. Ein platter Utilitarismus ist mit unserem Glauben nicht vereinbar. »Ist ein Mensch bloßes Mittel zum Zweck?« Diese ist das zentrale Ausschlusskriterium und die entscheidende Prüffrage für alle praktischen Fragen mit ethischer Relevanz.

Die Menschenwürde ist aber zugleich die Grundlage für die institutionalisierte Garantie von Freiheits- und Grundrechten. Und sie ist bestimmend für das Verhältnis dieser Rechte zueinander. Immer wieder ist in diesem Zusammenhang die Frage aufgeworfen worden, wie etwa das Recht auf freie Religionsausübung mit dem der Presse-, Meinungs- und Kunstfreiheit vereinbar ist, etwa wenn es in der Kunst – besonders drastisch im so genannten »Karikaturenstreit« oder in der Inszenierung der Oper Idomeneo von Mozart – zur Verletzung religiöser Gefühle kommt. Wie hängen hier Freiheit und Verantwortung füreinander zusammen? Ich komme darauf zurück.

Die Menschenwürde ist ein universales Recht. Das heißt aber nicht, dass es für diese Würde nur eine einzige, von allen geteilte Begründung geben muss –etwa eine Begründung aus einer irgendwie konstatierten und definierten menschlichen Vernunft. Die Vernunft selbst ist ja nicht voraussetzungslos. Die Menschenwürde ist begründungs-offen für unterschiedliche weltanschauliche und religiöse Zugänge. Entscheidend ist ja gerade, dass sie aus dem jeweiligen kulturellen, gesellschaftlichen und religiösen Kontext begründet wird, in dem Menschen sich selbst gebunden und beauftragt sehen. Denn nur dann werden sie mit innerer Überzeugung für die Menschenwürde eintreten. So ist es unsere Aufgabe, unsere christliche Begründung der Menschenrechte darzulegen und sie als einen Beitrag sichtbar werden zu lassen, der für die Annahme und Ausgestaltung dieser grundlegenden Rechte unverzichtbar ist.

Worin liegt nun das Besondere und Eigenständige einer christlichen Begründung. Was trägt sie bei, was andere so nicht beitragen können? Eine christliche Begründung der Menschenrechte hat ihre Stärke darin, dass sie die Menschenrechte nicht allein als Ergebnis eines innermenschlichen Verständigungsprozess ansieht, der je nach dem Gewicht der unterschiedlichen Kräfte changiert. Ein innermenschlicher Verständigungsprozess ist es natürlich auch. Und im historischen Entstehungsprozess und bei der Ausarbeitung der Menschenrechte waren die Kirchen wahrlich nicht immer an vorderster Front. Es gab auch viel Skepsis und Distanz. Für diesen gesellschaftlichen Prozess hat die Kirche einen Bezugspunkt, der die menschlichen Begründungsunterschiede für die Menschenrechte relativiert, ja transzendiert. Für uns ist die Gottesbeziehung ist das entscheidende Widerlager, an dem auch unsere eigenen Interessen als christliche Menschen in Staat und Gesellschaft sich brechen.

Dies gilt es in drei Hinsichten zu verdeutlichen:

1. Die Menschenwürde ist eine Gabe Gottes. Sie ist für uns mit der biblischen Einsicht von der Gottebenbildlichkeit verknüpft. Sie ist Gottes schöpferischer Zuspruch und jedem menschlichen Verdienst und jedem menschlichen Zugriff entzogen. Es ist Gottes schöpferische Souveränität, die die Würde des Menschen unantastbar macht. Das ist ihre schöpfungstheologische Begründung.

Diese ist aber unlöslich verknüpft mit der christologischen Begründung. Christliche Theologie versteht die Menschenwürde von der Liebe Gottes her, wie sie uns in Jesus Christus offenbar geworden ist. Im Römerbrief heißt es:

> »Denn ich bin gewiss, dass weder Tod noch Leben, weder Engel noch Mächte noch Gewalten, weder Gegenwärtiges noch Zukünftiges, weder Hohes noch Tiefes noch eine andere Kreatur uns scheiden kann von der Liebe Gottes, die in Christus Jesus ist, unserm Herrn.« (Röm 8,38–39)

Keine Macht der Welt kann also diese in Gottes Liebe gefüllte Ebenbildlichkeit rauben. Christus selbst hat als wahrer Mensch und wahrer Gott, all jene Todesmächte mit seiner Liebe überwunden und zunichte gemacht. Darum ist die Menschenwürde sehr wohl verletzlich, aber doch unzerstörbar. So wie Christus sehr wohl verletzlich war und litt, aber in dieser tiefsten Verletzlichkeit bis zum Tode von Gott ins Leben auferweckt wurde.

2. Gottes Liebe ist darum unlösbar mit seinem Leiden für uns verknüpft. Diese Liebe wird in dem leidenden und sterbenden Menschen Jesus am Kreuz offenbar. Dies ist zugleich das Signum dafür, dass an Menschen gerade in ihrem Leiden und der Missachtung ihrer Grundrechte die Menschenwürde nicht verloren geht, sondern in »in diesem präzisen Gegensatz« (E. Jüngel) in ihrer grundlegenden Bedeutung und Kraft sichtbar und wirksam werden. Die theologische Rede von der Menschenwürde setzt also an der Situation ihrer höchsten Gefährdung an, sucht für gefährdetes und verletztes menschliches Leben nach neuen Lebenschancen und hält daran fest, dass auch am Beginn und Ende des Lebens, wo Leben noch nicht oder nicht mehr in eigener Freiheit und Verantwortung gestaltet werden kann, dem Menschen Würde zugeeignet bleibt.

3. Die Würde des Menschen hat appellativen Charakter. Darin ist sie für uns Christen verknüpft mit der pneumatologischen Dimension unseres

Glaubens. Aus ihr folgt, gegen die Verletzung der Menschenwürde aufzustehen und für die Wahrung der in ihr verankerten Rechte einzutreten. Denn die Missachtung der Menschenwürde ist zugleich eine Missachtung der Liebe Gottes. Das ist Sünde. Im Leiden, Sterben und der Auferweckung Christi bezeugen wir, dass die Sünde die Gottebenbildlichkeit nicht aufhebt. Die Verkehrung der grundlegenden Bezüge des Menschen zu sich selbst und zu Gott hat nicht das letzte Wort. Der Ruf zur Umkehr hat Bezug und Zukunft.

Weil Gott zu uns in dem Menschen Jesus in eine unlösliche, befreiende und heilende Beziehung tritt, kann die Menschenwürde für auch gar nicht anders verstanden werden, als das sie sich in Beziehungen konstituiert und verwirklicht. Sie kann also nie nur für sich selbst, sondern immer nur zugleich mit dem Menschenrecht des anderen in Anspruch genommen werden. Sie ist damit im Kern niemals allein dem Individuum zugeordnet. Das Individuum kann nicht anders existieren als in der Gemeinschaft. Das ist für mich der innere Grund der Universalität der Menschenwürde und Menschenrechte.

Der universale Charakter der Menschenwürde ist also erst dann wahrgenommen, wenn sie auf alle Menschen überhaupt bezogen wird. Sie ist das Gegenteil von Individualismus und Egoismus. Darum ist die Menschenwürde das entscheidende Widerlager gegen alle gesellschaftlichen, kulturellen und wirtschaftlichen Verzweckungsabsichten und -tendenzen, die dem hoch dynamische Globalisierungsprozess unserer Zeit inne wohnen. Der Mensch ist niemals nur Produktions- oder Konsumfaktor, niemals nur Mittel für politische Zwecke, niemals einfach Verfügungsmasse in verblendeten Erlösungsstrategien.

Wir treten für die Menschenwürde ein, nicht um auf neue Weise kirchliches Terrain zu gewinnen. Wir wollen mit unserer Begründung der Menschenwürde aus der Gottesbeziehung der Unteilbarkeit und der Unantastbarkeit der Menschenwürde aller dienen.

2 Freiheit und Verantwortung

Menschenwürde und Menschenrechte werden in unserem Dialog im Zusammenhang des Oberthemas »Freiheit und Verantwortung« gesehen und bedacht. Die bisherigen Überlegungen haben ja schon deutlich gemacht, dass Menschenwürde ohne die Grund- und Menschenrechte, die wir ja auch Freiheitsrechte nennen, nicht denkbar sind. Zugleich war aber auch These, dass diese Rechte des Individuums gar nicht anders verstanden und wahrgenommen werden können als in einer Beziehung zu anderen

Menschen. So sind Freiheit und Verantwortung notwendig und unauflöslich miteinander verknüpft.

Dieser Zusammenhang ist aber immer wieder neu zu entdecken und mit Leben zu füllen. Es ist ja nicht zu übersehen, dass Institutionen, in denen Verantwortung für das Ganze übernommen werden kann, an Prägekraft verlieren. Das gilt für die Institution der Ehe und Familie nicht weniger als für die großen gesellschaftlichen Institutionen wie den Parteien, Gewerkschaften und Sozialverbänden, in denen das soziale, gesellschaftliche und politische Leben organisiert wird.

Das gilt auch für die Kirche – wenn auch in Deutschland – Gott sei Dank nicht in dem Maße, wie es für andere Großinstitutionen gilt. Auch unsere Prägekraft als Kirchen hat abgenommen. Wir sind in den soziokulturellen Bedingungen nicht nur Gegenüber sondern haben immer auch Anteil an den tiefgreifenden gesellschaftlichen und kulturellen Veränderungen.

Freiheit verliert sich, wenn sie lediglich als »Freiheit von etwas« und nicht in gleicher Weise als »Freiheit für etwas« verstanden wird. Lange haben wir – zu lange? – Emanzipation zu einseitig als Lösung aus Bindungen und Konventionen begriffen. Das ist im Wandel der Geschichte auch nötig. Gegenwärtig muss es nun mehr darum gehen – jedenfalls in unserem Kontext Mitteleuropas –, Menschen, die sich ihrer Freiheit bewusst sind, neu dafür zu gewinnen, dass sie Bindungen eingehen und darin den Sinn ihrer Freiheit zu erkennen.

Die berühmte Doppelthese Martin Luthers aus seiner Schrift »Von der Freiheit eines Christenmenschen« beschreibt die Grundstruktur reformatorischer Freiheit, in der diese beiden Aspekte der Freiheit gerade beieinander gehalten werden:

> »Ein Christenmensch ist ein freier Herr über alle Dinge und niemandem untertan. Ein Christenmensch ist ein dienstbarer Knecht aller Dinge und jedermann untertan.«

Es gilt als beides zugleich: Der Christ ist frei von allen fremden Verfügungsansprüchen. Er ist frei geworden durch die Taufe als dem Geschenk der Liebe durch Gott an jeden einzelnen. In dieser Freiheit seiner Liebe jedoch bindet sich Gott an uns in unserer Welt, macht sich uns untertan, »erniedrigt sich selbst und ward gehorsam bis zum Tode, ja zum Tode am Kreuz« (Phil 2,8). So ist auch unsere Freiheit als unsere Antwort auf Gottes Geschenk eine Freiheit zur Bindung an die Liebe, »die nicht das ihre sucht« (1 Kor 13,5).

Darum tritt die Freiheit mitunter in der Gestalt radikaler Differenz, oder um die Formulierung Jüngels noch einmal aufzugreifen in Gestalt ihres »präzisen Gegensatzes« auf. Dies geschieht immer dort, wo die Freiheit dazu genutzt wird, auf das eigene Recht um des Friedens willen zu verzichten, die Versöhnung der Rache vorzuziehen, den Vorteil auf Kosten anderer zugunsten des Gemeinwohls hinten an zu stellen und eigene Rechte nicht ohne Eintreten für die Rechte anderer einzufordern.

Verantwortete Freiheit gestaltet das Verhältnis der Generationen zueinander in Familie und Gesellschaft. Umfragen machen deutlich, wie sehr die junge Generation nach Vertrauen, Geborgenheit, Zuverlässigkeit und Orientierung fragt. Der Zukunftsforscher Horst Opatschowski aus Hamburg spricht davon, dass gegenwärtig nicht etwa eine Spaßgeneration, sondern eine Verantwortungsgeneration heranwächst. Dass Eltern unter dem Druck von Flexibilität, Mobilität und Arbeitsdruck auf der einen Seite und unter dem Vakuum, nicht gefragt und gebraucht zu sein auf der anderen Seite dieser Aufgabe der Erziehung zu Freiheit und Verantwortung gerecht werden können, das ist eine Aufgabe der ganzen Gesellschaft, aber in besonderer Weise auch die der Kirche und ihrer Bildungsarbeit. Was wir in unseren Kindertageseinrichtungen, in den Schulen und der Erwachsenenbildung tun, ist von größter Bedeutung. Darum treten wir für ein gesellschaftliches Bildungskonzept ein, das Glaubensorientierung, persönliche Glaubensbindung und ethische Vergewisserung nicht ausblendet. Der weltanschaulich neutrale Staat hat mit dafür zu sorgen, dass diese Bindungen in Toleranz gegenüber anderen in Erziehung und Bildung Raum haben.

Auch die Toleranz ist für uns kein leerer Überbegriff. Sie ist ja nicht eine Toleranz jenseits, oder gar gegen den Glauben. Sie ist eine »Toleranz aus Glauben«. So formulierte es die Synode der EKD 2005 in Berlin. Diese Toleranz führt damit eben nicht in eine postmoderne Beliebigkeit des »Alles ist möglich«. Sie bleibt für sich selbst gebunden an den eigenen Glauben. Sie trägt diesen Glauben mit allem Ernst und allem Engagement ein in die Suche nach gemeinsamen Orientierungen. Sie trägt ihre Sicht und Konkretisierung auch in die Entfaltung und Gestaltung der Grundrechte ein. Sie trägt auch bei zur gesellschaftlichen und auch nationalen Identität. So aber eben, dass sie die von der eigenen unterschiedene Bindung des Anderen und seinen Beitrag anerkennt.

Diese Toleranz respektiert nicht nur zähneknirschend das Andere und Fremde. Sie tritt dafür ein, dass diese Bindungen ebenso wie die eigne aktiv und frei gelebt werden kann. Diese Toleranz weiß, dass die negative Freiheit der Duldung und Hinnahme der Grundrechte anderer nicht hinreicht. Sie trägt zu der positiven Freiheit der Gestaltung dieser Grundrechte bei.

Für uns Protestanten können diese Überlegungen und Grundüberzeugungen zusammengefasst werden in dem schönen und weit tragenden Begriff von der »versöhnten Verschiedenheit«. Mir scheint dieses Begriffspaar nicht nur für unser ökumenisches Zusammenleben als christliche Kirchen tragfähig und produktiv zu sein. Es ist auch eine Perspektive für den politischen Prozess zu Frieden und Integration auf der Grundlage der Menschenrechte, nicht nur in Europa, sondern in einer globalisierten Welt.

Dies gilt auch für das Verhältnis von Kunst und Religion. Es geht eben nicht um einen Vorrang der Kunstfreiheit gegenüber der Religionsfreiheit – oder umgekehrt. Es geht auch nicht verschiedene Rangfolgen und Grade von Freiheiten. Eben weil sie nur gemeinsam und in Gemeinschaft gelebt werden können geht es darum sie in einer offenen Gesellschaft in Verantwortung füreinander zu gestalten ohne nach je eigener Dominanz zu suchen. Der Karikaturenstreit wäre kein Streit geworden, sondern ein ernsthafter Dialog, wenn diese beiden Rechte von Religions- und Kunstfreiheit nicht gegeneinander in Stellung gebracht worden wären.

Ich fasse meine Überlegungen zusammen:

Ein evangelisches Verständnis von Menschenwürde und Freiheit sieht den einzelnen in der Beziehung zu Gott. Die Begabung des Menschen mit Würde lässt sich nicht trennen von seiner Berufung zur Freiheit. Mit dem Recht auf Schutz des eigenen Lebens ist die Pflicht zum Schutz des Lebens anderer unmittelbar verknüpft. Die Freiheit, zu der Menschen berufen sind, bedeutet, frei zu sein, um in die Verantwortung für die Freiheit des Nächsten einzutreten. Selbstbestimmung und Verantwortung sind im evangelischen Begriff der Freiheit unlöslich miteinander verbunden. Dieses Verständnis von Freiheit zu vermitteln ist eine der großen Aufgaben christlicher Kirche.

Diese Aufgabe zur Freiheit ruht nicht in sich selbst. Sie ist als Gottes Gabe unsere Aufgabe. Darum ist sie Ethik verantworteter Freiheit zugleich eine Ethik der Dankbarkeit. Sie führt in das Gotteslob und braucht den Raum der gemeinschaftlichen Religionsfreiheit, in der dieses Gotteslob laut werden kann. Für diese Freiheit zu der uns Christus befreit hat (Gal 5,1) ist die Taufe das Signum und die Ordination. Von ihr her suchen wir uns in verantworteter Freiheit den Herausforderungen unserer Zeit zu stellen und ihr das Evangelium zu bezeugen.

Свобода и ответственность – права человека как христианское обязательство

Мартин Шиндехютте

Ваши высокопреосвященства,
досточтимые отцы,
дорогие сестры и братья!

Действительно, формулирование »христианского обязательства« в нашей теме является неожиданным. Под этим скрывается тезис, утверждающий, что наше отношение к правам человека не может быть произвольным, а скорее определенным. Мы не можем дистанцироваться от прав человека, являющихся предпосылкой политической, общественной и культурной жизни. Они носят обязательный характер также и для нас, христиан.

А правилен ли этот тезис? Может ли нас, христиан, и наши Церкви связывать что-либо, претендующее на универсальность в общественной и политической сфере? Если это так, то как же это универсальное действие прав человека соотносится с нашей безусловной привязанностью к Богу и к нашему Господу Иисусу Христу?

Ответ прост: универсальность прав человека мыслима для нас лишь в совокупности с нашим исповеданием Господа Творца и Спасителя всего мира, если исходя из нашей веры и собственной богословской ответственности может быть обосновано, что наши действия перед Богом в свободе и ответственности включают христианское обязательство к соблюдению прав человека. Именно к этому мы и стремимся в нашем настоящем диалоге. С этой целью в предыдущих докладах мы вначале постарались выяснить, как понимаются свобода и ответственность в библейских основах и каково их значение для свидетельства нашей веры сегодня. В контексте этого христианского понимания свободы и ответственности мы, наконец, задаемся вопросом о значении прав человека.

1 Достоинство человека и права человека

Права и достоинства человека находятся в тесной взаимосвязи друг с другом. Безусловный дар человеческого достоинства является основой для действия и соблюдения прав человека.

Оба понятия не встречаются в Библии. Понятие »человеческое достоинство« перешло в христианское богословие из греческой философии и вошло в употребление самое позднее начиная с Амвросия Медиоланского, избранного епископом в 374 году. Не встречаются в Библии и другие понятия, такие как »троичность«, »личность«, »миссия« или »история«. Понятие »права человека« возникло значительно позднее и сложилось в процессе политического развития в XIX-м и XX-м столетиях.

Следовательно, методически нам следует задаться вопросом, а что же подразумевается под понятиями »человеческое достоинство« и »права человека« и каким образом то, что составляет их содержание присутствует в нашем библейски обоснованном богословском мышлении и в наших действиях как Церковь.

Известный немецкий богослов Вильфрид Хэрле, прямо не ссылаясь на богословие, то есть, выражаясь »мирским« языком, следующим образом конкретизировал понятие человеческого достоинства в шести пунктах. Он считал, что оно проявляется в том, что человек

1. представляет собой цель, а не всего лишь средство,
2. цениться как личность и не низводится до объекта,
3. может самоопределяться, и не зависит всецело от чужой воли,
4. сохраняет свободу принятия решений и не принуждается к подчинению с помощью насильственных мер,
5. может сохранять свою интимную сферу и не выставляется напоказ и
6. заслуживает равноправного отношения и не подвергается дискриминации.

Связь Библии с человеческим достоинством классически обнаруживается в библейском повествовании о творении Божием: »И сотворил Бог человека по образу Своему, по образу Божию сотворил его; мужчину и женщину сотворил их« (Быт 1,27). Обыкновенно »человеческое достоинство« и »Богоподобие« рассматриваются как взаимозаменяемые понятия. Хотя это и не ошибочно, но, на мой взгляд, не до конца продуманно. Для нас понятие человеческого достоинства должно наполняться, исходя из Божия дара Богоподобия – а не наоборот. Поэтому нужно продолжить выяснение в библейском контексте, какое содержание и какие точные очертания приобретает понятие человеческое достоинство при его соотнесении с Библией:

Я делаю это, может быть и неожиданно, отсылая к притче Иисуса о работниках в винограднике. Как Вы помните, с работниками, начавшими работать в винограднике поутру, хозяин виноградника договорился о поденной плате по динарию, то есть это именно та сумма, которая необходима для покрытия существования. Когда же наступил вечер, все, включая и работников, приступивших к работе позднее и даже тех, кто проработал всего лишь один час, получили по динарию. Очевидно работники в этой притче рассматриваются двояко. С одной стороны, с учетом цены, причитающейся за труд, а, с другой стороны, с учетом интересов людей, заслуживающих уважения к их основным жизненным потребностям.

В чем причина того, что человек в этой притче рассматривается не только под первым углом зрения, то есть не сводится лишь к своей относительной ценности, ориентирующейся на заслуги и не рассматривается всего лишь как средство к достижению цели? Ведь именно из-за этого и тот, кто проработал всего лишь один час, получает без заслуг, лишь из уважения к его элементарным жизненным потребностям, то, что ему надо для жизни.

На восприятие притчи и на ее продолжение, я отвечаю цитатой из одного из выступлений нашего президента церковного управления Евангелической Церкви в Германии д-ра Германа Барта:

»Отношения, в которые Бог вступает с человеком, Его ласковый и любящий взгляд, обращенный на каждого человека, сообщает ему такое достоинство, которое, даже невзирая на временное пренебрежение и нарушение, не может быть утрачено, не поддается торгу и не подлежит упразднению никаким противоречащим этому человеческим соглашением или общественным порядком«.

Здесь человеку присваивается достоинство и тем самым жизненные права, которые абсолютно не зависят от каких-либо особенных свойств, способностей и заслуг, и никоим образом не связаны ни с какими высокими отличиями, которые должен приобрести себе человек. Не из себя самого, а из отношения с Богом, Который сотворил человека как Свое подобие и возложил на него миссию в Своем творении, происходит достоинство человека и – как нам показывает притча – также и его основополагающие жизненные права.

Вот уже 60 лет Основной Закон, Конституция Федеративной Республики Германии, открывается указанием на достоинство человека:

»Достоинство человека неприкосновенно. Уважать и защищать его – обязанность всей государственной власти«.

Это секулярная формулировка того основополагающего убеждения, которое мы, Церкви, не можем обосновать иначе, как лишь из нашей христианской веры. Для того, чтобы они были признаны и наполнены жизнью, они нуждаются в признании по возможности всех людей, не только в качестве основного принципа государственного порядка, но и всего общественного сожительства. Это признание не дается само собой. Оно должно вновь обретаться и живо формироваться в каждом поколении. Для сохранения и оформления этого общественного консенсуса – неотъемлем вклад Церкви. И не только потому, что она является важной частью общества, но ради особого содержания, которое мы, христиане, можем привнести в прожитое понимание человеческого достоинства.

Один из бывших судей Конституционного суда Германии Эрнст-Вольфганг Бьокенфьорде еще в 1976 году четко сформулировал следующую путеводную мысль относительно этой основной этической ориентации:

»Свободолюбивое секуляризированное государство существует за счет тех предпосылок, которые оно само не может гарантировать. Это большой риск, на который оно пошло во имя свободы. Как свободолюбивое государство оно может сохранится, с одной стороны, лишь в том случае, если, та свобода, которую оно предоставляет своим гражданам, регулируется изнутри, из моральной субстанции каждого в отдельности и из гомогенности общества. С другой стороны, оно не может попытаться гарантировать эти внутренние регулирующие силы от себя, то есть прибегая к средствам правового насилия и авторитетных требований, не отказываясь при этом от своего свободомыслия и – на секуляризованном уровне – не возвращаясь при этом к претензиям тотальности, из которых оно вывело общество во время конфессиональных гражданских войн«.

Следовательно, государству и обществу обязательно нужны и религиозные и культурные источники, из которых они могли бы черпать. Холодное дуновение целенаправленного рационализма, имманентные логические построения о пользе и потреблении, соблазнительная привлекательность наслаждений »здесь и сейчас«, не могут создать сообщество, которое брало бы на себя ответственность друг за друга и за пределами самого себя. Общество и государство нуждаются в вере и в ценностной ориентации людей, которые своей убежденностью, в силу своих этических и религиозных привязанностей действуют и за пределами моментальных жизненных обстоятельств, а во имя будущих поколений и которые, благодаря своей вере, служат свободной офертой и ориентацией для других людей.

Поэтому общество и государство, как в истории так и в настоящем, нуждаются в служении и в свидетельстве христианских Церквей – не как единственного, но мощного, необходимого и неотъемлемого источника, из которого окормляется человеческое сообщество. Без этих духовных и религиозных источников человеческое достоинство и права человека утрачивают свой конкретный и ощутимый образ. Они должны быть прожиты и практикуемы. Люди должны на собственном опыте испытать и »вкусить« их основополагающее содержание в виде каждодневного поведения людей. Как абстракция, без людей, ими живущих, их наполняющих и выступающих за эти человеческие достоинства, они утрачивают свою конкретную силу и обязательное действие.

Ведь нельзя не заметить, что статус неприкосновенности человеческого достоинства вновь и вновь ставится под сомнение. Ведь эти достоинства нарушаются и ими пренебрегают. История и реальность полны таких примеров. Исторические причины, свидетельствующие в пользу сохранения человеческого достоинства, блекнут. Испуг от глубочайшего презрения человеческого достоинства в период диктатуры национал-социализма утрачивает свою формирующую силу. Бывает, что одни начинают критиковать предполагаемую культурную условность прав человека. По их мнению речь идет вовсе не об универсальных правах, а о таких, которые возникли в условиях определенной западной культуры, претендующей на доминантность, ну а теперь их якобы хотят экспортировать. Иные же помещают человеческое достоинство и права человека в контекст соответствующих политических или общественных условий, определенного научного прогресса или даже определенных научных интересов и утверждают, что все эти обстоятельства якобы делают безусловное соблюдение человеческого достоинства устаревшим. Председатель Совета Евангелических Церквей в Германии епископ д-р Вольфганг Хубер однажды сформулировал мысль, что в ходе современных дебатов мы оказались втянутыми в фундаментальный конфликт между »этикой человеческого достоинства«, которая исходит именно от этих неприкосновенных основных прав человека, и »этикой интересов«, в которой верх берут те, кто лучше всего в состоянии протолкнуть свои интересы. Кто больше не в состоянии сформулировать никаких интересов, утрачивает при таком мышлении свое достоинство. Угнетающим примером такого способа мышления служит »философия« австралийского »этика« Петера Зингера. Подобное мышление уже больше не представляет этическую фундаментальную модель, а скорее »этическую модель рынка«.

Для христианской веры надлежит запомнить одно, – я специально повторяю это, – для нее человеческое достоинство имеет безусловный характер. И оно вытекает не из каких либо определенных свойств или определенных заслуг человека. Это есть достоинство, которым человека наделил Бог. Оно имеет универсальное действие, то есть с точки зрения христианина оно распространяется и на тех, кто при их обосновании и формулировании ссылается не на христианские, а на иные источники. Это не делает наше христианское обоснование произвольным. Для нас его действие обязательно, но оно распространяется именно не только на наше общение между собой, но и на наше общение со всеми людьми.

Последствия этого достоинства включают то, что ни на каком этапе своей жизни человек не может рассматриваться только под углом зрения своей полезности или пригодности. Пошлый утилитаризм не совместим с нашей верой. »Является ли человек всего лишь средством к достижению цели?«. Это центральный исключающий критерий и решающая проверка для всех практических вопросов этической значимости.

Но человеческое достоинство является одновременно и основой для институционализированной гарантии основных гражданских прав и свобод. И оно является определяющим для соотношения этих прав друг к другу. В этой связи многократно ставился вопрос, как можно совместить друг с другом, к примеру, право на свободное религиозное исповедание и право на свободу печати, мнений и искусства, если, например, в искусстве – как это особенно наглядно проявилось в так называемом »споре о карикатурах на пророка Мухаммеда« или в связи с постановкой оперы Моцарта »Идоменео« – наносится оскорбление религиозным чувствам. Какова здесь связь между свободой и ответственностью друг за друга? Я еще вернусь к этому вопросу.

Человеческое достоинство является универсальным правом. Но это не значит, что для этого достоинства должно быть дано лишь одно единственное, всеми разделяемое обоснование – например обоснование, диктуемое каким-то устанавливающим и определяющим человеческим разумом. Ведь и сам разум не лишен предпосылок. Человеческое достоинстве открыто для его обоснования с помощью различных мировоззренческих или религиозных подходов. Ведь решающим является именно то, что это достоинство получает обоснование из соответствующего культурного, общественного и религиозного контекста, к которому люди чувствуют себя привязанными и который и уполномочивает их к этому. Ибо только в таком случае они будут с внутренней убежденностью выступать за человеческое достоинство. Следовательно наша миссия состоит в том, чтобы изложить наше христианское обоснование прав человека и наглядно представить его как наш вклад, являющийся неотъемлемым для принятия и формирования этих основополагающих прав.

В чем же состоит особенность и самостоятельность христианского обоснования? Что же оно привносит такого, чего не могут привнести другие? Сильная сторона христианского обоснования прав человека заключается в том, что оно не рассматривает права человека всего лишь как результат внутричеловеческого процесса взаимопонимания, меняющегося в зависимости от весомости различных сил. Конечно же это одновременно и внутричеловеческий процесс взаимопонимания. И в процессе исторического становления и при развитии прав человека Церкви во истину не всегда занимали передовые позиции. Было много скепсиса и дистанции. Для этого общественного процесса у Церкви есть исходный пункт, релятивирующий, даже трансцедирующий различные человеческие обоснновании. Для нас отношения с Богом являются решающей опорой, в которой преломляются наши собственные интересы как христиан в государстве и обществе.

Требуется пояснение этого в трех направлениях:

1. Человеческое достоинство – это дар Божий. Оно связано у нас с библейским учением о Богоподобии. Оно является творческой волей Божией и не зависит ни от каких человеческих заслуг и ни от какого человеческого вмешательства. Именно творческий суверенитет Бога делает достоинство человека неприкосновенным. Это их обоснование из теологии творения.

Но это неразрывно связано с христологическим обоснованием. Христианское богословие понимает человеческое достоинство исходя из любви Бога, как она открылась нам во Иисусе Христе. В Послании святого Апостола Павла к римлянам сказано:

»Ибо я уверен, что ни смерть, ни жизнь, ни Ангелы, ни Начала, ни Силы, ни настоящее, ни будущее, ни высота, ни глубина, ни другая какая тварь не может отлучить нас от любви Божией во Христе Иисусе, Господе нашем« (Рим 8,38–39).

Следовательно никакая власть в мире не может отобрать это Богоподобие, преисполненное любви Божией. Сам Христос, будучи истинным Человеком и истинным Богом, Своей любовью попрал и уничтожил все эти силы смерти. Поэтому человеческое достоинство пусть и легко уязвимо, но все-таки неразрушимо. Точно так же как и Христос был конечно же уязвим, но в этой глубокой уязвимости вплоть до смерти был воскрешен Богом к жизни.

2. Поэтому любовь Божия для нас неразрывно связана с Его страданием за нас. Эта любовь открывается в страдающем и умирающем на Кресте Человеке Иисусе. Одновременно это знак того, человеческое достоинство не теряется людьми, в особенности в их страдании и в пренебрежении их основными правами, но »в такой точной противоположности« (Е.Юнгль) становится видимым и начинает действовать в своем основополагающем значении и мощи. Богословское рассуждение о человеческом достоинстве начинается в ситуациях, когда они оказываются в крайней опасности, изыскивая новые жизненные шансы для находящейся под угрозой и травмированной человеческой жизни и прочно придерживаясь убеждения, что дар человеческого достоинства сохраняется за человеком и в начале и в конце жизни, когда он еще не в состоянии или уже больше не в состоянии свободно и на свою ответственность распоряжаться своей жизнью.

3. Достоинство человека имеет апеллятивный (т.е. ориентированный на адресата) характер. В этом для нас, христиан, оно связано с пневматологическим аспектом нашей веры. Отсюда следует, что необходимо выступать против нарушения человеческого достоинства, за соблюдение закрепленных в нем прав. Ибо пренебрежение человеческим достоинством является одновременно пренебрежением любовью Божией. А это – грех. В страдании, смерти и воскрешении Христа мы получаем свидетельство, что грех не упраздняет Бого-

подобия. Искажение основополагающего отношения человека к себе самому и к Богу не является последним словом. Призыв к обращению имеет посыл и будущее.

В силу того, что Бог во Иисусе Христе вступает с нами в неразрывные, освобождающие и исцеляющие отношения, человеческое достоинство не может быть понято по-иному, как лишь таковое, которое складывается и воплощается в отношениях. То есть им никогда нельзя воспользоваться лишь для себя, но всегда вместе с человеческими правами других. Тем самым в своей основе оно никогда не присваивается лишь одному индивидууму. Индивидуум не может существовать иначе, как только в общности. На мой взгляд, в этом состоит внутренняя причина универсальности человеческого достоинства и прав человека.

Следовательно, универсальный характер человеческого достоинства воспринимается лишь тогда, когда оно относится ко всем людям вообще. Оно является противоположностью индивидуализма и эгоизма. Поэтому человеческое достоинство служит решающей силой, противодействующей любым общественным, культурным или экономическим намерениям либо тенденциям, направленным на использование человека, которые присущи высоко динамичному процессу глобализации нашего времени. Человек никогда не может быть всего лишь фактором производства или потребления, служить лишь средством к достижению политических целей, простой массой, которой можно воспользоваться в ослепляющих стратегиях спасения.

Мы выступаем за человеческое достоинство не для того, чтобы каким то новым путем расширить свою церковную территорию. Обосновывая человеческое достоинство из отношения с Богом, мы хотим распространить неделимость и неприкосновенность человеческого достоинства на всех.

2 Свобода и ответственность

Человеческое достоинство и права человека рассматриваются и осмысливаются в нашем диалоге в связи с главной темой »Свобода и ответственность«. Предшествовавшие размышления уже четко продемонстрировали, что человеческое достоинство не мыслимо без основных прав человека, которые также принято называть свободами. Вместе с тем был выдвинут тезис, что эти права индивидуума не могут быть поняты и осуществимы по-иному, как лишь в отношении с другими людьми. Таким образом свобода и ответственность необходимо и неразрывно связаны друг с другом.

Но эту взаимосвязь следует многократно открывать и наполнять жизнью заново. Ведь трудно не заметить, что институты, которые могут взять на себя ответственность за все, утрачивают свою формирующую силу. Это касается таких институтов как брак и семья не в меньшей степени, чем таких крупных общественных учреждений как партии, профсоюзы и социальные объединения, в которых организовывается социальная, общественная и политическая жизнь.

Это касается также и Церкви, хотя в Германии, на нее это распространяется в меньшей степени, чем на иные крупные институты. Но уменьшилось и церковное влияние на общественное сознание. В социокультурных условиях мы являемся не только визави, но и всегда участвуем в глубоких общественных и культурных изменениях.

Свобода утрачивается, если она понимается всего лишь как »свобода от чего-то«, а не равным образом и как »свобода для чего-то«. Долго – а не слишком ли долго? – мы понимали эмансипацию односторонне, как освобождение от привязанностей и условностей. И это было необходимо в процессе изменяющейся истории. В настоящий момент речь должна идти скорее о том – по крайней мере в нашем контексте в Центральной Европе –, чтобы вновь побуждать людей, осознающих свою свободу, идти на привязанность и видеть в этом смысл своей свободы.

Известный двойной тезис Мартина Лютера в его статье »О свободе христианина« описывает основную структуру реформаторской свободы, в которой именно эти оба аспекта свободы приводятся одновременно:

»Христианин является свободным господином над всем и никому не подчиняется. Христианин является покорным слугою всему и всем подчиняется«

Сохраняется в силе и то, и другое: христианин является свободным от всех посторонних поползновений распоряжаться им. Он стал свободным через Крещение, являющееся даром любви Божией каждому отдельному человеку. Но в этой свободе Своей любви, Бог привязался к нам в нашем мире, подчинил Себя нам, »смирил себя, быв послушным даже до смерти, и смерти крестной« (Фил 2,8). Таким образом свобода наша, будучи ответом на дар Божий, является свободой для привязывания к любви, которая »не ищет своего« (1 Кор 13,5).

Поэтому свобода подчас выступает в образе радикальной дифференции, или, еще раз обращаясь к формулировке Юнгла, в образе своей »точной противоположности«. Это всегда происходит там, где свободой пользуются для того, чтобы отказаться от своих прав ради мира и спокойствия, предпочесть примирение мести, пожертвовать выгодой других в пользу общего блага и добиваться собственных прав, не заботясь о правах других.

Ответственная свобода организует отношения поколений друг с другом в семье и обществе. Опросы показали, что молодое поколение страстно ищет доверия, защищенности, надежности и ориентации. Футуролог Хорст Опатшовский из Гамбурга говорит о том, что нынешнее подрастающее поколение, не ориентируется на получение удовольствия, это поколение, готово брать на себя ответственность. Помочь родителям, которые оказались, с одной стороны, под давлением ожидаемых от них гибкости и мобильности, под рабочим стрессом, и, с другой стороны, попавших в вакуум ввиду отсутствия спроса и востребованности, справиться с воспитанием в духе свободы и ответственности – задача всего общества, но в особой степени это задача Церкви и ее образовательной деятельности. То, чем мы занимаемся в наших детских дошкольных учреждениях, в школах и в сфере образования взрослых, имеет большое значение. Поэтому мы выступаем за развитие общественной концепции образования, которая бы не упускала ориентацию на веру, личную привязанность к вере и этическим убеждениям. Нейтральное в мировоззренческом отношении государство должно также заботиться о том, чтобы эти привязанности, сочетающиеся с терпимостью по отношению к другим, нашли свое место в воспитании и образовании.

Терпимость тоже не является для нас пустым сверхпонятием. Это не терпимость вне веры и тем более не против веры. Это »терпимость в вере«. Так сформулировал ее Синод Евангелической Церкви в Германии, проходивший в 2005 году в Берлине. Именно такая терпимость не приводит к постмодернистской произвольности по принципу »все дозволено«. Она сохраняет неразрывную связь с собственной верой. Она, с полной серьезностью и с полным воодушевлением, привносит эту веру в поиски совместных ориентиров. Она привносит свое видение и конкретизацию также в развитие и формирование основных прав. Она вносит вклад и в формирование общественной и национальной идентичности. Но это происходит таким образом, что при этом признается и вклад другого, привязанность которого отличается от его собственной.

Эта терпимость не только, скрипя зубами, признает другого и чужака. Она выступает за то, чтобы и его привязанности, как и собственные, получили возможность для активной и свободной жизни. Эта терпимость осознает, что недостаточно негативной свободы терпения и молчаливого согласия с основными правами других. Она вносит свой вклад в положительную свободу при формировании этих основных прав.

По мнению протестантов эти соображения и основные убеждения можно было бы выразить таким хорошим, далеко идущим понятием как »примиряющее разнообразие«. Эта понятийная пара представляется мне приемлемой и продуктивной нс только для нашей совместной экуменической жизни христианских Церквей. Это открывает перспективы и для политического процесса во имя мира и интеграции на основе прав человека, не только в Европе, но и в глобализированном мире.

Это касается и отношений между искусством и религией. Ведь речь не идет о преимущественном праве свободы искусства по отношению к религиозной свободе – или наоборот. Также речь не идет о разных рангах и ступенях свобод. Именно потому, что они могут осуществляться лишь совместно и в сообществе речь идет о том, чтобы организовывать их в открытом обществе, неся ответственность друг за друга и не стремясь к собственной доминантности. Спор о карикатурах на пророка Мухаммеда не был бы спором, а стал бы серьезным диалогом, если бы эта два права, на религиозную свободу и на свободу искусства, не противопоставлялись бы друг другу.

Я подвожу итоги моим соображениям:

Евангелическое понимание человеческого достоинства и свободы видит каждого отдельного человека в его отношении с Богом. Это одаривание человека достоинством невозможно отделить от его призвания к свободе. Право на защиту собственной жизни непосредственно связано с долгом защищать жизнь другого. Свобода, к которой призваны люди, означает, что они свободны для того, чтобы брать на себя ответственность за свободу ближнего. В евангелическом понятии свободы самоопределение и ответственность неразрывно связаны друг с другом. Передача такого понимания свободы является крупной задачей христианских Церквей.

Эта миссия к свободе не покоится сама в себе. Она стало нашей миссией как дар Божий. Поэтому она является этикой ответственной свободы и одновременно этикой благодарности. Она ведет к хвале Бога и нуждается в пространстве для совместной религиозной свободы, в котором может громко прозвучать эта хвала Богу. В этой свободе, которую даровал нам Христос (Гал 5,1), знаком и посвящением является Крещение. Основываясь на нем, в ответственной свободе, мы стремимся дать ответ на вызовы нашего времени, свидетельствуя перед ним Евангелие.

Orthodoxe Betrachtungsweise der Menschenrechte

Georgij Rjabych

In diesem Vortrag wird der Versuch unternommen, die möglichen Wege für die Betrachtung der Menschenrechte durch das Prisma der christlichen Soteriologie zu bestimmen. Die Hauptfrage dieser Untersuchung lautet folgendermaßen: Was könnte in der Theorie und Praxis der Menschenrechte für die Erlösung des Menschen hilfreich sein und was schafft dabei Hindernisse? Auf der Grundlage der Aussage des hl. Apostels Paulus in seinem Brief an die Römer: »Denn ich tue nicht, was ich will; sondern was ich hasse [...]« (Röm 7,15) kann man schließen, dass einer der wichtigsten Aspekte der Erlösung darin besteht, dass der Mensch, nachdem er sich von der Sünde befreit, wieder im Einklang mit seiner, nach dem Ebenbild Gottes geschaffenen Natur (Gen 1,29) leben kann. Deshalb ist es für den Menschen so wichtig, eine rechte Vorstellung von seiner Natur und von einem Leben, das dieser Natur entspricht, zu haben. Für die europäische Tradition des politischen und sozialen Denkens, die im Koordinatensystem der christlichen Weltanschauung entstand, war und bleibt das Thema der Natur des Menschen und der ihr entsprechenden menschlichen Ordnung praktisch immer der Ausgangspunkt der Überlegungen.

Dies ist zutreffend auch in Bezug auf die Konzepte der Menschenrechte, die eine bestimmte Vorstellung von der Natur des Menschen widerspiegeln. Zwei wichtige Bestimmungen, die die ideelle Grundlage des politisch-juristischen Mechanismus der Menschenrechte bilden, sind nicht nur annehmbar für das Christentum, sondern sie stellen Axiome der christlichen Erlösungslehre dar. Erstens, die Behauptung, dass jeder Mensch über die unveräußerliche Würde verfügt, die zu seiner Natur gehört, ruft keinerlei Zweifel hervor. Die Überzeugung von der Richtigkeit dieser Vorstellung, gründet sich auf der biblischen Lehre von der Erschaffung des Menschen nach der Gestalt und dem Abbild Gottes. Zweitens, die Anerkennung der Freiheit der Wahl des Menschen, als eines wesentlichen Merkmals seiner Natur ruft keine Zweifel hervor. Es darf nicht in

Abrede gestellt werden, dass der Mensch das Recht hat, nach eigenem Ermessen über sich selbst zu verfügen. Die heiligen Väter halten einmütig die menschliche Freiheit für eine der Äußerungen des Bildes Gottes. Allerdings können eine bestimmte Deutung dieser Axiome und die Art ihrer Umsetzung in der Praxis schwerwiegende Probleme auf dem Wege der Erlösung eines Christen schaffen, der in einer Gesellschaft lebt, die Menschenrechte anerkennt und verteidigt.

Bekanntlich sichern die Menschenrechte dem Individuum Freiheit und garantierte Möglichkeiten in speziell vereinbarten Bereichen des öffentlichen Lebens: in der Politik, in der Wirtschaft, im sozialen Bereich, in der Kultur usw. Indem er den Raum für freies Handeln in der Gesellschaft aussondert und verteidigt, vertraut der Rechtsstaat dem Menschen ganz und gar die Bestimmung der Ausrichtung und des Inhalts dieses Handelns an. Zum Beispiel ist eines der Menschenrechte die Pressefreiheit. Im öffentlichen Bereich kann der Mensch diese Freiheit sowohl zur Verbreitung der Tugenden als auch zur Propaganda der Sünde ausnutzen. In einem wie im anderen Fall wird sich der Mensch unter dem Schutz des Instituts der Menschenrechte befinden.

Aus christlicher Sicht berücksichtigt ein solches Verständnis der Freiheit und ihrer Umsetzung nicht einen wichtigen modernen Zustand der menschlichen Natur, nämlich ihre Knechtschaft in der Sünde. Uneingeschränkt kann die volle Freiheit der Wahl nur für eine vollkommene, der Sünde nicht unterworfene Person verteidigt werden. Im Brief an die Galater schreibt der Apostel Paulus: »Gegen all dies ist das Gesetz nicht« (Gal 5,23). Deshalb ist die frohe Botschaft des Christentums über die Freiheit dem Predigen über die Freiheit der menschlichen Natur von der Sünde gewidmet. Allein die Freiheit der menschlichen Natur von der Sünde befähigt den Menschen die Freiheit der Wahl zum eigenen Wohl zu nutzen und nicht zur Zerstörung des eigenen Lebens und des Lebens anderer Menschen.

Zum gleichen Schluss kommt man, wenn man sich auf die Christologie stützt. Im Brief an die Hebräer wird erwähnt, dass Christus die menschliche Natur angenommen hat »ohne Sünde« (Hebr 4,15). Das bedeutet, dass die Sünde außerhalb der in Christus wiederhergestellten und verklärten menschlichen Natur geblieben ist. Deshalb schließt die Würde des Menschen die Sünde nicht ein. Aus der Sicht des Christentums bringen die sittlichen Normen die menschliche Würde in Fülle zum Ausdruck, auf deren Erfüllung die Freiheit gerichtet sein soll.

Eine angemessene Untersuchung der Betrachtungsweise der Freiheit, wie sie in den modernen Menschenrechten verkörpert wird, ist unmöglich ohne Hinwendung zu den theologischen Voraussetzungen ihrer Entstehung. Wenn man berücksichtigt, dass die ersten liberalen Traktate von religiösen Überzeugungen abhängig waren, meine ich, dass die Ideen der Reformation einen wichtigen Beitrag zur Gestaltung des modernen Konzeptes der Menschenrechte leisteten. Es ist charakteristisch, dass ausgerechnet in den Ländern mit protestantischer Tradition die Menschenrechte zum natürlichen Element der gesellschaftlichen Ordnung geworden sind. Andererseits macht das katholische Christentum bei der Annahme der Menschenrechte wesentliche Vorbehalte.

Meines Erachtens wird die moderne Deutung der Freiheit hinsichtlich der Menschenrechte immer noch von zwei protestantischen Ideen in Bezug auf das Verständnis der Freiheit einer Person, natürlich in verweltlichter Form, bestimmt. Einerseits verkündeten die Führer der Reformation die volle Abhängigkeit der Erlösung des Menschen vom Willen Gottes, andererseits behaupten sie konsequent, die These von der Freiheit der Person bei der Interpretation der Glaubensnormen auf der Grundlage der Heiligen Schrift. Infolgedessen wurde die Person vollständig von der Notwendigkeit befreit, die eigene geistige Erfahrung mit den Erfahrungen anderer Christen, sowohl derjenigen die vor ihr waren als auch der Zeitgenossen, in Beziehung zu sehen. Wahrscheinlich hatten die Reformatoren vor, das Christentum jedem Menschen näher zu bringen, indem sie die Wichtigkeit seines inneren Lebens betonten, aber sie wählten dafür einen zweifelhaften Weg der Verabsolutierung der persönlichen Freiheit bei der Deutung der Bibel zum Nachteil für die allgemeine kirchliche Tradition. Sie sprachen sich nicht einfach für die Entschlackung der Tradition aus, sondern traten für den Verzicht darauf als eines wichtigen Parameters der Selbstbestimmung der Person im religiösen Leben ein.

Eine gute Illustration des Ergebnisses dieses Verzichtes auf die Tradition liefert die Erklärung der vier Bischöfe (R. Köchn, S. Osberg, G. Stolset und O. Steinholt), die der Kirche Norwegens angehören. Sie stammt aus dem Jahr 1999 und bezieht sich auf den Beschluss der gleichen Kirche von 1997 über die Ablehnung der Ordination und Einsegnung von Homosexuellen:

»Im Lichte des Kirchenrechts sind wir der Meinung, dass weder die Bischofssynode noch das Kirchenkonzil, einen einzelnen Bischof bei der Ausübung seiner Vollmachten binden kann, die er kraft seines Amtes besitzt. Der Bischof ist in erster Linie durch die Heilige Schrift, durch das Glaubensbekenntnis unserer Kirche und außerdem durch kirchliche Vorschriften gebunden, und davon ausgehend fällt er ein selbständiges Urteil.«

Die Übertragung namentlich dieses Prinzips vollzog sich in der Neuzeit auch auf die öffentlichen Angelegenheiten. Die Theoretiker und Führer der sozialen Revolutionen kämpften bei der Interpretation des öffentlichen Lebens um die Freiheit der Person, ohne auf die Kirche, den Staat und die Gesellschaft Rücksicht zu nehmen.

Die andere protestantische Idee, die in verweltlichter Form in den Menschenrechten präsent ist, betrifft die Einstellung zur Sünde. Die Freiheit von Sünde wird für die protestantische Theologie zur Gegebenheit in dem Moment, wo der Mensch den Glauben an Christus erlangt. Insofern wird die Erlösung eher als Vergebung der Schuld oder als Nichtanrechnung der Schuld für Sünde verstanden und nicht als Verklärung des Menschen oder als Genesung der menschlichen Natur. Wenn ein Mensch ein Christ wird, so bekommt er nach Meinung von Martin Luther das Recht, in der irdischen Welt frei zu handeln:

»Das geschieht, wenn die christliche Freiheit, die Er schenkt, richtig dargereicht wird, und wenn sich vor uns eröffnet, in welchem Sinne wir Christen Könige und Priester sind und somit die Herren über das Seiende und wir können fest glauben, dass egal was wir tun, es vor Gottes Angesicht gefällig und annehmbar ist, wie ich schon gesagt habe.«

In der Tat, Christus hat einmal die Sünde besiegt und die menschliche Natur von ihr gereinigt. Aber diese Gegebenheit muss sich jeder einzelne Mensch in seinem irdischen Leben noch aneignen, indem er den Erlösungsweg vollbringt. Das orthodoxe Christentum beharrt darauf, dass nach der Taufe ein Christ sich in einem Prozess befindet, er legt den alten Menschen ab und kleidet sich in das neue Menschsein Christi. Die Erlösung vollzieht sich im Zusammenwirken der Göttlichen Gnade und der menschlichen Freiheit. Allein in der eschatologischen Perspektive findet die Aufdeckung des endgültigen Ergebnisses des irdischen Lebens eines gläubigen Menschen statt. Erst dann wird die erlöste Person das Bild des himmlischen Adams tragen (1 Kor 15,49) »und unseren nichtigen Leib verwandeln wird, dass er gleich werde Seinem verherrlichten Leibe« (Phil 3,21), so schreibt der hl. Apostel Paulus.

Wenn der Mensch sich im dynamischen Zustand des Kampfes zwischen der Nichtigkeit und dem neuen Leben befindet, kann er sich verirren und den Weg seiner Erlösung entstellen. Eine wichtige, sichernde Funktion spielt dabei die Tradition, die von der ganzen Kirche aufbewahrt wird und auf die die protestantische Theologie verzichtete. Natürlich muss berücksichtigt werden, dass dieser Verzicht unter bestimmten historischen Bedingungen geschah. Der Protestantismus entstand in Streitigkeiten mit

Rom, das darauf bestand und bis heute immer noch darauf besteht, dass die Authentizität der Tradition der Kirche durch den Dienst des Bischofs von Rom garantiert wird. Für das orthodoxe Bewusstsein gilt als Garant der Wahrheit der Tradition die gesamte Kirche – ihr konziliares Urteil. Daraus folgt die starke Verehrung der Glaubensnorm, bestätigt durch die Ökumenischen Konzile und angenommen durch die Gläubigen. Die Wahrheit der Erkenntnis Gottes und der Lebensnormen in Gott ist das Gut der gesamten Kirche als des Leibes Christi. Es darf nicht für eine einzelne Person die Autonomie vom Leib Christi und die Möglichkeit einer gewissen besonderen, für die anderen Gläubigen unzugänglichen geistigen Erkenntnis in Anspruch genommen werden.

Ein weiterer Aspekt der Erlösung besteht in der Wiederherstellung des ursprünglichen Zustands der menschlichen Natur und ihre Erhebung zu einer noch größeren Herrlichkeit. »So sind wir ja mit ihm begraben durch die Taufe in den Tod, damit, wie Christus auferweckt wird von den Toten durch die Herrlichkeit des Vaters, auch wir in einem neuen Leben wandeln (Röm 6,4). Dementsprechend entsteht und vollzieht sich die Sache der Erlösung des Menschen innerhalb seiner intimsten Person: »Das Reich Gottes ist mitten unter euch« (Lk 17,21). Deshalb stellt sich eine wichtige Frage: Wie kann das öffentliche Leben und seine Ordnungen die innere Entwicklung der menschlichen Person beeinflussen? Die im Rahmen des Konzeptes der Menschenrechte existierende Deutung der Freiheit verzichtet deklarativ, wie oben gesagt, auf die Möglichkeit, das innere Leben des Menschen zu beeinflussen und überlässt das dem Ermessen der Person selbst. Allerdings erlaubt der juristische Charakter des Konzeptes der Menschenrechte nicht, diese Absicht umzusetzen.

Die Menschenrechte, das ist die Darlegung der Vorstellungen über den Menschen in juristischer Sprache, die für die römische Tradition charakteristisch ist. In der römischen Gesellschaft spielte das Recht die vorrangige Rolle. Die gleiche Vorstellung von seiner Rolle blieb bis heute erhalten, mehr noch, Vorrang des Gesetzes (rule of law) wird zu einem der Pfeiler der modernen fortschrittlichen Gesellschaft erklärt. In der Neuzeit wurde das Prinzip des Vorrangs des Gesetzes als wichtiges Instrument zur Bekämpfung der Willkür der Herrschenden und als Instrument der Verteidigung der Gleichheit aller Menschen vor dem Gesetz etabliert. In jüngster Zeit führt aber der Vorrang des Gesetzes zur Einrichtung einer solchen gesellschaftlichen Ordnung, in der das Rechtssystem das *einzige* universale, das gesellschaftliche Leben regelnde Normensystem ist. In der Empfehlung der Parlamentarischen Versammlung des Europarates vom 29. Juni 2007 wird kategorisch über die Notwendigkeit der Unterwerfung der religiösen Ansichten unter die Menschenrechte gesprochen:

»Die Staaten haben auch kein Recht zuzulassen, dass religiöse Grundsätze verbreitet werden, deren Umsetzung die Menschenrechte verletzen. Sind in dieser Hinsicht Zweifel entstanden, muss der Staat die religiösen Führer auffordern, eine unmissverständliche Position zugunsten des Vorrangs der Menschenrechte gegenüber jedem religiösen Prinzip einzunehmen, wie sie in der Europäischen Konvention über die Menschenrechte niedergelegt sind.«

Meiner Ansicht nach schafft der erklärte Vorrang des Gesetzes zumindest zwei Probleme.

Das erste Problem betrifft die Zulassung der Religion und Ethik, die sich auf religiöse Ansichten gründen, bei der Gestaltung der Rechtsnormen. Der Religion wird heute das Recht verweigert, die Rechtsnormen, die einen Vorrang über alle anderen Bereiche in der Gesellschaft haben, zu beeinflussen. In der gleichen Empfehlung der Parlamentarischen Versammlung des Europarats steht: »Die Versammlung empfiehlt dem Ministerkabinett, das Prinzip der Unabhängigkeit der Politik und des Gesetzes von der Religion zu bestätigen«. Die Entfernung der Religion aus der Gesetzgebung bedeutet, dass leicht Rechtsnormen verabschiedet werden können, die mit den christlichen Vorstellungen von dem erlösenden Zustand der menschlichen Natur, die durch sittliche Normen bestimmt wird, in Widerspruch geraten.

Allerdings nicht die Tatsache der Existenz solcher Normen als solche behindert die Erlösung. Es muss erwähnt werden, dass es in der Welt viele Lehren gibt, die für den Menschen aus der Sicht des Christentums unheilvoll sind. Die Schwierigkeit für die Erlösung entsteht deshalb, weil in einem modernen Staat der Vorrang des Rechts durch Zwangsmaßnahmen des Staates und durch seine Möglichkeiten im Bereich der Erziehung und der Propaganda gesichert werden. Das kann zu einer Situation führen, in der die Normen oder Handlungen, die den christlichen Geboten widersprechen, den Christen als Überzeugungen oder als Taten aufgedrängt werden.

Es gibt bereits entsprechende Beispiele. Im Januar 2003 hat das Europäische Parlament eine Resolution über Menschenrechte verabschiedet, die einen Aufruf zur Durchführung einer gesamteuropäischen Kampagne zur sozialen Integration der Homosexuellen sowie zum Kampf für die Zulassung der Frauen, den Heiligen Berg Athos zu besuchen, enthält. 2006 entstand im Europarat eine Resolution »Frauen und Religion in Europa«, die darauf hinweist, dass es unzulässig ist, Ansichten, in erster Linie religiöse Ansichten, über die Bestimmung der Frau zu verbreiten, die gegen die Gendergleichheit verstoßen. Es gibt auch andere Beispiele für Forderungen, die religiösen Ansichten mit den Menschenrechten bezüglich der schöpferischen Tätigkeit, der Bildung und anderer Lebensbereiche in Einklang zu bringen.

Natürlich liegt das Problem in diesem Fall nicht in den Menschenrechten selbst, sondern eher in der Säkularisierung des Rechts als solcher. Zum Opfer dieser Verweltlichung werden auch Menschenrechte. Wie mir scheint kann man dieses Problem ziemlich leicht beseitigen, indem man ein Mechanismus zur tatsächlichen Beteiligung der religiösen Traditionen am Rechtsetzungsprozess und ihres Einflusses darauf schafft, sowohl innerhalb einzelner Länder als auch auf internationaler Ebene. Aber diese vorgeschlagenen Veränderungen werden nicht effektiv sein, wenn nicht noch ein weiteres mit dem Vorrang des Rechts verbundenes Problem gelöst wird.

Der Vorrang des Rechts in der Gesellschaft führt zur Ablehnung der Existenz anderer universaler Normsysteme, vor allem, des universalen sittlichen Systems. Über die Risiken, die mit dem Vorrang des Rechts oder des Gesetzes verbunden sind, ist ausführlich im Neuen Testament die Rede. Wie gut das Gesetz auch ist, kann es doch dem Menschen nicht die Kraft verleihen, es zu erfüllen. Im Brief an die Römer stellt Apostel Paulus fest, dass das Gesetz heilig (Röm 7,12), geistlich (Röm 7,14) und gut (Röm 7,16) ist, aber der Mensch hat keine Kraft, es zu erfüllen, weil er der Knecht der Sünde ist. Selbst der Herr Jesus Christus entlarvte die Unvollkommenheit des Vorrangs des Gesetzes, die letztendlich zu Heuchelei, Entfremdung und Verletzung der Gerechtigkeit führen. Unter den Bedingungen des Vorrangs des Gesetzes wird die äußere Erfüllung seiner Normen bestimmend und das innere Leben des Menschen tritt in den Hintergrund. Im Ergebnis wird das Recht leicht zum Werkzeug der Starken und Reichen. Verletzt werden die Gerechtigkeit und andere sittliche Gesetze über die Liebe zu Gott und zum Nächsten, obwohl alle äußere Formen eingehalten werden.

Das Christentum stellt an die erste Stelle imperativ nicht den trockenen Buchstaben des Gesetzes, sondern seine lebendige Quelle – die Göttliche Gnade. Der Wohnort der Gnade ist der lebendige Mensch, der in sich das Bild Gottes trägt. Daraus folgt die Wichtigkeit der inneren Verfassung und des Zustandes des Menschen – seiner Sittlichkeit. Im Unterschied zum westlichen Begriff »Moral« versteht man unter »Sittlichkeit« in der russischen Tradition die Normen, die sowohl das innere als auch zugleich das äußere Leben des Menschen bestimmen. Der Hl. Apostel Paulus schreibt an die Korinther, sie seien Briefe, geschrieben »nicht mit Tinte, sondern mit dem Geist des lebendigen Gottes, nicht auf steinerne Tafel, sondern auf fleischerne Tafel, nämlich eure Herzen«

(2 Kor 3,3). Die äußeren Regeln, die unvermeidlich das Recht oder die Moral anbieten, müssen mit den Normen des inneren Zustandes des Menschen in Einklang gebracht werden. Auf diese Weise lässt die christliche Tradition nicht zu, das Prinzip des Vorrangs des Gesetzes zu behaupten. Aber vielleicht wird in diesem Fall das Recht überhaupt abgelehnt? Und wenn nicht, welche Rolle kann und muss das Gesetz spielen? Im christlichen Osten wurde der rechtliche Ansatz niemals abgelehnt. Namentlich im Osten wurden ernsthafte Kodifizierungen der Rechtsnormen durch den Kaiser Justinian im 6. Jahrhundert und anschließend durch die Mazedonische Dynastie im 9. Jahrhundert vorgenommen. Diese Gesetzbücher wurden lange Zeit von ganz Europa benutzt. Eine gesonderte Stellung hatten zur gleichen Zeit die kirchlichen Kanones, die die Lebensregeln widerspiegelten, die unter dem Einfluss der Heiligen Schrift und des praktischen Lebens der Kirche im Heiligen Geist entstanden sind. Dabei wurde in der byzantinischen Tradition der Vorrang der Kanones behauptet, mit denen die Gesetze dürften nicht mit ihnen in Widerspruch geraten durften, deshalb entstehen im staatlichen Leben von Byzanz Nomokanones.

Die Alte Rus hat diese Sammlungen als vorrangige Vorbilder für Rechtsnormen übernommen. Aber die junge russische kirchliche Gemeinschaft hat besonders eifrig die christlichen Unterschiede zwischen dem Gesetz und der Gnade wahrgenommen. Das erste ernsthafte theologische Werk, das auf russischem Boden entstand, stammt von dem heiligen Bischof Illarion, dem Metropoliten von Kiew, und trägt einen kurzen Titel »Das Wort über das Gesetz und die Gnade«. In diesem Werk wird die Bedeutung der persönlichen Frömmigkeit und der öffentlichen Gerechtigkeit betont, die nur durch den Erwerb der Gnade erreicht wird. In diesem Sinne bestand die Bestimmung der Sammlungen darin, das Verständnis der Gerechtigkeit festzuhalten, das unter dem Einfluss der religiösen und sittlichen Erfahrungen sowohl des einzelnen Menschen als auch des gesamten Volkes entstand. Es ist charakteristisch, dass in Russland bis zu Peter I. der Begriff »Gesetz« nicht gebraucht wurde. Alle Rechtssammlungen vor Peter I. hießen »Wahrheiten«.

So wird in der östlichen christlichen Tradition das Recht nicht abgelehnt, sondern als ein notwendiges Mittel zur Gestaltung des öffentlichen Lebens unter den Bedingungen der Herrschaft der Sünde über den Menschen betrachtet. Zweifellos wäre es falsch zu behaupten, dass das Gesetz den inneren Zustand des Menschen, seine Denkweise, seine Gefühle sein Gemüt vorschreiben soll. Offensichtlich kann das Gesetz keine Funktion zur Errettung der Person haben. Aber das Gesetz kann die Bedingungen zur Entwicklung des notwendigen Seelenzustandes des Menschen schaffen, sowie dem Bösen entgegenwirken. Zugleich muss die Unterstützung des religiösen Lebens, des Systems der sittlichen Normen und des Erziehungssystems eine wichtige menschliche und d. h. öffentliche Aufgabe sein.

Geben wir zu, in einer multikulturellen Gesellschaft entsteht das Problem der Auffindung eines gemeinsamen Wertesystems. Es wäre einfacher, den Pluralismus der sittlichen und ethischen Systeme anzuerkennen. Meiner Ansicht nach darf die Gesellschaft nicht auf die eigentliche Idee der gemeinsamen sittlichen Werte verzichten, sondern sie muss Bemühungen unternehmen, um sie festzustellen. Eine besonders akzeptable Weise in dieser Frage ist der Dialog zwischen verschiedenen gesellschaftlichen Kräften. Es ist auch offensichtlich, dass sich dieses Wertesystem auf die historischen Erfahrungen des einen oder anderen Volkes und auf seine religiöse Tradition stützen muss. Das Rechtssystem muss sich seinerseits auf dieses System hin orientieren und mit ihm nicht in Konflikt treten.

Leider vollzog sich heute die Rückkehr des öffentlichen Lebens zum Rechtsprinzip bei der Gestaltung der Gesellschaft, das in der Welt vor der Ankunft Christi sowohl im Alten Judäa als auch im Alten Rom herrschend war. Die schwachen Versuche, die Sittlichkeit, als einen bedeutenden Regulator des öffentlichen Lebens beizubehalten, entwickelten sich leider nicht weiter. Obwohl in der Gesamtdeklaration über die Menschenrechte von 1948 sowie in anderen internationalen Dokumenten, die auf den Schutz der Menschenrechte gerichtet sind, die Sittlichkeit als eines der Kriterien der Anwendung der Rechte und Freiheiten erwähnt wird, wird dieses Kriterium bis heute real bei der Einrichtung der gesellschaftlichen Ordnung nicht berücksichtigt.

Zum Schluss lässt sich Folgendes sagen: Wahrscheinlich werden die Menschenrechte der Erlösung unter folgenden Bedingungen nicht im Wege stehen. Erstens, dürfen die Menschenrechte die Betrachtung der Religion als eine Privatsache nicht unterstützen. Im Bewusstsein der Bedeutung der religiösen Sphäre kann die Gesellschaft eine Selbstbestimmung in diesem Bereich vollziehen, indem sie besondere Beziehungen zu der traditionellen Religion oder zu den Religionen dieses Volkes aufbaut. Zweitens, müssen die Menschenrechte nicht nur der Freiheit der Wahl, sondern der Freiheit vom Bösen dienen, d. h. sie müssen zur sittlichen Vervollkommnung der Person beitragen. Drittens, muss jede Tätigkeit in der öffentlichen Sphäre mit den sittlichen Basisnormen in Einklang gebracht werden, die von der Gesellschaft als Ergebnis des Dialogs über die Werte anerkannt werden. Zugleich muss der Mensch in seinem Privatleben die Freiheit haben, die sittlichen Normen zu befolgen oder nicht zu befolgen. Ich glaube, heute ist es unmöglich, auf der staatlichen Kontrolle über das sittliche Leben einer Privatperson zu bestehen, denn nach der christlichen Überzeugung kann der Staat nur Voraussetzungen zur Erlösung einer Person schaffen, aber er kann sie nicht zur Erlösung zwingen.

Православный подход к правам человека

Георгий Рябых

В настоящем докладе предпринимается попытка обозначить возможные пути рассмотрения прав человека через призму христианской сотериологии. Главный вопрос этого исследования звучит следующим образом: что в теории и практике прав человека может содействовать спасению человека, а что создавать для него препятствия?

На основе слов святого апостола Павла из послания к римлянам – »Не то делаю, что хочу, а что ненавижу, то делаю« (Рим 7,15) – можно заключить, что один из важных аспектов спасения состоит в том, чтобы, избавившись от греха, человек вновь мог жить согласно своей природе, сотворенной по образу и подобию Божию (Быт 1,29). Поэтому человеку так важно иметь правильные представления о своей природе и жизни, которая ей соответствует. Для европейской традиции политической и социальной мысли, зародившейся в системе координат христианского мировоззрения, тема природы человека и соответствующего ей общественного устройства практически всегда была и остается отправным пунктом рассуждений.

Последнее замечание справедливо и в отношении концепции прав человека, которые отражают определенное представление о природе человека. Два основных положения, составляющие идейный фундамент политико-юридического механизма прав человека, не просто приемлемы для христианства, но являются аксиомами в христианском учении о спасении. Во-первых, не вызывает сомнения утверждение о том, что каждый человек обладает неотъемлемым достоинством, которое принадлежит его природе. Убежденность в правоте этого представления основывается на библейском учении о сотворении человека по образу и подобию Божию. Во-вторых, не вызывает сомнения признание свободы выбора человека как существенной характеристики его природы. Нельзя отрицать того, что человек в праве распоряжаться собой по собственному усмотрению. Святые Отцы единодушно считают человеческую свободу одним из проявлений Божьего образа. Однако определенное толкование этих аксиом и способы их реализации на практике, могут создавать серьезные трудности на пути спасения христианина, живущего в обществе, признающего и защищающего права человека.

Как хорошо известно, права человека обеспечивают индивиду свободу и гарантированные возможности в специально оговоренных областях общественной жизни: политике, экономике, социальной сфере, культуре и так далее. Выделяя и защищая пространство свободного действия в обществе, правовое государство целиком доверяет человеку определение направленности и содержания этого действия. Например, одним из прав человека является свобода слова. В публичной сфере человек может использовать эту свободу для утверждения добродетели, а может – для пропаганды греха. И в том, и в другом случае человек будет находиться под защитой института прав человека.

С христианской точки зрения подобное понимание свободы и ее реализации не учитывает важного современного состояния человеческой природы – ее рабство греху. С уверенностью можно защищать полную свободу выбора только совершенной личности, которая не подчинена греху. В послании к галатам святой апостол Павел пишет: »на таковых нет закона« (Гал 5,23). Поэтому благовестие христианства о свободе посвящено проповеди свободы человеческой природы от греха. Только ее достижение дает человеку возможность пользоваться свободой выбора для своего блага, а не для разрушения своей жизни и жизни других людей.

К такому же выводу можно прийти, опираясь на христологию. В послании к евреям говорится о том, что Христос принял всю человеческую природу »кроме греха« (Евр 4,15). Это означает, что грех остался за пределами восстановленной и преображенной во Христе человеческой природы. Поэтому достоинство человека не включает в себя грех. С точки зрения христианства человеческое достоинство в полноте выражают нравственные нормы, на исполнение которых должна быть направлена свобода.

Полноценное исследование подхода к свободе, который воплощается в современных правах человека, невозможно без обращения к богословским предпосылкам его формирования. Учитывая зависимость первых либеральных трактатов от религиозных воззрений, полагаю, что именно идеи Реформации внесли свой весомый вклад в формирование современной концепции прав человека. Характерно, что именно в странах протестантской традиции, права человека стали естественным элементом общественного устройства. Со своей стороны католическое христианство, принимая права человека, делает при этом существенные оговорки.

На мой взгляд, две протестантские идеи, конечно, в обмирщенном виде, касающиеся понимания свободы личности, до сих пор определяют современное толкование свободы, применяемое в правах человека. С одной стороны лидеры Реформации провозгласили полную зависимость спасения человека от воли Божией, а с другой стороны стали последовательно утверждать тезис о свободе личности в интерпретации норм веры на основе Священного Писания. В результате личность была полностью освобождена от необходимости соотнесения своего духовного опыта с опытом других христиан, как живших до нее, так и современников. Вероятно, реформаторы стремились приблизить христианство к каждому человеку, подчеркнув важность его внутренней жизни, но избрали для этого сомнительный путь абсолютизации личной свободы в толковании Библии в ущерб общецерковному Преданию. Они не просто выступили за очищение Предания, но вообще за отказ от него как важного параметра самоопределения личности в религиозной жизни.

Хорошей иллюстрацией результата отказа от Предания является заявление четырех епископов (Р. Кёхна, С. Осберга, Г. Столсета, О. Стейнхолта), принадлежащих Церкви Норвегии, от 1999 года по поводу решений этой же Церкви 1997 года об отказе рукоположения и благословения гомосексуалистов:

>> В свете церковного права мы считаем, что ни Архиерейский Собор, ни Собор Церкви не может связывать отдельного епископа в осуществлении им полномочий, которыми он обладает в силу своей должности. Епископ, в первую очередь, связан Священным Писанием и вероисповеданием нашей Церкви, и кроме того церковными установлениями, и выносит самостоятельное суждение исходя из этого<<.

Перенос именно этого принципа произошел в Новое время и на общественные дела. Теоретики и вожди социальных революций боролись за свободу личности в интерпретации общественной жизни без оглядки на Церковь, государство и общество.

Другая протестантская идея, присутствующая в обмирщенном виде в правах человека, касается отношения ко греху. Свобода от греха для протестантского богословия становится данностью с момента обретения человеком веры во Христа. В данном случае спасение понимается скорее как прощение вины или невменение вины за грех, а не как преображение человека или исцеление человеческой природы. Становясь христианином, по мнению Мартина Лютера, человек получает право свободно действовать в земном мире:

> »Это осуществляется, когда христианская свобода, которую Он дарует, преподается правильно и перед нами раскрывается то, в каком смысле мы, христиане, являемся царями и священниками, а следовательно – господами всего сущего, и можем твердо веровать, что все, что бы мы ни сделали, угодно и приемлемо пред лицом Божьим, как я уже говорил«.

Действительно, Христос однажды победил грех и очистил от него человеческую природу. Однако эту данность каждый отдельный человек должен еще усвоить в своей земной жизни, совершая путь спасения. Православное христианство настаивает на том, что после крещения христианин находится в процессе совлечения ветхого человека и облачения в новое человечество Христа. Спасение происходит в соработничестве Божией благодати и человеческой свободы. Только в эсхатологической перспективе будет происходить обнаружение окончательного результата земной жизни верующего человека. Только тогда спасенная личность будет носить образ Адама Небесного (1 Кор 15,49), и »уничиженное тело наше« будет сообразовано »славному телу Его« (Флп 3,21), как пишет святой апостол Павел.

Находясь в динамическом состоянии борьбы между ветхостью и новой жизнью, человек может заблуждаться и искажать свой путь спасения. Важную страховочную функцию в данном случае играет Предание, хранимое всей Церковью, от которого протестантское богословие отказалось. Конечно, надо учитывать, что этот отказ произошел в определенных исторических условиях. Протестантизм родился в спорах с Римом, который настаивал и продолжает сегодня настаивать на том, что аутентичность Предания Церкви гарантируется служением Римского епископа. Для православного сознания гарантом истинности Предания является вся Церковь – ее соборное суждение. Отсюда вытекает такое сильное почитание нормы веры, утвержденной Вселенскими Соборами и принятой верующими. Истина знания Бога и норм жизни в Боге является достоянием всей Церкви – Тела Христова. Нельзя признать за отдельной личностью автономию от Тела Христова и возможность некого особого духовного знания, которое не доступно другим верующим.

Еще один аспект спасения заключается в восстановлении первородного состояния человеческой природы и в возведении ее в еще большую славу. »Итак мы погреблись с Ним крещением в смерть, дабы, как Христос воскрес из мертвых славою Отца, так и нам ходить в обновленной жизни« (Рим 6,4). Соответственно дело спасения человека зарождается и происходит внутри его сокровенной личности: »Царствие Божие внутрь вас есть« (Лк 17,21). Поэтому возникает важный вопрос: как общественная жизнь и ее установления могут влиять на внутреннее развитие человеческой личности? Существующее в рамках концепции прав человека толкование свободы, как было выше обозначено, декларативно отказывается от возможности влиять на внутреннюю жизнь человека, оставляя ее на усмотрение самой личности. Однако юридический характер концепции прав человека не позволяет реализовать это намерение.

Права человека – это изложение представлений о человеке на юридическом языке, характерном для римской традиции. В римском обществе право играло главенствующую роль. То же самое представление о его роли сохранилось сегодня, и более того верховенство закона (rule of law) провозглашается одним из столпов современного прогрессивного общества. В Новое время принцип верховенства закона утверждался как важный инструмент борьбы с произволом представителей власти и как инструмент защиты равенства всех людей перед законом. Но в последнее время он приводит к установлению такого общественного устройства, при котором правовая система является *единственной* универсальной системой норм, регулирующей жизнь общества. В рекомендации Парламентской ассамблеи Совета Европы от 29 июня 2007 года категорично говорится о необходимости подчинения религиозных воззрений правам человека:

>»Государства также не имеют права допускать распространение религиозных принципов, которые, будучи воплощенными в жизнь, нарушали бы права человека. Если в этом плане существуют сомнения, государствам следует потребовать от религиозных лидеров занять недвусмысленную позицию в пользу главенства прав человека, изложенных в Европейской конвенции о правах человека, над любым религиозным принципом«. (ст. 17)

На мой взгляд, провозглашаемое верховенство закона создает, по крайней мере, две проблемы.

Первая проблема касается допуска религии или этики, основанной на религиозных воззрениях, к формированию правовых норм. Сегодня религии отказывают в праве влиять на правовые нормы, имеющие верховенство над всеми другими сферами общества. В той же самой рекомендации ПАСЕ говорится, что »Ассамблея рекомендует Комитету Министров подтвердить принцип независимости политики и закона от религии«. Устранение религии от законотворчества означает, что могут быть легко приняты правовые нормы, вступающие в противоречие с христианским представлением о спасительном состоянии человеческой природы, определяемое нравственными нормами.

Однако не сам по себе факт существования таких норм мешает спасению. Стоит заметить, что в мире есть много учений, губительных для человека с точки зрения христианства. Сложность для спасения возникает потому, что в современном государстве верховенство права обеспечивается принудительной силой государства и его возможностями в сфере воспитания и пропаганды. Это может создать ситуацию, при которой нормы или действия, противоречащие христианским заповедям, будут навязываться христианам в качестве убеждений или поступков.

Тому есть уже примеры. В январе 2003 года Европейский парламент принял резолюцию по правам человека, в которой присутствует призыв провести общеевропейскую кампанию за социальную интеграцию гомосексуалистов и добиваться разрешения женщинам посещать Святую Гору Афон. В 2006 году в Совете Европы появилась резолюция »Женщины и религия в Европе«, которая указывает на недопустимость распространения взглядов, прежде всего религиозных, на предназначение женщины, противоречащих гендерному равенству. Есть и другие примеры требований согласования религиозных взглядов с правами человека в отношении творчества, образования, других сфер общественной жизни.

Конечно, в данном случае проблема состоит скорее не в самих правах человека, а в секуляризации права как такового. Жертвой этого обмирщения становятся и права человека. По моему мнению, эта проблема устраняется достаточно легко – с помощью разработки механизма реального участия и влияния религиозных традиций на правотворческий процесс, как внутри отдельных стран, так и на международном уровне. Однако предлагаемые изменения не будут эффективными, если не решится еще одна проблема, связанная с верховенством права.

Верховенство права в обществе приводит к отрицанию существования других универсальных нормативных систем, прежде всего, универсальной нравственной системы. О рисках, связанных с верховенством права или закона, подробно говорится в Новом Завете. Каким бы хорошим не был закон, но он не способен дать человеку силу его исполнять. В послании к римлянам святой апостол Павел констатирует, что закон свят (Рим 7,12), духовен (Рим 7,14) и добр (Рим 7,16), но силы исполнить его человек не имеет, так он является рабом греха. Сам Господь Иисус Христос обличал несовершенства верховенства закона, которые в конце концов приводят к лицемерию, отчужденности и попранию справедливости. В условиях верховенства закона внешнее соответствие его нормам становится определяющим, а внутренняя жизнь человека отступает на второй план. В результате право легко становится орудием исключительно сильных и богатых. Нарушается справедливость и другие нравственные законы о любви к Богу и ближнему, хотя все внешние нормы могут быть соблюдены.

Христианство императивно ставит на первое место не сухую букву закона, а его живой источник – Божественную благодать. Местом обитания благодати является живой человек, носящий в себе образ Божий. Отсюда проистекает важность внутреннего устроения и состояния человека – его нрава. В отличие от западного термина »мораль« под »нравственностью« в русской традиции подразумеваются нормы, определяющие одновременно и внутреннюю, и внешнюю жизнь человека. Святой апостол Павел пишет коринфянам, что они – есть письмена, написанные »не чернилами, но Духом Бога живого, не на скрижалях каменных, но на плотяных скрижалях сердца« (2 Кор 3,3). Внешние правила, которые неизбежно предлагает право или мораль, должны быть приведены в соответствие с нормами внутреннего состояния человека. Таким образом, христианская традиция не позволяет утверждать принцип верховенства закона.

Но совсем ли в этом случае отрицается право? Если нет, то какую роль может и должен играть закон? На христианском Востоке никогда не отвергался правовой подход. Именно на Востоке проводились серьезные кодификации правовых норм императором Юстинианом в VI веке, а затем Македонской династией в IX веке. Этими кодексами права долгое время пользовалась вся Европа. В то же самое время отдельное место занимали церковные каноны, отражавшие правила жизни, рожденные под влиянием Священного Писания и опытной жизни Церкви в Духе Святом. При этом в византийской традиции утверждалось верховенство канонов, с которыми законы не должны были вступать в противоречие, поэтому в государственной жизни Византии возникают номоканоны.

Древняя Русь также восприняла эти сборники как первостепенные образцы правовых норм. Однако молодая русская церковная среда особенно ревностно восприняла христианское различение закона и благодати. Первое серьезное богословское произведение, родившееся на русской почве, принадлежит святителю Илариону, митрополиту Киевскому, и кратко называется »Слово о законе и благодати«. В этом произведении подчеркивается значение личной праведности и общественной правды, которая устанавливается только через стяжание благодати. С этой точки зрения назначение правовых сборников заключалось в том, чтобы фиксировать понимание правды, формировавшееся под влиянием религиозного и нравственного опыта как отдельного человека, так и всего народа. Характерно, что в России вплоть до Петра I не употреблялось понятие »закон«. Все допетровские правовые сборники назывались »правдами«.

Таким образом, в восточно-христианской традиции право не отрицается, а рассматривается как необходимое средство организации общественной жизни в условиях господства греха над человеком. Безусловно, было бы ошибкой утверждать, что закон должен предписывать внутреннее состояние человека – его образ мыслей, чувств и состояние души. Очевидно, что функцией закона не может быть спасение личности. Однако закон может создавать условия для развития необходимого устроения души в человеке, а также противодействовать злу. В то же самое время поддержание религиозной жизни, системы нравственных норм и системы их воспитания должно являться важной человеческой, а значит и общественной задачей.

Нельзя не признать, что в многокультурном обществе есть проблема выявления общей системы ценностей. Было бы проще признать плюрализм нравственно-этических систем. На мой взгляд, общество не должно отказываться от самой идеи общих нравственных ценностей, но оно должно предпринимать усилия по их выявлению. Самым приемлемым способом в этом вопросе является широкий диалог различных общественных сил. Также очевидно, что эта система ценностей должна опираться на исторический опыт того или иного народа и его религиозную традицию. В свою очередь правовая система должна ориентироваться на эту систему нравственных ценностей и не вступать с ней в конфликт.

К сожалению, сегодня практически состоялось возвращение общественной жизни к правовому принципу устройства общества, которое господствовало в мире до прихода Христа как в Древней Иудее, так и в Древнем Риме. Слабые попытки сохранения нравственности в качестве значимого регулятора общественной жизни, к сожалению, не получили развития. Хотя во Всеобщей декларации прав человека 1948 года и других международных документах, направленных на защиту прав человека, упоминается нравственность, как один из критериев применения прав и свобод человека. Однако до сих пор этот критерий реально не учитывается при созидании общественного устройства.

Подводя итог, можно сказать следующее. Вероятно, права человека не будут препятствовать спасению при следующих условиях. Во-первых, права человека не должны поддерживать взгляд на религию лишь как на частное дело. Осознавая значимость религиозной сферы, общество может совершать самоопределение в этой области, выстраивая особые отношения с традиционной религией или религиями данного народа. Во-вторых, права человека должны не только служить свободе выбора, но и свободе от зла, то есть содействовать нравственному совершенствованию личности. В-третьих, в публичной сфере всякая деятельность должна согласовываться с базовыми нравственными нормами, признаваемыми обществом по результатам диалога о ценностях. В то же время в своей личной жизни человек должен иметь свободу следовать или не следовать нравственным нормам. Полагаю, что сегодня невозможно настаивать на государственном контроле за нравственной жизнью частного лица, поскольку согласно христианскому убеждению государство может только создавать предпосылки для спасения личности, но не принуждать ее ко спасению.

Freiheit und Verantwortung in Kirche und Gesellschaft – biblisch-theologische Grundlegung und hermeneutische Reflexion

Christoph Gestrich

1 Fragestellung

Der Münchner Humorist hat Carl Valentin hat davor gewarnt, sich immer wieder neu an den Begriff der Freiheit heranzumachen oder heranzuwagen. Ist nicht schon zu viel darüber gesagt und geschrieben worden? Carl Valentin seufzte: »Es ist schon alles gesagt, nur noch nicht von allen.« Spätestens seit der englischen Toleranzakte von 1689 ist Freiheit ein vorrangiges Thema vor allem in Europa und in Nordamerika geworden. Weniger bekannt ist allerdings dies: Insbesondere mit der Entstehung des Christentums ist Freiheit ein großes Thema der ganzen Menschheit geworden! Die Reformation des 16. Jahrhunderts hat, vom Apostel Paulus ausgehend, ganz besonders an die »Freiheit eines Christenmenschen« erneut erinnert.[1] Christen sind »zur Freiheit berufen« (Gal 5,13). Daher muss auch die Kirche eine Institution der Freiheit sein.[2] Allerdings gehen Christen nicht davon aus, wie es doch mit Friedrich Schiller viele Philosophen der neuzeitlichen Aufklärung (und noch die Allgemeine Erklärung der individuellen Menschenrechte durch die Vereinten Nationen am 10. 12. 1948) getan haben, dass der Mensch schon ein ›frei geborenes‹ Wesen sei. Der Mensch ist vielmehr durch Jesus Christus »zur Freiheit befreit« worden (Gal 5,1). Er muss dies gläubig annehmen, wenn es wirksam werden soll. Aber ist dann der christliche Glaube etwa eine exklusive Vorbedingung für ein Leben in wirklicher Freiheit? Oder liegt in seiner stellvertretenden Bedeutung eine Kraft, von der alle Menschen profitieren?

---

[1] Vgl. den gleichnamigen Traktat Martin Luthers aus dem Jahr 1520.

[2] Vgl. hierzu z. B. Ioannis Zizioulas, Das Recht der Person, Akademie der Wissenschaften, Athen (gr.) 1997, 589 und 601: »Es gibt nichts Heiligeres als Personsein. Der Respekt vor der Person ist der Respekt vor Gott.« Und weil die Kirche diesen Respekt vor der Person hat, ist sie »Stätte der Freiheit«.

Heute stehen wir vor der Frage, wie sich die neuzeitliche (vor allem westliche) philosophische Behauptung grundlegender Freiheiten und Rechte aller Menschen verhält zum christlichen Verständnis der Menschenwürde und der allen Menschen zukommenden Freiheiten und Rechte. Kann und muss die Kirche sich die verschiedenen neuzeitlichen Erklärungen der allgemeinen Menschenrechte vorbehaltlos zu eigen machen? Liegt es in ihrer Verantwortung, deren politische Durchsetzung zu unterstützen? Muss sie heute sogar Buße dafür tun, dass sie nicht in jeder Phase ihrer Geschichte für allgemeine ›Freiheit, Gleichheit und Brüderlichkeit‹ eingetreten ist? Dies alles wird gegenwärtig in einer strittigen Weise in den christlichen Kirchen und Konfessionen diskutiert. Einig ist man sich aber darin, dass alle diese Gesichtspunkte in der Frage des Menschenbildes und der recht verstandenen Menschenwürde zusammenlaufen.[3] Der kirchliche Umgang mit der Kategorie der Freiheit muss sich immer an der Mahnung des Apostels Paulus orientieren: »Aber seht zu, dass ihr durch die Freiheit nicht dem Fleisch Raum gebt; vielmehr: durch die Liebe diene einer dem andern« (Gal 5,13). »Einer trage des anderen Last, so werdet ihr das Gesetz Christi erfüllen« (Gal 6,2). Dies ist ein wichtiger Bestandteil der »Wahrheit«, die »frei macht« (vgl. Joh 8,32). Im Übrigen verstehen Christen unter Freiheit etwas viel Umfassenderes als es die politische Philosophie jemals tut: Freiheit ist, christlich verstanden, das von Gott aus der Macht der Sünde, des Todes und der dämonischen Mächte in der Welt befreite Menschenleben. Dieses befreite Leben ist frei für Gott, frei vom seelischen Unfrieden in der eigenen Person und in den sozialen Beziehungen; sowie frei für die ein besseres Leben aufbauende Nächstenliebe.

Was bedeutet demgegenüber aber Freiheit im säkularen Sinn? Es scheint so, als bedeute sie hier Wahlfreiheit und Unabhängigkeit von äußerem Zwang, und außerdem das *Vermögen der Selbstverwirklichung* (vgl. »ich habe Geld genug«, »ich kann überall hin reisen«, »ich kann immer wieder neue Weisen der sexuellen Selbstverwirklichung für mich in Anspruch nehmen«). Aber diese Antwort wäre nicht ausreichend, wenn wir einen Blick auf das neuzeitliche philosophische Denken werfen. Bei G.W.F. Hegel begegnet z.B. auch die überraschende Formulierung, Freiheit sei *Einsicht in die Notwendigkeit.* Es wird auch in guten Philosophien erkannt, dass zur Freiheit Verantwortlichkeit hinzugehört. (und erst recht sind für die Kirchen Freiheit und Verantwortlichkeit nur zwei Seiten einer Medaille).

---

[3] Vgl. Ioannis Zizioulas, a.a.O.

Das moderne philosophische Freiheitsdenken ist differenziert. Mit unserer Frage nach der säkularen Bedeutung der Freiheit geraten wir überdies in heftige innerphilosophische Auseinandersetzungen und in verwickelte hermeneutische Probleme hinein. Wir dürfen nicht außer Acht lassen: Auch die säkularen philosophischen Freiheitstheorien der Neuzeit haben christliche Einflüsse in sich aufgenommen. Eben darum sind sie ja ›säkularisiert‹.

Folgendes ist heute ein allgemeines Wissen: ›Freiheit‹ ist bei den einzelnen Menschen nicht einfach mit der Geburt da und im Gehirn programmiert[4], sondern sie ist teilweise auch abhängig von der Erziehung und vom allmählichen Erwerb von Tugenden. Andererseits ist sie oft ein Geschenk derer, die stellvertretend andere so sehr *entlasten,* dass diese anderen für sich persönlich *Freiräume* gewinnen. Auch Institutionen und vorgegebene Strukturen können entlastend wirken und die individuellen Freiheiten begünstigen. So gesehen, hat das Thema der Freiheit auch einen wichtigen kulturellen Aspekt. Und nicht zuletzt ist Freiheit eine ökonomische Angelegenheit, weil die wirtschaftliche Unabhängigkeit (oder Versklavung!) von immenser Bedeutung für ein freies oder unfreies Leben ist.

Wie es schon in der Bibel selbst deutlich wird, zeigen auch manche philosophische Freiheitstheorien der Moderne, dass die Freiheit ein doppeltes Gesicht trägt, weil sie sich nämlich einerseits in der Nachbarschaft von Schuld und Ausbeutung anderer, andererseits aber in der Nachbarschaft der aufbauenden Liebe befinden kann. Wer wirklich von Freiheit redet, redet von einem Phänomen mit inneren Spannungen. Und genau dies wird erst recht am biblischen Reden von der Freiheit deutlich.

Unsere Aufgabe heute Morgen in Wittenberg wird darin bestehen, den genannten hermeneutischen Verwicklungen nachzugehen und sie ein Stück weit zu lösen. Wir werden Beispiele auswählen. Unser Ziel wird sein, *die Verantwortung der Kirche für die Freiheit* in heutigen ›pluralistischen‹ und weitgehend ›säkularisierten‹ Gesellschaften besser zu erkennen. Wir setzen voraus, dass es in den verschiedenen Kirchen eine je verschiedene komplizierte Tradition der unterstützenden Bejahung *und* des Widerstands gegen die modernen Deklarationen der ›Menschenrechte‹ gegeben hat. Diese bis in die Gegenwart reichende ambivalente kirchliche Haltung ist aber bereits ausreichend in wissenschaftlichen Arbeiten beschrieben worden.[5]

---

[4] Dies wenigstens sieht die oft einseitig argumentierende modernste ›Freiheitskritik‹ vieler heutiger Gehirnforscher ganz richtig!

[5] Vgl. z. B. das sehr informative Heft der Zeitschrift »Ökumenischen Rundschau« (Januar 2007, 56. Jahrgang, Heft 1): Die Kirchen und die Menschenrechte (mit

Wir setzen außerdem voraus, dass aufeinander zugehende Verhältnis-bestimmungen von christlicher und weltlicher Verantwortung für die Frei-heit heute dringlich sind und vollzogen werden sollten nach dem herme-neutischen Modell, das – mit Wolfgang Huber und Heinz Eduard Tödt – »Analogie und Differenz zu Grundinhalten des christlichen Glaubens« be-achtet[6].

2 Über ›negative‹ und ›positive‹ Freiheit: Von den Aposteln Paulus und Jakobus zu den Kirchenvätern und bis hin zum Philosophen Immanuel Kant

Der Apostel Paulus schrieb über Jesus Christus und seine *ekklesia*: »Wo der Geist des Herrn ist, da ist Freiheit« (2 Kor 3,17) – nämlich Freiheit *von* der verdammenden Macht des Gesetzes und *für* ein aus der Liebe he-raus gestaltetes Leben (2 Kor 3,17).[7] Immer ist (auch in der allgemeinen menschlichen Erfahrung!) die Freiheit negativ eine *Freiheit ›von‹ etwas* und/oder positiv eine *Freiheit ›für‹ etwas*.

Beiträgen von Piet J. Naudé, Konstantinos Delikostantis, Jochen Motte, Peter C. A. Morsée, Gillermo Kerber).

[6] Wolfgang Huber und Heinz Eduard Tödt, Menschenrechte. Perspektiven einer menschlichen Welt, Stuttgart 1977, 162–175.

[7] Näheres zur paulinischen »Freiheit gegenüber dem Gesetz« (Gal 4f; Röm 6–8; 1 Kor 9f; 2 Kor 3) insbesondere bei Samuel Vollenweider, Freiheit als neue Schöp-fung. Eine Untersuchung zur Eleutheria bei Paulus und in seiner Umwelt, Göttin-gen 1989. Angesichts der problematischen Wirkungsgeschichte der paulinischen Gesetzeskritik ist es ein Verdienst Vollenweiders, dass er die Ausführungen des Apostels zum Nomos in einen weiteren geistesgeschichtlichen Horizont stellte: V. erinnerte an die kynisch-stoische Kritik des *geschriebenen* Gesetzes, das dennoch keine generelle Ablehnung des Gesetzes überhaupt bedeutete. Darin könnte eine Art ›Katalysator‹ für die frühchristliche Gesetzestheologie liegen. Natürlich ist aber, so V., das eigentliche Freiheitsverständnis des Paulus an sein Christusbe-kenntnis geknüpft. »Weil sich Gottes Gerechtigkeit abseits vom Gesetz offenbart hat (Röm 3,21), bleibt dieses von der eschatologischen Wende nicht unberührt, sondern erfährt eine elementare Wandlung.« In der Liebe hat das »exzentrisch« gewordene Gesetz als »Gesetz Christi« (Gal 6,2; 1 Kor 9,21) zu einer Erfüllung gefunden, die im Bannkreis der bisherigen Verortung des Gesetzes gar nicht her-vortreten konnte (Gal 5,14; Röm 13,8–10) (a.a.O., 402f). Für V. erwächst aus diesem Paradigmenwechsel ein eigentümlicher Zug hin zur menschlichen Auto-nonmie, der aber gleichzeitig begrenzt wird durch das »Sympheron« (= durch das der Nächstenliebe und dem Aufbau des Leibes Christi Dienende) (a.a.O., 403). – Letztlich hat der Apostel Paulus daher eher einen ›positiven‹ als einen im philoso-phischen Sinne des Wortes ›negativen‹ Freiheitsbegriff.

Im Jakobusbrief ist die Rede vom »vollkommenen Gesetz der Freiheit« (Jak 1,25), dessen Befolgung uns Menschen selig und vollkommen mache. Während bei Paulus die ›Freiheit *von* […]‹ mindestens vorherrscht, überwiegt bei Jakobus die ›Freiheit *für* […]‹. Auch stehen im Jakobusbrief Gesetz und Freiheit nicht, wie hier und dort bei Paulus, in einer Spannung der Gegensätzlichkeit. Denn der Jakobusbrief geht davon aus, dass Gottes Gebote in ihrer Vollkommenheit die Menschen, die diese Gebote befolgen, in die Freiheit hineinführen.

Die christliche Theologie muss diese beiden neutestamentlichen Gesichtspunkte gut zusammenbringen und darf hier keinen Widerspruch erblicken. Sie muss ›zusammen denken‹ die christliche Freiheit *von* der Macht des Gesetzes (uns als Sünder zu verdammen) *und* die christliche Befreiung *für* die Liebe und ein Teilhaben an Gott. Zu letzterer Befreiung gehört auch das Befolgen der göttlichen Gebote. Die Kirchenväter haben von Irenäus und Origenes an bis hin zur bereits umfassend ausgestalteten christlichen Freiheitslehre bei Maximos dem Bekenner betont, dass die Freiheit (exousia, eleutheria, hekousion, autexousion, autonomia usw.) Geschenk der Gnade ist und doch auch eigene Anstrengung und Wahl des Menschen (prohairesis) sein muss – des Menschen, der seine göttliche Bestimmung erfüllen und gerade so seine ›Natur‹(!) zum Ziel bringen möchte. Die Freiheit wird verfehlt, wenn sie keine »Wendung zum Besseren« darstellt. Sie ist nicht einfach nur ›negativ‹ die Erfahrung einer Erlösung oder des Loskaufs von einem ›Sklavenjoch‹, die in der Bibel freilich im Vordergrund steht. Sondern sie ist auch positiv eine eigene Anstrengung zu einem das Menschenleben erfüllenden Ziel und Wert hin und letzten Endes ein Aufschwung zum Göttlichen. Aber sowohl negativ wie positiv verstanden, kostet Freiheit einen Preis!

Ich komme jetzt zu I. Kant. Er scheint vor allem die ›negative‹ Freiheit zu lehren. Denn vornehmlich ist Freiheit für ihn »Unabhängigkeit von eines anderen nötigender Willkür« (Metaphysik der Sitten, AB 45). Diese negative Freiheit ist nach Kant überhaupt »das einzige und ursprüngliche Recht, das jedem Menschen kraft seiner Geburt« zukommt.[8] Man kann dies nun folgendermaßen interpretieren: Nach Kant hat der Mensch das unbedingte Freiheitsrecht und zugleich die Pflicht der *Selbstbestimmung (Autonomie)*. Kants Freiheitsbegriff liegt hauptsächlich im Gedanken der Autonomie: Kein anderer Mensch hat das Recht, für mich zu bestimmen, wie ich richtig lebe und handle. Das muss vielmehr meine eigene Wahl und Selbstbestimmung sein und bleiben. Nur so kann ich meiner Pflicht

---

[8] Metaphysik der Sitten AB 45.

genügen. Allerdings gibt es dabei eine wichtige Grenze oder Einschrän-kung: Ich darf mich nur so selbst bestimmen, dass ich nicht das Recht an-derer zu ihrer eigenen freien Selbstbestimmung verletze. Ich muss mir also ein Gesetz geben, das dazu taugt, alle Menschen in Freiheit zusammen leben zu lassen. Daraus ergibt sich sinngemäß als ›kategorischer Impera-tiv‹: Handle so, dass die Maxime deines Handelns jederzeit die Grundlage einer allgemeinen Gesetzgebung werden könnte!

Man kann zusammenfassend sagen: Kants Autonomiebegriff hat auf eine säkularisierende Weise die vom Apostel Paulus benannte »Freiheit der Kinder Gottes« (vgl. Röm 8,21) geradezu ›beerbt‹. Für Christen sind die heidnischen Zwänge fremd geworden[9]; es ist alles in ihre Hände und eigene Entscheidung gelegt[10]. Das sieht Kant, der eine christliche Erzie-hung genossen hat, genau so. Zugleich hat Kant auch an das »vollkommene Gesetz« des Jakobusbriefes angeknüpft. (Und man findet ja auch schon bei Paulus selbst den Hinweis, dass ein Christ zwar ganz frei sei, sich aber trotzdem in Liebe selbst binden muss.)

Diese dialektische Kraft hat Kants Freiheitsbegriff einen außerordent-lich hohen philosophischen Rang verliehen. Viele Spätere haben sich nach ihm gerichtet, ohne ihn wieder zu erreichen. Auch die Theologie kann nicht vorübergehen an seiner ›Übersetzungsleistung‹ ins Weltliche hinein, auch wenn sie ihre dogmatischen Vorbehalte gegen Kants Defizite beim Gnaden- und Gottesverständnis hat.

3 Die neuzeitliche Verantwortung der Staaten und der Kirchen für die Vermehrung der Freiheit auf der Erde

Kants Freiheitsverständnis ist, genau genommen, nicht einfach als ein ne-gatives zu bezeichnen.[11] Doch genau das tun heute solche Philosophen, die ein liberales Verständnis des Staates haben und die dabei u. a. Kant zur Legitimierung ihrer Gedanken in Anspruch nehmen. Diese Prota-gonisten der negativen Freiheit meinen, bereits Kant habe die Macht des

---

[9]   Vgl. Apostel Paulus Gal 4,3 ff: »Wir waren, als wir noch unmündig waren, den Na-turmächten der Welt wie Sklaven unterworfen [...].« – Jetzt, da wir mündig ge-worden sind, ist es anders. Genau in diesem Schema denkt auch I. Kant die neu-zeitliche Aufklärung als »Mündigkeit«!

[10]   Zum Beispiel ob sie »Opferfleisch« essen oder nicht.

[11]   Freiheit ist für Kant zwar nach der einen Seite persönliche *Unabhängigkeit* von Fremdbestimmung, aber sie ist für Kant nach der anderen Seite – positiv – die Fä-higkeit, mit den eigenen Willensmaximen die Natur, die Triebe und die Willkür des Lebens zu beherrschen.

Staates über die einzelnen Bürger dahingehend beschränken wollen, dass der Staat ihnen nicht vorzuschreiben habe, welches Handeln gut sei. Und weiter meinen die Liberalen (englisch: liberals), der Staat dürfe den Bürgern das diakonische Handeln und die Wohlfahrtspflege nicht einfach abnehmen. Er dürfe es ihnen nicht durch ein umfassendes staatliches Handeln abgewöhnen, sich aus eigenem sittlichen Antrieb z. B. um notleidende Nachbarn zu kümmern. Sonst bewirke der Staat, dass die eigenen sittlichen Instinkte und Tugenden der Bürgerschaft verkümmern.

Diese modernen liberalen Anhänger der negativen Freiheit (angefangen bei John Stuart Mill, »On Liberty« 1859 bis hin zu Isaiah Berlin, »Freiheit. Vier Versuche« 1995) haben aber im Westen, insbesondere in den USA und in Kanada, eine philosophische Gegenfront bekommen, die den Begriff einer positiven Freiheit in die Diskussion gebracht hat.

Die philosophischen Gegner der liberals fragen, ob ein Staat, der sich – um der Freiheit willen – nicht einmischt in die Selbstbestimmungen der Bürger, im Ergebnis nicht zerrüttete und unfreie Lebensverhältnisse hinterlassen wird? Auch wenn es richtig ist, dass der neuzeitliche Staat nur als ein Bürgerrechte und Bürgerfreiheiten gewährender Staat sittlich legitimiert ist, darf Freiheit dennoch, so sagen sie, nicht nur ›negativ‹ als Nichteinmischung und als Abwesenheit von Zwang definiert werden. Denn Freiheit zielt doch immer auch positiv hin auf einen wertvollen Lebensinhalt, der verwirklicht werden soll.[12] Das ist alte christliche Weisheit! Und dafür bedarf es, so sagen sie, gewisser Aufbauleistungen, die der Staat unterstützen sollte.

---

[12] War der Begriff der negativen Freiheit durch das Fehlen einer von außen kommenden Einschränkung der individuellen Wahlmöglichkeiten definiert, so kann unter positiver Freiheit die »Freiheit der Selbsterfüllung oder Selbstverwirklichung« verstanden werden. Der positive Freiheitsgedanke geht davon aus, dass die Menschen ein Recht darauf haben, in Verhältnissen zu leben, in denen sie sich verwirklichen können und je individuelle Lebenserfüllung erfahren. Dies meint jedenfalls der Kanadier Charles Taylor, einer der wichtigsten Denker dieser gegenüber den modernen *liberals* kritischen Richtung. Er meint ferner, *dass* Bürgerinnen und Bürger ›authentisch‹ auf ihre je individuelle Weise entfalten können, dies setzt, wie schon angedeutet, einen Staat voraus, der diejenigen Kräfte besonders schützt und fördert, die ein freiheitliches Leben in der Gesellschaft überhaupt erst ermöglichen (vgl. Charles Taylor, What's wrong with negative liberty, in: Philosophy and the Human Sciences. Philosophical Papers vol. 2. Cambridge University Press 1985. Deutsch: Negative Freiheit? Zur Kritik des neuzeitlichen Individualismus, Frankfurt am Main 1982 (118 ff), 121. – In diesem Zusammenhang wichtig sind auch die anderen Werke des Autors: Charles Taylor, Quellen des Selbst, Frankfurt am Main 1994. Ferner: Charles Taylor (Hrsg.), Multikulturalismus und die Politik der Anerkennung, Frankfurt am Main 1993).

Solche ›Staatstheoretiker‹, die befürchten (und es vermeiden wollen), dass die liberale negative Bestimmung der Freiheit letzten Endes in scheiternden Staaten einen totalitären Sozialismus und Kommunismus nach sich ziehen werde, nennt man heute oft Kommunitaristen.[13] Wie argumentieren sie? Wenn der Staat ein freiheitlicher Rechtsstaat bleiben soll, dann muss er, so sagt beispielsweise der Kommunitarist Michael Walzer, einige ausgewählte, dem Gemeinwohl dienende Unternehmungen seiner Bürgerinnen und Bürger besonders anerkennen und unterstützen.[14] Auch wenn er durch sein eigenes Grundgesetz verpflichtet ist, alle Bürgerinnen und Bürger ungeachtet ihrer Weltanschauungen gleich zu achten und gleich zu stellen, sollte sich der moderne demokratische Staat dennoch mit solchen Denkweisen und solchen Gruppierungen stärker identifizieren, die von sich aus die freiheitliche demokratische Gesellschaftsordnung stützen. Dies ermöglicht und legitimiert es beispielsweise, dass der demokratische Staat mit christlichen Kirchen enger kooperiert als mit einigen anderen religiösen Gruppierungen (falls diese keinen nennenswerten Beitrag zur Erhaltung einer freiheitlichen Gesellschaftsordnung leisten). Hier hat die These von der angeblich notwendigen weltanschaulichen Neutralität des Staates[15] also eine deutliche Einschränkung erhalten!

Was ist die Ursache dafür? Die Antwort lautet: Der Freiheiten gewährende Staat benötigt die Existenz von gesellschaftlichen Gruppierungen, die aus eigener Kraft Voraussetzungen dafür schaffen, dass Freiheiten im Staat überhaupt möglich sind.[16] Der Staat kann sich diese Voraussetzungen nicht aus eigener Macht schaffen.[17] Der Begriff ›Kommunitarismus‹ soll

---

[13] Zu dieser Richtung vgl. z. B. Axel Honneth (Hrsg.), Kommunitarismus, Frankfurt am Main 1993 (und in diesem Buch besonders 157–180: Michael Walzer, Die kommunitaristische Kritik am Liberalismus).

[14] Michael Walzer, a. a. O., 173. – Vgl. auch: Ders., Sphären der Gerechtigkeit, Frankfurt am Main 1992. In der deutschen evangelischen Theologie hat sich mit dieser ›Strömung‹ besonders intensiv beschäftigt: Heinrich Bedford-Strohm, Gemeinschaft aus kommunikativer Freiheit. Sozialer Zusammenhalt in der modernen Gesellschaft. Ein theologischer Beitrag, Gütersloh 1999.

[15] Vgl. Reiner Anselm, »Wie hast Du's mit der Religion?« Über die Grenzen öffentlicher Enthaltsamkeit in Sachen Religion, in: Zeitschrift für Evangelische Ethik, 51. Jg., 2007, Heft 1, 3–7.

[16] Vgl. Heinrich Bedford-Strohm, Geschenkte Freiheit. Von welchen Voraussetzungen lebt der demokratische Staat?, in: Zeitschrift für Evangelische Ethik, 49. Jg. 2005, 248–265.

[17] Vgl. hier Bischof Wolfgang Hubers Mahnung an den Staat »zum achtsamen Umgang mit Voraussetzungen, auf die er selbst angewiesen ist, ohne sie jedoch hervorbringen zu können« (Wolfgang Huber, Der christliche Glaube und die politische Kultur

aussagen, dass die Bürgerinnen und Bürger in Gruppen und Vereinen zivilgesellschaftliche (nicht vom Staat aus organisierte) Verantwortung für gute Lebensverhältnisse in einer von Freiheit geprägten Gesellschaft übernehmen. Dies ist auch nötig. Es kann die Grundlegung der Freiheit heute nicht der zufälligen, individuellen sittlichen Bereitschaft einiger einzelner Menschen überlassen bleiben. Vielmehr bedarf es für sie wirksamer gesellschaftlicher Zusammenschlüsse und Einrichtungen. Aber es bedarf für die Grundlegung der Freiheit eben nicht gleich des ›alles regelnden‹ Staates.

Ich will das noch etwas näher ausführen: Die für ein gutes Leben der Bürgerinnen und Bürger besser oder schlechter geeigneten Staaten lassen sich daran erkennen, wie gut es in ihnen gelingt, die vier fundamentalen Bereiche oder Ordnungen unseres Lebens (1. Ökonomie, 2. auf Vertrauen und Liebe gegründetes familiäres Leben, 3. kulturelles Wahrheitsstreben in Kunst – Wissenschaft – Religion und schließlich 4. Vollzug der staatlichen Gewalt) auseinanderzuhalten: sie zu unterscheiden, aber nicht zu trennen![18]

Keiner dieser vier altbekannten grundlegenden Sozialbereiche sollte die drei anderen in sich aufsaugen und seinen eigenen Regeln unterwerfen! Denn sie wollen alle nach eigenen Normen und Regeln gestaltet werden. Andernfalls verkümmern wichtige Bestandteile des menschlichen Lebens. Zwar sind alle diese vier Bereiche nicht voneinander unabhängig. Sie sind elementar aufeinander hingeordnet und bezogen. Sie sollen sich wechselseitig befruchten, stärken, ermöglichen. Genau das können sie aber nur so lange wie sie in der Gesellschaft in ihrer Eigenständigkeit bzw. in ihrer strukturellen Autonomie erhalten bleiben. Die berühmte ›Gewaltenteilung‹ nach Montesquieu hat den Sinn, den Staat in der richtigen Balance zu halten gegenüber den anderen grundlegenden Lebensbereichen. Aber auch die anderen drei Bereiche müssen vom Gedanken der Gewaltenteilung beseelt sein. Ein Familienvater ist kein Ministerpräsident

in Europa, in: H. Goerlich / W. Huber / K. Lehmann, Verfassung ohne Gottesbezug? Zu einer aktuellen europäischen Kontroverse (ThLZ 2004, 45–60). Vgl. Ferner: Chr. Gestrich (Hrsg.), Die herausgeforderte Demokratie. Recht, Religion, Politik (Beiheft zur BThZ 2003).

[18]   Die Unterscheidung dieser vier grundlegenden sozialen Sphären findet sich ebenso bei F. D. E. Schleiermacher wie etwa bei Eilert Herms. Sie spielt überhaupt in jeder Theologie oder Philosophie der Ordnungen immer eine zentrale Rolle. Im Grunde findet sie sich schon bei Platon in dessen Gedanken über die strukturellen Analogien zwischen Seele und Polis. Zu Beginn der Neuzeit hat insbesondere der italienische Geschichtsphilosoph Giovanni Batista Vico (1668–1744) wieder auf sie hingewiesen.

oder oberster Richter, so wenig wie der Staat nach dem Prinzip des familiären Gunsterweises unter Vettern geführt werden darf. Je weniger in einem Land die Eigenständigkeit der vier grundlegenden Lebensbereiche ausgebildet ist, desto unfreier ist hier das Leben. Auf den Schultern der Eliten liegt darum in jeder heutigen Gesellschaft unentrinnbar die Verantwortung, das Bewusstsein zu stärken für die zu ermöglichende Eigenständigkeit der vier großen Lebensordnungs-Bereiche, damit sie sich wechselseitig begrenzen und befruchten. Das ist wichtiger als alles politische ›links‹ und ›rechts‹!²[19] Andererseits ist es weniger wichtig für ein gutes, freiheitliches menschenwürdiges Leben im Staat, ob ein Staatsgebilde sich selbst als »Demokratie« bezeichnet (was bekanntlich dazu Befugte und dazu Unbefugte tun), als dass die Eigenständigkeit der vier Bereiche in einem Staat gewahrt ist.

Das bedeutet für die Kirche, dass sie sich als Institution nicht träumerisch als über den soziologischen Gesetzen des Zusammenlebens stehend wahrnehmen darf. Sie ist, ob sie es will oder nicht, im Gesellschaftsgefüge an einen bestimmten Platz gestellt. Sie gehört, so gesehen, unter jene Kräfte, die in der Gesellschaft besonders für die Dimension der Wahrheit Verantwortung tragen. Der Staat z. B. trägt für Gerechtigkeit und Sicherheit Verantwortung. Die Wahrheit hingegen sollte man unter seinen Leistungen nicht unbedingt suchen. Die Kirche hingegen muss sich selbst wahrnehmen als »Pfeiler und Grundfeste der Wahrheit« (1 Tim 3,15). Das bringt sie in der Gesellschaft in eine engere Nachbarschaft und Diskussion mit Wissenschaft, Philosophie, Kunst usw. Dem soll sich die Kirche auch nicht entziehen.

Die Kirche ist, so gesehen, nicht einfach die ›geborene Partnerin‹ speziell des Staates. Sie steht in der Gesellschaft ebenso da als ›geborene Partnerin‹ der (durchaus nicht vom Staat ins Leben gerufenen, von ihm lediglich kontrollierten) Wirtschaftskräfte; sowie als ›geborene Partnerin‹ von Philosophie/Wissenschaft/Kunst und der weder vom Staat noch von der Wirtschaft noch von der Kirche ins Leben gerufenen Wirklichkeit der auf Vertrauen und Solidarität gegründeten familiaren Gemeinschaften. Die Kirche soll mit ihren geistigen Kräften alle diese drei Gegenüber befruchten, sie alle unterstützen und mit ihnen allen im Gespräch sein. Sie muss sich aber auch ihrerseits von diesen ihr gegenüber stehenden Ordnungen zugleich anregen und begrenzen lassen! Ihre zu einseitige Ausrichtung

---

[19]   Näheres hierzu: Christof Gestrich, Prolegomena zu einer Ethik der Stellvertretung, in: I. Hübner, K. Laudien, J. Zachhuber (Hrsg.), Lebenstechnologie und Selbstverständnis. Hintergründe einer aktuellen Debatte (Religion-Staat-Kultur Bd. 3), Münster 2004, 189–208.

auf den Staat hingegen enthält einen theologischen Mangel, denn die Kirche droht dann mit den politischen Systemen zu stehen oder zu fallen. Als Kirche der Freiheit muss die Kirche ihre viel differenzierter und unabhängiger zu sehende Stellung in der Gesamtgesellschaft möglichst gut kennen (im Sinne eines ausreichenden theoretischen Bewusstseins davon).

4 Freiheit zwischen gut und böse: Über den Ursprung der doppelten Verantwortung für die Freiheit

Freiheit steht empirisch zwischen einem Geschenk der Liebe (dann gehört sie zum Guten) und dem menschlichen Drang zur Selbstverwirklichung und Selbstbehauptung (der, biblisch gesprochen, auch als ein ›fleischlicher‹ Drang im Bösen verwurzelt sein kann).

Die Verantwortung, die zur Freiheit hinzugehört, ist daher eine doppelte: Sie bezieht sich einerseits auf die auf die Anregung oder Ermutigung von Lebensakten, die Freiheit durch Liebe aufbauen und ermöglichen; und sie bezieht sich andererseits auf die Eindämmung der bösen, lebenszerstörenden Folgen der Freiheit. Auch die Kirche muss beides im Blick haben. Der zuerst erwähnte Sachverhalt erfordert z. B. ›soziales Teilen‹, ›Hilfen zur Selbsthilfe‹ sowie die Anerkennung von Menschenrechten und eine Kultur und Politik, die ihnen Geltung verschafft. Der danach erwähnte andere Sachverhalt erfordert z.B. die menschliche Willkür einschränkende Gesetze und Normen sowie die Wachsamkeit, dass sie auch eingehalten werden.

Beide Arten der Verantwortung für die Freiheit – die unterstützende oder entfaltende und die einschränkende – sollen sowohl in der privaten und familiären Lebenssphäre wie in der öffentlich-politischen Lebenssphäre sowie auch in der Kirche ausgeübt werden.

Über den zweifachen und zwiespältigen Charakter der Freiheit ist noch folgendes zu sagen: Immer wieder wird behauptet, das Böse sei nun einmal der unvermeidliche Preis der menschlichen Freiheit; wo Freiheit sei, da entstehe auch das Böse.[20] Aber das ist höchstens die halbe Wahrheit. Denn erst recht ist die Unfreiheit und die Verknechtung der Menschen böse! Freiheit hingegen ist für die Menschen wünschenswert, ja, notwendig und gut. Sie ist von Gott gewollt und darf daher keinesfalls generell als

---

[20] Vgl. z. B. Rüdiger Safranski, Das Böse oder: Das Drama der Freiheit, 1979, 13: »Man muss nicht den Teufel bemühen, um das Böse zu verstehen. Das Böse gehört zum Drama der menschlichen Freiheit. Es ist der Preis der Freiheit.«

eine »Frucht der Sünde« bezeichnet werden! Sie kann auch in der Liebe gründen und dann überhaupt keine bösen Ergebnisse nach sich ziehen! Ihr ›Preis‹ ist durch die Liebe bereits bezahlt.

Allerdings: Eine Sache ist es, sich selbst die Freiheit zu rauben durch Belastung anderer und durch Diebstahl und Grenzüberschreitung (vgl. beispielsweise des Prometheus Raub des verbotenen Feuers oder Adam und Evas Aneignung der verbotenen Frucht; vgl. ferner Gen 4–11). Eine andere Sache ist es, Freiheit aufzubauen und sie einzupflanzen in die Seelen der Menschen durch Liebe und stellvertretendes Tragen ihrer Lasten. Hier wird Freiheit dann zur willkommenen Gabe, zum wertvollen Geschenk.

Nur dort, wo man sich Freiheit schenkt, gibt es humane Kultur der wechselseitigen Erbauung und Anerkennung als freie Menschen unter dem Leit-Gesichtspunkt der menschlichen Gottebenbildlichkeit und Würde.

Nun sollte man meinen, beide Seiten der Freiheit könnte man immer sehr leicht voneinander unterscheiden. Das ist aber leider nicht der Fall. Nicht immer wissen wir von vornherein klar und deutlich, wie wir im Interesse der menschlichen Freiheit richtig zu handeln haben. Nicht einmal die Kirchen wissen dies immer von ihren vermeintlich ›festen theologischen Besitztümern‹ her. Es gibt hinsichtlich der Freiheit tragisch zu nennende Zielkonflikte mit der Folge von fast unvermeidlicher Schuld. Es kann manchmal doch einfach als ›gut‹ und ›richtig‹ erscheinen, sich die lange Zeit vorenthaltene Freiheit endlich selber zu besorgen. Andererseits kann es irgendwann als untragbar und sogar als sittlich falsch erscheinen, sich mit der eigenen Liebe und grenzenlosen Hingabe immer nur von anderen ausbeuten zu lassen (und ihnen darum auch keine wirkliche Befreiung zu schenken). Das reale Gesicht der Freiheit birgt solche Ambivalenzen in sich! Wir verlieren zwar unsere Unschuld, wenn wir uns unsere Freiheit selbst besorgen. Aber manchmal scheinen wir auch schuldig zu werden, wenn wir das nicht tun. Sören Kierkegaard hat diese Ambivalenz in seinem Werk »Der Begriff Angst«, einer theologisch sehr bedeutsamen Reformulierung des Problems der Erbsünde, sehr gut beschrieben. Paul Tillich hat seine theologische Beschreibung der Sünde z.T. hierauf aufgebaut.

Wenn Freiheit konkret so unklar und ambivalent sein kann, ist die Verantwortung für sie und für die ›Unterscheidung der Geister‹ (vgl. 1 Kor 12,10) alles andere als einfach! Wir können die richtige Handlung auch nicht immer aus unseren Traditionen heraus erkennen. Christen müssen oft in einsamem Gebet zu Christus diese Verantwortung tragen. Und auch sie werden schuldig, wie es Dietrich Bonhoeffer so eindrucksvoll klar gemacht hat. Allerdings können sie dann wieder umkehren zur Freiheit.

5 Kurzer Hinweis auf Jürgen Moltmanns Sicht der ›Umkehr zur Freiheit‹[21]

Der Tübinger systematische Theologe konstatiert: Die großen Kirchen leiden heute unter mancherlei Verfallserscheinungen, z. B. innere Verweltlichung, Privatisierung der Religion bzw. mangelnde kirchliche Gemeinschaft der christlichen ›religiösen Individualisten‹ untereinander. Erneuert werden müssen die Kirchen aber, so sagt er, ›von unten‹ her, von einzelnen lebendigen Kirchengemeinden her. Es müsse, schreibt Moltmann, verhindert werden, dass die Großkirche »den konkreten Gemeinden ihre Selbständigkeit und oft auch ihre Eigenverantwortlichkeit« wegnimmt. Denn ohne diese Basis könne die Kirche im Ernstfall nur wenig Widerstand leisten gegen das Böse. Insgesamt sagt Moltmann: »Die Kirche Jesu Christi ist die eine, heilige, katholische und apostolische Kirche«, von der gelten müsse: »Einheit in Freiheit, Heiligkeit in Armut, Katholizität in der Parteinahme für die Schwachen und Apostolat im Leiden«. Das seien »ihre Kennzeichen in der Welt«[22]. Da Moltmanns ›messianische Theologie‹ alle echte Freiheit in der Welt als eine Frucht der sich gegen Widerstände durchsetzenden Gottesgerechtigkeit ansieht, ist Entstehung echter Freiheit hier immer an die Buße der Kirchen und der einzelnen Christen geknüpft. Der Hauptgesichtspunkt ist: Freiheit erwächst aus der Umkehr![23]

6 Die notwendige »Befreiung der Freiheit«[24]: theologische, philosophische und politische Aspekte in hermeneutischer Verknüpfung

Die Freiheit des Menschen wird nicht nur von außen her durch ›schlechte Verhältnisse‹ ausgehöhlt, angegriffen und unterdrückt, sondern sie wird auch in Frage gestellt und zunichte gemacht durch den Menschen selbst: durch die Macht der Sünde. Darum kann sie niemals allein von weltlichen

[21] Jürgen Moltmann, Kirche in der Kraft des Geistes. Ein Beitrag zur messianischen Ekklesiologie, München 1975, 358–361.

[22] A.a.O., 388. Kursivsetzung durch den Vf.

[23] Vgl. a.a.O., 380.

[24] S. hierzu neuerdings die gediegene, ökumenisch umsichtige theologische Mono-

Kräften gesichert oder wieder aufgebaut werden. Sie muss in sich selbst erneuert werden, was nur aus dem Hl. Geist heraus geschehen kann, der mit dem stellvertretenden Sühnetod Jesu Christi in Verbindung steht. Man kann dann, mit Karl Barth, vom »Geschenk der Freiheit« sprechen.[25] Aber andererseits könnte, wie ich gleich zeigen will, die Freiheit auch nicht ohne die Mithilfe weltlicher Kräfte erhalten oder aus Verbiegungen wieder befreit werden.

In seiner ersten Enzyklika von 1979 (»Redemptor hominis«) schrieb der verstorbene römische Papst Johannes Paul II., die heutige Menschheit übe die geistige Herrschaft über die Welt nicht mehr so aus, wie es Genesis 1,26 ff (»machet euch die Erde untertan [...]«) und die katholische Moral-lehre von der rechten Ordnung in der Welt zum Ausdruck bringen wollen. (Allerdings könnte man zu dieser Aussage kritisch fragen, ob es denn früher irgendwann besser war?) Die Enzyklika fährt fort: Durch die techni-schen, wirtschaftlichen und militärischen Operationen der Mächtigen sei heute alles Leben in der Welt bedroht durch Hunger, Armut, Kriege, Dis-kriminierung wegen Geschlecht oder Rasse, Naturzerstörung. Auch wür-den die Menschen mehr und mehr zu Sklaven der ›Dinge‹, statt geistig über ihnen zu stehen. Die Folge: Die Kirche müsse als Anwältin der Frei-heit in dieser dramatisch zugespitzten Weltlage zum richtigen Gebrauch der Freiheit ermahnen. Angesichts des heutigen Missbrauchs der Freiheit sei eine »wahre Umkehr der Mentalität, des Willens und des Herzens«

---

graphie: Martin Bieler, Befreiung der Freiheit. Zur Theologie der stellvertretenden Sühne, Freiburg-Basel-Wien (Herder) 1996.

[25] Vgl. Karl Barth, Das Geschenk der Freiheit. Grundlegung evangelischer Ethik (1953), in: Hans G. Ulrich (Hrsg.), Freiheit im Leben mit Gott. Texte zur Tradition evangelischer Ethik (ThB Studienbücher Bd. 86), 1993 (336–362), 336.338 f.342 f, wo Barth die Thesen vertritt: »Die dem *Menschen geschenkte* Freiheit ist die Freudigkeit, in der er Gottes Erwählung nachvollziehen und also als Mensch Gottes sein Geschöpf, sein Bundesgenosse, sein Kind sein darf.« Diese Freiheit, die »nicht einfach unbegrenzte Möglichkeit, formale Majestät und Verfügungsgewalt, leere, nackte Souveränität« ist, leitet sich ab von Gottes eigener Freiheit, der »Freiheit des Vaters und des Sohnes in der Einheit des Heiligen Geistes. »Sie ist nicht in erster Linie irgend eine ›Freiheit von‹, sondern eine Freiheit zu und für [...]«. Hingegen ist der unfreie Mensch »das Geschöpf des Nichtigen, die Missgeburt sei-nes eigenen Hochmuts, seiner eigenen Trägheit, seiner eigenen Lüge« – der Sünde also. Der von Gott hieraus befreite Mensch ist nun nicht mehr in die Situation der Wahlfreiheit »des Herkules am Scheidewege« versetzt. Eben aus dieser Situation reißt ihn Gottes Geschenk der Freiheit heraus. »Es versetzt ihn aus dem Schein in die Wirklichkeit.« Was aber »wäre das für eine Freiheit, in der der Mensch neutral wäre«, und sich sein »Entschluss [...] ebenso auf das Unrecht wie auf das recht richten könnte«? Frei wird und ist er, indem er sich selbst in Übereinstimmung mit der Freiheit Gottes wählt, entscheidet und entschließt«.

der Menschen anzumahnen. Es müsse wieder mehr Solidarität geben. Allzu oft habe man bisher Freiheit verwechselt »mit dem Instinkt für [...] individuelle oder kollektive Interesse(n)«. Die »wertvolleren Kräfte im Inneren des Menschen« aber seien zurückgedrängt worden. Mit den ungeheuren Geldsummen, die heute für militärische Waffen ausgegeben werde, könnte die Lage aller Armen dieser Welt schnell und nachhaltig zum Besseren gewendet wenden. Die Kirche jedenfalls bitte mit ihrer einzigen ›Waffe‹ – der des Wortes und der Liebe – die Konfliktparteien dieser Erde »im Namen Gottes und im Namen des Menschen [...]: Tötet nicht! Bringt den Menschen keine Zerstörung und Vernichtung! Denkt an eure Brüder, die Hunger und Elend erleiden! Achtet die Würde und die Freiheit eines jeden Menschen!«

Lassen wir diese theologischen Äußerungen des Papstes ohne Kommentar so stehen, wie sie in guter Absicht aufgeschrieben worden sind! Aber fügen wir ihr noch eine Erinnerung aus der neuzeitlichen Geschichte der Freiheit hinzu: Ich möchte daran erinnern, dass die Kirche nicht zu jeder historischen Zeit geeignete Kräfte in die Welt hinein brachte, um die Freiheit zu befreien. Im Prozess der neuzeitlichen Säkularisierungen hat Gott gelegentlich auch weltliche Kräfte gesegnet, um dort, wo die Kirche es damals nicht konnte, die Freiheit zu befreien. Um der Wahrheit willen, muss hierüber das, was jetzt nachfolgt, gesagt werden (und das ist, wie wir sehen werden, nicht allein eine Analyse der kirchlichen Vergangenheit, daraus können wir auch für die kirchliche Verantwortung in der Gegenwart Einsichten gewinnen).

Nicht vieles in der Welt ist noch komplizierter, aber auch tragischer als das moderne Ringen und der Streit der christlichen Geisteskräfte einerseits und der weltlich-säkularen Geisteskräfte andererseits vor allem im 20. Jahrhundert! Wie viele menschliche Opfer und schreckliche Verbrechen stehen damit in irgendeiner Verbindung! Angeblich war es allen Seiten um die recht verstandene Freiheit zu tun! Heute scheinen in West- wie in Osteuropa die in diese Kämpfe verwickelt gewesenen Kräfte und Institutionen allesamt sehr geschwächt da zu stehen. Auch Theologie und Philosophie sind im Augenblick nicht mehr das, was sie einmal waren.

Blicken wir zurück, so gab es eine innere Stärke und eine innere Schwäche der Kirche, so wie es ebenso auch eine innere Stärke und eine innere Schwäche der säkularen Kräfte einschließlich des Staates gab, die es ja für sich in Anspruch nahmen, ›im Namen der neuzeitlichen Aufklärung‹ zu handeln und zu kämpfen. Lassen Sie mich zuerst von der (schon alten) Schwäche der christlich-kirchlichen Seite sprechen. Das Christentum scheiterte, wenn es um die Freiheit ging, eigentlich während seiner ganzen früheren Geschichte sehr oft an der Aufgabe der Toleranz. Es konnte eine Wahrheit, die nicht aus ihm selbst kam, meistens nicht ertragen. Es konnte keine weitere oder ergänzende Wahrheit außer der, die es in seiner kirchlichen Gestalt selbst verkörperte, gelten lassen. Es hat Andersdenkende und Andersgläubige, deren Existenz ihm immer große Angst bereitete, beschimpft und ausgegrenzt. So stark und angstfrei das kirchliche Christentum auch immer wieder sein konnte im leidenden Ertragen und moralischen Besiegen von bösen weltlichen Mächten und Gewalten (dynameis, exousiai), die sich aufblähen als wären sie Gott, so schwach war es oft im Aushalten und Ertragen fremder Geister und Gaben (hetera pneumata bzw. charismata). An diesem Punkt wurde nun das säkulare Denken der Moderne dem kirchlichen Christentum, so wie ich es sehe, zum Gericht. Die Kirchen werden im Ergebnis heute mehr Toleranz gegenüber ›anderer Wahrheitsform‹ leisten müssen als in ihrer früheren Geschichte. Dadurch können heute auch viele Menschen, die früher eher an den Rand der Gesellschaft gedrängt waren, an den Lebensgütern der Gesellschaft frei partizipieren und ihr Dasein besser verwirklichen.

Doch nun zur anderen Seite! Das moderne säkulare Denken, das diese reinigende Kraft gewesen ist, vermochte andererseits keine freien Menschengemeinschaften hervorzubringen, deren innere geistige Kraft den bösen Mächten der Welt einen ausreichenden Widerstand hätte entgegensetzen können. ›Böse Mächte‹ vermochte das säkulare Denken der neuzeitlichen philosophischen Aufklärung zu keiner Zeit wirksam zu domestizieren. Darum verlor die neuzeitliche ›Aufklärung‹ die von ihr gewonnenen Freiheiten wieder. Freiheit schlug um in Unfreiheit![26] Selbst glaubensunfähig, war dieses moderne Denken jederzeit für allerlei Formen des Aberglaubens anfällig. So wurde es an finstere Mächte preisgegeben. Es war bei aller politischen Macht machtlos dagegen, dass finstere Mächte einzogen. Hier behielt die Kirche bis heute ihre größere Kraft und Vollmacht mit ihrem »Ich bin gewiss, dass weder Tod noch Leben, weder Engel noch Mächte noch Gewalten, weder Gegenwärtiges noch Zukünftiges, weder Hohes noch Tiefes noch eine andere Kreatur uns scheiden kann von der Liebe Gottes« (Röm 8,38f).

---

[26] Vgl. Max Horkheimers Begriff »Dialektik der Aufklärung«.

7 Konzentration auf die Kirche: Unsere Ergebnisse auf dem Weg zum Handeln

Wir meinen, dass »hermeneutische Verantwortung« von Theologie und Kirche viererlei bedeutet: 1) den »innertheologischen Denkzirkel« aufzubrechen, 2) die Wirkungsgeschichte des christlichen Glaubens und kirchlichen Lebens nach innen und nach außen in die theologische Untersuchung mit einzubeziehen, 3) die Linien wahrzunehmen, die teils trennend teils verbindend zu anderen Konfessionen und Denkweisen hin bestehen und so schließlich 4) zu *verstehen,* in welcher Situation wir uns als Christen in der heutigen Welt befinden und herausgefordert sind. Hermeneutische Reflexion läuft gerade nicht auf einen allgemeinen Synkretismus hinaus, sondern auf ein Wiedererkennen des Eigenen im Durchgang durch das Fremde, in das hinein es verstrickt worden ist (und dadurch auch gezeichnet worden ist).

Die *Kirche* steht zwar immer an einem konkreten geschichtlichen Ort. Trotzdem sieht sich an ihrem Ort nicht als Stellvertreterin (Repräsentantin) einer jeweiligen Nation, sondern der ganzen Menschheit. Denn sie steht in ihrer eigenen, ihr von Gott ermöglichten Freiheit jetzt schon dort, wo die ganze Menschheit stehen sollte: unter dem Weidestab des Hirten Jesus Christus. Darum ist die Kirche auch heilig. Sie ist zwar in der Welt, aber nicht von der Welt. Ihre Ziele überschreiten alle innerweltlichen Ziele. Sie kann sich nicht abhängig machen von weltlichen Zielen. Sie will darum auch nicht als eine gut organisierte Gesellschafts-Elite verstanden werden, die im politischen Kalkül für die fortlaufende Lieferung von ›Werten‹ zuständig ist und vom Staat aus hierfür eingesetzt werden könnte. Sie kann auch nicht das Ziel haben, als ein Muster der Demokratie gepriesen zu werden. Das innere Leben der Kirche ist mehr als ›demokratisch‹. Es ist geistlich. Und gerade indem es so ist, regt es jede menschliche Gesellschaft an, ihre weltlichen Einrichtungen zu verbessern in der Richtung von Freiheit, Gleichheit (Gerechtigkeit) und Brüderlichkeit (Solidarität). Die Verantwortung der Kirche für die Welt erstreckt sich darauf, dass die Kirche weitergeben soll, was sie selbst von Gott ständig empfängt.

Was aber ist Verantwortung? Auch hier lassen sich vier Bedeutungen unterscheiden, die auf unterschiedliche Sachverhalte hinzielen:

1. Schuld (man wird zur Verantwortung gezogen für Fehler),
2. geistige Rechenschaft (Zeugnis ablegen, Bekennen, Verantworten des Glaubens),[27]

---

[27] Vgl. 1 Petr 3,15–17: »Seid allezeit bereit zur Verantwortung vor jedem, der von

3. Fürsorge (für Schwächere Verantwortung tragen) und
4. Legitimation (Zuständigkeit in einem Amt, legitimer Gebrauch der Verantwortung).[28]

Die Kirche trägt in allen vier genannten Bedeutungsnuancen Verantwortung für die menschliche Freiheit. Erstens soll sie mit geistlicher Kraft ihre eigene Vergangenheit überprüfen, um festzustellen, wo sie der von Gott gewollten menschlichen Freiheit gut gedient hat und wo nicht. Zweitens soll die Kirche in ihrem öffentlichen Bekennen und Leben deutlich machen, was für sie recht verstandene Freiheit des Menschen bedeutet. Drittens soll sich die Kirche gesellschaftlich engagieren und über ihr Predigen hinaus Fürsorge für Hilfsbedürftige vor ihren Türen leisten, um so gleichzeitig beizutragen zur Fundamentierung bzw. Ermöglichung eines liberalen Staats, der nicht alles und jedes selber regelt und ausführt. Viertens muss die Kirche prüfen, welche Dienste zugunsten der Freiheit den Christen in ihren verschiedenen Stellungen auferlegt sind: im bischöflichen Amt, im Amt des Pfarrers, im Amt des Diakonen, im Amt des einfachen getauften Christenmenschen. An diesem vierten Punkt zeigt es sich, dass es nicht genügt, als einzelner Christenmensch aus der Glaubenskraft heraus selber auf manche Freiheiten zu verzichten und sogar Leiden auf sich zu nehmen, um dafür anderen Menschen Freiheit zu schenken. So notwendig und so christlich das auch sein kann, es muss sich dennoch der Dienst der Kirche auch auf einer strukturellen Ebene bewegen. Da die Kirche eine Ausstrahlung und ein Gewicht in der Welt hat, ist sie auch verantwortlich dafür, was damit geschieht. Aber diese Verantwortung kommt zweifellos mehr den kirchenleitenden Ämtern zu als der persönlichen praktischen Frömmigkeit und Vorbildlichkeit des einzelnen Christenmenschen.

Im kirchenleitenden Amt lassen sich z. B. verantwortlich gestaltete (und meistens zeitlich begrenzte) Bündnisse schließen, um für einen größeren Lebensbereich ethisch wertvolle Ziele zu erreichen oder um moralische Schäden zu verhindern. Solche Bündnisse sind m. E. theologisch zu befürworten. Bei ethisch-moralischen Fragen und Zielsetzungen kommen

---

euch Rechenschaft fordert über die Hoffnung, die in euch ist, jedoch mit Sanftmut und Ehrerbietung! Und habet ein gutes Gewissen, damit die, welche euren guten Lebenswandel in Christus schmähen, zuschanden werden in dem, worin ihr verleumdet werdet.«

[28] Nach Harald A. Mieg, Verantwortung. Moralische Motivation und die Bewältigung sozialer Komplexität, Opladen 1994, 11 ff. Diese soziologische Arbeit hat jedoch die hier genannte zweite Grundbedeutung von Verantwortung übersehen!

sowohl Bündnisse mit weltlichen Instanzen (wie z. B. Unterstützung der Vereinten Nationen in ihrem Kampf zugunsten der Menschenrechte), wie auch mit anderen Kirchen und Konfessionen (z. B. Unterstützung anderer Kirchen und Konfessionen in ihrem jeweiligen Kampf gegen staatliche Euthanasie-Vorhaben oder gegen das Klonen menschlicher Embryonen) in Frage. Die zuletzt genannten ethischen Bündnisse können, wenn sie gute Kräfte in der Welt vermehren, auch zur Vermehrung des ökumenischen Vertrauens beitragen.

Im Zusammenhang solcher Bündnisse ist für die Kirche auch die philosophische Diskussion über Gesinnungsethik und Verantwortungsethik von einigem Interesse. Den Unterschied zwischen diesen beiden Grundarten der Ethik hat der bekannte Soziologe Max Weber bereits vor rund hundert Jahren untersucht. Neuerdings hat sich der deutsch-amerikanische Philosoph Hans Jonas für den Übergang der Institutionen zu einer Verantwortungsethik ausgesprochen.[29] Das würde für die Kirche bedeuten, dass sie nicht nur eine Quelle ›guter Gesinnungen‹ sein darf. Sie würde vielmehr auch Verantwortung tragen für nachhaltige Verbesserungen von Lebensverhältnissen. Das heißt sie müsste ›verantwortungsethisch‹ auf die konkreten Folgen ihrer Handlungen und ihrer Unterlassungen in der Welt bedacht sein. Das würde bedeuten: Wir müssen beispielsweise noch hinausgehen über den strengen Pflichtbegriff I. Kants, der nur an den richtigen geistigen Prämissen des Handelns orientiert war.

Aber wie kann dies geschehen? Abschließend wollen wir hierzu bedenken: Der Grund aller menschlichen Freiheit ist die Liebe Gottes, die auch in uns eine selbstlose und selbstvergessene Liebe ermöglicht. Wo diese Liebe praktiziert wird, da entsteht auch Freiheit. Und Freiheit ist in ihrem tiefsten inneren Sinn eine neue Gelegenheit zur Liebe. Sie ist dies deswegen, weil sie als Freiheit ja die Fesseln der Natur ein Stück weit abgestreift hat. Der freie Mensch muss nicht bloß das natürliche und moralische Gesetz erfüllen und sich ausschließlich abarbeiten im Reich der

---

[29] Die Unterscheidung zwischen Gesinnungsethik und Verantwortungsethik geht auf den Philosophen Max Scheler und den Soziologen Max Weber zurück. Sie war zunächst ausgerichtet auf die Verantwortung des »Berufspolitikers« (vgl. Max Weber, »Politik als Beruf«, in: Gesammelte Politische Schriften, Tübingen 1988, 505–560). Sie wurde im letzten Drittel des 20. Jh.s in neuer Zuspitzung von dem Philosophen Hans Jonas wieder aufgegriffen: Wer ist verantwortlich für die Folgen unserer Technik? (vgl. Hans Jonas, Das Prinzip Verantwortung. Versuch einer Ethik für die technologische Zivilisation, Frankfurt am Main 1979). Als modernen »Kategorischen Imperativ« formulierte Jonas (a. a. O., 36): »Handle so, dass die Wirkungen deiner Handlung verträglich sind mit der Permanenz echten menschlichen Lebens auf Erden.«

Notwendigkeit. In Freiheit kann man mehr tun als man muss: Man kann Geschenke der Liebe hergeben. Einzig und allein aus diesem ›Mehr‹ an anderen geschenkten Lebenskräften heraus entsteht die Möglichkeit, die Übel in der Welt wirklich anzugreifen und zu reduzieren. Darum ist die Freiheit so wichtig, so unverzichtbar. Recht verstanden als Gelegenheit zur selbstvergessenen Liebe, ist die Freiheit die Sphäre des Menschlichen, die die Welt real verändern kann.

Und noch einmal zur Kirche: Als »Pfeiler und Grundfeste der Wahrheit« ist die Kirche nicht einfach nur ›Lehrerin der Menschheit‹, die den Menschen sagt, was sie tun sollen. Sondern sie ist selber ein Teil der sakramental-eschatologischen Verwandlung der Welt, die aus der Inkarnation Gottes in Jesus Christus fließt. Selber jederzeit ihre geistliche Nahrung findend in dieser Inkarnation, und zuerst verantwortlich dafür, dass sie in sich aufnimmt, was ihr von Christus geboten ist, ist die Kirche fast ungesucht Quelle nachhaltiger Erneuerung in der Welt: Denn die Liebe wird zur Freiheit. Und Freiheit wird zur Liebe, weil sie die Gelegenheit zu ihr bietet. Wenn die Kirche in ihrer äußeren strukturellen Weltverantwortung versagt, dann wird sie nicht in erster Linie ihren politischen Kurs korrigieren müssen, sondern sie muss dann ihre Fehlhaltung primär im geistlichen Inneren und dort überwinden. Ihr politisches Versagen hat theologische Gründe! Doch bedeutet dies gerade nicht, dass sie sich etwa mit einer Konzentration aufs Liturgische und Theologische selbst dispensieren dürfte von der äußeren Weltverantwortung in ökumenischer Bemühung! Auch sollte sich die Kirche nicht allein darauf versteifen, dass eigene Schwächen bei der Ausübung ihrer öffentlichen Verantwortung vorwiegend mit staatlichem Druck, mit ungenügender staatlicher Gewährung der Religionsfreiheit oder mit von Seiten des Staates ihr nicht hinreichend gewährten Privilegien zusammenhingen. Die Kirche braucht keine Privilegien (›Sonderfreiheiten‹), selbst wenn sich solche aus geschichtlicher Tradition nahe legen könnten. Vielmehr ist es ihr Privileg, dass der christliche Geist der Freiheit unaufhörlich gebraucht wird und Gutes bewirkt.

Die Menschen insgesamt brauchen ständig und dringend vielerlei Befreiung. Nach dem 8. Kapitel des Römerbriefs seufzen sogar alle Wesen der Natur nach ihr. Und mit Recht sagt man seit alter Zeit: Deo servire summa libertas.

Свобода и ответственность в Церкви и обществе – библейско-богословское основание и герменевтическая рефлексия

Христоф Гестрих

1 Постановка вопроса

Мюнхенский юморист Карл Валентин предупреждал, что нельзя вновь и вновь обращаться или рисковать подбираться к понятию свобода. Разве не достаточно уже было сказано и написано об этом? Но тут Карл Валентин, тяжело вздохнув, заметил: »Сказано уже все, но еще не всеми«. Самое позднее после провозглашения английского эдикта о терпимости 1689 года свобода стала первенствующей темой прежде всего в Европе и Северной Америке.

Правда сегодня менее известно следующее: Великой темой человечества свобода стала в особенности уже после появления самого христианства. Реформация XVI-го столетия вновь решительно напомнила о »свободе христианина«, ссылаясь на Апостола Павла. Христиане »призваны к свободе« (Гал 5,13). Поэтому Церковь тоже должна быть институтом свободы. Правда, христиане не исходят из того, что человек является существом ›свободно рожденным‹, как это полагали вместе с Фридрихом Шиллером многие философы Просвещения Нового времени (и было записано еще в Общем заявлении об индивидуальных правах человека Организации Объединенных наций от 10 декабря 1948 года). Наоборот, человек был »освобожден для свободы« Иисусом Христом (Гал 5,1). И он должен с верою принять это, дабы это стало действенным.

Но неужели христианская вера является эксклюзивным предварительным условием для жизни в истинной свободе? Или же в своем заместительном значении она (вера) является той силой, которая идет на пользу всем людям? Сегодня мы стоим перед вопросом, как провозглашение основных свобод и прав человека философами Нового времени (прежде всего на Западе) соотносится с христианским пониманием человеческого достоинства и с принадлежащими всем людям свободами и правами. Может ли и должна ли Церковь безоговорочно усваивать себе все декларации о всеобщих правах человека Нового времени? Несет ли она ответственность за поддержание их политического осуществления? Может быть она даже должна сегодня принести покаяние за то, что не на всех этапах своей истории выступала за всеобщую ›свободу, равенство, братство‹? В настоящий момент об этом идет бурная дискуссия в христианских Церквах и конфессиях. Однако все едины в том, что все эти точки зрения упираются в вопрос об образе человека и о правильно понятом человеческом достоинстве.

Церковный подход к категории свободы должен всегда ориентироваться на призыв Апостола Павла: »[…] только бы свобода ваша не была поводом к угождению плоти: но любовью служите друг другу« (Гал 5,13). »Носите бремена друг друга, и таким образом исполните закон Христов« (Гал 6,2). Это важнейшая составная часть »истины«, которая »сделает свободными« (ср. Ин 8,32). Кстати под свободой христиане разумеют нечто значительно более всеохватывающе, чем это когда-либо делает политическая философия. Свобода, в христианском понимании, это человеческая жизнь, освобожденная от власти греха, смерти и демонических сил в мире. Эта освобожденная жизнь свободна для Бога, свободна от душевного разлада в собственной личности и в социальных отношениях; а также свободна для любви к ближнему, строящей лучшую жизнь.

Что же в отличие от этого означает свобода в секулярном смысле? Кажется, будто она означает здесь свободу выбора и независимость от внешнего принуждения, и кроме того, возможность к самовоплощению (ср. »у меня достаточно денег«, »я могу всюду путешествовать«, »я имею право прибегнуть к все новым и новым видам сексуального самовоплощения«). Но такой ответ оставался бы недостаточным, если мы бросим взгляд на философское мышление Нового времени. Например, у Г. В. Ф. Гегеля мы находим неожиданную формулировку о том, что свобода это якобы осознанная необходимость. По крайней мере также и в добрых философиях признается, что частью свободы является ответственность. Современное философское мышление о свободе дифференцированно. Задавая вопрос о секулярном значении свободы, мы вдобавок еще оказываемся в центре бурных внутрифилософских дискуссий и запутанных герменевтических проблем. Мы не должны упускать из виду: также и секулярные философские теории свободы Нового времени впитали в себя христианские влияния. Именно поэтому они и являются ›секуляризированными‹.

Следующее является сегодня общеизвестным: ›свобода‹ не запрограммирована просто так в мозгу у отдельных людей при рождении, а она частично зависит и от воспитания, и от постепенного стяжания добродетелей. С другой стороны, она часто является даром тех, которые заместительно до такой степени освобождают других, что они получают для себя личные свободные пространства. Также и институты и заданные структуры могут действовать освобождающим образом и благоприятствовать индивидуальным свободам. В этом смысле тема свободы имеет также важный культурный аспект. И не в последнюю очередь свобода – это дело экономическое, ведь экономическая независимость (или порабощение!) имеет большое значение для свободной или несвободной жизни.

То, что проясняется уже из самой Библии, демонстрируют и некоторые современные философские теории свободы, а именно, что свобода имеет двойное лицо, с одной стороны, она может быть соседкой вины и эксплуатации других и, с другой стороны – соседкой созидающей любви. Тот кто действительно говорит о свободе, говорит о феномене, обладающем внутренней напряженностью. И именно это тем более вырисовывается из библейских рассуждений о свободе.

Наша задача сегодня утром в Виттенберге будет состоять в том, чтобы выяснить указанные герменевтические сложности и постараться немного продвинуться в их разрешении. Мы будем отбирать примеры. Наша цель будет состоять в том, чтобы лучше распознать общественную ответственность Церкви за свободу в современных ›плюралистических‹ и в значительной степени ›секуляризованных‹ обществах. Мы высказываем предположение, что в разных Церквах имелось по одной разной сложной традиции поддерживающего согласия и сопротивления против современных деклараций ›прав человека‹. Эта, сохранившаяся до настоящего времени, амбивалентная традиция уже достаточно описана в научных трудах. Кроме того, мы исходим из того, что настоятельным сегодня является идущее навстречу друг другу определение соотношения христианской и светской ответственности за свободу и оно должно быть предпринято в соответствии с герменевтической моделью, которая – говоря словами Вольфганга Хубера и Эдуарда Тьодта – »учитывает аналогии и различия в отношении к основным сущностям христианской веры«.

2 О ›негативной‹ и ›позитивной‹ свободе: От Апостолов Павла, Апостола Иакова и Святых Отцов вплоть до философа Иммануила Канта

Апостол Павел писал о Иисусе Христе и его ekklesia: »Где Дух Господень, там свобода« (2 Кор 3,17) – то есть свобода от осуждающей власти закона и для созидаемой на основе любви жизни (2 Кор 3,17). Свобода (также и в общем человеческом опыте!) всегда является негативной, это свобода ›от‹ чего то и/или позитивной свободой ›для‹ чего то.

В Послании Апостола Иакова речь идет о »законе совершенном, законе свободы« (Иак 1,25), соблюдение которого делает людей блаженными и совершенными. В то время как у Апостола Павла по меньшей мере преобладает ›свобода от […]‹, у Апостола Иакова перевешивает ›свобода для […]‹. Кроме того, в Послании Апостола Иакова закон и свобода не пребывают тот тут то там, как у Апостола Павла, в напряженной противоположности. Ибо Послание Апостола Иакова исходит из того, что заповеди Божии в своем совершенстве приводят людей, их соблюдающих, к свободе.

Христианское богословие должно хорошо свести воедино эти обе новозаветные точки зрения, не усматривая в них никакого противоречия. Их следует ›мыслить совместно‹ христианскую свободу от власти закона (осуждения нас как грешников) и христианское освобождение для любви и участия в Боге. Окончательное освобождение включает также и соблюдение Божественных заповедей. У Святых Отцов, начиная с Оригена и Иринея и вплоть до уже полностью развитого учения о свободе Максима Исповедника подчеркивается, что свобода (exousia, eleutheria, hekousion, autexousion, autonomia и т.д.) является даром благодати и все же для ее достижения необходимы и собственные усилия человека и выбор человека (prohairesis) – т. е. человека, который хочет привести к цели свое Божественное предназначение и именно свою ›природу‹(!). Свобода не будет достигнута, если она не представляет собой »поворота к лучшему«. Она не является просто лишь ›негативно‹ опытом освобождения или выкупом из ›ига рабства‹, что, правда, и стоит в Библии на переднем плане. Но она является и позитивно собственным усилием к осуществлению наполняющих человеческую жизнь целей и ценностей и, в конечном итоге, порывом к Божественному. Но – будучи понятая как негативно так и позитивно, свобода имеет свою цену.

Сейчас я подхожу к И.Канту. Кажется, что он учит главным образом о ›негативной‹ свободе. Ибо для него свобода, в первую очередь »независимость от принуждающего произвола другого« (Метафизика нравов, AB 45). Эта негативная свобода является по Канту вообще »единственным и исконным прирожденным правом человека«.[i] Итак, это можно интерпретировать следующим образом: По Канту человек обладает безусловным правом свободы и одновременно обязанностью к самоопределению (автономии). Понятие свободы Канта содержится главным образом в мысли об автономии: никакой другой человек не имеет права решать за меня, как мне правильно жить и поступать. Скорее я должен иметь и сохранять возможность для своего собственного выбора и самоопределения. Только так я могу выполнить свой долг. Однако, это имеет лишь один важный предел или ограничение: Я могу самоопределяться лишь до такой степени, чтобы не нарушать права других на их собственное свободное самоопределение. Следовательно я должен предписать сам себе такой закон, который позволил бы всем людям свободно жить вместе. Отсюда логически вытекает ›категорический императив‹: Действуй так, чтобы максима твоего поведения в любой момент могла стать основой для всеобщего законодательства!

Подводя итоги, можно сказать: понятие автономии Канта в секуляризирующем виде прямо таки ›унаследовало‹ названную Апостолом Павлом »свободу детей Божиих« (ср. Римл 8,21). Для христиан языческие стеснения стали чуждыми[ii]; все было отдано в их руки и на их собственное решение[iii]. Получивший христианское воспитание Кант, видит это точно также. При этом Кант опирался также и на »совершенный закон« Послания Апостола Иакова. (И у самого Апостола Павла уже содержится указание на то, что хотя христианин и свободен, но тем не менее должен сам связывать себя любовью).

Эта диалектическая сила возвела понятие свободы Канта в чрезвычайно высокий ранг. Многие более поздние равнялись на Канта, его не достигая. И богословие не может пройти мимо кантовской ›заслуги перевода‹ в мирское, хотя оно и имеет свои догматические предубеждения, связанные с его дефицитами в понимании благодати и Бога.

3 Ответственность государств и Церквей Нового времени за умножение свободы на земле

При тщательном рассмотрении понимание свободы Канта не поддается простому определению как негативное. И, тем не менее, сегодня это делают философы, имеющие либеральное понимание государства и между прочим использующие Канта для легитимации своих мыслей. Эти протагонисты негативной свободы считают, что уже Кант хотел ограничить власть государства над каждым отдельным гражданином в том направлении, что государство не может предписывать им, какое действие является благом. И далее, либералы (по-английски: liberals), считают, что государство не должно освобождать граждан от диаконических действий и от дел благотворительности. Оно не должно с помощью широкого спектра государственных действий отучать их от, диктуемой собственными нравственными побуждениями, заботы о страждущем соседе. В противном случае государство способствует тому, что собственные нравственные инстинкты и добродетели граждан приходят в упадок.

Против этих современных либеральных приверженцев негативной свободы (начиная с Джона Стюарта Милля, »On Liberty / Свобода« 1859 г. вплоть до Исаиаха Берлина, »Freiheit. Vier Versuche« / »Свобода. Четыре попытки« 1985 г.) на Западе, в особенности в США и Канаде, открылся философский фронт противников, которые привнесли в дискуссию понятие позитивной свободы.

Философские противники liberals задаются вопросом, а может быть именно такое государство, которое – свободы ради – не вмешивается в самоопределение граждан, в конечном итоге и оставит после себя расстроенные и несвободные жизненные условия? Даже если это и так, что государство Нового времени нравственно легитимировано лишь как государство, предоставляющее гражданские права и свободы, свобода, как говорят они, тем не менее не может дефинироваться лишь ›негативно‹ как невмешательство и как отсутствие принуждения. Ведь свобода всегда нацелена также позитивно на ценное содержание жизни, долженствующее быть воплощенным. Это древняя христианская мудрость! И для этого, говорят они, необходимы определенные созидательные усилия, которые государство должно поддерживать.

Таких ›теоретиков государства‹, опасающихся (и желающих это предотвратить), что либеральное негативное определение свободы в конечном итоге повлечет за собой установление тоталитарного социализма и коммунизма в потерпевшем крушение государстве, сегодня нередко называют коммунитаристами.[iv] Как они аргументируют? Если государство хочет оставаться свободным правовым государством, оно должно, так утверждает, к примеру, коммунитарист Михаэль Вальцер, признавать и поддерживать некоторую избранную, служащую общему благу предприимчивость своих граждан. Даже если его собственный основной закон обязывает его одинаково уважать и одинаково ценить всех граждан, не взирая на их мировоззрение, современное демократическое государство, тем не менее, должно больше отождествлять себя с таким образом мышления и такими группировками, которые сами поддерживают свободный демократический общественный порядок. Это делает возможным и легитимирует, например то, что демократическое государство кооперирует с христианскими Церквами более тесно, чем с другими религиозными группировками (если они не вносят никакого существенного вклада в сохранение свободного общественного устройства). Следовательно здесь тезис о якобы необходимом мировоззренческом нейтралитете государства получил явное ограничение!

Какова причина этого? Ответ следующий: Предоставляющее свободы государство нуждается в существовании общественных группировок, которые, опираясь на собственные нравственные силы, добровольно создают предпосылки для того, чтобы свободы в государстве были вообще возможны. Понятие ›коммунитаризм‹ означает, что объединенные в группы и союзы граждане берут на себя гражданскую общественную (не организованную государством) ответственность за благоприятные жизненные условия в свободном обществе. И это действительно необходимо. Установление основ свободы не может сегодня быть поставлено в зависимость от случайной, индивидуальной нравственной готовности к этому некоторых отдельных людей. Скорее свобода нуждается в действенных общественных объединениях и учреждениях. Для установления основ свободы не надо прибегать к ›все регулирующему‹ государству.

Я хочу пояснить это более подробно. Государства, в больше или в меньшей степени благоприятствующие хорошей жизни своих граждан, распознаются по тому, как хорошо им удается размежевывать, различать, но не разделять четыре фундаментальных сферы или порядка нашей жизни (1. экономику, 2. базирующуюся на доверии и любви семейную жизнь, 3. культурное стремление к истине в искусстве –науке – религии и, наконец, 4. осуществление государственной власти)!

Ни одна из этих четырех давно известных основополагающих социальных сфер не должна поглощать в себе одну из трех остальных сфер и подчинять их своим правилам. Ибо все они должны быть организованными по собственным нормам и правилам. В противном случае приходят в упадок важнейшие составные элементы человеческой жизни. Правда, все эти четыре сферы не являются независимыми друг от друга. Они элементарно упорядочены в соответствии друг с другом и соотносятся друг с другом. Они призваны взаимно оплодотворять, укреплять друг друга и делать возможным взаимное существование. На это они способны именно лишь до тех пор, пока они продолжают сохранять в обществе свою самостоятельность, соответственно, свою структурную автономию. Смысл знаменитой идеи ›разделения властей‹ по Монтескью состоит в том, чтобы держать государство в правильном балансе по отношению к другим основополагающим сферам жизни. Но мыслью о разделении властей должны быть проникнуты также и другие три сферы. Отец семейства – это не премьер-министр или верховный судья, точно также как и государство не может управлять по принципу семейных поблажек и кумовства. Чем менее самостоятельно сформировались в какой-нибудь стране четыре основополагающие сферы жизни, тем менее свободна здесь жизнь. Поэтому на плечах элиты в каждом современном обществе неизбежно лежит ответственность за укрепление сознания в необходимости способствовать самостоятельности четырех крупных жизненных укладов и сфер, дабы они взаимно ограничивали и оплодотворяли друг друга. Это важнее всяких политических ›левых‹ и ›правых‹ течений![v] С другой стороны, для хорошей, свободолюбивой, достойной человека жизни в государстве важно не то, характеризует ли какое-либо государство само себя »демократией« (что, как известно, делают как те, кто имеет на это право, так и те, кто такого права не имеет), а соблюдается ли в государстве самостоятельность четырех сфер.

Для Церкви это означает, что она не может мечтательно воспринимать себя как учреждение, стоящее выше социологических законов совместной жизни. Желает она того или не желает, но она занимает определенное место в общественном устройстве. В этом отношении она принадлежит к числу тех сил, которые несут в обществе особую ответственность за вопрос истины. Государство, к примеру, несет ответственность за справедливость и безопасность. Среди его услуг не обязательно следует искать истину. И наоборот, Церковь должна сама себя воспринимать как »столп и утверждение истины« (I Тим 3,15). Это приводит ее в обществе в более тесное соседство с наукой, философией, искусством и т. д. И Церковь не должна уклоняться от этого.

В этом отношении Церковь не является просто ›естественной партнершей‹ особенно государства. В обществе она в такой же степени выступает ›естественной партнершей‹ бизнеса (вызванного к жизни вовсе не государством, а лишь контролируемого им); и ›естественной партнершей‹ философии/науки/ искусства и семейных сообществ, базирующихся на доверии и солидарности, и вызванных к жизни не государством, не бизнесом, и не Церковью. Церковь должна оплодотворять своими духовными силами все эти три визави, всех их поддерживать и не прерывать общения с ними. Но со своей стороны она также должна получать импульсы от этих, противостоящих ей порядков и позволять им ограничивать себя! Ее односторонняя направленность на государство содержит в себе богословский недостаток, ибо в таком случае Церковь находится под угрозой существования или падения вместе с политическими системами. Будучи Церковью свободы, Церковь должна по возможности хорошо знать свое место в обществе в целом, видя его более дифференцированно и более независимо (в смысле достаточного теоретического осознания этого).

4 Свобода между добром и злом. О происхождении двойной ответственности за свободу

Эмпирически свобода находится между даром любви (тогда она принадлежит к добру) и человеческим стремлением к самовоплощению и самоутверждению (которое, говоря словами Библии, будучи ›плотским‹ порывом, может иметь свои корни и во зле).

Ответственность, являющаяся частью свободы, является поэтому двойной: С одной стороны, она касается побуждения или поощрения вызволяющих жизненных актов, созидающих и делающих возможной свободу любовью; но с другой стороны она касается сдерживания злых, разрушительных для жизни последствий свободы. Церковь должна учитывать оба эти момента. Названные вначале обстоятельства требуют, например, законов и норм, ограничивающих человеческий произвол (а также бдительного наблюдения за их соблюдением). Названные затем другие обстоятельства требуют, например ›социальной готовности поделиться‹ и ›помощи к самопомощи‹, а также признания прав человека и вместе с ними требуют культуры и политики, обеспечивающих их действие.

Оба вида ответственности за свободу – ограничивающий и поддерживающий или развивающий – должны осуществляться как в частной и в семейной жизненной сфере, так в общественно-политической жизни и в Церкви.

О двойном и двояком характере свободы надо еще сказать следующее: Без конца утверждается, что никуда не денешься, зло является неизбежной ценой человеческой свободы; там, где якобы царит свобода, господствует также и зло. Но это разве что полу-правда. Ибо несвобода и порабощение человека – это зло тем более! И, наоборот, свобода желательна для человека, это просто необходимо и хорошо. Она желанна Богом и поэтому ни в коем случаем не может огульно называться »плодом греха«! Она может базироваться на любви и вообще не повлечь за собой никаких злых рсзультатов! Ее ›цена‹ уже оплачена любовью.

Однако: Одно дело, лишение самого себя свободы путем обременения других и путем хищения или перехода границ (срвн., например похищение огня Прометеем или вкушение запретного плода Адамом и Евой; ср. далее Быт 4–11), и другое дело, созидание свободы, ее насаждение в душах людей посредством любви и заместительного несения их бремени. Здесь свобода становится желанным даром, драгоценным подарком.

Только там, где даруют себе свободу, существует гуманная культура взаимного назидания и признания свободными людьми, исходя из направляющих соображений человеческого Богоподобия и достоинства.

Может создаться впечатление, что обе стороны свободы можно всегда легко отличить друг от друга. К сожалению, это не так. Не всегда мы с самого начала четко и точно знаем, как нам следует правильно поступить в интересах человеческой свободы. Даже Церкви не всегда знают это, со всеми своими мнимыми ›твердыми богословскими основами‹. Относительно свободы существуют целевые конфликты, которые заслуживают названия трагических, с последствием почти неизбежной вины. Иногда кажется, что это ›хорошо‹ и ›правильно‹, наконец-то самому (с помощью некоторого насилия) позаботиться о получении свободы, в которой долгое время незаконно отказывали. С другой стороны, иногда кажется невыносимым и даже нравственно неверным, давать другим эксплуатировать свою любовь и безграничную преданность (и поэтому не даровать им никакого истинного освобождения). Реальное лицо свободы таит в себе такую амбивалентность! Мы, правда, утрачиваем свою невинность, сами завоевывая себе свободу, но порой нам кажется, что мы возлагаем на себя вину и тогда, когда мы этого не делаем. Серен Киркегард хорошо описал эту амбивалентность в своей книге »Что такое страх?«. Пауль Тиллих частично построил на этом свое богословское описание греха.

Если свобода конкретно может быть такой неясной и амбивалентной, то ответственность за нее и ›различение духов‹ (ср. 1 Кор 12,10) – дело далеко не простое. Нам не всегда удается распознать правильное действие также и из наших традиций. Христианам приходится нередко нести эту ответственность в одинокой молитве ко Христу. И они также отягчают себя виной, как это столь впечатляюще пояснил Дитрих Бонхеффер. Правда, затем они могут вновь обратиться к свободе.

5 Краткое указание о понимании ›обращения к свободе‹ Юргеном Мольтманом

Представитель фундаментального богословия из Тюбингена констатирует: Большие Церкви страдают сегодня от некоторых явлений упадка, например, внутреннее обмирщение, приватизация религии, соотв., недостаточное церковное общение христианских ›религиозных индивидуалистов‹ друг с другом. Но обновление Церквей должно произойти, говорит он, ›с низов‹, из гущи некоторых живых церковных общин. Следует предотвратить, как пишет Мольтманн, чтобы большая Церковь »отобрала у конкретных общин их самостоятельность и вместе с тем нередко их собственную ответственность«. Ибо без этого базиса Церкви сможет оказать лишь малое сопротивление злу в случае реальной опасности. В общем Мольтманн пишет: »Церковь Иисуса Христа – это единая, святая, соборная и апостольская Церковь« и она демонстрирует: »Единство в свободе, святость в бедности, соборность в солидарности со слабыми и апостольство в страдании«. Это и есть »ее отличительные признаки в мире.« Поскольку ›мессианское богословие‹ Мольтмана рассматривает истинную свободу в мире как плод Божией справедливости, пробивающей себе дорогу вопреки любым сопротивлениям, зарождение истинной свободы у него всегда привязано к покаянию Церкви и отдельных христиан. Главное соображение заключается в следующем: Свобода проистекает из обращения!

6 Необходимое »освобождение свободы«: богословские, философские и политические аспекты герменевтической связи

Свобода человека выхолащивается, подвергается нападкам и подавляется не только извне, в результате ›плохих отношений‹, но она ставится под сомнение и уничтожается самими людьми, в результате власти греха. Поэтому она никогда не может быть гарантирована или восстановлена усилиями одних лишь мирских сил. Она должна обновляться сама в себе, что может произойти лишь из Духа Святого, пребывающего в связи с заместительной искупительной смертью Иисуса Христа. Но, вместе с тем мне хотелось бы сейчас продемонстрировать, что свобода не может быть сохранена или избавлена от искажений без помощи светских сил.

В своей первой Энциклике (»Redemptor hominis«), изданной в 1979 году, покойный Папа Римский Иоанн Павел II писал, что современное человечество больше не оказывает на мир такого духовного господства, как оно описывалось в Книге Бытия 1. 26 и д. (»да владычествуют над всею землею […]«) и как это хочет показать католическое нравственное учение о правильном устройстве на земле. (Правда по поводу этого высказывания можно было бы критически спросить, неужели были когда-либо времена, когда это было лучше?). Энциклика продолжает: В результате технических, экономических и военных операций сильных мира сего вся сегодняшняя жизнь в мире находится под угрозой голода, бедности, войн, дискриминации по половым и расовым признакам, разрушения природы. Люди все больше и больше становятся рабами ›вещей‹, вместо того, чтобы стоять духовно над ними. Отсюда вывод: Церковь, будучи адвокатом свободы, должна в такой обострившейся мировой ситуации призвать к правильному употреблению свободы. Ввиду сегодняшнего злоупотребления свободой надо призвать к »истинному обращению ментальности, воли и сердец« людей. Следует вновь умножить солидарность. До сих пор свободу слишком часто путали »с инстинктом ради […] индивидуальных или коллективных интересов«. При этом оттеснялись на задний план »более ценные внутренние силы человека«. На те невероятные суммы денег, которые сегодня тратятся на вооружение, можно было бы быстро и устойчиво изменить к лучшему положение всех бедняков в этом мире. Во всяком случае Церковь, используя свое единственное ›оружие‹ – Слово и Любовь – обращается с просьбой к конфликтующим сторонам этой земли: »во имя Господа и во имя людей […]: Не убийте! Не несите людям разрушение и уничтожение! Подумайте о своих братьях, страдающих от голода и нужды! Соблюдайте достоинство и свободу каждого отдельного человека!«

Давайте оставим эти богословские высказывания Папы без комментариев в том виде, как они были записаны, движимые благими намерениями! Но давайте в этой связи вспомним кое-что из истории свободы Нового времени. Мне хотелось бы напомнить о том, что Церковь не во все исторические времена привносила в мир силы, благоприятствовавшие освобождению свободы. В процессе секуляризации Нового времени Бог порой благословлял и светские власти на то, чтобы освобождать свободу там, где этого тогда не могла сделать Церковь. Справедливости ради нужно сказать то, что будет сейчас сказано (и это, как мы увидим, не только анализ прошлого, это поможет нам осознать церковную ответственности и в настоящее время).

Мало на свете вещей, которые были бы более сложными, но вместе с тем и более трагичными, чем современная борьба и спор христианских духовных сил, с одной стороны, и мирских секулярных духовных сил с другой стороны, особенно в XX столетии! Как много человеческих жертв и ужасных преступлений так или иначе связаны с этим. Все стороны якобы заботились о правильно понятой свободе! Сегодня, все вместе взятые силы и учреждения как в Западной так и в Восточной Европе, которые были втянуты в эту борьбу, кажутся сильно ослабленными. К тому же и богословие и философия в настоящий момент далеко не такие, какими они были раньше.

Оглядываясь назад мы видим, что существовала внутренняя сила и внутренняя слабость Церкви, точно также как существовала внутренняя сила и внутренняя слабость секулярных властей, включая государства, которые ведь высказывали свои притязания на то, что они действовали и боролись ›от имени Просвещения Нового времени‹. Позвольте мне вначале коснуться (уже давней) слабости христианско-церковной стороны. Христианство, практически в течение всей своей ранней истории, очень часто, когда речь шла о свободе, не справлялось с задачей толерантности. Как правило, оно не могло терпеть истины, зародившейся вне его самого. Оно не могло допустить никакой дополнительной или дополняющей истины кроме той, которую оно само воплощало в своем церковном образе. Оно поносило и изолировало инакомыслящих и иноверцев, существование которых всегда наполняло его страхом. Сколь сильным и бесстрашным показало себя церковное христианство, перенося многократные страдания и демонстрируя моральное превосходство над злобными светскими силами и властями (dynameis, exousiai), превозносившими себя божеством, столь же слабым оно порой оказывалось в терпении и толерировании чужого духа и чужих даров (hetera pneumata bzw. charismata). В этом пункте секулярное мышление модернизма стало, на мой взгляд, судьей церковного христианства. В результате Церквам придется проявлять сегодня больше толерантности по отношению к ›другим формам истины‹, чем в своей предыдущей истории. Благодаря этому многие люди, ранее оттесненные на грань общества, могут сегодня свободно принимать участие в жизненных благах общества и лучше устраивать свое существование.

Но давайте обратимся к другой стороне! С другой стороны, современное секулярное мышление, которое стало этой очищающей силой, не смогло породить свободных человеческих сообществ, способных своей внутренней духовной силой оказать достаточное сопротивление злым силам мира. Секулярному мышлению философского Просвещения Нового времени ни в какой момент не удалось действенно приручить ›Злые силы‹. Поэтому ›Просвещение‹ Нового времени вновь утратило приобретенные им свободы. Свобода обернулась несвободой! Будучи само не способным на веру, это современное мышление в каждый момент было падким на всевозможные формы суеверия. В результате этого оно было отдано на произвол мрачным силам. При всей своей политической власти оно было бессильно противостоять пришествию темных сил. В этом отношении Церковь до сегодняшнего дня сохранила свою великую силу и власть, руководствуясь словами: »Ибо я уверен, что ни смерть, ни жизнь, ни Ангелы, ни Начала, ни силы, ни настоящее, ни будущее, ни высота ни глубина, ни другая какая тварь не может отлучить нас от любви Божией […]« (Рим 8,38–39).

7 Концентрация на Церкви: Наши результаты на пути к действию

Мы считаем, что »герменевтическая ответственность« богословия и Церкви означает необходимость следующих четырех подходов: 1) прорыва »внутрибогословского круга мышления«, 2) привлечения к богословскому исследованию истории действенности христианской веры и церковной жизни во внутрь и вовне, 3) выявления линии временного разделения, или временного соединения с другими конфессиями и образами мышления, чтобы таким образом наконец-то

4) понять, в какой ситуации, мы христиане, оказались в современном мире и какие перед нами стоят задачи.

Герменевтическая рефлексия ни в коей мере не оборачивается общим синкретизмом, а ведет к распознанию своего при просмотре чужого, вовнутрь которого оно было втянуто (и тем самым также и отмечено).

Правда Церковь всегда находится на одном конкретном историческом месте. И тем не менее, находясь на своем месте, она видит себя не Заместительницей (Представительницей) какой-либо одной соответствующей нации, а всего человечества. Ибо в своей собственной свободе, ставшей возможной для нее благодаря Богу, она уже сейчас находится там, где собственно должно было бы находиться все прочее человечество: а именно под пастырским жезлом Пастыря Иисуса Христа.

Поэтому ведь Церковь и свята. Хотя она и пребывает в мире, но она не от мира сего. Ее цели превосходят все внутримирские цели. Она не может делать себя зависимой от мирских целей. Поэтому она не желает, чтобы ее воспринимали как хорошо организованную общественную элиту, на которую с политическим расчетом можно возложить ответственность за постоянный приток ›ценностей‹ и которая может быть задействована в этих целях государством. Она не может ставить перед собой цель превращения в восхваляемый образец демократии. Внутренняя жизнь Церкви более чем ›демократична‹. Она духовна. И именно потому, что это так, это побуждает каждое человеческое сообщество к улучшению своих светских учреждений в направлении к свободе, равенству (справедливости) и братству (солидарности). Ответственность Церкви за мир состоит в дальнейшей передаче Церковью того, что она сама постоянно получает от Бога.

Но что же тогда ответственность? Здесь также можно различить четыре значения, нацеленные на различные обстоятельства:

1. Вина (за ошибки привлекают к ответственности)
2. Духовный отчет (свидетельство, исповедование, ›ответственность веры‹)
3. Попечение (несение ответственность за более слабых)
4. Легитимация (ответственность на какой-либо должности, легитимное пользование ответственностью)

Во всех четырех названных нюансах ее значения Церковь несет ответственность за человеческую свободу. Вначале ей следует силой духовной перепроверить свое собственное прошлое, чтобы установить, где она хорошо послужила на благо заповеданной Богом человеческой свободы, а где нет. Во-вторых, Церковь должна в своем публичном исповедании и жизни четко показать, что же означает правильно понятая свобода человека. В-третьих, Церковь должна активно действовать в обществе и кроме проповедей печься о стоящих перед ее вратами нуждающихся, с тем чтобы одновременно вносить вклад в закладывание фундамента и в создание возможностей для существования либерального государства, которое не берет на себя регулирование и исполнение все и вся. В-четвертых, Церковь должна проверить, какие служения на благо свободы возложены на христиан, занимающих самые различные общественные положения: осуществляющих епископское служение, несущих священническое и диаконское служение либо выполняющих служение простого христианина, принявшего Крещение. И это должно быть затем согласовано друг с другом.

На примере этих четырех пунктов выясняется, что вовсе недостаточно, чтобы отдельный христианин, опираясь на свою веру сам отказывался от некоторых свобод и даже брал на себя страдания, дабы даровать таким путем свободу другим людям. Как бы необходимо и как бы по-христиански это ни было, служение Церкви должно осуществляться также на структурном уровне. Поскольку Церковь обладает излучением и весом в мире, она ответственна за то, что с ним происходит. Но эта ответственность возлагается скорее на церковноначалие, чем на личное практическое благочестие и примерность отдельного христианина.

Находясь на руководящем церковном служении можно, к примеру, пойти на заключение ответственно оформленных (и главным образом временных) союзов, чтобы достичь этически ценных целей для большей жизненной сферы, либо для того, чтобы предотвратить нанесение морального ущерба. На мой взгляд, следует богословски поддерживать заключение таких союзов. Когда речь идет об этических и моральных вопросах и целях, союзы могут заключаться как со светскими инстанциями (как, к примеру, поддержка Объединенных Наций в их борьбе за права человека), так и с другими Церквами и конфессиями (например, поддержка других Церквей и конфессий в их соответствующей борьбе против намерений евтаназии или против клонирования человеческих эмбрионов). Названные под конец этические союзы в состоянии, если они умножают силы добра в мире, внести вклад в увеличение экуменического доверия.

В связи с такими союзами для Церквей несомненно представляет определенный интерес и философская дискуссия об этике убеждения и этике ответственности. Отличие между обоими основными видами этики исследовал известный социолог Макс Вебер уже около ста лет тому назад; а недавно немецко-американский философ Ганс Йонас высказался за переход учреждений к этике ответственности. Для Церкви это означало бы, что она не только может быть источником ›добрых убеждений‹. Скорее она стала бы нести ответственность за устойчивое улучшение жизненных условий. Значит она должна была бы этически ответственно учитывать конкретные последствия ее действия или бездействия в мире. Это означало бы: Мы должны были бы даже пойти дальше кантовского понятия о долге, ориентировавшегося лишь на правильные духовные предпосылки действия. И не только сегодня должен стоять вопрос: А может быть Церковь, хотя и представляет собой оплот ›добрых убеждений‹, вовсе не служит источником успешных улучшений общего состояния? И является ли положительное влияние Церкви на общество всего лишь желательным и ожидаемым, или же Церковь, в соответствии с ›этикой ответственности‹, должна учитывать конкретные последствия своих действий в мире и брать на себя ответственность за эти последствия?

Но как это может произойти? В заключение, поразмыслим об этом. Основа всей человеческой свободы – любовь Божия, делающая возможной самоотверженную и самозабвенную любовь также и в нас. Там, где практикуется эта любовь – возникает и свобода. Ведь свобода, по своему глубочайшему внутреннему смыслу является новой возможностью для любви. И она является таковой потому, что она, как свобода, еще дальше сбрасывает оковы природы. Свободный человек должен не только исполнять естественный и моральный закон и исключительно отрабатывать свое в царстве необходимости. В свободе можно делать больше чем должно: можно приносить дары любви. Исключительно из этого ›больше‹ других дарованных жизненных сил возникает возможность для того, чтобы действительно атаковать и ограничивать зло. Поэтому свобода столь важна и столь неотъемлема. Будучи правильно понятой, как возможность для самозабвенной любви, свобода является сферой человеческого, которая может реально изменить мир.

И еще раз вернемся к Церкви. Как »столп и утверждение истины« Церковь не является всего лишь ›учительницей человечества‹, которая говорит людям, что им надо делать. Но она сама есть часть таинственно-эсхатологического превращения мира, вытекающего из воплощения Божия во Иисусе Христе. Сама, в любой момент находя свою духовную пищу в этом воплощении, и неся первоочередную ответственность за то, что она принимает в себя заповеданное ей Христом, Церковь является почти не искомым устойчивым источником обновления в мире: ибо любовь становится свободой. А свобода становится любовью, потому что она предоставляет ей возможность. Если Церковь не справляется со своей внешней структурной ответственностью, то ей не приходится корректировать в первую очередь свой политический курс, а она должна искать свои промахи главным образом в духовной сфере внутри себя и там преодолевать их. Ее политическая несостоятельность имеет богословские причины! Но это ни в коей мере не означает, что, концентрируясь на литургическом и богословском, она вправе сама себя освободить от внешней ответственности за экуменические усилия! Люди, все люди постоянно и настоятельно нуждаются в различном освобождении. Ибо в 8-й главе Послания Святого Апостола Павла к Римлянам даже вся тварь стенает и чает его. И по праву с давних времен говорится: Deo servire summa libertas.

Zwei Bedeutungen der Freiheit in der östlichen patristischen Tradition

Archimandrit Kirill

Im östlichen christlichen Denken hat das Wort »Freiheit« viele Bedeutungen, die mit griechischen Begriffen bezeichnet werden. Das Ziel dieses Beitrags besteht darin, die Hauptbedeutungen der Freiheit in den Texten der griechischen Kirchenväter zu zeigen, die Unterschiede und Ähnlichkeiten zwischen ihnen zu klären und ihre Verbindung mit der biblischen Tradition festzustellen.

1

Die erste Bedeutung besteht in der Eigenschaft der menschlichen Natur die erlaubt, sich undeterminiert zu verhalten. In der Tradition der Kirchenväter wird diese Fähigkeit gewöhnlich als τὸ αὐτεξούσιον bezeichnet.[1] Das ist kein Begriff aus der Bibel. Ein ähnliches, aber dennoch ein anderes Wort gibt es bei Paulus: »Wenn einer aber in seinem Herzen fest ist, weil er nicht unter Zwang ist und seinen freien Willen hat (ἐξουσίαν δὲ ἔχει περὶ τοῦ ἰδίου θελήματος), und beschließt in seinem Herzen, seine Jungfrau unberührt zu lassen, so tut er gut daran« (1 Kor 7,37). Basileus von Cesarea erläutert, was Paulus unter dem freien Willen meint und benutzt dabei das Wort αὐτεξούσιον: »Jeder von uns bekommt von Gott die

---

[1]   Vgl. B. Hederich: ›αὐτεξούσιος – qui sui juris, sive suae potestatis est 2) de imperio infinito, de regno, cujus potestas nullis limitibus circumscribitur; αὐτεξουσιότης – libera potestas‹ (Lexicon Graeco-Latinum et Latino-Graecum, p. I, Roma, 1832, p. 155); E. Sophocles: ›free will, freedom of the will‹ (Greek Lexicon of the Roman and Byzantine Periods, New York, ³1888, p. 278); Stephanus: ›sui potestatem habens, qui sui juris est et suae potestatis;‹ it is ›quod Latini Theologi Liberum arbitrium appellarunt.‹ Corresponding Latin terms are ›licentiosus, emancipatus‹ (Thesaurus Graecae Linguae, coll. 2502–3).

Macht über sich (= seinen freien Willen) (τὸ αὐτεξούσιον), so sagt Apostel Paulus im Ersten Brief an die Korinther«.[2]

Der Begriff αὐτεξούσιον entspricht den politischen und sozialen Realitäten der griechisch-römischen Welt. Ursprünglich bedeutete er die Macht, einschließlich der absoluten Macht Gottes oder politischer Herrscher.[3] In diesem Sinne wird das Wort zum Beispiel von Philo von Alexandria benutzt, indem er über τὸ αὐτεξούσιον als über die absolute Macht Gottes spricht.[4] Bei Philo ist es ein Synonym zum Adjektiv »selbstherrschaftlich«.[5] Dieses Wort besitzt auch die Bedeutung »frei« im Sinne »kein Knecht«; es bedeutet die soziale Stellung eines freien Menschen.[6]

Deshalb ist es gar nicht verwunderlich, dass in der frühchristlichen Zeit der Begriff αὐτεξούσιον vor allem von denen verwendet wurde, die enge Beziehungen zur klassischen Tradition beibehalten haben. Aber die frühchristlichen Autoren haben die Bedeutung des Begriffs αὐτεξούσιον auf eine persönlichere Ebene übertragen und ihn mit der Frage der Erlösung verbunden. Kliment von Alexandria behauptet zum Beispiel, dass alle Menschen frei sind (αὐτεξούσιος) und sich nur aufgrund ihrer freien Wahl (ἑκουσίῳ προαιρέσει) erlösen können, immer vernünftig (ἐμφρόνως, οὐκ ἀφρόνως).[7] Wir können das Gute nur in Freiheit tun. So sagt Kliment, dass die Weisheit der Väter unsere Freiheit überzeugt (αὐτεξούσιον), das Gute zu tun.[8] Diese Ideen Kliments wurden von den anderen christlichen Autoren übernommen. So behauptet Irenäus von Lyon, dass jeder Mensch frei ist und Gott rät ihm nur, wie er handeln soll, ohne die eigene Freiheit zu verletzen.[9] Nemesius von Emessa macht die Freiheit zum Unterscheidungsmerkmal der menschlichen Natur. Er behauptet, der Unterschied zwischen einem Menschen und einem Tier besteht darin, dass der erste, im Unterschied zum zweiten, vernünftig und frei (ἐλεύθερον καὶ αὐτεξούσιον) handelt.[10] Athanasius von Alexandria

---

[2]   Homilia de virginitate 2.40–1.
[3]   Vgl. B. Hederich: ›de imperio infinito, de regno, cujus potestas nullis limitibus circumscribitur‹ (Lexicon Graeco-Latinum et Latino-Graecum, p. I, Roma, 1832, 155).
[4]   Plant. 46.4.
[5]   Αὐτεξουσίῳ καὶ αὐτοκράτορι βασιλείᾳ (Heres 301–2).
[6]   Vgl. Diodorus Siculus: τούς τε γὰρ αἰχμαλώτους ἀφῆκεν αὐτεξουσίους χωρὶς λύτρων (Bibliotheca historica 14.105.4.1–2). E. Sophocles defines it as ›one's own master, free agent‹ (Greek Lexicon of the Roman and Byzantine Periods, New York, ³1888, 278).
[7]   Paedagogus 1.6.33.3–4.
[8]   Stromata 5.13.83.5.1–2.
[9]   Adversus haereses 21.17–9.
[10] De natura hominis 2.650–6.

behauptet, dass Menschen niemals aufgehört haben, frei zu sein, unabhängig davon, ob sie sich für das Gute oder für das Böse entschieden.[11]

Nach Gregor von Nazianz wurde der Mensch frei erschaffen und ist nur dem Gesetz der Gebote unterworfen.[12] Der Mensch soll stolz auf die Freiheit sein; das ist seine Ehre (τιμή).[13] Basileus von Cesarea entwickelt diese Idee. Das Konzept der Freiheit steht ihm nahe, denn er spricht häufig davon in seinen verschiedenen Werken. So behauptet er, Gott habe uns frei und nicht unterworfen (ὑπεξούσιος) erschaffen.[14] Deshalb ist die Freiheit ein Gut, frei zu sein ist viel besser, als unterworfen zu sein (τὸ αὐτεξούσιον τοῦ ὑπεξουσίου βέλτιον).[15] Die Freiheit kann man dem Menschen nicht nehmen, weil sie der menschlichen Natur eigen ist.[16] Mehr noch, die Freiheit ist der gottähnliche Teil der menschlichen Seele (τὸ αὐτεξούσιον τὸ θεοειδὲς τῆς ψυχῆς).[17] Die Freiheit ist für Basileus der Schlüssel zur Lösung des Problems des Bösen. Namentlich durch die Freiheit entscheidet sich der Mensch entweder für das Gute oder für das Böse.[18] Die Freiheit ähnelt einer Waage, die sich sowohl in Richtung des Guten als auch in Richtung des Bösen bewegen kann.[19] Deshalb wird mit der Freiheit die Existenz des Bösen erklärt: sie kann sich als der Anfang und die Wurzel des Bösen erweisen (ἀρχὴ γὰρ καὶ ῥίζα τῆς ἁμαρτίας τὸ ἐφ᾽ ἡμῖν καὶ τὸ αὐτεξούσιον).[20]

Gregor von Nyssa betont die Freiheit als die höchste Freiheit (ἀκρότατον τῆς ἐλευθερίας εἶδος).[21] Der Mensch ist für ihn besonders mit der Freiheit ausgezeichnet, sie gibt ihm die Seligkeit.[22] Gregor behauptet sogar, dass der Mensch Gott gleich ist kraft seiner Freiheit (ἰσόθεον γάρ ἐστι τὸ αὐτεξούσιον).[23] Allerdings ist die Freiheit für ihn einfach ein Mittel. Von Gott geschaffen ist es ein Gut per se. Zugleich kann man es zum Übel verwenden zum »zum Werkzeug der Sünde« (ἁμαρτίας ὅπλον)

---

[11] Contra gentes 4.12–5.
[12] De pauperum amore 35.892.10–12.
[13] In theophania 36.324.21.
[14] Adversus Eunomium 29.697.44–5.
[15] Adversus Eunomium 29.697.39–40.
[16] Enarratio in prophetam Isaiam 1.45.4–5.
[17] Sermo de contubernalibus 30.817.2–5.
[18] Adversus Eunomium 29.660.39–41.
[19] Sermones de moribus a Symeone Metaphrasta collecti 32.1120.12–4.
[20] Quod deus non est auctor malorum 31.332.44–5.
[21] Orationes viii de beatitudinibus 44.1300.34–6.
[22] De mortuis non esse dolendum 9.54.2–3.
[23] De mortuis non esse dolendum 9.54.10; См. Также De creatione hominis sermo primus 29a.6–7: προαίρεσιν ἡμῖν.

machen.[24] Namentlich die Freiheit und nicht Gott ist die Ursache des Bösen.[25]

Im patristischen Denken ist das Konzept der Freiheit eng mit dem Konzept des Willens verbunden, obwohl das nicht dasselbe ist. Im Willen sehen die Väter die Gabe der Natur und nicht die Eigenschaft eines Menschen oder einer Person. Das kam deutlich zur Sprache während der christologischen Streitigkeiten im VII. Jahrhundert, als die Frage von dem einen oder zwei Willen Christi diskutiert wurde. Diejenigen, die meinten, Christus hatte zwei Willen, denn der Wille sei ein Teil der Natur und nicht der Person, haben den Streit gewonnen. Auf dem Laterankonzil von 649 sprach man zum Beispiel über Christus als über einen »wohlwollenden« (θελητικός, voluntaris) in jeder seiner Naturen.[26] Die Willen und die Naturen sind unzertrennlich miteinander verbunden, erklärte in seinem Rundschreiben Papst Agathon: »Der menschliche Wille ist natürlich, wer den menschlichen Willen in Christus nur ohne Sünde ablehnt, erkennt nicht an, dass Er eine menschliche Seele besitzt.«[27] Der Wille ist die Eigenschaft der menschlichen Natur, wie die Väter manchmal vorgezogen haben, ihn zu bestimmen. Zum Beispiel behauptet Papst Martin: »Energeia und der Wille unseres Wesens stellten seine Natureigenschaft dar.«[28] Die gleiche Behauptung findet sich bei Maxim dem Bekenner: »Die Väter haben festgestellt, dass der Mensch in sich das Sichtbare und Unsichtbare, das Verwesliche und Unverwesliche, das Sterbliche und Unsterbliche, das Berührbare und Unberührbare, das Geschaffene und Ungeschaffene vereinigt. Nach dem gleichen ehrfurchtvollen Verständnis haben sie richtig gelehrt, dass der Mensch in sich zwei Willen vereinigt.«[29] Maxim geht noch weiter und macht ein Gleichheitszeichen zwischen dem Willen und der Eigenschaft. Der Wille ist bei ihm nicht nur eine »Naturfähigkeit« (φυσικὴ δύναμις), sondern auch »Vernunftswille« (λογικὴ ὄρεξη) der Seele.[30] Deshalb sind solche Eigenschaften »der Vernunftseele« wie der Wille, das Denken usw. untrennbar miteinander verbunden und »wir denken, wenn

24 In Ecclesiasten 5.428.1–12; see also In Ecclesiasten 5.301–2.
25 Oratio catechetica magna 5.126–30.
26 Καθ᾿ ἑκατέραν δὲ φύσιν αὐτοῦ θελητικὸν ὄντα τὸν Χριστόν (Per utramque autem eiusdem naturam voluntarium Christum, ACO 2 I 344, 12; 345, 11–12).
27 Naturalis est humana voluntas, et qui voluntatem humanam in Christo abnegat absque solo peccato eum nec habere humanam animam confitetur (ACO 2 II.1 77, 26–27).
28 ACO 2 II.1 406, 12–13; 407, 11–12; see also Pope Agatho: Quidquid ad proprietates naturarum pertinet, duplicia omnia confitetur (ACO 2 II.1 67, 26–68,1).
29 Disputatio PG 90, 300ᵇ.
30 Disputatio PG 90, 293ᵇ.

wir wünschen und denkend wählen wir das Gewünschte aus. Und wenn wir wünschen, fragen wir, erforschen, überlegen uns, richten, neigen zu etwas, wählen, lassen uns anregen und nutzen.«[31]

Selbst wenn der Wille eine Natureigenschaft ist, ist er frei. Die Freiheit des Willens wird durch die menschliche Vernunft (νοῦς) gesichert. Der Wille ist eine freie Regung der menschlichen Vernunft, so steht es in der Definition, die Maxim der Bekenner Kliment von Alexandria zuschreibt: »Der Wille ist eine selbstgelenkte Regung (αὐτεξούσιος κίνησις) der »selbstmächtigen Vernunft.«[32] Johannes Damaszenus wiederholt diese Definition mit anderen Worten: »Der Wille ist eine natürliche, vernünftige, selbstmächtige und anregende Regung der Seele (nous).«[33] Eine solche Freiheit erschöpft sich nicht nur in dem einen Wort αὐτεξούσιον. Im griechischen patristischen Denken gibt es eine Fülle anderer Begriffe, zum Beispiel, τὸ ἑκούσιον, τὸ ἡγεμονικὸν usw. Sie alle formulieren ungefähr denselben Begriff der Freiheit als die Fähigkeit der menschlichen Vernunft, die Natur und ihren Willen zu lenken.

2

Es wurde also gezeigt, τὸ αὐτεξούσιον eine Freiheit ist, die jedem Menschen eigen ist. Dennoch bedeutet das nicht, dass der Mensch fähig ist alles zu tun, was er will. Apostel Paulus spricht über die tragische Unfähigkeit des Menschen immer nach dem eigenen Willen zu handeln: »Denn ich weiß nicht, was ich tue. Denn ich tue nicht, was ich will; sondern was ich hasse, das tue ich« (Röm 7,15). Diese Unfähigkeit, nach dem eigenen Willen zu handeln, wird durch die Sünde erklärt. Im nächsten Vers sagt Paulus: »Denn ich weiß, dass in mir, das heißt in meinem Fleisch, nichts Gutes wohnt. Wollen habe ich wohl, aber das Gute vollbringen kann ich nicht. Denn das Gute, das ich will, das tue ich nicht; sondern das Böse, das ich nicht will, das tue ich. Wenn ich aber tue, was ich nicht will, so tue nicht ich es, sondern die Sünde, die in mir wohnt« (Röm 7,18–20). Dagegen wird die Fähigkeit eines Menschen, nach dem eigenen Willen zu handeln, in der griechischen neutestamentlichen Tradition als ἐλευθερία bezeichnet (Adjektiv – ἐλεύθερος). Dieses Wort wurde aus der klassischen Tradition, wo es weit verbreitet war, entlehnt. Die Suche in der Datenbank TLG zeigt mehr als 14.000 Wörter mit der Wurzel ελευθερ! Dieses Wort

---

[31] Disputatio PG 90, 293[b–c].
[32] Fragmentum 40.
[33] Institutio elementaris 10.2.

stammt von ἔρχομαι (ἐλεύθω) – »ankommen« und bedeutet etymologisch »wer geht, kommt« (qui vadit, quo vult).[34] Das bedeutet kein Knecht zu sein und von keinen äußeren Umständen und Mächten abhängig zu sein. In der klassischen Welt bedeutete dieses Wort in den meisten Fällen den freien bürgerlichen Status eines Menschen. Es bezeichnete einen Menschen, der kein Knecht ist.[35] Zusätzlich zu seiner hauptsächlich sozialen Bedeutung in der Antike, besaß dieses Wort auch eine psychologische Bedeutung. So spricht Euripides über die Freiheit von Angst: ἐλεύθερος φόβου. Die sittlichen Bedeutungen dieses Terminus wurden durch die Schule der Stoa entwickelt. Zum Beispiel Epictet, der nach allgemeiner Meinung der erste christliche Stoiker war (55–135), definiert das Wort ἐλευθερία als die Freiheit des Menschen von Sünde, Angst, Trauer und Unruhe.[36]

Das Wort »Freiheit«, so wie es im Alten Testament erscheint, enthält kaum irgendwelchen moralischen Aspekt. Hier wird es hauptsächlich im politischen und sozialen Sinne verwendet, darunter werden freie Bürger, freie Frauen usw. verstanden: Deut 21,14; Jud 16,23; 1 Makk 10,33; 2 Makk 9,14; 1 Makk 15,7; 1 Makk 2,11; Lev 19,20; 3 Makk 3,28; 1 Hes 4,53; 1 Makk 14,26; Sir 33.26; 1 Hes 4,49; Sir 7,21; Jak 1,25; 2,12; 1 Kön 20,11; 3 Makk 7,20; Spr 25,10; Sir 10,25; Neh 13,17; Deut 15,12f; 1 Makk 12,30; Hiob 39,5; Jer 41,14; Ex 21,2, 5; Ps 87,5; Ex 21,26 und folg.; 1 Kön 20,8; Jer 41,9, 16; Deut 15,18; Koh 10,17; 2 Makk 2,22; 2 Makk 1,27. Für eine Ausnahme kann man den Auszug aus 4 Makk 14,2 halten: »O, Vernunft, königlicher als die Könige und freier als die Freie« (ἐλευθέρων ἐλευθερώτεροι)«!

Die Situation verändert sich radikal im Neuen Testament. Apostel Paulus entwickelt eine ganze Theologie der Freiheit und baut sie auf der traditionellen Bedeutung dieses Wortes als keine Knechtschaft:

»Denn es steht geschrieben, dass Abraham zwei Söhne hatte, den einen von der Magd, den anderen von der Freien. Aber der von der Magd ist nach dem Fleisch gezeugt worden, der von der Freien aber kraft der Verheißung. Diese

---

[34] Vgl. B. Hederich, Lexicon Graeco-Latinum, p. I, Romae 1832, 263. Другие латинские термины: liber, non servus; liber, immunis, liberatus; liberalis, ingenuus, generosus.

[35] Vgl. Liddell and Scott, Greek-English Lexicon, Oxford, 1962, 532; H. Frisk, Griechisches etymologisches Wörterbuch, B. I, Heidelberg, 1960, 490–1; Stephanus, Thesaurus Graecae Linguae, v. IV, Graz, 1954, 722; P. Chantraine, Dictionnaire étimologique de la langue grecque. Histoire des mots, v. I, Paris, 168, 336.

[36] Dissertationes ab Arriano digestae 2.1.23–5.

Worte haben tiefere Bedeutung. Denn die beiden Frauen bedeuten zwei Bundesschlüsse: einen vom Berg Sinai, der zur Knechtschaft gebiert, das ist Hagar; den Hagar bedeutet den Berg Sinai in Arabien und ist ein Gleichnis für das jetzige Jerusalem, das mit seinen Kindern in der Knechtschaft lebt. Aber das Jerusalem, das droben ist, das ist die Freie; das ist unsere Mutter.« (Gal 4,22–26)

Und er beschließt:»So sind wir nun, liebe Brüder, nicht Kinder der Magd, sondern der Freien« (Gal 4,31). Die Freiheit, die Christen nutzen können, ist die Gabe Christi (Gal 5,1) und des Geistes (2 Kor 3,17). Sie bezieht sich nicht nur auf den Menschen sondern auf die gesamte erschaffene Welt:»Denn auch die Schöpfung wird frei werden von der Knechtschaft der Vergänglichkeit zu der herrlichen Freiheit der Kinder Gottes« (Röm 8,21).

Im Einklang mit der neutestamentlichen Tradition steht das spätere patristische Denken. Von den frühen christlichen Theologen ist Ignatius der erste, der vom buchstäblichen Verständnis der Knechtschaft und der Freiheit zu einem tieferen Verständnis im Sinne nicht nur der Befreiung von den Ketten, sondern auch der Auferstehung in Christus kommt.[37] Ignatius sagt deutlich, er meine eine Freiheit die besser ist als das Fehlen der Ketten oder der Knechtschaft (κρείττονος ἐλευθερίας ἀπὸ θεοῦ τύχωσιν).[38] Justin setzt den Gedanken fort und erklärt, was für eine Freiheit das ist. Das ist die Befreiung von jeglicher Leidenschaft, denn Unterwerfung unter eine Leidenschaft ist für ihn die höchste Knechtschaft.[39] Bei Erma wird die Freiheit im christlichen Sinne durch die Erfüllung der Gebote des Herrn erreicht.[40] Kliment von Alexandria verbindet die Freiheit mit der Fähigkeit des ungehinderten geistlichen Sehens.[41]

Die Frage der Freiheit im Sinne von ἐλευθερία steht im Mittelpunkt der sittlichen Lehre der Kirchenväter seit dem 4. Jahrhundert. Die Freiheit ist für sie ein notwendiger Charakterzug der christlichen Authentizität. Gregor von Nissa stellt die Freiheit in eine Reihe mit der Gnade, dem Leben, dem Trost und der Unsterblichkeit.[42] Gregor von Nazianz spricht über die »Freiheit der Gnade« (ἐλευθερία τῆς χάριτος).[43] Im oben er-

---

[37] Epistulae vii genuinae 4.4.3.1–5.
[38] Epistulae vii genuinae 7.4.3.2–3.
[39] Fragmenta operum deperditorum 15.1–2.
[40] Pastor 55.1,2.6.
[41] Paedagogus 1.6.28.1.7–8.
[42] Ad Eustathium de sancta trinitate 3,1.12.1–4.
[43] Epistulae 79.13.5.

wähnten Abschnitt behauptet Gregor von Nyssa, die höchste Quelle der christlichen Freiheit ist die Heilige Dreifaltigkeit. Gregor von Nazianz konkretisiert in dieser Beziehung die besondere Rolle von Christus als »Dem einzig Freien« (ὢν ἐλεύθερος μόνος).[44] Basileus von Cesarea betont auch die Rolle des Heiligen Geistes, den die patristische Tradition sehr häufig mit der Freiheit verbindet.[45] Als Folge der Einwirkung Christi auf die an Ihn Glaubenden entsteht die Freiheit vom Gesetz der Sünde. Das ist auch die Freiheit von Angst, so sagt Gregor von Nazianz (εἶμ᾽ ἐλεύθερος φόβου), und wiederholt dabei ganz offensichtlich Euripides.[46] Johannes Chrysostomos fasst die neutestamentliche und patristische Tradition zusammen und betont, dass es allein in Christus möglich ist, tatsächlich frei zu sein (οὐκ ἔστιν ἐλεύθερος ἀλλ᾽ ἢ μόνος ὁ Χριστῷ ζῶν).[47]

Aus dem Gesagten kann man schließen: Das Konzept der Freiheit in der östlichen patristischen Tradition hat zwei ähnliche und zugleich ganz verschiedene Bedeutungen. Αὐτεξούσιον – ist eine Freiheit, die jedem zugestanden wird, unabhängig davon ob er ihrer würdig ist oder nicht, dagegen ἐλευθερία – ist eine Freiheit, die man erlangt, die man anstrebt und um die man kämpft. Die erste Freiheit gehört zur menschlichen Natur und die zweite ist Gottes Gabe. Die Freiheit bedeutet in beiden Fällen die Macht der Vernunft über die Natur. Im ersten Fall ist diese Macht potenziell, und im zweiten – tatsächlich. In keiner von diesen Bedeutungen führt der Begriff der Freiheit zur Idee der Vielheit der Wahl. Das ist eher der Charakterzug des lateinischen und später des westlichen Denkens, der auf Augustinus und sogar auf die früheren Autoren zurückgeht. Das östliche Konzept bezieht sich nicht so auf die äußeren Umstände und Möglichkeiten des Menschen, als vielmehr auf die Freiheit von Leidenschaften und bösen Absichten.

---

[44]   Christus patiens 1523.
[45]   De spiritu sancto 28.69.24–6.
[46]   Christus patiens 1807.
[47]   Ad Theodorum lapsum 5.16–7.

Два значения свободы в восточной святоотеческой традиции

Игумен Кирилл

В восточной христианской мысли слово »свобода« имеет множество значений, называемых греческими терминами. Цель данного доклада – показать, какие главные значения имеет свобода в текстах греческих отцов, прояснить различия и сходства между ними и установить их связь с библейской традицией.

1

Первое значение – это свойство природы человека, позволяющее вести себя недетеминированно. В святоотеческой традиции это свойство обычно называется τὸ αὐτεξούσιον.[1] Это не библейский термин. Похожее, но все же другое слово есть у Павла: »Но кто непоколебимо тверд в сердце своем и, не будучи стесняем нуждою, но будучи властен в своей воле (ἐξουσίαν δὲ ἔχει περὶ τοῦ ἰδίου θελήματος), решился в сердце своем соблюдать свою деву, тот хорошо поступает« (1 Кор 7,37). Василий Кесарийский, объясняя, какую власть в своей воле имеет в виду Павел, употребляет слово αὐτεξούσιον: »Каждый из нас получает от Бога власть над собой (τὸ αὐτεξούσιον), как говорит апостол Павел в первом послании к Коринфянам«.[2]

---

[1] См. B. Hederich: ›αὐτεξούσιος – qui sui juris, sive suae potestatis est 2) de imperio infinito, de regno, cujus potestas nullis limitibus circumscribitur; αὐτεξουσιότης – libera potestas‹ (Lexicon Graeco-Latinum et Latino-Graecum, p. I, Roma, 1832, p. 155); E. Sophocles: ›free will, freedom of the will‹ (Greek Lexicon of the Roman and Byzantine Periods, New York, ³1888, p. 278); Stephanus: ›sui potestatem habens, qui sui juris est et suae potestatis;‹ it is ›quod Latini Theologi Liberum arbitrium appellarunt.‹ Corresponding Latin terms are ›licentiosus, emancipatus‹ (Thesaurus Graecae Linguae, coll. 2502–3).

[2] Homilia de virginitate 2.40–1.

Термин αὐτεξούσιον соответствует политическим и социальным реальностям греко-романского мира. Первоначально он означал власть, в том числе абсолютную власть Бога или политических правителей.[3] В этом смысле это слово употребляет, например, Филон Александрийский, говоря о τὸ αὐτεξούσιον как абсолютной власти Бога.[4] У Филона он является синонимом прилагательного »самовластный«.[5] Это слово имеет также значение »свободный« в смысле »не раб«; оно обозначает социальное положение свободного человека.[6]

Поэтому не удивительно, что в древнехристианские времена понятие αὐτεξούσιον использовалось прежде всего теми, кто сохранял тесные связи с классической традицией. Но древние христианские авторы перенесли значение αὐτεξούσιον на более личный уровень и связали его с вопросами спасения. Климент Александрийский, например, утверждает, что люди свободны (αὐτεξούσιος) и могут спастись только по своему свободному выбору (ἑκουσίῳ προαιρέσει), всегда разумно (ἐμφρόνως, οὐκ ἀφρόνως).[7] Мы можем делать благо только при свободе. Как говорит Климент, мудрость отцов убеждает нашу свободу (αὐτεξούσιον) делать благо.[8] Эти идеи были заимствованы у Климента другими христианскими авторами. В частности, Ириней Лионский утверждает, что каждый человек свободе, а Бог только советует ему, как действовать, не нарушая свою свободу.[9] Немезий Емесский делает свободу отличительной чертой человеческой природы. Он утверждает, что различие между человеком и животным заключается в том, что первый, в отличие от второго, действует разумно и свободно (ἐλεύθερον καὶ αὐτεξούσιον).[10] Афанасий Александрийский утверждает, что люди никогда не переставали быть свободными, что бы они ни выбирали – добро или зло.[11]

---

[3] См. B. Hederich: ›de imperio infinito, de regno, cujus potestas nullis limitibus circumscribitur‹ (Lexicon Graeco-Latinum et Latino-Graecum, p. I, Roma, 1832, p. 155).

[4] Plant. 46.4.

[5] Αὐτεξουσίῳ καὶ αὐτοκράτορι βασιλείᾳ (Heres 301–2).

[6] См. в Diodorus Siculus: τούς τε γὰρ αἰχμαλώτους ἀφῆκεν αὐτεξουσίους χωρὶς λύτρων (Bibliotheca historica 14.105.4.1–2). E. Sophocles defines it as ›one's own master, free agent‹ (Greek Lexicon of the Roman and Byzantine Periods, New York, ³1888, p. 278).

[7] Paedagogus 1.6.33.3–4.

[8] Stromata 5.13.83.5.1–2.

[9] Adversus haereses 21.17–9.

[10] De natura hominis 2.650–6.

[11] Contra gentes 4.12–5.

Согласно Григорию Назианзину, человек создан свободным и подчинен только закону заповедей.[12] Человеку следует гордиться свободой; это его честь (τιμή).[13] Василий Кесарийский развивает эту идею. Ему близка концепция свободы, так как он часто говорит о ней в самых разных своих работах. Так, он утверждает, что Бог создал нас свободными, а не подчиненными (ὑπεξούσιος).[14] Поэтому свобода есть благо, быть свободным гораздо лучше, чем быть подчиненным (τὸ αὐτεξούσιον τοῦ ὑπεξουσίου βέλτιον).[15] Свободу нельзя отнять у человека, потому что она присуща человеческой природе.[16] Более того, свобода является богоподобной частью человеческой души (τὸ αὐτεξούσιον τὸ θεοειδὲς τῆς ψυχῆς).[17] Свобода для Василия – это ключ к решению проблемы зла. Именно через свободу человек выбирает либо добро, либо зло.[18] Свобода подобна весами, которые могут двигаться и в сторону добра и в сторону зла.[19] Поэтому свободой объясняется, почему существует зло: она может оказаться началом и корнем зла (ἀρχὴ γὰρ καὶ ῥίζα τῆς ἁμαρτίας τὸ ἐφ᾽ ἡμῖν καὶ τὸ αὐτεξούσιον).[20]

Григорий Нисский подчеркивает свободу как высшую свободу (ἀκρότατον τῆς ἐλευθερίας εἶδος).[21] Для него особенно человек удостоен свободы, которая дает ему блаженство.[22] Григорий утверждает даже, что человек равен Богу в силу своей свободы (ἰσόθεον γάρ ἐστι τὸ αὐτεξούσιον).[23] Однако свобода для него – просто средство. Созданное Богом, оно есть благо per se. В то же время его можно употребить во зло и превратить в »орудие греха« (ἁμαρτίας ὅπλον).[24] Именно свобода, а не Бог, является причиной зла.[25]

В святоотеческой мысли концепция свободы тесно связана с концепцией воли, хотя это не одно и то же. В воле отцы видят дар

---

[12]   De pauperum amore 35.892.10–12.

[13]   In theophania 36.324.21.

[14]   Adversus Eunomium 29.697.44–5.

[15]   Adversus Eunomium 29.697.39–40.

[16]   Enarratio in prophetam Isaiam 1.45.4–5.

[17]   Sermo de contubernalibus 30.817.2–5.

[18]   Adversus Eunomium 29.660.39–41.

[19]   Sermones de moribus a Symeone Metaphrasta collecti 32.1120.12–4.

[20]   Quod deus non est auctor malorum 31.332.44–5.

[21]   Orationes viii de beatitudinibus 44.1300.34–6.

[22]   De mortuis non esse dolendum 9.54.2–3.

[23]   De mortuis non esse dolendum 9.54.10; См. Также De creatione hominis sermo primus 29a.6–7: προαίρεσιν ἡμῖν.

[24]   In Ecclesiasten 5.428.1–12; see also In Ecclesiasten 5.301–2.

[25]   Oratio catechetica magna 5.126–30.

природы, а не свойство человека или личности. Об этом ясно говорилось в ходе христологических диспутов VII века, когда обсуждался вопрос об одной или двух волях Христа. Считавшие, что у Христа было две воли, потому что воля есть часть природы, а не личности, победили в споре. На Латеранском соборе 649 года, например, о Христе говорили как о »благоволящем« (θελητικός, voluntaris) по каждой из его природ.[26] Воли и природы связаны нераздельно, заявлял в своем послании Римский папа Агафон: »Человеческая воля естественна, и отрицающий человеческую волю во Христе только безгрешную не признает, что у Него есть человеческая душа«.[27] Воля есть свойство человеческой природы, как отцы иногда предпочитали определять ее. Например, Папа Мартин утверждает: »Energcia и воля нашего существа составляли его природное свойство«.[28] То же утверждение встречается у Максима Исповедника: »Отцы определили, что человек соединяет в себе видимое и невидимое, смертное и бессмертное, тленное и нетленное, прикасаемое и неприкасаемое, тварное и нетварное, и по тому же благоговейному пониманию, правильно учили, что человек соединяет в себе две воли«.[29] Максим идет еще дальше, ставя знак равенства между волей и свойством. Воля у него – не только »природная способность« (φυσικὴ δύναμις), но и »умственное изволение« (λογικὴ ὄρεξη) души.[30] Поэтому такие свойства »умственной души«, как изволение, мышление и т.д. неразрывно связаны друг с другом, и »мы думаем, когда желаем, а думая, выбираем желаемое. И желая, мы вопрошаем, изучаем, раздумываем, судим, склоняемся, выбираем, побуждаемся и пользуемся«.[31]

Даже если воля есть природное свойство, она свободна. Свобода воли обеспечивается человеческим разумом (νοῦς). Воля есть свободное движение человеческого разума, как говорится в определении, которое Максим Исповедник приписывает Клименту Александрийскому: »Воля есть самоуправляемое движение (αὐτεξούσιος

---

[26] Καθ᾽ ἑκατέραν δὲ φύσιν αὐτοῦ θελητικὸν ὄντα τὸν Χριστόν (Per utramque autem eiusdem naturam voluntarium Christum, ACO 2 I 344, 12; 345, 11–12).

[27] Naturalis est humana voluntas, et qui voluntatem humanam in Christo abnegat absque solo peccato eum nec habere humanam animam confitetur (ACO 2 II.1 77, 26–27).

[28] ACO 2 II.1 406, 12–13; 407, 11–12; see also Pope Agatho: Quidquid ad proprietates naturarum pertinet, duplicia omnia confitetur (ACO 2 II.1 67, 26–68, 1).

[29] Disputatio PG 90, 300[b].

[30] Disputatio PG 90, 293[b].

[31] Disputatio PG 90, 293[b–c].

κίνησις) самовластного разума«.[32] Иоанн Дамаскин повторяет это определение другими словами: »Воля – это природное, разумное, самовластное и подвигающее движение души (nous)«.[33] Такая свобода не исчерпывается одним лишь словом αὐτεξούσιον. В греческой святоотеческой мысли есть множество других терминов, например, τὸ ἑκούσιον, τὸ ἡγεμονικὸν и т.д. Все они выражают приблизительно одно и то же понятие свободы как способности человеческого разума управлять природой и ее волей.

2

Как было показано, τὸ αὐτεξούσιον – это свобода, присущая каждому человеку. Тем не менее, это не означает, что человек способен сделать все, что ему захочется. Апостол Павел говорит о трагической неспособности человека всегда поступать по своей воле: »Ибо не понимаю, что делаю: потому что не то делаю, что хочу, а что ненавижу, то делаю« (Рим 7,15). Эта неспособность поступать по своей воле объясняется грехом, говорит Павел в следующем стихе: »Ибо знаю, что не живет во мне, то есть в плоти моей, доброе; потому что желание добра есть во мне, но чтобы сделать оное, того не нахожу. Доброго, которого хочу, не делаю, а злое, которого не хочу, делаю. Если же делаю то, чего не хочу, уже не я делаю то, но живущий во мне грех« (Рим 7,18–20). Способность же человека поступать по своей воле в греческой новозаветной традиции называется ἐλευθερία (прилагательное – ἐλεύθερος). Это слово заимствовано из классической традиции, где оно было широко распространено. Поиск по базе данных TLG дает более 14,000 слов с корнем ελευθερ! Это слово происходит от ἔρχομαι (ἐλεύθω) – »приходить« и этимологически означает »идущий приходит« (qui vadit, quo vult).[34] Это значит не быть рабом и не зависеть ни от каких внешних обстоятельств или сил. В классическом мире это слово означало в большинстве случаев свободный гражданский статус человека. Оно обозначало человека, который не является рабом.[35] Помимо его, главным обра-

---

[32] Fragmentum 40; это определение не встречается ни в одном из трудов Климента.
[33] Institutio elementaris 10.2.
[34] См. B. Hederich, Lexicon Graeco-Latinum, p. I, Romae 1832, 263. Другие латинские термины: liber, non servus; liber, immunis, liberatus; liberalis, ingenuus, generosus.
[35] См. Liddell and Scott, Greek-English Lexicon, Oxford, 1962, 532; H. Frisk, Griechisches etymologisches Wörterbuch, B. I, Heidelberg, 1960, 490–1; Stephanus, Thesaurus

зом, социальных значений в период античности, это слово имело также психологическое значение. Так, Еврипид говорит о свободе от страха: ἐλεύθερος φόβου. Нравственные значения этого термина были развиты школой стоицизма. Например, Эпиктет, который, как многие полагают, быть первым христианским стоиком (55–135), дает определение слову ἐλευθερία как свободе человека от греха, страха, печали и тревоги.[36]

В слове »свобода«, как оно предстает в Ветхом Завете, вряд ли есть какой-либо моральный аспект. Здесь оно употребляется, главным образом, в политическом и социальном смысле, подразумевая свободных граждан, свободных женщин и т. д.: Втор 21,14; Иудифь 16,23; 1 Мак, 10,33; 2 Мак 9,14; 1 Мак 15,7; 1 Мак 2,11; Лев 19,20; 3 Мак 3,28; 1 Иез 4,53; 1 Мак 14,26; Сир 33,26; 1 Иез 4,49; Сир 7,21; Jas 1,25; 2,12; 1 Цар 20,11; 3 Мак 7,20; Прит 25,10; Сир 10,25; Неем 13,17; Втор 15,12f; 1 Мак 12,30; Иов 39,5; Иер 41,14; Исх 21,2, 5; Пс 87,5; Исх 21,26 и далее; 1 Цар 20,8; Иер 41,9, 16; Втор 15,18; Эккл 10,17; 2 Мак 2,22; 2 Мак 1,27. Исключением можно считать отрывок из 4 Мак 14,2: »О разум, царственнее царей и свободней свободных« (ἐλευθέρων ἐλευθερώτεροι)«!

Ситуация резко меняется в Новом Завете. Павел развивает целое богословие свободы и строит его на традиционном значении этого слова как нерабства:

»Ибо написано: Авраам имел двух сынов, одного от рабы, а другого от свободной. Но который от рабы, тот рожден по плоти; а который от свободной, тот по обетованию В этом есть иносказание. Это два завета: один от горы Синайской, рождающий в рабство, который есть Агарь, ибо Агарь означает гору Синай в Аравии и соответствует нынешнему Иерусалиму, потому что он с детьми своими в рабстве; а вышний Иерусалим свободен: он-матерь всем нам«. (Гал 4,22–6)

Он заключает: »Итак, братия, мы дети не рабы, но свободной« (Гал 4,31). Свобода, которой могут пользоваться христиане, есть дар Христа (Гал 5,1) и Духа (2 Кор 3,17). Она относится не только к человеку, но ко всему тварному миру: »И сама тварь освобождена будет от рабства тлению в свободу славы детей Божиих« (Рим 8,21).

С новозаветной традицией созвучна позднейшая святоотеческая мысль. Из первых христианских богословов Игнатий переходит от

Graecae Linguae, v. IV, Graz, 1954, 722; P. Chantraine, Dictionnaire étimologique de la langue grecque. Histoire des mots, v. I, Paris, 168, 336.

[36]   Dissertationes ab Arriano digestae 2.1.23–5.

буквального понимания рабства и свободы к более глубокому пониманию, подразумевающему не только избавление от уз, но и воскресение во Христе.[37] Игнатий ясно говорит, что подразумевает свободу, лучшую, чем отсутствие уз или порабощенности (κρείττονος ἐλευθερίας ἀπὸ θεοῦ τύχωσιν).[38] Иустин продолжает мысль, объясняя, какая это свобода. Это избавление от всякой страсти, ибо подчинение страсти для него есть высшее рабство.[39] У Ермы свобода в христианском смысле достигается исполнением заветов Господа.[40] Климент Александрийский связывает свободу со способностью беспрепятственного духовного зрения.[41]

Вопрос о свободе в смысле ἐλευθερία стоит в центре нравственного учения Отцов Церкви, начиная с IV века. Так, у них свобода является необходимой чертой христианской подлинности. Григорий Нисский ставит свободу в один ряд с благодатью, жизнью, утешением и бессмертием.[42] Григорий Назианзин говорит о »свободе благодати« (ἐλευθερία τῆς χάριτος).[43] Как утверждает в приведенном выше отрывке Григорий Нисский, высшим источником христианской свободы является Святая Троица. Григорий Назианзин конкретизирует в этом отношении особую роль Христа как »единственно свободного« (ὃν ἐλεύθερος μόνος).[44] Василий Кесарийский тое подчеркивает также роль Святого Духа, Которого святоотеческая традиция часто связывает со свободой.[45] Следствием воздействия Христа на верующих в Него является свобода от закона греха. Это и свобода от страха, как говорим Григорий Назианзин (εἶμ´ ἐλεύθερος φόβου), явно вторя Еврипиду.[46] Иоанн Златоуст подытоживает новозаветную и святоотеческую традицию, утверждая, что только во Христе можно быть действительно свободным (οὐκ ἔστιν ἐλεύθερος ἀλλ´ ἢ μόνος ὁ Χριστῷ ζῶν).[47]

Из сказанного можно вывести заключение, что концепция свободы в восточной святоотеческой традиции имеет два сходных, но

[37] Epistulae vii genuinae 4.4.3.1–5.
[38] Epistulae vii genuinae 7.4.3.2–3.
[39] Fragmenta operum deperditorum 15.1–2.
[40] Pastor 55.1,2.6.
[41] Paedagogus 1.6.28.1.7–8.
[42] Ad Eustathium de sancta trinitate 3,1.12.1–4.
[43] Epistulae 79.13.5.
[44] Christus patiens 1523.
[45] De spiritu sancto 28.69.24–6.
[46] Christus patiens 1807.
[47] Ad Theodorum lapsum 5.16–7.

в то же время совершенно различных значения. Αὐτεξούσιον – это та свобода, которая дается каждому независимо от того, достоин ли он ее или нет, в то время как ἐλευθερία – это свобода, которая достигается, к которой стремятся и за которую борются. Первая присуща человеческой природе, а вторая есть дар Божий. Свобода в обоих смыслах означает власть разума над природой. В первом случае эта власть потенциальная, а во втором – действительная. Ни в одном из этих значений понятие свободы не сводится к идее множественности выбора, что является скорее чертой латинской и позднее западной мысли, восходящей к Августину и даже к более ранним авторам. Восточная концепция относится не столько к внешним обстоятельствам или возможностям человека, а к свободе от страстей и злонамеренности.

Die Herausforderung der multikulturellen
Gesellschaft – Rostow 2012

Kommuniqué des bilateralen Theologischen Dialogs zwischen der Russischen Orthodoxen Kirche und der Evangelischen Kirche in Deutschland vom 09. bis 11. Dezember 2012 in Rostow-am-Don

1

Auf Einladung der Russischen Orthodoxen Kirche fand vom 09.12.2012 bis zum 11.12.2012 der bilaterale Theologische Dialog zwischen der Evangelischen Kirche in Deutschland und der Russischen Orthodoxen Kirche in Rostow-am-Don statt. Das Hauptthema des Gesprächs war: Kirchen in der multikulturellen Gesellschaft.

An dem Gespräch nahmen folgende Personen teil:

von Seiten der Russischen Orthodoxen Kirche

S.E. Metropolit Hilarion von Volokolamsk, Leiter des Kirchlichen Außenamtes des Moskauer Patriarchats und Leiter der synodalen biblischen theologischen Kommission, Vorsitz
S.E. Metropolit Merkurij von Rostov und Novocherkassk, Leiter der synodalen Abteilung für Religionspädagogik und Katechese
Igumen Filaret (Bulekov), stellvertretender Leiter des Kirchlichen Außenamtes
Erzpriester Dimitrij Sizonenko, amtierender Sekretär des kirchlichen Außenamtes für interchristliche Beziehungen
Erzpriester Vladimir Schmalij, Prorektor des kirchlichen Postgradierten- und Doktoranden- Institutes »Heilige Apostelgleiche Kyrill und Method«
Erzpriester Vladimir Chulap, Prorektor der St. Petersburger Orthodoxen Geistlichen Akademie
Priester Alexandr Vasjutin, Mitarbeiter des kirchlichen Außenamtes für interchristliche Beziehungen
Priester Antonij Borisov, stellvertretender Prorektor der Moskauer orthodoxen Geistlichen Akademie

Prof. Vladimir Burega, Prorektor der Kiewer Geistlichen Akademie

Elena Speranskaya, Mitarbeiterin des Sekretariats des kirchlichen Außenamtes für interchristliche Beziehungen, Dozentin der Moskauer Geistlichen Akademie

von Seiten der Evangelischen Kirche Deutschland

S.E. Bischof Martin Schindehütte (Vorsitz), Vizepräsident des Kirchenamtes der EKD, Leiter der Hauptabteilung für Ökumene und Auslandsarbeit, Leiter des Amtes der UEK, Hannover

Prof. Dr. Christfried Böttrich, Lehrstuhl für Neues Testament, Ernst-Moritz-Arndt-Universität Greifswald

Pfarrerin Dr. Dagmar Heller, Dozentin, Ökumenisches Institut, Bossey Schweiz

Propst Siegfried Kasparick, Beauftragter für Reformation und Ökumene der Evangelischen Kirche in Mitteldeutschland, Lutherstadt Wittenberg

Pastorin Martina Severin-Kaiser, Ökumenebeauftragte der Nordkirche, Hamburg

Prof. Dr. Dr. h. c. Martin Tamcke, Lehrstuhl für Ökumenische Theologie / Orientalische Kirchen- und Missionsgeschichte, Georg-August-Universität Göttingen

Prof. Reinhard Thöle D. D., Konfessionskunde der Orthodoxen Kirchen, Martin-Luther- Universität Halle-Wittenberg

Pastorin Dr. Jennifer Wasmuth, Wissenschaftliche Mitarbeiterin am Lehrstuhl für Kirchen und Konfessionskunde / Ostkirchenkunde, Humboldt-Universität Berlin

OKR Michael Hübner, Kirchenamt der EKD, Referat Mittel- und Osteuropa, Hannover

KR Dr. Martin Illert, Kirchenamt der EKD, Referat Orthodoxie und Ökumene, Hannover

als Gäste

Bischof Dietrich Brauer, Bischof der Evangelisch-lutherischen Kirche Europäisches Russland, Moskau

Nadja Simon, Pulheim (Dolmetscherin)

Protodiakon Dr. Georg Kobro, München (Dolmetscher)

2

Zur Eröffnung verlas S. E. Metropolit Merkurij ein Grußwort seiner Heiligkeit, Patriarch Kirills, der die Bedeutung des Dialogs unterstrich. Die Sitzungen der Dialogberatungen wurden von S. E. Metropolit Hilarion und S. E. Bischof Martin Schindehütte moderiert. Beide Delegationsleiter betonten darüber hinaus die Bedeutung des Themas für das Wirken beider Kirchen. S. E. Metropolit Hilarion, der gerade aus Beirut nach Rostow angereist war, betonte noch unter dem Eindruck seiner Teilnahme an den Aussegnungsfeierlichkeiten für Seine Seligkeit Patriarch Ignatios IV des Patriarchen von Antiochia und des ganzen Ostens, dass die Christen im Nahen Osten und in Nordafrika in ihrer Existenz bedroht sind und die Gefahr besteht, dass sie in den gegenwärtigen politischen Umbrüchen vernichtet werden. Die Teilnehmer gaben ihrer Besorgnis darüber Ausdruck, dass diese Bedrohung in der öffentlichen Diskussion der dortigen politischen Umbrüche nicht gebührende Beachtung findet.

Am Sonntag, den 09. 12. 2013, besuchten beide Delegationen die Göttliche Liturgie in der Kathedrale »Geburt der Hochheiligen Gottesmutter« zu Rostow.

3

Das Thema wurde in sieben Referaten entfaltet:
Im Eröffnungsreferat »Die christliche Antwort auf die Herausforderungen der Multikulturalität« entfaltete Igumen Filaret u. a. im Anschluss an eine aktuelle Studie des Europarates eine kritische Sicht auf die Umsetzung des gesellschaftspolitischen Konzeptes des Multikulturalismus.

In ihrem Referat »Herausforderungen der multikulturellen Gesellschaft für die Kirchen. Überlegungen zu Antworten aus evangelischer Perspektive« entwickelte Dr. Dagmar Heller aus der Analyse der Gegenwartssituation in Deutschland und aus biblischen Texten Rahmenbedingungen für ein evangelisches Zeugnis heute.

Das historische Referat von Prof. Vladimir Burega »Die Geschichte der Herausbildung der multikulturellen Gesellschaft auf dem Territorium des Russischen Reiches und der Sowjetunion« skizzierte den Umgang der Staatsmacht mit Volksgruppen und Religionen im russischen Imperium und in der Sowjetunion.

Prof. Martin Tamcke prüfte in seinem Referat »Multikulturalität, Interkulturalität, Transkulturalität. Gegenseitige Verhältnisse im Kontext kultureller Verschiedenheit an Beispielen aus dem antiken christlichen Orient« die Plausibilität der drei im Titel genannten Modelle an historischen Beispielen aus der orientalischen Kirchengeschichte.

Erzpriester Vladimir Schmalij wies in seinem Referat »Die Russische Orthodoxe Kirche und die multikulturelle Gesellschaft« die Eigenart der russischen Variante der Multikulturalität im Kontext von Ideen der politischen Philosophie der letzten Jahrzehnte und der Rolle der Kirche in dem sich verändernden soziokulturellen Kontext auf.

Pastorin Martina Severin Kaiser beschrieb in ihrem Vortrag »Kirche Jesu Christi in der multikulturellen Gesellschaft am Beispiel Hamburgs«, wie die christlichen Kirchen in Hamburg vor Ort einen bewährten Weg des Miteinanders gefunden haben.

S.E. Bischof Martin Schindehütte verlas das Referat von Vizepräses Petra Bosse-Huber. Diese betonte in dem Vortrag »Orientierung in der multikulturellen Gesellschaft. Der Beitrag der Evangelischen Kirche im Dialog«, dass die Kirchen sich als Freiräume für die suchenden Menschen 3. Jahrtausends verstehen sollen, um die Kraft des Evangeliums auch in der pluralistischen Gesellschaft wirken zu lassen.

4

In den Gesprächen im Anschluss an die Referate stimmten die Dialogpartner darin überein, dass beide Kirchen in einer multikulturellen Gesellschaft leben. Dies fordert von den Kirchen die Gestaltung ihres Verhältnisses zu den Vertretern der anderen Kulturen, Traditionen und zur Gesellschaft als ganzer. Darüber hinaus müssen die Kirchen klären, wie sich ihr Missionsauftrag zum interreligiösen Dialog verhält.

Die christliche Antwort auf die Herausforderungen der modernen Welt, in der unterschiedliche Religionen, Kulturen und Weltanschauungen zusammenleben, entfaltet ihre Kraft nur dann, wenn sie sich nicht im Rahmen der eigenen Kultur abschottet, sondern auf der Grundlage von gemeinsamen christlichen sittlichen und geistlichen Werten zur Geltung gebracht wird.

Die Dialogpartner betonten, dass die Kirchen aus ihrem christlichen Glauben heraus aufgerufen sind, sich in den gesellschaftlichen Diskurs einzubringen. Dies sollen sie nicht allein tun, indem sie die christlichen Wurzeln der europäischen Kultur betonen, sondern indem sie die Frucht des lebendigen christlichen Zeugnisses in die Welt tragen.

Dazu bedarf es eines klaren theologischen und geistlichen Profils. Die Kirchen dürfen ihre Botschaft und ihr Glaubensleben nicht verbergen, sondern müssen ihren Auftrag gegenüber der gesamten Gesellschaft vertreten.

Am 11.12.2012 wurde in Anwesenheit der Delegationen das Kommuniqué von den Delegationsleitern unterzeichnet. Die Delegationen waren sich einig in der Wertschätzung der Dialoge und der vielfältigen Kontakte während der letzten Jahrzehnte, wie sie auch in dem gemeinsamen Sammelband »Hinhören und Hinsehen« festgehalten sind. Die Delegationen halten es für wichtig, den Dialog weiterzuführen.

Für die ROK   Für die EKD

Gez. Metropolit Hilarion   Gez. Bischof Martin
von Volokoamsk   Schindehütte

Die Herausbildung der multikulturellen Gesellschaft im Russischen Imperium und in der Sowjetunion

Vladimir Burega

Der Terminus Multikulturalismus entstand bekanntlich in den 1960er Jahren in Kanada. Er bedeutet vor allem die Politik, die auf Entwicklung und Erhaltung der kulturellen Unterschiede in einem einzelnen Land und in der Welt insgesamt gerichtet ist, sowie eine Theorie (oder Ideologie), die eine solche Politik begründet. In dieser spezifischen Bedeutung kann der Terminus Multikulturalismus natürlich nur auf solche Verhältnisse angewandt werden, die in verschiedenen Ländern der Welt in den letzten Jahrzehnten realisiert wurden.

Allerdings tauchte nach dem Begriff Multikulturalismus im wissenschaftlichen Gebrauch ein umfassender Terminus, nämlich multikulturelle Gesellschaft auf. Er kann sowohl die modernen Ergebnisse der Politik des Multikulturalismus als auch verschiedene Typen von multikultureller Gesellschaft bezeichnen, die in der Vergangenheit existierten. So unterscheidet der Soziologieprofessor an der Universität von Cambridge Göran Therborn vier Typen von multikultureller Gesellschaft, die in der Geschichte der Menschheit existierten.[1] Damit hat das Phänomen, dass zurzeit als »multikulturelle Gesellschaft« bezeichnet wird, einen alten Ursprung. Früher bezeichnete man solche Gesellschaften als »multinational«, »multiethnisch«, »multikonfessionell«, »segmentarisch« usw.

In unserem Referat wird dargelegt, wie die Frage der kulturellen, ethnischen und religiösen Verschiedenartigkeit in der Gesellschaft im Russischen Imperium und in der Sowjetunion gelöst wurde.

---

[1]   G. Therborn, Multikulturelle Gesellschaften / Soziologische Rundschau, 2001, B. 1. Nr. 1, 50–67.

1 Das Russische Imperium

Als die imperiale Zeit bezeichnet man in der Geschichte Russlands die Epoche von etwa 1721 bis zum Oktoberumsturz 1917. Typologisch ist es üblich, das Russische Imperium den vormodernen multikulturellen Gesellschaften zuzuordnen (es ist üblich, sie von den modernen postnationalen multikulturellen Gesellschaften zu unterscheiden). In dieser Hinsicht steht das Russische Imperium vor allem Österreich-Ungarn und dem Osmanischen Reich nahe. Im Verlauf von Jahrhunderten haben diese Imperien ihre Grenzen durch Eroberungen, dynastische Ehen oder Erbfolge erweitert. Im Ergebnis gehörten zu ihrem Bestand zahlreiche ethnische und religiöse Gruppen, die sich wesentlich von der Titularnation unterschieden haben. Das bildete eine ernsthafte Herausforderung für die regierenden Eliten.

Im Ergebnis waren die vormodernen Imperien gezwungen, optimale Integrationsmechanismen für die verschiedenartigen ethno-religiösen Gruppen in den einheitlichen politischen Körper zu suchen. Und obwohl Imperien praktisch immer (wenn auch in verschiedenem Maße) zur Strategie der Assimilierung all dieser Gruppen neigten, überwog im 19. Jahrhundert in all diesen drei imperialen Gebilden ein realistischerer Ansatz. Die regierende Elite versuchte, einen effizienten Mechanismus der Herrschaft über die verschiedenartigen Gruppen von Untertanen zu schaffen mit dem Ziel, die innere Stärke des Staates zu sichern. Diese widersprüchliche Strategie, die zwischen den Polen der Assimilierung und der äußersten national-kulturellen Segmentierung schwankte, zeigte sich in vollem Maße auch in der Geschichte des Russischen Imperiums.

Im 19. Jahrhundert nahm das Russische Imperium endgültig die Gestalt eines polyethnischen Staates. Nach Angaben der ersten allgemeinen Volkszählung, die in Russland 1897 durchgeführt wurde, betrug der Anteil der »Russen« 72,5 % der Gesamtbevölkerung des Landes. Unter den größeren anderen ethnischen Gemeinschaften sind zu erwähnen: Finnen (6,6 %), Polen (6,3 %), Litauer (3,9 %), Juden (3,4 %), Tataren (1,9 %), Baschkiren (1,5 %), Deutsche (1,3 %), Schweden (0,4 %), Kirgisen (0,2 %), Kalmyken (0,1 %), Griechen (0,06 %), Bulgaren (0,05 %), Armenier (0,05 %) u. a.[2]

Es ist zu betonen, dass aus Sicht der offiziellen Ideologie die Titularnation im Russischen Imperium das »russische Volk« war. Ich setze diesen Begriff ganz bewusst in Anführungszeichen. Denn zu dieser Nation wurden

---

[2]   B. L. Brasol, Regierungszeit Nikolaus II. (1894–1917) in Zahlen und Fakten, Minsk, 1991, 297.

nicht nur die eigentlichen Russen (d.h. die Stammbevölkerung Russlands oder »die Großrussen«), sondern auch die Ukrainer (in der Terminologie des 19. Jahrhunderts, »die Kleinrussen«) und die Weißrussen gezählt.

Die Gesamtbevölkerung Russlands betrug 1897 125.640.021 Personen. Davon wurden den Russen 83.933.567 Personen zugerechnet. Allerdings erklärten von diesen beinahe 84 Millionen nur 55.667.469 Personen, die »großrussische Sprache« sei ihre Muttersprache. 22.380.551 Personen gaben als ihre Muttersprache »die kleinrussische« (ukrainische) Sprache und 5.885.547 Personen die belarussische an.[3] Auf diese Weise stellten die eigentlichen Russen (oder »Großrussen«) weniger als die Hälfte der Bevölkerung Russlands.

Die Einstellung gegenüber den verschiedenen ethnischen Gemeinschaften im Russischen Imperium beruhte traditionell auf pragmatischen Grundsätzen. Die wichtigste Priorität für die Zentralregierung war die Erhaltung der Integrität des Staates, seiner inneren und äußeren Sicherheit. Dementsprechend griff die Macht zu energischen Maßnahmen bis hin zur militärischen Gewalt, wenn seitens irgendeiner ethnischen Gemeinschaft eine Gefahr für die Integrität des Imperiums ausging. Wenn aber die nichtrussischen Eliten Loyalität gegenüber dem Zaren zeigten und die soziale und politische Stabilität des Landes unterstützten, erhielten sie bestimmte Privilegien und integrierten sich mehr oder weniger konfliktlos in das Imperium.

Die Territorien, die in der vorimperialen Zeit (vor Anfang des 18. Jahrhunderts) in den russischen Staat eingegliedert wurden, verloren faktisch die Merkmale der politischen Autonomie und wurden nach und nach in das einheitliche Verwaltungs- und Gerichtssystem integriert, obwohl sie ihre ethnische, kulturelle und religiöse Eigenart bewahren konnten. Ein besonders charakteristisches Beispiel dafür bildet das Chanat von Kasan, das bereits im 16. Jahrhundert erobert wurde. Anfang des 18. Jahrhunderts wurde es in das Gouvernement Kasan umgewandelt. Hier lebten Tataren, Tschuwaschen, Mari, Mordwinen, Udmurten und andere autochthone Völker, die Muslime waren oder sich zu traditionellen heidnischen Kulten bekannten. Auf Initiative der Regierung wurde hier bereits seit dem 16. Jahrhundert aktive missionarische Tätigkeit betrieben. Während es letztendlich nicht gelang, den Islam in dieser Region zurückzudrängen, wurden die heidnischen Völker (Tschuwaschen, Mari und Mordwinen)

---

[3] Ausführlicher darüber siehe in: Kurze Informationen über das Imperium. Aufteilung der Bevölkerung nach wichtigsten Ständen, Glaubensbekenntnissen, Muttersprachen und einigen Beschäftigungsarten, Sankt Petersburg, 1905, 6–7.

praktisch vollständig christianisiert. Dabei wurde im 19. Jahrhundert eine umfangreiche Arbeit bei der Übersetzung der Heiligen Schrift und der gottesdienstlichen Literatur in die Sprachen der autochthonen Völker des Wolgagebiets geleistet.

Ganz anders gestaltete sich die Situation in den Territorien, die seit der zweiten Hälfte des 18. Jahrhunderts in den Bestand Russlands eingegliedert wurden. Im Verlauf des 19. Jahrhunderts wurde im Imperium ein kompliziertes und flexibles System zur Integration der verschiedenen unterworfenen Völker in den einheitlichen politischen Körper entwickelt. Dieses System arbeitete mit verschiedenen Strategien: angefangen vom Kurs auf die volle und eindeutige Assimilierung bis hin zur umfassenden nationalen kulturellen und sogar politischen Autonomie. Hier einige charakteristische Beispiele:

1.1 Das Großfürstentum Finnland

Finnland wurde als Großfürstentum an das Russische Reich infolge des russisch-schwedischen Krieges (1808–1809) eingegliedert. Es unterschied sich wesentlich von dem übrigen Territorium des Imperiums sowohl hinsichtlich seiner nationalen Zusammensetzung und seines Glaubensbekenntnisses als auch hinsichtlich seiner politischen und kulturellen Traditionen. Diese Sonderstellung blieb auch nach der Angliederung an Russland erhalten. Der russische Kaiser wurde für das Großfürstentum Finnland zum konstitutionellen Monarchen. (Auf dem übrigen Territorium des Imperiums herrschte zugleich die absolute Monarchie). Finnland besaß ein eigenes gesetzgebendes Organ, eine Ständeversammlung (Sejm) mit vier Ständen. Ohne Billigung des Sejms durfte der Zar keine neuen Gesetze und Steuern im Fürstentum einführen. Finnland hatte eine eigene Regierung, – den Regierenden Rat (seit 1816 – Finnländischer Reichsrat).[4] Amtssprache war in Finnland die nationale Sprache. Im Großfürstentum Finnland wurde auch die traditionelle lokale Ständestruktur der Gesellschaft beibehalten. Hier kam es weder zu Konfiszierungen des Vermögens noch zum zwangsweisen Wechsel des Glaubensbekenntnisses (der lutherische Glaube behielt seinen offiziellen Status). In Finnland wurde auch keine Leibeigenschaft eingeführt. Alle Steuern und Zölle, die in Finnland erhoben wurden, standen der finnischen Verwaltung zur Verfügung. 1878 erhielt Finnland sogar das Recht, ein eigenes stehendes Heer zu haben.

---

[4]   Administrativ-territoriale Einrichtung Russlands. Geschichte und Moderne, hrsg. v. A. W. Pyzhikow, Moskau (im folgenden: M.), 2003, 130–132.

Obwohl am Anfang des 20. Jahrhunderts Versuche unternommen wurden, diese Rechte einzuschränken, besaß Finnland bis 1917 politische Autonomie innerhalb des Russischen Imperiums, die ein Garant für die Erhaltung und Entwicklung der nationalen Kultur war. Nach Meinung zeitgenössischer Forscher spielte Finnland die Rolle einer Art »europäischer Fassade Russlands«[5].

1.2 Das Königreich Polen

Ein weiteres besonderes Territorium im Bestand des Russischen Reiches war das Königreich Polen. Die polnischen Territorien wurden seit der zweiten Hälfte des 18. Jahrhunderts nach und nach in den Bestand Russlands eingegliedert. Dieser Prozess fand mit dem Wiener Kongress 1815, der die Bilanz der Napoleonischen Kriege zog, sein Ende. Im Ergebnis unterzeichnete Alexander 1. am 27. November 1815 in Warschau eine Verfassung, wonach das Königreich Polen faktisch ein selbständiger Staat mit einer besonderen verfassungsmäßigen Regierung und einer eigener Armee wurde. Polen wurde mit Russland durch Personalunion vereinigt, d. h. der russische Kaiser war zugleich König von Polen.

Dennoch war das strategische Ziel der russischen Regierung in dieser Region die langsame Eingliederung in ein politisches und wirtschaftliches Ganzes mit dem restlichen Territorium des Reiches. Die Politik der Unifizierung wurde anfangs ziemlich flexibel und vorsichtig betrieben. In Polen wurden die Selbstverwaltung der Gebiete, die Privilegien des lokalen Adels, die Verwendung der lokalen Sprache in der Verwaltung und im Gericht beibehalten. Polen behielt seine eigene Währung. Der russische Zar übte in Polen faktisch nur die exekutive Gewalt aus. Die legislative Gewalt wurde gemeinsam mit dem Sejm, der ein Mal in zwei Jahren zusammengerufen wurde, ausgeübt.

Die polnische Verfassung von 1815 war eine der liberalsten dieser Zeit in Europa. Allerdings hob der Kaiser Nikolaus I. nach dem polnischen Aufstand von 1830–31 die Verfassung auf, das Königreich Polen wurde zu einem Teil des Russischen Reiches. Dies war der Anfang des Prozesses der administrativen Verschmelzung Polens mit dem Russischen Reich. Außerdem wurde Kurs auf die Russifizierung des Landes genommen.

1841 wurde im Königreich Polen die russische Währung eingeführt, 1846 das Verkehrswesen der Zentrale des Reiches unterstellt, 1848 das

---

[5] P. F. Ragimowa, Nationalitätenpolitik der russischen Regierung am Ende des 19., Anfang des 20. Jahrhunderts, Bote der staatlichen Universität von Samara, 2010, Nr. 5 (79), 93.

russische Maß- und Gewichtsystem eingeführt und 1850 wurden die Zollgrenzen aufgehoben und die einheitlichen Zollgebühren eingeführt. Die russische Sprache wurde Amtssprache. Auf diese Weise verlor das Königreich Polen die politische Autonomie und wurde zur separat verwalteten Provinz des Russischen Staates. Das trug dazu bei, die antirussischen Stimmungen in Polen zu verstärken. In dieser Gestalt existierte das Königreich Polen bis zum Zerfall des Russischen Imperiums.[6]

1.3 Das Baltikum

Das Baltikum, bestehend aus Estland, Kurland und Livland wurde Russland im Verlauf des Nordischen Kriegs gegen Schweden (1700–1721) angeschlossen. Infolgedessen kamen Estland und der nördliche Teil von Lettland (mit der Stadt Riga) in den Bestand des Russischen Reiches. Im Unterschied zu Finnland und Polen besaßen diese Territorien im Bestand Russlands keine politische Autonomie. Dennoch wurde hier im Wesentlichen das frühere System der adeligen ständischen Selbstverwaltungsorgane beibehalten. In der ersten Hälfte des 19. Jahrhunderts wurden die drei baltischen Gouvernements zum Generalgouvernement Baltikum vereinigt.

Seit dem Ende des 19. Jahrhunderts wurden einige Reformen durchgeführt, die auf die Einschränkung der Privilegien des lokalen Adels gerichtet waren. 1889 wurde in den baltischen Gouvernements die russische Gerichtsreform eingeführt. Die gesamtimperialen Gerichtsbehörden funktionierten jetzt auch hier.[7]

Nach den revolutionären Ereignissen von 1905–07 wurden im Baltikum Anstrengungen zur Verstärkung der russischen Präsenz unternommen mit dem Ziel, die nationale Bewegung zu neutralisieren. Es wurde geplant, die allgemeinrussischen Normen der Organisationen der Adelsstände auf die baltischen Gouvernements auszudehnen, was zu einer totalen Liquidierung der politischen Rolle des baltischen Adels geführt hätte. Aber diese Initiativen wurden nicht in vollem Umfang umgesetzt.

---

[6]   Siehe z. B. A. J. Bachturina, Staatliche Verwaltung der Randgebiete des Russischen Imperiums (1905 – Februar 1917), Habilit.: 07.00.02. M., 2006.

[7]   Administrativ-territoriale Einrichtung Russlands, Geschichte und Moderne, 171–172.

1.4 Mittelasien

In den 1860er Jahren wurde ein Teil Mittelasiens in den Bestand des Imperiums eingegliedert. Aus den eroberten Territorien wurde das General-Gouvernement Turkestan gebildet. Obwohl an der Spitze der Verwaltung der Region ein General-Gouverneur stand, der in Sankt Petersburg ernannt wurde, blieben auf dem Lande und zum Teil auch in den Städten auf der unteren Ebene die Strukturen der früheren lokalen Administration (des Khanats), sowie das islamische Gerichtssystem erhalten. Jetzt funktionierten sie unter der Aufsicht der russischen Beamten. Dennoch kontrollierte die russische Administration die Tätigkeit der Volksgerichte niemals vollständig. Unabhängig von den russischen Beamten blieben auch die konfessionelle moslemische Schule und die moslemische Geistlichkeit.

Man muss berücksichtigen, das Mittelasien sehr weit von den imperialen Zentren entfernt war, das hat faktisch nicht erlaubt, eine Kontrolle über dieses umfangreiche Territorium auszuüben. Dennoch ist hier am Anfang des 20. Jahrhunderts durch die wirtschaftliche Erschließung der Region die Zahl der russischen Bevölkerung (Siedler) deutlich gestiegen. Zum Teil führte das zu Spannungen zwischen Russen und der autochthonen Bevölkerung der Region. Ungeachtet dessen wurde die kulturelle, nationale und religiöse Eigenart der Region im Wesentlichen bewahrt.[8] Zum Zeitpunkt des Ausbruchs des Ersten Weltkrieges galt Mittelasien als das ruhigste Randgebiet des Imperiums.

1.5 Der Kaukasus

Unter dem »Kaukasus« verstand man üblicherweise im 19. und zu Anfang des 20. Jahrhunderts die Gesamtheit der Territorien, die geographisch an die Kaukasischen Berge grenzten. Diese Territorien unterteilten sich in Nordkaukasus (heute Adygea, Tschetschenien, Dagestan, Inguschetien, Kabardino-Balkarien, Karatschajewo-Tscherkessien, Nordossetien) und Transkaukasus (heute Georgien, Armenien und Aserbaidschan).

Die verschiedenen Territorien der Kaukasusregion kamen auf unterschiedliche Weise in den Bestand des Russischen Imperiums. Während zum Beispiel Georgien Russland selbst um ein Protektorat bat, wurde eine Reihe von Bergvölkern direkt erobert. Faktisch hat die russische Regierung in der Zeit zwischen 1817 und 1864 ständig mit unterschiedlicher Intensität Kriege zur stufenweisen Eroberung der Bergvölker geführt. Diese Zeit

---

8   Ragimowa, a. a. O., 96–98.

bezeichnet man deshalb als die Zeit der »Kaukasuskriege«. Selbst nach der Eroberung der Region hat ein bedeutender Teil der lokalen Eliten ihre feindselige Haltung gegenüber der russischen Regierung beibehalten.

In der kaukasischen Region lebten (und leben) Völker, die sich in ethnischer, kultureller und religiöser Beziehung sehr stark unterscheiden. Während die Völker des Transkaukasus zum Zeitpunkt der Angliederung an Russland eine alte Staatstradition hatten, befanden sich die Völker des Nordkaukasus in der Regel im Zustand einer tribalen Lebensweise und besaßen weder eine eigene Staatlichkeit noch eine ausgeprägte nationale Kultur. Insgesamt lebten in der Region mehr als hundert autochthonen Völkerschaften[9], die mehr als ein Dutzend Religionen praktizierten. Es gab hier sowohl orthodoxe Christen, wie Angehörige der Armenischen Kirche, schiitische und sunnitische Muslime, Buddhisten, Juden und Heiden.

Diese Vielfalt wurde noch dadurch verstärkt, dass eine Reihe lokaler Völkerschaften, die in der Antike das Christentum angenommen hatten, später zum Islam bekehrt wurden. Infolgedessen praktizierte die lokale Bevölkerung (zum Beispiel Abchasen und Osseten) häufig eine bizarre Mischung aus Stammesheidentum und Elementen des Christentums und des Islams. Namentlich auf die Arbeit mit diesen spezifischen ethno-religiösen Gruppen wurde die Gesellschaft zur Wiederherstellung des orthodoxen Christentums im Kaukasus ausgerichtet.

Deutlich unterschied sich die Bevölkerung der Region auch hinsichtlich ihrer Lebensweise. Hier gab es sowohl sesshafte Völker mit einer alten hochentwickelten Kultur, als auch Nomaden und halbnomadische Stämme. Auf diese Weise war die Kaukasusregion außerordentlich bunt in nationaler, kultureller und religiöser Hinsicht. In dieser Region war die russische Regierung mit besonders komplizierten Problemen bei der Organisation der Verwaltung konfrontiert.

Die Kaukasus Region stellte eine besondere administrative Einheit im Imperium dar. Zu dieser Region gehörten 6 Gouvernements, 4 Gebiete und 2 Kreise. An der Spitze stand der Oberste Beamte der zivilen Verwaltung im Kaukasus, der zugleich der Oberkommandierende der Truppen des Kaukasischen Wehrkreises war. Obwohl der Bevölkerung in der Kaukasusregion die Glaubensfreiheit garantiert wurde, unterhielt hier die Russischen Regierung besondere Beziehungen zu den islamischen Führern. Zum Zeitpunkt der Angliederung des Nordkaukasus an Russland verbrei-

---

[9]   Siehe N.G. Wolkowa, Ethnische Zusammensetzung der Bevölkerung von Nordkaukasus im 18. – Anfang des 20. Jahrhunderts, M., 1974.

tete sich hier der sogenannte Muridismus – eine der Verzweigungen des Sufismus. Obwohl ihm eine bestimmte mystische Praxis zugrunde lag, hatte der Muridismus dennoch auch eine offensichtlich politische Dimension.

So meinte der Begründer des Muridismus im Kaukasus Mullah Muhammed Yaraghi (1771–1838), dass durch den Sufismus (Tariqa) der Islam spirituell wiederbelebt wird, was zur Erneuerung der Kaukasier führen und ihnen erlauben wird, das fremdgläubige russische Joch abzuschütteln. Inspiriert durch diese Idee (die anfangs vor den russischen Machthabern verschwiegen wurde) übernahmen die Bergvölker in großer Zahl diese Lehre; Mullah Muhammed wurde als Muride anerkannt. 1829 gewann Muhammed eine bedeutende Zahl von Gefolgsleuten auf dem Territorium der heutigen Tschetschenien und Dagestan für sich und erklärte den Russen und ihren Verbündeten den Heiligen Krieg (Gasawat).

Namentlich die weite Verbreitung des Muridismus im Kaukasus führte dazu, dass die russische Regierung die islamischen Führer zu ihren Hauptfeinden im Kaukasus erklärte. Einen besonders großangelegten Widerstand leistete Imam Schamil (1797–1871) der russischen Herrschaft im Kaukasus. Er proklamierte auf dem Territorium von Dagestan und Tschetschenien einen theokratischen islamischen Staat, das Imamat Nordkaukasus.

Die Bestrebung, den Einfluss der moslemischen Geistlichkeit auf die Bergvölker einzuschränken bewog die russische Regierung dazu, die Scharia-Gerichte im Nordkaukasus aufzuheben. Für die Bergvölker wurden sogenannte Berg- oder Wortgerichte eingerichtet. Die Rechtsprechung wurde hier auf der Grundlage des lokalen traditionellen Rechts ausgeübt. Es ist charakteristisch, dass die Bergvölker, die orthodox waren (zum Beispiel die Osseten), keine derartige Gerichte hatten. Sie unterstanden der gesamtrussischen Praxis der Rechtsprechung. Auf diese Weise erstreckte sich das besondere Gerichtssystem hauptsächlich auf die Muslime.[10]

1.6 »Fremdstämmige«

Eine besondere Kategorie der Untertanen des Russischen Imperiums bildeten die sogenannten »Fremdstämmigen«. Im Alltagsgebrauch wurde dieser Terminus gegenüber allen Untertanen des Imperiums nicht slawischer Abstammung gebraucht. Dennoch besaß er auch einen durchaus

---

[10] A. W. Serdjuk, Besonderheiten der Rechtsprechung im Nordkaukasus im Bestand des Russischen Imperiums Mitte des 19. – Anfang des 20. Jahrhunderts. // Wissenschaft und Bildung: Wirtschaft und Ökonomie, Unternehmertum, Recht und Verwaltung, April 2012.

deutlichen juristischen Sinn. Als Fremdstämmige wurden offiziell die ethnischen Gruppen bezeichnet, die einen besonderen Rechtstatus hatten und denen gegenüber besondere Methoden der Verwaltung angewendet wurden, die sich von denen für die übrige Bevölkerung des Reiches unterschieden.

Zu den Fremdstämmigen gehörten vor allem die autochthonen Stämme Sibiriens, die Tschuktschen, Kalmyken, Kirgisen, die Nomaden Mittelasiens und des Nordkaukasus. Sie alle wurden mit dem Sammelbegriff »östliche Fremdstämmige« bezeichnet. Eine besondere Gruppe der Fremdstämmigen bildeten die Juden. Während die »östlichen Fremdstämmigen« nach dem nationalen Merkmal klassifiziert wurden, war die Zugehörigkeit zu den Juden religiös bedingt. Ein Jude, der das Christentum annahm, hörte nach dem Gesetz auf, ein Fremdstämmiger zu sein. Wenn aber einer der östlichen Fremdstämmigen das Christentum annahm, hatte das nicht zur Folge, dass er nicht mehr zur Kategorie der Fremdstämmigen gehörte. Nomadische Fremdstämmige, die sesshaft wurden, konnten in andere Stände wechseln. Aber Juden galten trotz ihrer traditionellen Sesshaftigkeit dennoch als Fremdstämmige.

Der erste gesetzliche Akt über die Fremdstämmigen war das »Statut über die Verwaltung der Fremdstämmigen« von 1822. Die meisten Bestimmungen galten bis 1917. Das Statut teilte die Fremdstämmigen ein in »sesshafte«, »nomadische« und »Jäger und Sammler des Hohen Nordens«, entsprechend dieser Unterteilung bestimmte sich ihr administrativer und rechtlicher Status.

Zum Beispiel hatten die sibirischen Nomaden bestimmte Ländereien, die ihnen verliehen wurden, sie hatten das Recht, auf diesen Ländereien Ackerbau, Viehzucht und lokales Gewerbe zu betreiben. Der russischen Bevölkerung war es verboten, auf diesen Ländereien zu siedeln. In den Beziehungen untereinander richteten sich die Fremdstämmigen nach den eigenen Stammesbräuchen. Fremdstämmige, die Ehrentitel besaßen, genossen entsprechend den lokalen Bräuchen Privilegien. Diese Titel waren erblich oder wurden auf Lebenszeit anerkannt.

Während des 19. Jahrhunderts unterstützte die russische Regierung die missionarische Tätigkeit der Russischen Orthodoxen Kirche unter den östlichen Fremdstämmigen, die entweder Heiden oder Muslime waren, auf jede Weise. In der Christianisierung sah die Regierung einen sicheren Weg zur Festigung ihrer Treue zu Russland, ihrer Annäherung an das russische Volk und die christliche Kultur. 1865 wurde in Petersburg die orthodoxe Missionsgesellschaft gegründet, die die Tätigkeit aller russischen Missionen koordinierte. Besonders aktiv innerhalb des Imperiums waren die Missionen im Altai und in Transbaikalien. Während die Mission unter den

Heiden einen merklichen Erfolg hatte, blieben die muslimischen Völker in ihrer Mehrheit dem Islam treu.

Eine besondere Einstellung hatte man in Russland gegenüber den Juden. Das strategische Ziel der russischen Regierung bestand in der maximal möglichen Reduzierung der jüdischen Bevölkerung. Deshalb unterstützte das Gesetz auf jede Weise den Wechsel der Juden zum Christentum, schränkte ihre wirtschaftliche Aktivität ein und erleichterte die Emigration aus dem Imperium. Von 1791 bis 1917 bestand in Russland der jüdische Ansiedlungsrayon, d. h. ein Territorium, außerhalb dessen den Juden verboten war zu siedeln. Zum Ansiedlungsrayon gehörten besonders festgelegten Siedlungen auf dem Territorium der Moldau, der Ukraine und von Belarus. Auf diese Weise genoss die jüdische Bevölkerung faktisch keine Freizügigkeit innerhalb des Russischen Imperiums.

Die Juden waren vielen Einschränkungen ausgesetzt. Zum Beispiel galt für Mittel- und Hochschulen eine Prozentquote für Juden. Im Ansiedlungsrayon waren es zehn Prozent, anderorts – fünf, in Petersburg und Moskau – drei Prozent der Gesamtzahl der Studierenden an jeder Bildungseinrichtung.

Auf diese Weise wurden die Juden, im Unterschied zu den östlichen Fremdstämmigen, besonderen Einschränkung in ihren Rechten unterworfen.

1.7 »Die Ukrainische Frage«

Wenn wir über die »Multikulturalität« im Russischen Imperium sprechen, müssen wir die besondere Situation erwähnen, die im Zusammenhang mit der Entwicklung des nationalen Selbstbewusstseins jener Völker entstand, die offiziell als Teil des einen »russischen Volkes« galten. Das herausragende Beispiel dafür bildet die Entwicklung der ukrainischen nationalen Bewegung. Wie bereits oben erwähnt, waren die Ukrainer (nach der amtlichen Terminologie der damaligen Zeit »Kleinrussen«) im Russischen Imperium keine eigene Nation, sondern gehörten zum Bestand des russischen Volkes.

Die ukrainischen Territorien wurden 1654 in den Bestand des Moskauer Zartum auf der Grundlage der politischen Autonomie eingegliedert. Die Vereinbarungen von 1654 garantierten die Bewahrung des Instituts des Hetmanats in der Ukraine, eine besondere administrative Gliederung, Steuerprivilegien, ein autonomes System der Rechtsprechung. Allerdings wurde die Autonomie der ukrainischen Territorien im Laufe des 18. Jahrhunderts völlig liquidiert und seit der Zeit der Regierung Katharinas II.

wurde das Territorium der Ukraine vollständig in das administrative und gerichtliche System des gesamten Imperiums inkorporiert.

Seit den 1840er Jahren begann im Russischen Imperium die ukrainische nationale Bewegung, die vor allem auf die Entwicklung einer eigenständigen ukrainischen Kultur gerichtet war. Allerdings sah ein Teil der Anhänger dieser Bewegung bereits damals ihr Ziel in der Wiederherstellung der selbständigen ukrainischen Staatlichkeit. Deshalb wurde die ukrainische Bewegung von der russischen Regierung als eine antistaatliche Bewegung betrachtet, dagegen wurden harte Maßnahmen getroffen. Zum Beispiel verbrachte der faktische Begründer der ukrainischen nationalen Literatur Taras Schewtschenko zehn Jahre in der Verbannung in der Region Orenburg.

Eine weitreichende Wirkung ging von dem sogenannten Erlass von Ems des Kaisers Alexander II. (1876 r.) aus, der auf die Einschränkung zur Nutzung und zum Unterricht der ukrainischen Sprache gerichtet war. Der Erlass untersagte, auf Ukrainisch verfassten Bücher ohne besondere Genehmigung aus dem Ausland in das Russische Imperium einzuführen; es wurde verboten, Originalwerke auf Ukrainisch herauszugeben und Übersetzungen aus anderen Sprachen anzufertigen, ukrainische Theaterstücke aufzuführen (das Verbot wurde 1881 aufgehoben), Noten mit ukrainischen Texten zu drucken und Konzerte mit ukrainischen Liedern zu veranstalten. Werke der ukrainischen Literatur durften zwar herausgegeben werden, aber ausschließlich in russischer Orthographie. Diese harten Einschränkungen galten im Imperium bis 1905. Das alles trug zur Radikalisierung der ukrainischen Bewegung bei.

Auf diese Weise war die den Russen besonders verwandte ukrainische Ethnie im 19. und zu Anfang des 20. Jahrhunderts in ihren Möglichkeiten zur Entwicklung einer nationalen Kultur wesentlich eingeschränkt.

Fazit

Auf diese Weise war das Russische Imperium zweifellos eine multikulturelle Gesellschaft. Aber die Regierung behandelte die unterschiedlichen »anderskulturellen« Gemeinschaften außerordentlich ungleich. Ganz offensichtlich vorrangig für die Regierung war die Herausbildung einer einheitlichen russischen politischen Nation, d.h. einer multinationalen und multikulturellen Gemeinschaft, die der regierenden Dynastie die Treue hält und sich als ein einheitliches politisches Ganzes begreift. Die Erreichung dieses Ziels setzte voraus, dass verschiedenen Gruppen der Bürger in unterschiedlichem Umfang kultur-nationale und sogar politische Autonomie gewährt wurde. Dabei überwog dennoch das Streben nach maximal möglicher Unifizierung unterschiedlicher Regionen.

Wir sehen, dass die verwendeten Methoden variierten, von der Gewährung umfassender Rechte an das Großfürstentum Finnland bis hin zu harten Einschränkung der Rechte der jüdischen Bevölkerung oder harten Maßnahmen gegen die Entwicklung der ukrainischen nationalen Kultur.

Ein wichtiges Merkmal der Multikulturalität der imperialen Zeit war die deutliche territoriale Abgrenzung der nationalen Gemeinschaften. In der Regel wurde die Entwicklung der eigenständigen Kulturen nur in konkreten geographischen Grenzen sanktioniert. Für das Russische Imperium war die Existenz von verschiedenen Kulturen auf einem Territorium untypisch. Lediglich im Zuge der Urbanisierung und der industriellen Entwicklung erhielten die großen Städte einen multinationalen Charakter.

2 Die Sowjetunion

Der bolschewistische Umsturz von 1917 bedeutete ein neues Paradigma für die Entwicklung der kulturell-nationalen Gemeinschaften auf dem Territorium des ehemaligen Imperiums. Die marxistisch-leninistische Doktrin hielt die Teilung der Menschheit in nationale Gruppen für eine Folge der wirtschaftlichen Unterdrückung, deshalb rechnete man in der zukünftigen kommunistischen Gesellschaft mit einer vollständigen Liquidierung dieser Teilung. 1848 erklärten Marx und Engels im »Manifest der kommunistischen Partei«: »Die Arbeiter haben kein Vaterland«. Das Proletariat sollte, nachdem es die politische Weltherrschaft erobert hätte, selbst zu einer neuen Nation werden, innerhalb welcher die früheren nationalen und kulturellen Unterschiede ihre Aktualität verlieren würden. Was aber die religiösen Unterschiede anbetrifft, würden sie auf natürliche Weise verschwinden, infolge des Übergangs der gesamten Menschheit zur atheistischen Weltanschauung. Deshalb stellte man sich die zukünftige kommunistische Gesellschaft als eine monokulturelle vor.

Dieses Konzept wurde auch von Lenin geteilt. In seinem programmatischen Artikel »Sozialistische Revolution und das Recht der Nationen auf Selbstbestimmung« schrieb er: »Das Ziel des Sozialismus besteht nicht nur in der Vernichtung der Zersplitterung der Menschheit in kleine Staaten und jeglicher Absonderung der Nationen, nicht nur in der Annäherung der Nationen, sondern in ihrer Verschmelzung.«[11] Auf diese Weise sollte im Idealfall die vorhandene kulturell-nationale und infolgedessen politische Aufspaltung der Menschheit beseitigt werden.

---

[11] W. I. Lenin, Gesamtausgabe. M., 1969. B. 27. S. 256.

2.1 Das Recht auf Selbstbestimmung

Der erste Schritt auf dem Weg zu diesem globalen Ziel war jedoch die Umsetzung des Rechtes der Nationen auf politische Selbstbestimmung. In Bezug auf Russland bedeutete dies, dass infolge der Revolution alle Völker, die im Imperium leben, vom Joch der großrussischen Nation befreit werden. In der Tat, bereits 1917 deklarierten die Bolschewiken das Recht auf politische Selbstbestimmung aller Nationen, die das zusammengebrochene Imperium besiedelten. Viele nationale Randgebiete trennten sich sofort von Russland. Es wurden die unabhängigen Staaten Finnland, Polen und die Ukraine geschaffen. Auch die entstandenen Sowjetrepubliken waren anfänglich faktisch unabhängig voneinander. Bis 1921 existierten auf dem Territorium des Russischen Imperiums neun solcher Republiken: die Russische, Ukrainische, Belarussische, Aserbaidschanische, Armenische, Georgische, Abchasische, Buchara, Choresm und die Fernöstliche Republik.

Dabei stellte die Russische Republik von vornherein eine Föderation dar. Ihr gehörten 8 autonome Republiken und 11 autonome Gebiete an. Die autonomen Republiken besaßen höhere Macht- und Verwaltungsorgane, ähnlich den gesamtrussischen, ein eigenes Rechtssystem und eine eigene Verfassung. Einige autonome Republiken hatten während des Bürgerkrieges ihr eigenes Heer, unterhielten diplomatische und Außenhandelsbeziehungen, verwalteten ihr Verkehrswesen und regelten den Geldumlauf.

1922 wurde bekanntlich die Union der Sowjetischen Sozialistischen Republiken gegründet, in der zunächst ein ausreichend umfassendes Maß an Autonomie der Republiken existierte. Das zeigte sich zum Beispiel in der konsequent durchgeführten Politik der sogenannten Indigenisierung »Verwurzelung«. Sie zielte auf die Förderung der nationalen Kader in den lokalen Verwaltungsapparaten und die Einführung der nationalen Sprachen als Amtssprachen, das führte zu einer merklichen Entwicklung der nationalen Kulturen in den 1920er Jahren.

Als leuchtendes Beispiel dafür kann die Situation in der Ukraine gelten. Eben in den 1920er Jahren entwickelte sich die neue Schule der ukrainischen Literatur. Der Vater der ukrainischen Geschichte Michail Hruschewskij, der immer seine negative Einstellung gegenüber dem russischen Imperium deklarierte, kam in diesen Jahren aus der Emigration in die Ukraine zurück. 1924 wurde er zum Mitglied der Akademie der Wissenschaften der Ukraine, und 1929 – zum Mitglied der Akademie der Wissenschaften der UdSSR gewählt. Seine historische Konzeption, die faktisch auf der Gegenüberstellung von Russen und Ukrainern aufgebaut war, wurde frei an den Universitäten unterrichtet.

Vergleichbare Prozesse verliefen auch in anderen nationalen Regionen. Anfang der 1930er Jahre gab es im Land eine große Anzahl nationaler lokaler Machtorgane und nationaler Schulen. Das betraf nicht nur ländliche Regionen sondern auch zentrale Städte. Zum Beispiel wurden in Leningrad Anfang der 1930er Jahre Zeitungen in 40 Sprachen, darunter auch auf Chinesisch herausgegeben. Es gab auch Radiosendungen auf Finnisch.

2.2 Rückkehr zur imperialen Großmacht

Um die Wende der 1920er zu den 1930er Jahren änderte sich die Situation. J. V. Stalin konzentrierte in dieser Zeit die faktische Macht in seinen Händen. Allmählich setzte er eine wesentliche Änderung der früheren Konzeption des multinationalen Bundesstaates durch, das spiegelte sich in vollem Umfang in der sowjetischen Verfassung von 1936 wieder. Hier gab es bereits keinen Bezug auf den Unionsvertrag von 1922. Die Verfassung schränkte die früheren Rechte der republikanischen politischen Eliten ein und stärkte das Unionszentrum. Der Staat erhielt deutliche Züge eines Unitarstaates.

Die 1930er Jahre wurden zu einer Zeit der allmählichen Einschränkung der nationalen Kulturen und der faktischen Rehabilitierung der »großrussischen Idee« (obwohl natürlich dieser Terminus selbst nicht verwendet wurde). Auf jede Weise wurde die führende Rolle des russischen Volkes bei der Gründung der UdSSR betont. Damals beginnt Stalin vom russischen Volk als vom »älteren Bruder« anderer Völker der UdSSR zu sprechen. In dieser Zeit wurden die Anhänger der nationalen historischen Schulen einer scharfen Kritik unterzogen. In dieser Zeit wird zum Beispiel das wissenschaftliche Erbe von Hruschewskij faktisch verboten. Es beginnt der allmähliche Prozess der Russifizierung des gesamten Bildungs- und Kultursystems in der UdSSR.

Diese neue nationale Politik wurde in der Zeit des Zweiten Weltkrieges verstärkt. Zu propagandistischen Zwecken wurde der Kult der russischen nationalen Helden aktiv gefördert. In den Jahren 1942/43 wurden in der UdSSR Orden zu Ehren von Alexander Nevskij, Suvorov und Kutusov eingeführt.

Der Abbau der früheren kulturell-nationalen Politik durch Stalin fand auch Ausdruck in der Deportation einer ganzen Reihe von Völkern. Die erste Deportation war 1935 die zwangsweise Umsiedlung der Finnen-Ingermanländern aus den Grenzregionen. Am Vorabend des Zweiten Weltkrieges wurden 15.000 polnische und deutsche Familien aus den an der polnischen Grenze liegenden Territorien nach Kasachstan ausgesiedelt. Während des Krieges wurden die Deportationen der Deutschen, Karatschaier, Kalmyken, Tschetschenen, Inguschen und einer Reihe anderer Völker durchgeführt. Besonders großen Umfang hatte die Deportation der Krim-Tataren. 1944 wurde von der Krim etwa 200.000 Krim-Tataren (etwa 50.000 Familien) ausgesiedelt.

Den deportierten Völkern war es verboten, die Orte der Deportation zu verlassen und in die Heimat zurückzukehren. Diejenigen, die dagegen verstießen, wurden zu 20 Jahren Straflager verurteilt. Auf diese Weise verlor eine Reihe von ethnischen Gruppen in der UdSSR ihre Freizügigkeit.

2.3 Die Geburt des »Sowjetvolkes«

Die kulturell-nationale Politik der Zeit nach Stalin hatte auch einen widersprüchlichen Charakter. Einerseits erlaubte Nikita Chruschtschov im Rahmen der Bekämpfung der Folgen des Personenkultes von Stalin einer Reihe der deportierten Völkern (wenn auch nicht allen) an ihre ursprünglichen Wohnorte zurückzukehren. Andererseits war die zentrale Idee der Regierung Chruschtschovs der forcierte Aufbau des Kommunismus und das bedeutete die möglichst schnelle Herausbildung einer neuen klassenlosen und nationslosen Gesellschaft, d. h. einer monokulturellen Gesellschaft, wie sie in den Werken der Klassiker des Marxismus-Leninismus proklamiert wurde.

Das 1961 verabschiedete neue Programm der Kommunistischen Partei der Sowjetunion erklärte die Aufgabe der Kommunisten sei es, die »weitere Annäherung der Nationen und die Erlangung ihrer vollständigen Vereinigung« herbeizuführen.[12] Im Programm hieß, dass die Grenzen zwischen den Republiken allmählich ihre Bedeutung verlieren, und die russische Sprache faktisch zur einheitlichen Sprache der Völker der UdSSR wird.[13] Die Kreml-Ideologen erklärten die programmatischen Aussagen und schrieben, dass das Phänomen der nationalen Staatlichkeit selbst seine historische Mission erfüllt und deshalb seine Aktualität verloren habe.[14] Infolgedessen wurde Anfang der 1960er Jahre die Umgestaltung der UdSSR zu einem Unitarstaat geprüft, in dem die Unionsrepubliken sich in administrative wirtschaftliche Regionen verwandeln. Es wurde angenommen, dass in einer überschaubaren Zeit (bis zum Jahr 1980) in der UdSSR der Prozess der gegenseitigen Assimilation der Nationen abgeschlossen sein würde, was deren endgültige Verschmelzung nach sich ziehen würde.

[12] Programm der Kommunistischen Partei der Sowjetunion. M., 1961, 112–113.
[13] A. a. o, 20–22.
[14] Sowjetstaat und Recht, 1961, № 12, 15.23.

Nach dem Machtantritt von L. I. Brezhnev wurde der von Chruscht-schow formulierte forcierte Aufbau des Kommunismus zwar von der Tagesordnung genommen, die frühere Linie der kulturell-nationalen Politik wurde dennoch weiter fortgesetzt. In diesen Jahren wurde der Terminus »das Sowjetvolk« in den offiziellen Sprachgebrauch eingeführt. Inhaltlich wurde der Terminus 1971 auf dem XXIV. Parteitag der KPdSU formuliert. Im Rechenschaftsbericht des ZK der KPdSU wurde offen gesagt: »Im Prozess des sozialistischen Aufbaus ist eine neue historische Gemeinschaft der Menschen – das Sowjetvolk entstanden.«[15]

Unter »Sowjetvolk« wurde nicht die politische Nation, die verschiedene national-kulturelle Gemeinschaften auf dem Territorium der UdSSR umfasst verstanden, sondern eine grundsätzlich neue Erscheinung. Das Sowjetvolk stellte man sich als eine neue Nation vor, die über ein Territorium, eine Wirtschaft, eine Kultur und einen Staat verfügt. Zur gemeinsamen Sprache dieses Volkes wurde die russische Sprache erklärt. Auf diese Weise stellten sich die Autoren dieses Konzeptes das »Sowjetvolk« als eine monokulturelle Gemeinschaft vor.

Nach dem XXIV. Parteitag folgte eine Reihe von Parteibeschlüssen über die Ausweitung des Programms zur Erlernung der russischen Sprache und Literatur in den Schulen auf Kosten einer massiven Kürzung der nationalen Sprachen und Literaturen. Die Zahl der nationalen Schulen und nationalen Klassen in den russischen Schulen wurde deutlich reduziert. Dieser Trend blieb bis zum Anfang der 1980er Jahre bestehen, als die sich seit Jahrzehnten anhäufenden Probleme im kulturell-nationalen Bereich zu einem der Faktoren der Systemkrise wurden, die dann zum Zerfall der Sowjetunion führte.

So kann man in der Sowjetzeit vor allem ein deutliches Auseinanderdriften zwischen dem ideologischen Kurs auf die Verschmelzung der Nationen und Kulturen und die Schaffung einer neuen nationslosen und klassenlosen monokulturellen Gesellschaft einerseits und der realen politischen Praxis andererseits beobachten. Obwohl die monokulturelle Perspektive immer als ein Ideal und Orientierungspunkt betrachtet wurde, blieb die sowjetische Gesellschaft faktisch multikulturell. In der UdSSR blieben die nationalen Institute, territorialen Verwaltungsorgane, nationalen Schulen immer erhalten und sie bekamen staatliche Unterstützung. Die national-territorialen Einheiten behielten ihre eigene Symbolik (Fahnen, Wappen, Hymnen usw.). Mehr noch, gerade in der Sowjetzeit wurde das Schrifttum für eine Reihe von Völkern geschaffen, die es früher nicht besaßen.

---

[15] XXIV. Parteitag der KPdSU. Stenographischer Bericht, M., 1971, B. 2, 232.

Gesamtschlussfolgerungen

Sowohl das Russische Imperium als auch die Sowjetunion waren multikulturelle Gesellschaften. Ein bedeutender Teil der Forscher hält es für möglich, sie als typologisch einander nahestehende Gemeinschaften zu betrachten. Trotz der kardinal unterschiedlichen ideologischen Ansätze, existierten diese Staaten auf einem und demselben Territorium und mussten praktisch die gleichen Aufgaben lösen. Das bedingte ihre typologische Nähe. Deshalb betrachten viele westliche Politologen und Soziologen die Sowjetunion als eine faktisch neue Version des russischen Imperiums, in dem vergleichbare Mechanismen der kulturell-nationalen Politik gewirkt haben.

Im Kontext des Themas unserer Begegnung soll betont werden, dass die Besonderheit der Multikulturalität der untersuchten politischen Gebilde sich dennoch wesentlich von der Situation unterschied, die in der modernen Welt entstand. Heute ist es üblich, von der Herausbildung einer absolut neuen postnationalen Multikulturalität zu sprechen, die für uns alle zu einer neuen Herausforderung geworden ist.

Формирование мультикультурного общества в Российской империи и Советском Союзе

В. В. Бурега

Общеизвестно, что термин мультикультурализм появился в 1960-е гг. в Канаде. Он означает, прежде всего, политику, направленную на развитие и сохранение в отдельно взятой стране и в мире в целом культурных различий, а также теорию (или идеологию), которая обосновывает такую политику. В этом специфическом значении, конечно же, термин мультикультрализм может быть приложен лишь к тем проектам, которые реализовывались в разных странах мира в течение последних десятилетий.

Однако, вслед за понятием мультикультрализм в научный обиход вошел и несколько более широкий термин мультикультурное общество. Он может обозначать как современные плоды политики мультукультурализма, так и различные типы многокультурных обществ, существовавшие в прошлом. Например, профессор социологии Кембриджского университета Горан Тернборн (Göran Therborn) выделяет четыре типа мультикультурных обществ, существовавших в истории человечества[1]. Таким образом, феномен, обозначаемый ныне как »мультикультурное общество« имеет древнее происхождение. Ранее такие общества именовали »многонациональными«, »многоэтничными«, »многоконфессиональными«, »сегментарными« и т. д.

В нашем докладе речь пойдет о том, как решался вопрос культурной, этнической и религиозной разнородности общества в Российской империи и Советском Союзе.

---

[1] Терборн Г. Мультикультурные общества // Социологическое обозрение. 2001. Т. 1. № 1. С. 50–67.

1 Российская империя

Имперский период в истории России относится к эпохе, начиная с 1721 г. и до Октябрьского переворота 1917 г. Типологически Российскую империю принято относить к досовременным мультикультурным обществам (их принято отличать от современных постнациональных мультикультурных обществ). В этом отношении Российская империя сближается, прежде всего, с Австро-Венгрией и Османской империей. На протяжении столетий указанные империи расширяли свои границы за счет завоеваний, династических браков или наследований. В результате в их состав оказались включенными многочисленные этнические и религиозные группы, существенно отличавшиеся от титульной нации. Это было серьезным вызовом для правящих элит.

В результате досовременные империи вынуждены были искать оптимальный механизм интеграции разнородных этно-религиозных групп в единое политическое тело. И хотя империи практически всегда (хотя и в разной степени) тяготели к стратегии ассимиляции всех этих групп, все же к XIX в. во всех этих трех имперских образованиях возобладал более реалистичный подход. Правящая элита пыталась создать эффективный механизм господства над разнородными группами подданных с целью обеспечения внутренней прочности государства. Эта противоречивая стратегия, колебавшаяся между полюсами ассимиляции и крайней национально-культурной сегментации, в полной мере проявилась в истории Российской империи.

В XIX в. Российская империя окончательно оформилась как полиэтническое государство. По данным первой всеобщей переписи населения, проведенной в России 1897 г., »русские« составляли 72,5% населения страны. Среди других наиболее крупных этнических общностей можно отметить: финнов (6,6%), поляков (6,3%), литовцев (3,9%), евреев (3,4%), татар (1,9%), башкир (1,5%), немцев (1,3%), шведов (0,4%), киргизов (0,2%), калмыков (0,1%), греков (0,06%), болгар (0,05%), армян (0,05%) и др.[2]

Здесь сразу нужно отметить, что с точки зрения официальной идеологии титульной нацией в Российской империи являлся »русский народ«. Я вполне сознательно беру это словосочетание в ка-

---

[2] См.: Бразоль Б. Л. Царствование Николая II (1894–1917) в цифрах и фактах. Минск, 1991. С. 297.

вычки. Дело в том, что в состав этой нации включались не только собственно русские (то есть коренное населении России, или »великороссы«), но и украинцы (в терминологии XIX в. »малороссы«) и белорусы.

Общая численность населения России в 1897 г. составляла 125 640 021 человек. Из них к русским были отнесены 83 933 567 человек. Однако из этих почти 84 миллионов лишь 55 667 469 человек сказали, что считают своим родным языком »великорусский« язык. 22 380 551 человек считали своим родным »малорусский« (украинский) язык и 5 885 547 человек – белорусский[3]. Таким образом, собственно русские (или »великороссы«) составляли менее половины населения России.

Отношение к различным этническим общностям в Российской империи традиционно строилось на прагматических принципах. Главным приоритетом для центрального правительства было сохранение целостности государства, его внутренней и внешней безопасности. Соответственно, если со стороны какой-либо этнической общности возникала угроза целостности империи, власть прибегала к форсированным действиям вплоть до использования военной силы. Если же нерусские элиты выражали лояльность к государю и поддерживали социально-политическую стабильность страны, они получали определенные привилегии и более или менее бесконфликтно интегрировались в империю.

Территории, присоединенные к Российскому государству в доимперский период (до начала XVIII в.), фактически утратили признаки политической автономии и постепенно были интегрированы в единую административную и судебную систему, хотя и могли сохранять этническое, культурное и религиозное своеобразие. Здесь наиболее характерным примером является Казанское царство, завоеванное еще в XVI в. В начале XVIII в. оно было преобразовано в Казанскую губернию. Здесь проживали татары, чуваши, марийцы, мордва, удмурты и другие коренные народы, исповедовавшие ислам или традиционные языческие культы. По инициативе правительства здесь еще с XVI в. велась активная миссионерская деятельность. И если существенно потеснить в этом регионе ислам так и не удалось, то языческие народы (чуваши, марийцы, мордва) были практически полностью христианизированы. При этом в XIX в. велась активная

---

[3] Подробнее см. в: Краткие сведения по империи. Распределение населения по главнейшим сословиям, вероисповеданию, родному языку и по некоторым занятиям. СПб., 1905. С. 6–7.

работа по переводу Священного Писания и богослужебной литературы на языки коренных народов Поволжья.

По-другому складывалась ситуация с теми территориями, которые вошли в состав России, начиная со второй половины XVIII в. В течение XIX в. в империи была выработана сложная и гибкая система интеграции различных покоренных народом в единое политическое тело. Она предполагала многообразие стратегий: от установки на полную и однозначную ассимиляцию до широкой национально-культурной и даже политической автономии. Приведем наиболее характерные примеры.

1.1 Великое княжество Финляндское

Финляндия вошла в состав России в качестве Великого княжества в результате русско-шведской войны (1808–1809 гг.). Она существенным образом отличалась от остальной территории империи и по своему национальному составу, и по вероисповеданию, и по политическим и культурным традициям. Это своеобразие было сохранено и после присоединения к России. Российский император стал для Великого княжества Финляндского конституционным монархом. (При том, что на остальной территории империи монархия имела абсолютный характер.) Финляндия имела свой законодательный орган – четырехсословный Сейм. Без одобрения Сейма царь не мог вводить в княжестве новые законы и налоги. Финляндии имела свое правительство – Правительственный совет (с 1816 г. – Императорский финляндский совет)[4]. Делопроизводство в Финляндии велось на национальном языке. Также в Великом княжестве Финляндском была сохранена традиционная местная сословная структура общества. Здесь не проводилось ни конфискаций имущества, ни принудительной смены вероисповедания (лютеранская вера сохранила здесь официальный статус), на Финляндию также не было распространено крепостное право. Все налоги и таможенные сборы, собранные в Финляндии, оставались в распоряжении финской администрации. В 1878 г. Финляндия даже получила право на создание собственной армии.

Несмотря на то, что в начале XX в. предпринимались попытки ограничения этих прав, все же Финляндия вплоть до 1917 г. имела в составе Российской империи политическую автономию, которая

---

4   Административно-территориальное устройство России. История и современность / Под общ. ред. А. В. Пыжикова М., 2003. С. 130–132.

была гарантом сохранения и развития здесь национальной культуры. Как отмечают современные исследователи, Финляндия выступала своеобразным »европейским фасадом России»[5].

1.2 Царство Польское

Еще одной особой территорией в составе Российской империи было Царство Польское. Польские земли постепенно входили в состав России, начиная со второй половины XVIII в. Этот процесс завершился решениями Венского конгресса 1815 г., который подвел итог Наполеоновским войнам. В результате 27 ноября 1815 г. в Варшаве Александр I подписал конституцию, по которой Царство Польское фактически являлось отдельным государством с особым конституционным правительством и особой армией. Польша была объединена с Россией личной унией, т.е. российский император был одновременно и польским королем.

Тем не менее, стратегической целью российского правительства в этом регионе было его постепенное слияние в одно политическое и экономическое целое с остальной территорией империи. Политика унификации поначалу была довольно гибкой и осторожной. В Польше были сохранены самоуправление областей, привилегии местного дворянства, использование местного языка в администрации и суде. На территории Польши сохранялась своя денежная единица. Русскому царю в Польше принадлежала фактически лишь исполнительная власть. Законодательная власть осуществлялась им совместно с сеймом, который созывался раз в два года.

Польская конституция 1815 г. была одной из наиболее либеральных в то время в Европе. Однако после Польского восстания 1830–31 гг. император Николай I упразднил конституцию, и Царство Польское стало одной из частей Российской империи, что положило начала процессу административного слияния Польши с Российской империей. Кроме того, был взят курс на русификацию края.

В 1841 г. в Царстве Польском были введены русские деньги, в 1846 г. ведомство путей сообщений было подчинено имперской центральной власти, в 1848 г. ведены русские меры и вес, в 1850 г. уничтожены таможенные границы, введен общий таможенный тариф. В делопроизводство был введен русский язык. Таким образом,

---

[5]   Рагимова П. Ф. Национальная политика Российского правительства в конце XIX – начале XX века // Вестник Самарского государственного университета. 2010. № 5 (79). С. 93.

Царство Польское лишилось политической автономии и превратилось в отдельно управляемую провинцию российского государства. Это способствовало усилению в Польше антироссийских настроений. В таком виде Царство Польское существовало до момента распада Российской империи[6].

1.3 Прибалтика

Прибалтика, состоящая из Эстляндии, Курляндии и Лифляндии, была присоединена к России в ходе Северной войны со Швецией (1700–1721). В результате в состав России вошли Эстония и северная часть Латвии (с г. Ригой). В отличие от Финляндии и Польши, эти территории не имели в составе Российской империи признаков политической автономии. Тем не менее, здесь была в основном сохранена прежняя система дворянских сословных органов самоуправления. В первой половине XIX в. три прибалтийские губернии были объединены в единое Прибалтийское генерал-губернаторство.

С конца XIX в. в Прибалтике было проведено несколько реформ, направленных на ограничение привилегий местного дворянства. В 1889 г. в Прибалтийских губерниях была введена российская судебная реформа. Здесь начали функционировать общеимперские судебные учреждения[7].

После революционных событий 1905–07 гг. в Прибалтике предпринимались попытки усиления российского присутствия с целью нейтрализации национального движения. Предполагалось распространить на Прибалтийские губернии общероссийские нормы дворянских сословных организаций, которые привели бы к полной ликвидации политической роли прибалтийского дворянства. Но эти инициативы не были в полной мере реализованы.

1.4 Средняя Азия

В 1860-е гг. в состав империи вошла часть Средней Азии. Из завоеванных территорий было создано Туркестанское генерал-губернаторство. Несмотря на то, что во главе управления края стоял гене-

---

[6] См., например: Бахтурина А. Ю. Государственное управление западными окраинами Российской империи (1905–февраль 1917 г.). Дис. ... д-ра ист. наук: 07.00.02. М., 2006.

[7] Административно-территориальное устройство России. История и современность. С. 171–172.

рал-губернатор, назначаемый из Петербурга, в сельской местности, а отчасти и в городах на низовом уровне сохранилась структура прежней местной администрации (ханской), а также мусульманская судебная система, которые отныне действовали под надзором российских чиновников. Тем не менее, русская администрация никогда полностью не контролировала деятельность народных судов. В независимом положении от российских чиновников оставались также конфессиональная мусульманская школа и мусульманское духовенство.

Следует иметь в виду, что Средняя Азия была отдалена от имперских центров, что фактически не позволяло установить над этой обширной территорией реальный контроль. Тем не менее, к началу XX в. в связи с экономическим освоением края, здесь заметно увеличилась численность русского населения (переселенцев). Отчасти это привело к напряжению между русскими и коренным населением края. Тем не менее, культурно-национальная и религиозная самобытность края в основном была сохранена[8]. К моменту начала Первой мировой войны Средняя Азия считалась самой спокойной окраиной империи.

1.5 Кавказский край

Под »Кавказским краем« в XIX – начале XX вв. принято было понимать совокупность территорий, географически прилегающих к Кавказским горам. Эти территории разделялись на Северный Кавказ (современные Адыгея, Чечня, Дагестан, Ингушетия, Кабардино-Балкария, Карачаево-Черкессия, Северная Осетия) и Закавказье (современные Грузия, Армения и Азербайджан).

Разные территории Кавказского края по-разному вошли в состав Российской империи. Если, например, Грузия сама просила Россию о протекторате, то в отношении ряда горских народов имело место прямое завоевание. Фактически с 1817 по 1864 гг. Российское правительство постоянно вело на Северном Кавказе разной интенсивности военные действия, связанные с постепенным покорением горских народов. Этот период получил собирательное название »Кавказской войны«. Даже после покорения края значительная часть местных элит сохраняла враждебное отношение к Российскому правительству.

---

[8] См.: Рагимова П. Ф. Указ. соч. С. 96–98.

В Кавказском крае проживали (и проживают) народы очень различные и в этническом, и в культурном, и в религиозном отношении. Если народы Закавказья на момент присоединения к России имели древнюю государственную традицию, то народы Северного Кавказа, как правило, находились в состоянии родоплеменного уклада и не имели ни своей государственности, ни сформированной национальной культуры. В целом в регионе проживало более сотни коренных народностей[9], исповедовавших более десятка религий. Здесь были и православные христиане, и члены Армянской Церкви, и мусульмане-шииты, и мусульмане-сунниты, и буддисты, и иудеи, и язычники.

Это многообразие усиливалось еще и тем, что ряд местных народностей, в древности исповедовавшие христианство, впоследствии были обращены в ислам. В результате местное население (например, абхазы и осетины) зачастую исповедовало причудливую смесь родового язычества с элементами христианства и ислама. Именно на работу с этими специфичными этно-религиозными группами было ориентировано особое Общество восстановления православного христианства на Кавказе.

Заметно разнилось население края и по образу жизни. Здесь были как оседлые народы с древней высокоразвитой культурой, так и кочевые, и полукочевые племена. Таким образом, Кавказский край был чрезвычайно пестрым и в национальном, и в культурном, и в религиозном отношении. В этом крае Российское правительство столкнулось с наиболее сложными проблемами в организации управления.

Кавказский край представлял собой отдельную административную единицу империи. В его состав входило 6 губерний, 4 области и 2 округа. Во главе края стоял главноначальствующий гражданской частью на Кавказе, который, вместе с тем, является и командующим войсками Кавказского военного округа. Хотя в Кавказском крае населению была гарантирована свобода вероисповедания, все же здесь у Российского правительства сложилось особое отношение к исламским лидерам. Дело в том, что как раз во время присоединения Северного Кавказа к России здесь получил распространение так называемый мюридизм – одно из ответвлений суфизма. Хотя в его основе лежала определенная мистическая практика, все же мюридизм имел и очевидное политическое измерение.

---

[9]   См.: Волкова Н. Г. Этнический состав населения Северного Кавказа в XVIII – начале XX века. М., 1974.

Так основатель мюоридизма на Кавказе Мухаммад Ярагский (1771–1838) полагал, что благодаря суфийскому тарикату ислам будет нравственно возрожден, что повлечет за собой духовное возрождение кавказцев и позволит им свергнуть с себя иноверное, русское иго. Воодушевляемые последней идеей (которая на первых порах скрывалась от русских властей), горцы массами стали усваивать новое учение; Мулла-Мохаммед был признан за мюрида. В 1829 г. Мухаммад привлек на свою сторону значительное количество последователей на территории современных Чечни и Дагестана и объявил против русских и их союзников священную войну (газават).

Именно широкое распространение на Кавказе мюридизма привело к тому, что Российское правительство считало исламских лидеров своими главными врагами на Кавказе. Известно, что наиболее масштабное сопротивление российскому господству на Кавказе оказал Шамиль (1797–1871), провозгласивший создание на территории Дагестана и Чечни теократического исламского государства Северо-Кавказского имамата.

Стремление ограничить возможное влияние мусульманского духовенства на горские народы побудило Российское правительство упразднить на Северном Кавказе шариатские суды. Для горских народов были учреждены так называемые горские или словесные суды. Здесь судопроизводство совершалось на основе местного традиционного права. Характерно, что у тех горских народов, которые исповедовали православие (например, у осетин), таких судов не было. Они подчинялись общероссийской практике судопроизводства. Таким образом, фактически особая систему суда распространялась, главным образом, на мусульман[10].

1.6 »Инородцы«

Особую категорию подданных Российской империи составляли так называемые »инородцы«. В обиходном словоупотреблении этот термин применялся ко всем подданным империи неславянского происхождения. Однако при этом он имел и вполне четкий юридический смысл. Инородцами официально именовались те этнические группы, которые имели особый объем права и к которым применялись особые методы управления, отличные от остального населения империи.

---

[10] Сердюк А. В. Особенности судопроизводства Северного Кавказа в составе Российской империи в середине XIX – начале XX вв. // Наука и образование: хозяйство и экономика; предпринимательство; право и управление. 2012. Апрель.

К инородцам относились, прежде всего, коренные племена Сибири, чукчи, калмыки, киргизы, кочевники Средней Азии и Северного Кавказа. Все они обычно собирательно именовались »восточными инородцами«. Особую группу инородцев составляли евреи. Если »восточные инородцы« классифицировались по национальному признаку, то принадлежность к евреям обусловливалась религией. Еврей, принявший христианство, согласно закону переставал быть инородцем. Если же христианство принимал кто-то из восточных инородцев, это не влекло за собой выхода из категории инородцев. Кочевые инородцы, становясь оседлыми, могли переходить в другие сословия. Наоборот, евреи, несмотря на свою традиционную оседлость, тем не менее считались инородцами.

Пѐрвым законодательным актом об инородцах стал »Устав об управлении инородцев«, изданный в 1822 г. Большинство его положений действовало вплоть до 1917 г. Устав разделял инородцев в на »оседлых«, »кочевых« и »бродячих« и согласно этому разделению определял их административный и правовой статус.

Например, сибирские кочевники имели назначенные им во владение земли, на которых они имели право заниматься земледелием, скотоводством и местными промыслами. На этих землях русскому населению запрещалось селиться. Во взаимоотношениях между собой инородцы руководствовались собственными племенными обычаями. Инородцы, владевшие почетными званиями, по местным обычаям пользовались преимуществами. Эти звания признавались наследственными или пожизненными.

В течение XIX в. Российское правительство всячески поддерживало миссионерскую деятельность Православной Церкви в среде восточных инородцев, исповедовавших либо язычество, либо ислам. В христианизации правительство видело надежный путь закрепления их верности России, их сближения с русским народом и христианской культурой. В 1865 г. в Петербурге было учреждено Православное Миссионерское общество, которое координировало деятельность всех русских миссий. Внутри империи наиболее активными были Алтайская и Забайкальская миссии. Если в среде язычников миссия принесла заметный успех, то мусульманские народы в большинстве своем остались верны исламу.

Особое отношение в России было к евреям. Стратегической целью Российского правительства было максимально возможное уменьшение еврейского населения. Потому закон всячески поощрял переходы евреев в христианство, ограничивал их экономическую активность и облегчал для них эмиграцию за пределы империи. С

1791 и вплоть до 1917 г. в России существовала »Черта постоянной еврейской оседлости«, то есть граница территории, за которую евреям не разрешалось переселяться. В черту оседлости входили особо оговоренные населенные пункты на территории, прежде всего, Молдовы, Украины и Беларуси. Так что фактически еврейское население не имело свободы передвижения в пределах Российской империи.

Евреи подвергались многочисленным ограничениям. Например, для средних и высших учебных заведений был установлен процент евреев, которые могли приниматься на учебу. В черте оседлости, это было десять процентов, в других местностях – пять, а в Петербурге и Москве – три процента от общего числа учащихся для каждого учебного заведения в отдельности.

Таким образом, в отличие от восточных инородцев, евреи подвергались особому ограничению в правах.

1.7 »Украинский вопрос«

Говоря о »многокультурности« в Российской империи, нельзя не упомянуть об особой ситуации, которая сложилась в связи с развитием национального самосознания тех народов, которые официально считались частью единого »русского народа«. Здесь, конечно, наиболее характерным примером является развитие украинского национального движения. Как сказано выше, в Российской империи украинцы (по официальной терминологии того времени »малороссы«) не являлись отдельной нацией, а входили в состав русского народа.

Украинские земли вошли в состав Московского царства в 1654 г. на началах политической автономии. Договоренности 1654 г. гарантировали сохранение в Украине института гетманства, особого административного деления, налоговых льгот, автономной системы судопроизводства. Однако, в течение XVIII в. автономия украинских земель была полностью ликвидирована, и со времени правления Екатерины II территория Украины была полностью инкорпорирована в общеимперскую административную и судебную систему.

С 1840-х гг. в Российской империи начинается украинское национальное движение, направленное, прежде всего, на развитие самобытной украинской культуры. Однако часть сторонников движения уже тогда видела его цель в возрождении самостоятельной украинской государственности. Поэтому украинское движение рассматривалось Российским правительством как антигосударственное и против него предпринимались жесткие меры. Например, фактический основатель украинской национальной литературы Тарас Шевченко десять лет провел в ссылке в Оренбургском крае.

Особый резонанс получил так называемый Эмский указ императора Александра II (1876 г.), направленный на ограничение использования и преподавания украинского языка. Он запрещал ввозить на территорию Российской империи из-за границы книги написанные на украинском языке без специального разрешения; издавать на украинском языке оригинальные произведения и делать переводы с иностранных языков, ставить украинские театральные представления (запрет снят в 1881 г.), печатать ноты с украинскими текстами, устраивать концерты с украинскими песнями. Произведения украинской художественной литературы хотя и могли издаваться, но исключительно в русской орфографии. Эти жесткие ограничения действовали в империи до 1905 г. Все это способствовало радикализации украинского движения.

Таким образом, один из наиболее родственных россиянам украинский этнос в XIX – начале XX вв. был существенно ограничен в возможностях развития национальной культуры.

Итоги

Таким образом, Российская империя, безусловно, была мультикультурным обществом. Однако, подход правительства к различным »инокультурным« общностям был чрезвычайно неоднородным. Вполне очевидно, что приоритетом для правительства было формирование единой русской политической нации, то есть многонациональной и многокультурной общности, которая была бы верна правящей династии и осознавала себя единым политическим целым. Достижение этой цели предполагало предоставление разной степени культурно-национальной или даже политической автономии различным группам граждан. При этом все же преобладало стремление к максимально возможной унификации различных регионов.

Мы видим, что подходы здесь варьировались от предоставления широких прав Великому княжеству Финляндскому до жесткого ограничения в правах еврейского населения или жестких мер, направленных против развития украинской национальной культуры.

Важнейшей чертой мультукультурности имперского периода была четкое территориальное разграничение национальных общностей. Как правило, развитие самобытных культур санкционировалось лишь в конкретных географических границах. Для Российской империи было нетипичным сосуществование различных культур на одной территории. Лишь по мере урбанизации и промышленного развития большие города приобретают многонациональный характер.

2 Советский Союз

Большевисткий переворот 1917 г. создал новую парадигму развития культурно-национальных общностей на территории бывшей империи. Марксистско-ленинская доктрина считала разделение человечества на национальные группы плодом экономического угнетения, и потому в грядущем коммунистическом обществе ожидалось полное уничтожение этого разделения. В 1848 г. в »Манифесте коммунистической партии« Маркс и Энгельс провозгласили: »Рабочие не имеют отечества«. Пролетариат, завоевав мировое политическое господство, сам должен был стать новой нацией, внутри которой утратят актуальность прежние национальные и культурные различия. Что же касается религиозных различий, то они естественным образом должны были исчезнуть в результате перехода всего человечества к атеистическому мировоззрению. Потому грядущее коммунистическое общество мыслилось как монокультурное.

Эту концепцию вполне разделял и Ленин. В своей программной статье »Социалистическая революция и право наций на самоопределение« он писал: »Целью социализма является не только уничтожение раздробленности человечества на мелкие государства и всякой обособленности наций, не только сближение наций, но и слияние их« (выделено мной – В. Б.)[11]. Таким образом, в идеале существующее культурно-национальное и как следствие политическое дробление человечества должно быть упразднено.

2.1 Право на самоопределение

Однако первым шагом на пути к этой глобальной цели являлась реализация права наций на политическое самоопределение. В отношении к России это означало, что в результате революции все

---

[11] Ленин В. И. Полное собрание сочинений. М., 1969. Т. 27. С. 256.

народы, живущие в империи, будут освобождены от гнета велико-русской нации. Действительно, уже в 1917 г. большевики задекларировали право всех наций, населявших рухнувшую империю, на политическое самоопределение. Многие национальные окраины тут же отделились от России. Были созданы независимые Финляндское, Польское, Украинское государства. Также и возникавшие советские республики изначально были фактически независимы друг от друга. К 1921 г. на территории бывшей Российской империи существовало девять таких республик: Российская, Украинская, Белорусская, Азербайджанская, Армянская, Грузинская, Абхазская, Бухарская, Хорезмская и Дальневосточная.

При этом Российская республика изначально представляла собой федерацию. В ее состав входило 8 автономных республик и 11 автономных областей. Автономные республики имели высшие органы власти и управления, близкие к всероссийским, свою правовую систему, конституцию. Некоторые автономные республики в годы гражданской войны имели свои вооруженные силы, дипломатические и внешнеторговые связи, управляли транспортом, регулировали денежные отношения.

Как известно, в декабре 1922 г. был создан Союз Советских Социалистических Республик, в котором поначалу существовала достаточно широкая степень автономии республик. Это проявилось, например, в последовательно проводившейся политике так называемой »коренизации«. Она предполагала продвижения в местный управленческий аппарат национальных кадров и внедрение в делопроизводство национальных языков, что привело к заметному развитию национальных культур в 1920-е гг.

Ярким примером тому может служить ситуация, сложившаяся в Украине. Именно в 1920-е гг. получила развитие новая школа украинской литературы. Отец украинской истории Михаил Грушевский, всегда декларировавший отрицательное отношение к Российской империи, в эти годы вернулся из эмиграции в Украину. В 1924 г. он был избран членом Академии наук Украины, а в 1929 г. – Академии наук СССР. Его историческая концепция, фактически построенная на противопоставлении русских и украинцев, свободно преподавалась в университетах.

Схожие процессы протекали и в других национальных регионах. К началу 1930-х гг. в стране действовали многочисленные национальные местные органы власти и национальные школы. Это касалось не только регионов, но и центральных городов. Например, в Ленинграде к началу 1930-х гг. издавались газеты на 40 языках, в том числе и на китайском. Здесь существовали радиопередачи на финском языке.

2.2 Возврат к великодержавности

На рубеже 1920–30-хх гг. ситуация меняется. В это время фактическую власть в своих руках сосредотачивает И. В. Сталин. Постепенно он инициирует существенный пересмотр прежней концепции многонационального союзного государства, что в полной мере отразилось в советской Конституции 1936 г. Здесь уже не было ссылок на союзный договор 1922 г. Конституция ограничивала прежние права республиканских политических элит, усиливая при этом союзный центр. Государство приобрела явные черты унитарности.

1930-е гг. стали временем постепенного ограничения национальных культур и фактической реабилитации »великорусской идеи« (хотя, конечно же, сам этот термин не употреблялся). Всячески подчеркивается ведущая роль русского народа в создании СССР. Именно тогда Сталин начинает говорить о русском народе, как о »старшем брате« других народов СССР. В эти годы жесткой критике подвергаются приверженцы национальных исторических школ. Например, в это время фактически попадает под запрет научное наследие Грушевского. Начинается постепенный процесс русификации всей системы образования и культуры в СССР.

Эта новая национальная политика получила свое укрепление в годы Второй мировой войны. В это время в пропагандистских целях активно поддерживается культ русских национальных героев. Например, именно в 1942–43 гг. в СССР были учреждены ордена Александра Невского, Суворова и Кутузова.

Сворачивание Сталиным прежней культурно-национальной политики выразилось и в столь показательном явлении как депортации целого ряда народов. Первой депортацией стало в 1935 г. принудительное переселение из приграничных районов финнов-ингерманландцев. В канун Второй мировой войны 15 тысяч польских и немецких семей были выселены с территорий, прилегающих к польской границе, в Казахстан. В годы войны были проведены депортации немцев, карачаевцев, калмыков, чеченцев, ингушей и ряда других народов. Наиболее массовой была депортация крымских татар. В 1944 г. из Крыма было выселено около 200 тысяч крымских татар (около 50 тыс. семей).

Депортированным народам запрещалось покидать районы депортации и возвращаться на родину. Те, кто нарушал это требование, приговаривались к лагерным работам на 20 лет. Таким образом, ряд этнических групп в СССР фактически лишились свободы передвижения.

2.3 Рождение »советского народа«

Культурно-национальная политика послесталинского периода также имела противоречивый характер. С одной стороны, Никита Хрущев, в рамках борьбы с последствиями культа личности Сталина, позволил ряду депортированных народов (хотя и не всем) вернуться в места своего постоянного проживания. С другой, общей идеей правления Хрущева было стремление к форсированному строительству коммунизма, а это предполагало скорейшее формирование нового бесклассового и безнационального общества, то есть общества монокультурного, как оно было провозглашено в трудах классиков марксизма-ленинизма.

Принятая в 1961 г. новая программа Коммунистической партии Советского Союза гласила, что задача коммунистов – »дальнейшее сближение наций и достижение их полного единства«[12]. В программе говорилось, что границы между республиками постепенно утрачивают значение, а русский язык фактически становится единым языком народов СССР[13]. Разъясняя эти программные положения, кремлевские идеологи писали о том, что сам феномен национальной государственности уже выполнил свою историческую миссию и потому утратил актуальность[14]. В результате в начале 1960-х гг. рассматривался проект преобразования СССР в унитарное государство, в котором союзные республики превратились бы в административно-экономические регионы. Предполагалось, что в обозримом будущем (к 1980-м гг.) в СССР завершится процесс взаимной ассимиляции наций, что повлечет за собой их окончательное слияние.

После прихода к власти Л. И. Брежнева, хотя и было снято с повестки дня провозглашенное Хрущевым формированное построение коммунизма, все же была продолжена прежняя линия культурно-национальной политики. В эти годы был введен в официальный обиход термин »советский народ«. Его содержание было сформулировано в 1971 г. на XXIV съезде КПСС. В отчётном докладе ЦК КПСС на съезде было прямо сказано: »В процессе социалистиче-

[12] Программа Коммунистической партии Советского Союза. М., 1961. С. 112–113.
[13] Там же. С. 20–22.
[14] См.: Советское государство и право. 1961. № 12. С. 15, 23.

ского строительства сложилась новая историческая общность людей – советский народ«[15].

Под »советским народом« понималась не политическая нация, охватывающая различные национально-культурные общности на территории СССР, а принципиально новое явление. Советский народ мыслился как новая нация, имеющая единые территорию, экономику, культуру и государство. Общим языком этого народа провозглашался русский язык. Таким образом, »советский народ« мыслился авторами этого концепта как монокультурная общность.

После XXIV съезда последовал ряд решений партии о расширении программы изучения русского языка и литературы в школах за счет резкого сокращения национальных языков и литератур. Резко уменьшается количество национальных школ или национальных классов в русских школах. Эта тенденция сохранялась вплоть до начала 1980-х гг., когда накопившиеся десятилетиями проблемы в культурно-национальной сфере стали одним из факторов системного кризиса, приведшего к распаду Советского Союза.

Таким образом, в советский период, прежде всего, можно видеть существенное различие между идеологической установкой на слияние наций и культур и создание нового безнационального и бесклассового монокультурного общества, и реальной политической практикой. Хотя монокультурная перспектива всегда рассматривалась как идеал и ориентир, тем не менее, по факту советское общество оставалось многокультурным. В СССР всегда сохранялись и получали государственную поддержку национальные институты, территориальные органы управления, национальные школы. Национальные образования всегда сохраняли свою символику (флаги, гербы, гимны и т.п.). Более того, именно в советский период была создана письменность ряда народов, которые ранее ее не имели.

Общие выводы

И Российская империя, и Советский Союз были мультикультурными обществами. Значительная часть исследователей считает возможным рассматривать их как типологически близкие общности. Несмотря на кардинальное отличие идеологических установок, эти государства существовали на одной и той же территории и вынуждены были ре-

---

[15] XXIV съезд КПСС. Стенографический отчет. М., 1971. Т. 2. С. 232.

шать практически одни и те же задачи. Это обусловило их типологическую близость. Потому многие западные политологи и социологи рассматривают Советский Союз фактически как новую версию Российской империи, в которой действовали сходные механизмы культурно-национальной политики.

В контексте темы нашей встречи следует отметить, что специфика мультикультурности рассмотренных политических образованиях все же существенно отличалась от ситуации, сложившейся в современном мире. Сегодня принято говорить о формировании абсолютно новой постнациональной мультикультурности, которая стала для всех нас новым вызовом.

Multikulturalismus, Interkulturalismus, Transkulturalismus

Martin Tamcke

Die Themen Multikulturalität, Interkulturalität und Transkulturalität sind keine Themen, die erst heute in die Weltgeschichte eingetreten sind. Zu allen Zeiten gab es Migrationsbewegungen, gab es die Emanzipation einzelner Völker aus größeren Staatsverbänden und traten Völker in bestehende Staatsgefüge neu ein. Immer standen da unvermittelt Kulturen nebeneinander, die sich zumeist in unterschiedlichen Sprachen artikulierten, die sich in ihrem Glauben oder ihrer religiösen Zugehörigkeit voneinander unterschieden, die unterschiedliche Sitten und Gewohnheiten aufwiesen, die unterschiedliche Auffassungen von Moral und Verhaltenscodices hatten.

Oft war so der Eintritt von Völkern etwa in das Oströmische Reich eine enorme Herausforderung der etablierten griechisch-byzantinischen Kultur. Und die kulturellen Vermischungsprozesse gingen dabei hin und her, die Entwicklung im militärischen Bereich ist ohne diese Völker in Byzanz kaum zu denken und andererseits kam es etwa zur Übersetzung der Bibel durch Wulfila ins Gotische. Im Römischen Reich hatte die Multikulturalität immer schon eine religiöse Seite, was besonders etwa sichtbar wird an den Kaisern, die den syrischen Religionen huldigten. Es dürfte nahezu unmöglich sein, zu erfassen, was in der orthodoxen Welt sich welcher dieser historischen Koexistenzstrukturen verdankt. Das ist heute auch nicht meine Aufgabe. Auch die Versuche, die Diversität durch äußere Nötigungen zu überwinden, sprachlich etwa durch Latinisierung, Hellenisierung oder später etwa Russifizierung, sind nicht als solche mein Thema. Das sind Strategien, die im Kern wesentlich politisch bedingt sind, auch wenn sie sich im Bereich der Kultur äußern. Um es mit einem modernen Beispiel zu sagen: die französische Sprachenpolitik in den französischen Kolonien und Mandatsgebieten zielte auf Stabilisierung des französischen Imperiums, diese Politik nun aber führt eben jene Migranten heute nach Frankreich, die sich der französischen Kultur und Sprache so nahe fühlen, dass sie in ihrer Herkunftskultur sich wenigstens teilweise fremd fühlen.

So kehrt das Imperium von Übersee zurück in sein Heim, eben nach Frankreich, und wandelt das Land in ein multikulturelles, dessen Minderheiten schnell wachsen und eine politische und gesellschaftliche, aber eben auch religiöse Herausforderung erstrangigen Grades darstellen, will man denn die sich im Übergang befindlichen Werte etwa der aufnehmenden Kultur in die neu entstehende Kultur überführen, die dann zwar eine neue ist, aber vermutlich noch immer vom französischen Erbe entscheidend mitgeprägte. Diese moderne Frage spielte sich immer wieder auch in den antiken Prozessen ab, wo alte Kulturen ihre Kraft verloren und sich mit neu andrängenden Kulturen vermischten. Und es war ein immer neuer Prozess auf der Suche nach einem kulturellen Konsens in allen davon betroffenen Gesellschaften. Seitens der aufnehmenden Kulturgebiete war dieser Prozess wesentlich davon bestimmt, dass die Kulturen, die so unter den Druck gerieten, sich mit neuen kulturellen Gegebenheiten aus anderen Kulturen zu arrangieren, ihr Wertesystem den eindringenden Kulturen anzutragen versuchten. Im Fall etwa der Ostgoten, die die Oströmer so lange politisch zähmen und auch für sich instrumentalisieren konnten, gelang das nur noch teilweise. Kontinuität und Diskontinuität kulturellen Selbstverständnisses stehen hier je neu zur Debatte.

Ich versuche, mich meinem Thema über die Perspektive der Region zu nähern, mit der ich mich am intensivsten befasse: dem Orient. Es geht mir dabei aber nicht so sehr um die Spezifika dieser Region als vielmehr um das grundlegende Geschehen, dass sich vollzieht, wo Kulturen miteinander koexistieren müssen.

Jeder Studierender, der bei mir sich den Fragen der Interkulturalität, Multikulturalität oder Transkulturalität nähert, begegnet einem meiner Lehrsätze, den ich persönlich für fundamental halte, um sich innerlich in dieses Geschehen einzufinden.

Ich bin nicht Du.
Und Du bist nicht ich.
Ich bin aber auch nicht einfach geschieden von Dir.
Wie Du nicht einfach geschieden bist von mir.
Da ist etwas von Dir in mir,
wie etwas von mir in Dir ist.
Darum:
Wenn es zur Interaktion zwischen uns kommt,
dann arbeite ich an Dir in mir,
wie Du an mir in Dir,
für ein besseres Verständnis voneinander
als einen Wert in sich selbst.

Die letzten beiden Zeilen sind klar moralisch. Natürlich ließe sich das auch wertfrei sagen, zumal tatsächlich ja die Gegenwart eines anderen in mir zu heftigen Reaktionen gegen ihn und zu völligem Unverständnis führen kann, aber eben da fühle ich mich moralisch gebunden, dem Geschehen eine wertende Tendenz zu geben, weil ich die für notwendig erachte, um Koexistieren nicht zu einer Waffenkammer für Unterdrückung, Krieg, Verunglimpfung und Verachtung werden zu lassen.

Aber was ist mit den drei Begriffen eigentlich bezeichnet?

Ich beginne zunächst mit Rückgriff auf das Lehrbuch Hamid Reza Yousefi und Ina Braun.

a) Transkulturalität

»Transkulturalität ist ein Ansatz, der eine gemeinsame Kultur jenseits bestehender kultureller Eigenheiten annimmt. Die Kombination von Elementen verschiedener Herkunft kann so ein Individuum transkulturell erscheinen lassen.«

Yousefi und Braun entscheiden sich gegen eine mögliche Tragweite dieses Begriffs. Sie halten nur den Begriff der Interkulturalität für ausreichend. Sie verweisen dabei auf den katholischen Theologen Waldenfels, der davon ausgeht, dass sich die »Kluft zwischen Eigenwelt und Fremdwelt zwischen Eigenkultur und Fremdkultur […] nicht schließen lasse«.

b) Multikulturalität

»Multikulturalität ist ein System von Verhaltensweisen, die sich in diversen intra- und interkulturellen Kontexten unterschiedlich vollziehen und die das Handeln des Menschen als gut oder schlecht, angemessen oder unangemessen bestimmen sollen«.

Dieses Verständnis der Multikulturalität ist der Versuch einer Festlegung angesichts einer Verwendung dieses Begriffes mit unterschiedlichsten Zielen, die Multikulturalismus als Bedrohung etwa beschreiben oder als eine lebenspraktische Kategorie, als Chance zur Demokratisierung im Blick auf Minderheiten, als Sinnhaftigkeit jeder Form von Kulturmischung etc. Homi Bhabhas Kritik am Konzept der Multikulturalität stellt in den Mittelpunkt, dass dieses Konzept zu einer Festschreibung von Identitäten führe.

c) Interkulturalität

»Interkulturalität ist der Name einer Theorie und Praxis, die sich mit dem historischen und gegenwärtigen Verhältnis aller Kulturen und der Menschen als deren Träger auf der Grundlage ihrer völligen Gleichwertigkeit beschäftigt.«

Der Anspruch der Autoren, hiermit alle Kulturen in einem Verhältnis zueinander zu sehen, erscheint mir denn doch zu verstiegen. Interkulturalität ist immer konkret und meint immer konkrete Akteure, meine ich, und nicht beliebige Konstruktionen zu Kulturen, die kaum oder gar nicht zueinander in Beziehung stehen, etwa die Kultur von Indio-Stämmen im Amazonasgebiet zu der der Han-Chinesen. Die Gleichwertigkeit hingegen ist ein sinnvolles moralisches Postulat, das sich historischen Erkenntnisprozessen verdankt. Die Kritik besonders der Vertreter der Transkulturalitäts-Theorie an der Festschreibung der Entitäten durch die Vertreter der Multikulturalitätstheorie trifft auch und gerade die Vertreter der Interkulturalitätstheorie.

Es ist vielleicht damit schon deutlich, dass alle drei genannten Theorien, die die reale Koexistenz von einer oder mehreren Kulturen in einem Raum zu verstehen versuchen, unabweisbar Grenzen aufweisen im Blick auf einen umfassenden Versuch, das Geschehen zu erfassen.

Schon aus diesem Grund mag ein Blick auf historische Beispiele hilfreich sein. Ephraem der Syrer gilt bis heute der syrischsprachigen Christenheit als eine der Urgestalten dessen, was ein Syrer ist. Das kann zunächst verblüffen. Er ist in Nisibis geboren, einer Stadt, die nach einem Krieg zwischen dem Römischen Reich und dem Sassanidenreich den Römern verlorenging und Teil des Sassanidenreiches wurde. Sowohl Römisches Reich als auch das Persische Reich der Sassaniden waren Vielvölkerstaaten. In beiden Reichen lebten die Angehörigen der syrischsprachigen Kultur als ethnische und religiöse Minderheit. Ephraem war zunächst noch in Nisibis geblieben, obwohl damit sozusagen seine Staatszugehörigkeit wechselte und aus dem Bewohner des Römischen ein Bewohner des Persischen Reiches wurde. Erst nach einiger Zeit migrierte er von Ost nach West, zunächst wohl nach Harran, dann nach Edessa, die Stadt, mit der der Name des literarisch und sozial aktiven Diakons bis heute eng verbunden ist. Nun lebte er in Edessa als einer, der aus dem ostsyrischen Raum kam. Immer wieder zog es syrischsprachige Christen aus dem persischen Raum nach Edessa. Sinnfällig wird das später in der sogenannten Schule der Perser, die ja keine Schule für Perser war, sondern für ostsyrische Christen, die sich als Theologen ausbilden ließen in den Bahnen der alten antiochenischen Schule. Die war in Edessa nicht unangefochten, wie ihr Promotor Ibas von Edessa erfahren musste in seinem Kampf mit seinem Widersacher Rabbula. Die bei mir angefertigte Arbeit von Claudia Rammelt zu Ibas von Edessa stellt dazu das gesamte Material zusammen, das den Streit in der Stadt erhellen kann. Ich beschränke mich hier darauf, darauf hinzuweisen, dass der theologische Streit mit der Zeit eine immer stärker werdende Komponente erhielt, die nichttheologischer Natur war.

Die Schüler der Perserschule wurden eben nicht nur als Perser betitelt, sondern waren eben auch Ostsyrer, deren Heimat das Persische Reich war. Wolfgang Hage betont, dass die Verwendung des alten antiochenischen Bekenntnisses in der Kirche des Ostens deutlich der Situation der Christen im Persischen Reich Rechnung trug, die nach der Christianisierung des Römischen Reiches sonst in Gefahr gestanden hätten, als Kollaborateure mit dem Feind da zu stehen. Tatsächlich fiel im inneren Kampf darum, wozu er gehöre, auch bei Ephraem der Unterschied zwischen römischer und persischer Kultur ins Gewicht. So sehr Ephraem als Vertreter des semitischen Christentums gilt, was ihn von Aphrahat, dem persischen Weisen, unterscheidet, ist, dass sich bei ihm deutliche Spuren des hellenistischen Gedankengutes nachweisen lassen. Gewiss, das sind eher Spuren, die in manchen neueren Arbeiten vielleicht überbetont werden, aber sie dürften wesentlich daran mitgewirkt haben, dass er sich entschloss, aus dem Persischen ins Römische Reich überzusiedeln. Ephraem selbst agierte als Diakon sozial engagiert und positionierte sich theologisch massiv gegen Kaiser Julian, dessen Ende er nicht nur als das Scheitern einer politischen überdimensionierten Utopie betrachtete, sondern eben auch als das Scheitern nichtchristlicher religiöser Praktiken. Doch bei aller Übernahme auch der für die Griechen so wichtigen Kampflinien etwa gegen die Arianer blieb er doch nicht nur sprachlich semitisch geprägt und nicht von ungefähr haben sich seine mit Nisibis verbundenen Werke unter den wenigen Werken erhalten, die wir als authentische Werke Ephraems heute noch identifizieren können. In dieser multikulturellen Stadt Edessa lebten nun syrische Migranten aus Persien an der Seite von syrischen Einwohnern aus Persien, die sich nur temporär in der Stadt aufhielten, um hier zu handeln, zu studieren oder auch nur, um zum Christusbild oder zum Grab des Apostels Thomas – deutliches Zeichen der Verbindung dieser Stadt bis nach Indien – zu pilgern. Sie mussten in der Stadt neben den beiden größeren christlichen Gruppen existieren, die sich hier als Repräsentanten der Gegensätze im zweiten Stadium des christologischen Streites fanden: Chalcedonenser und Miaphysiten. Die ersteren werden zumindest mit der Zeit immer deutlicher die griechische Sprache verwenden, die zweiteren betonen in Gestalt des Philoxenos von Mabbug gerade durch ihren geschickten Rückgriff auf Ephraem den Syrer nicht nur ihre theologische Geschiedenheit von der Reichskirche, sondern eben gerade auch ihre kulturelle Geschiedenheit von den Griechen. Und so trat das Griechische als Sprache der Theologen hier immer weiter zurück zugunsten des lokal verankerten Syrischen. Dieses Syrische, Westsyrisch, unterschied sich in Vokalisation und Schriftbild zudem vom Syrischen im Persischen Reich, dem Ostsyrischen. Aber alle drei kulturellen und kirchlichen Traditionen standen nun in der Stadt nebeneinander, in der sich auch Manichäer aus Iran und Zentralasien einfanden, Juden schon seit langer Zeit beheimatet waren, Araber sich fanden, Perser, Armenier und andere mehr.

Um das nur mit diesen wenigen Pinselstrichen angedeutete Beispiel zu verstehen, versuchen wir zunächst einmal, die theoretischen Modelle darin einzuzeichnen. Multikulturell: so lässt sich das Beieinander der Kulturen in der Stadt verstehen. Das war ganz praktisch dem Leben in der Stadt dienend, um den Handel nicht zum Erliegen zu bringen, um nicht in den ewigen Kämpfen unterzugehen, um eine Basis für die Koexistenz zu finden. Aber doch werden wir kaum Vertreter des Multikulturalität im Sinne des modernen Begriffes finden. Was die Kritiker der Multikulturalitätstheorie an ihr auszusetzen haben, das eben wird auch in Edessa deutlich. Die Entitäten bestehen fort, es sei denn einer Entität in der Stadt wird mit politischer Gewalt ein Ende bereitet. Das etwa scheint mit der Schließung der Perserschule impliziert gewesen zu sein, die dann ins benachbarte Nisibis auf persischen Boden übersiedelt und von Narsai zu neuer Blüte gebracht wird. Allerdings verblüfft dann doch, dass die Gemeinde der Ostsyrer in der Stadt und auch ihr Bistum auch in den Folgejahrhunderten weiter existiert. Allerdings sind sie nun eine eindeutige Minderheit und bis auf die Jahre der persischen Herrschaft über die Stadt politisch weitgehend machtlos. Natürlich sind da auch interkulturelle Prozesse festzustellen: das griechische Erbe bei den Syrern in hellenistischer Gestalt ist ein Phänomen interkulturellen Kontaktes: Galen wie Aristoteles und Plato etwa werden ins Syrische übersetzt, aber auch viele der griechischen Kirchenväter. Und durch die Übersetzungen werden die Griechen sozusagen semitisiert. Und in dieser semitisierten Form kommen dann die Griechen vielfach auf die Araber, wenn etwa Timotheos I den Auftrag vom Kalifen erhält, Aristoteles' Organon ins Arabische zu übersetzen. Manche der syrischen Autoren in der Übersetzungsbewegung im Umfeld des Hauses der Weisheit in Bagdad fertigen sogar zunächst Übersetzungen aus dem Griechischen ins Syrische an und erstellen die arabische Übersetzung dann nicht aus dem Griechischen, sondern aus dem Syrischen. Da wird nicht nur Wissen transportiert, sondern auch praktische Fertigkeiten – die Medizin macht das schon deutlich. Wo immer die Syrer über ihre Übersetzungen von einer Kultur zur anderen reflektieren, da werden auch die Grenzen interkultureller Kompetenz deutlich: Timotheos findet keine des Griechischen mächtigen Schreiber mehr. Seine eigenen Griechischkenntnisse ließen ihn ganz grundlegende Mängel zwar erkennen, aber sie reichten, zumal er aufgrund des ständigen Lese- und Schreibdrucks immer größere Nöte mit dem Sehen bekam, eben auch nicht für ein sprachlich tiefergehendes Verstehen der Griechen. Wie so Texte aus dem

Westen gen Osten wanderten, so auch vom Osten nach Westen, etwa die Erzählung Kalila und Dimna, die aus dem indisch-iranischen Raum einwandernd sich auch in einer syrischen Übersetzung findet und im griechischen Raum als ein Werk des Johannes von Damaskus tradiert wurde. Wir sind aber in einem praktisch weithin noch unerforschten Bereich. Zumeist werden bislang nur die kulturellen Kontaktzonen aufgezeigt etwa über bis nach Ägypten reisende Inder oder einen Mann wie Kosmas, der bis nach Indien reiste. Später werden wir dem Vorwurf des Franziskaners Wilhelm von Rubruk bei seiner Reise zum Großkahn der Mongolen begegnen, der den syrischen Christen im zentral- und ostasiatischen Raum vorwirft, sie hätten sich zu weitgehend auf die dortigen kulturellen Praktiken eingelassen. Ihm erschien das als Religionsvermischung. Ob es aber einfach Ausdruck der Transkulturalität ist, ob also nicht einfach kulturelle Techniken der Mongolen zum Beispiel übernommen wurden, weil deren Verwendung auch eigenen Bedürfnissen entsprach, muss offen bleiben, weil wir darum nicht durch Stimmen von innen, sondern nur von außen wissen.

Kurzum: wer so zu kurzatmig theoretische Überlegungen aus der Gegenwart in die Geschichte hineinliest, kommt in Nöte mit seinen Modellen. Und natürlich lassen sich die Texte der Syrer, die sich mit anderen Kulturen befassen, nur verstehen, wenn wir sie als Ausdruck eines aktuell geführten inneren oder äußeren Gesprächs mit den Menschen der anderen Kulturtraditionen im gleichen Raum verstehen. Nicht jede Kritik an arabischen Muslimen ist deshalb schon etwa ein Ausdruck der Intoleranz. Vielleicht sogar im Gegenteil: sie könnte auch davon zeugen, dass hier tatsächlich aus dem eigen Herzen keine Mördergrube gemacht wird. Bubers Aussage zum interreligiösen Dialog, dass ihm Gewalt immer noch lieber sei als Indifferenz, erinnert daran, dass im Umgang mit anderen Kulturen eine »kalte« Toleranz eine Entseelung der interkulturellen Kontaktzone entstehen lassen könnte, deren geheime Triebfeder Pragmatismus und Indifferenz sind, aber nicht ein zugewandtes und verstehendes Miteinander, die einer »warmen« Toleranz wohl eigen sein könnten oder sollten.

Die zum Teil heftigen Attacken der Syrer gegen Griechen, Araber, Juden und Muslime etwa sind sicher nicht vollständig in ihrem Wesen erfasst, wenn man sie reduziert zu Texten der Ignoranz, Aggression und Arroganz. Ich würde sie lieber immer wieder zumindest auch als Ausdruck gelebter Interkulturalität verstehen wollen. Erst wenn wir diesen Teilaspekt uns deutlicher ins Bewusstsein heben, werden wir klarer dessen inne, wo die in multikultureller Koexistenz existierenden Gemeinschaften Elemente der Transkulturalität aufweisen: da, wo griechisches Gedankengut auch im Denken der Syrer Einzug hält, da wo griechisch-syrisches Gedankengut muslimisches Denken mit prägt, da wo die Angehörigen der verschiedenen Kulturen gemeinsame Bedürfnisse und Notwendigkeiten haben, etwa im Bereich der Medizin.

Abgrenzungen sind auf dem Weg zur eigenen Identität unumgänglich. Sie werden in der Begegnung mit dem, von dem sie sich abgrenzen, immer wieder verflüssigt. Kulturelle Identität ist dabei nicht starr, sondern in einem fortwährenden Prozess der Bewährung, der auch dann etwas vom Anderen aufnimmt, wenn er ihn äußerlich zu bekämpfen scheint. Ebenso kann der, der stets von sich meint, tolerant zu sein, oder der, der äußerlich ganz die andere Kultur neben sich stehen zu lassen scheint, innerlich von ihr vollkommen unberührt sein. Leben in Multikulturalität setzt interkulturelle Prozesse frei und kann zu transkulturellen Prozessen führen, würde ich vorläufig formulieren. Dabei liegt mir gerade nicht an den Begriffen als solchen, sondern am tatsächlichen Geschehen und dem was wir sollen, das aus solch einem Geschehen erwächst. Und darum schließe ich schlicht mit der Wiederholung meines Lehrsatzes:

Ich bin nicht Du.
Und Du bist nicht ich.
Ich bin aber auch nicht einfach geschieden von Dir.
Wie Du nicht einfach geschieden bist von mir.
Da ist etwas von Dir in mir,
wie etwas von mir in Dir ist.
Darum:
Wenn es zur Interaktion zwischen uns kommt,
dann arbeite ich an Dir in mir,
wie Du an mir in Dir,
für ein besseres Verständnis voneinander
als einen Wert in sich selbst.

Kirche Jesu Christi in der multikulturellen Gesellschaft am Beispiel Hamburgs

Martina Severin-Kaiser

1 Hamburg – der demographische Wandel

Hamburg – Hafenstadt, Tor zur Welt. Von hier aus wanderten Hunderttausende im 19. und beginnenden 20. Jahrhunderten nach Nord- und Südamerika aus. Heute hat sich die Richtung und das Ziel der Migration geändert. Menschen kommen auf der Suche nach Arbeit, einem menschwürdigen Leben und auf der Flucht in die Stadt an der Elbe, um hier zu bleiben. In Deutschland wird viel vom demographischen Wandel gesprochen und dies bis heute allzu oft allein auf die Überalterung der Gesellschaft bezogen, in der die Zahl der Sterbefälle die der Geburten seit langem schon übersteigt. Dabei ist noch nicht so sehr ins Bewusstsein gerückt, dass die andere gravierende Veränderung in der ethnischen Diversifizierung besteht. Ich will dies nur an einigen wenigen Zahlen erläutern. In Hamburg hat heute fast ein Drittel der Bevölkerung, in absolute Zahlen 515.000 von 1,76 Mio. Einwohnerinnen und Einwohnern, eine Migrationsgeschichte (Mikrozensus von 2011). Das heißt diese Personen oder ihre Eltern sind nicht in Deutschland geboren worden. Damit befindet sich Hamburg im Vergleich mit anderen deutschen Großstädten eher im Mittelfeld. Schauen wir uns die Altersstruktur an, so wird schnell deutlich, dass der Anteil von Menschen mit Migrationsgeschichte in Hamburg in Zukunft steigen wird. Und dies in einem Maß, dass die Unterscheidung in eine deutsche Mehrheitsgesellschaft und zugewanderte Minderheit zunehmend fragwürdig wird. In der Altersklasse der unter 18-Jährigen beträgt der Anteil der Kinder und Jugendlichen mit Migrationshintergrund heute 45,6 %. Bei Kindern bis 5 Jahren handelt sich schon um 50 %, d. h. jedes zweite Kind!

Die Zuwanderung hat in verschiedenen Wellen Menschen aus den Ländern Südeuropas, aus der Türkei, aus Polen, vom Balkan, der Ukraine und aus Russland, aus Vietnam, China, Afghanistan, dem Iran, Lateinamerika und besonders Westafrika – um nur die größeren Gruppen zu nennen – nach Hamburg kommen lassen. So wird Hamburg heute schon als die Hauptstadt Ghanas auf dem europäischen Kontinent bezeichnet. Alle Zugewanderten bringen ihr spezifisches Weltverständnis, ihre Art der Lebensgestaltung, ihre Erziehungsmuster und religiösen Prägungen und vielfach ihre guten Beziehungen in die Herkunftsregionen mit.

Wenn wir von Kultur sprechen, haben wir bisher darunter immer etwas verstanden, was Menschen an einem Ort gemeinsam ist. Denn ein geographischer Raum war doch mehrheitlich von einer Kultur, einer Lebensart, Weltauffassung, religiösem und politischem Verständnis geprägt. Demgegenüber erleben wir heute besonders in den Großstädten, dass viele Kulturen dort auf engstem Raum anzutreffen sind. In europäischen Großstädten treffen wir heute auf eine Situation, in der in Nuce zumindest ein Teil der Welt auf engem Raum versammelt ist. Die Vielfalt der Lebenskulturen und der religiösen Bindungen tritt dabei immer deutlicher als wichtiger Referenzrahmen auch für die Kirchen ins Bewusstsein. Diese Situation bringt mit sich, dass sie sich in einem Umfeld bewähren müssen, in dem folgende Gruppen mit- und nebeneinander leben:

Menschen ohne religiöse Bindung und Christen verschiedener Kirchen und Gläubigen anderer Religionen.

Wie die Evangelisch-Lutherische Kirche auf diese Herausforderungen reagiert, werde ich nun teilweise auch mit sehr praktischem Anschauungsmaterial darstellen.

2 Leben ohne Religion – Herausforderung Säkularisation

Bis weit in die 80er Jahre wurde die zunehmende Säkularisation als größte Herausforderung der Kirche wahrgenommen. Die Zahl der Kirchenmitglieder sank. Das war für die Evangelisch-Lutherisch Kirche – in Hamburg seit der Reformation die größte und dominierende Kirche – ein großes Problem. Die erste Erhebung der Mitgliedszahlen, in der die Kirchenmitgliedschaft unter die 50- und dann später 40-%-Marke sank, beunruhigte und stellte die Frage, wie eine Kirche, die nicht mehr die Mehrheit in einem Gemeinwesen darstellt, sich auf die Öffentlichkeit beziehen kann. In dieser Situation wurde deutlich entschieden, dass sich die Evangelisch-Lutherische Kirche nicht von ihrem Anspruch zurückzieht in die Öffentlichkeit und damit die ganze Gesellschaft hineinzuwirken. Dies gilt auch dann, wenn diese mehrheitlich anders geprägt ist. Dazu drei Beispiele:

Der 470. Jahrestag der Einführung der Reformation in der Stadt wurde mit einem großen Fest des Glaubens auf dem Rathausmarkt sichtbar für die ganze Stadt begangen. Ein wichtiger Moment zu zeigen, wir sind auch stolz auf unseren Glauben und das, was er in der Geschichte Hamburgs bedeutet hat. Das zeigen wir allen, egal, ob sie zur Kirche gehören oder nicht.

Es wurde neue missionarische Formen entwickelt, auf bestimmte Milieus zuzugehen und Menschen dort mit dem Evangelium in Berührung zu bringen. Der berühmte Motorradgottesdienst (www.mogo.de), der in jedem Jahr mit bis zu 30.000 Motorradfahrern gefeiert wird, ist ein Beispiel dafür, das ja auch in St. Petersburg nicht ganz unbekannt ist.

Die Evangelische Kirche übernimmt aktiv auch durch ihr Diakonisches Werk Verantwortung für die Gesellschaft durch viele Einrichtungen für Menschen in schwierigen Lebenssituationen. Sie kooperiert dabei mit dem Staat, wo dies um der Sache willen geboten ist und übt wenn erforderlich genauso auch in der Öffentlichkeit Kritik. Das ist im Augenblick besonders angesichts der Situation von Flüchtlingen, die ohne reguläre Papiere zu uns kommen, der Fall, weil diese Menschen keinen Zugang zur Gesundheitsversorgung haben. Wir erleben heute in Hamburg, dass eine Kirche, die sehr wohl weiß mit ca. 30 % eine große Gruppe in der Bevölkerung zu vertreten manchmal viel deutlicher ihren Auftrag gerade auch in der kritischen Auseinandersetzung mit dem Staat zum Ausdruck bringen kann, weil sie nicht mehr so viel Rücksicht nehmen muss.

3 Christen verschiedener Kirchen – Herausforderung Ökumene

Trotz allem, was ich bisher schon sagte, gibt es ein interessantes Phänomen: Auch im säkularen Hamburg hat sich noch sehr lange die Vorstellung erhalten, dass Hamburg im Kern eine lutherische Stadt ist. Auch innerhalb unserer Kirche lebt diese Vorstellung fort. Diese Haltung hat dazu geführt, dass die Veränderungen im christlichen Spektrum der Bevölkerung erst nach und nach wahrgenommen werden. Kam die Veränderung der Bevölkerung durch Einwanderung in den Blick, wurde schnell die Schlussfolgerung gezogen, dass es sich bei den Einwandernden überwiegend um Muslime handelt. Was die religiöse Folge der Migration angeht, ist Deutschland dadurch vor allem zu einem religiös pluralen Land geworden. Umso mehr erstaunten die ersten Statistiken, die belegen, dass heute die Migrantinnen und Migranten mit christlichem Hintergrund überwiegen. Das hat dazu geführt, dass in den letzten 30 Jahren das Spektrum der Christinnen und Christen, die nicht zur evangelischen oder römisch-katholischen Kirche gehören, sich mindestens verdreifacht hat. Auch in Hamburg ist die Orthodoxie zur drittgrößten Denomination geworden.

Um anderen Konfessionen als der römisch-katholischen und einem kulturell deutlich anders geprägten Christentum zu begegnen, brauchen wir nicht mehr nach Subsahara Afrika, in die Vorstädte Jakartas, in die russischen Kleinstädte, griechische Dörfer oder die Megachurches Lateinamerikas aufzubrechen. Erstaunlich viel von dem, was sich an den eben genannten Orten abspielt, können wir mittlerweile auch bei uns erleben. Ein Beispiel: In einer Gemeinde im Osten Hamburg folgt auf den sonntäglichen recht früh gefeierten Gottesdienst der ev.-lutherischen Ortsgemeinde, zwei Mal pro Monat eine syrisch-orthodoxe Liturgie. Die Gemeindeglieder der Syrisch-Orthodoxen Gemeinden Hamburgs sind überwiegend als Arbeitsmigranten in den letzten 20–30 Jahren aus der Südosttürkei nach Deutschland gekommen. An ihren Gottesdienst schließt sich nahtlos der Gottesdienst der Christian Hope Ministry International Gemeinde an – einer vor knapp 20 Jahren gegründeten Pfingstkirche aus Ghana. Nun stellen sie sich einmal vor, was an einem Sonntagmorgen dort spirituell geschieht: Drei Mal gesungenes und gesprochenes Gotteslob – aber wie unterschiedlich! So unterschiedlich, dass die Gemeinden schon noch wissen, dass die anderen, die in dieser Kirche Gottesdienst feiern, irgendwie auch Christen sind. Aber, ob sie sich als Geschwister begreifen, als Glieder am Leib der einen Kirche Jesu Christi, deren Spiritualität auch für die jeweils anderen interessant und bereichernd sein kann? Da bin ich mir nicht so sicher. Die Gemeinsamkeit im Glauben ist angesichts der kulturellen Unterschiede auf den ersten Blick kaum sichtbar. Auf alle Fälle feiern heute in dieser Stadt die ältesten orthodoxen Kirchen bis hin zu gerade gegründeten Gemeinden aus aller Welt ihren Gottesdienst. Wozu ich früher hätte weite Reisen unternehmen müssen, kann ich heute, wenn ich nur gut suche, sehr häufig auch in meiner Nähe erleben. Es ist als ob die trennende Dimension von Zeit und Raum, die bisher die Ökumene bestimmte, zum Teil aufgehoben ist. Diese Entwicklungen sind für uns neu und wir sind noch mittendrin, diese sich rasant entwickelnde Situation zu verstehen. Was bedeutet sie für die alteingesessene Evangelisch-Lutherische Kirche?

Dazu nun drei Beispiele aus der Praxis:

3.1 Eine evangelische Kirche wird orthodox

Diese Kirche wurde vor 108 Jahren gebaut. Als schräg gegenüber das Hamburger Messegelände gebaut wurde, sank die Wohnbevölkerung in der Umgebung dramatisch. Die Gemeinde verfügte über zwei Kirchen. 2002 war der Zeitpunkt gekommen, dass die Gemeinde sehen musste, dass sie weder die Mittel aufbringen konnte, die Kirche grundlegend zu sanieren noch die Kraft neben der zentralen St. Pauli-Kirche auch noch hier regelmäßig Gottesdienste stattfinden zu lassen. Dies war ein überaus schmerzhafter Prozess, der in der Gemeinde zunächst auch als Niederlage empfunden wurde. Nur, was sollte mit diesem besonderen Gebäude geschehen, in dem seit 100 Jahren gebetet, gesungen und die Bibel ausgelegt wurde? Zu dieser Zeit suchte die immer größer werdende Russisch-Orthodoxe Gemeinde des Heiligen Johannes von Kronstadt händeringend nach einer Kirche. Bisher hatte sie die Liturgie im zur Kirche umgewandelten Gemeindesaal einer Evangelischen Gemeinde gefeiert. Nur der Platz war viel zu klein. Gespräche mit deutschen Metropolie der Russisch-Orthodoxen Kirche in Berlin wurden bald schon sehr konkret. Die Lösung der einen Kirche ein Problem abnehmen und der anderen gleichzeitig einen benötigten Raum öffnen zu können, lag schon greifbar nah. Nur musste dafür auch die Zustimmung der Evangelisch-Lutherischen Gemeinde vorliegen. Dafür musste geworben werden. Denn zunächst wurde nur der Verlust gesehen, wenn hier kein evangelischer Gottesdienst mehr stattfindet. Erst langsam begann sich das Bewusstsein bei einigen zu entwickeln, dass eigentlich doch nichts verloren geht, wenn jetzt eine andere Kirche hier Zuhause ist und christliche Präsenz in diesem Teil der Stadt zeigt. Eine Evangelische Kirche wurde orthodox. Das konnte nur umgesetzt werden, weil Bischöfin Maria Jepsen sich vehement dafür eingesetzt hat. Die Weihe der Kirche durch den heutigen Patriarchen war ein großes Ereignis. Ein halbes Jahr später haben wir gemeinsam den 100. Geburtstag der Kirche gefeiert mit einer Andacht und mit Moleben, mit den Chören beider Gemeinden und dem früheren evangelischen Pastor und Erzpriester Sergij. Für viele ältere Menschen der evangelischen Gemeinde war es sehr beruhigend zu sehen, dass wie verabredet, das alte Taufbecken noch in der Kirche stand. Denn es gibt die Absprache, dass dort noch Taufen nach evangelischem Ritus stattfinden können, wenn eine Familie dies wünscht. Ökumene in Hamburg, das heißt auch, dass Kirchen sich gegenseitig darin unterstützen, ihren christlichen Glauben in der ihnen gemäßen Art zu leben!

Das impliziert, dass wir die innerchristliche Vielfalt und die Vielstimmigkeit der Traditionen nicht als eine Form des Niedergangs verstehen, sondern als der Kirche seit dem Pfingstereignis bereits wesenhaft eingezeichnet. Die Vielfalt und Unterschiedlichkeit bilden von Anfang an ein Merkmal der Kirche. Gleichzeitig müssen wir Wege finden auch unsere Zusammengehörigkeit eben die Einheit auszudrücken. Denn alle gemeinsam sind wir Kirche Jesu Christi in Hamburg.

3.2 Ökumenischer Gottesdienst zum Tag der deutschen Einheit

Ein Ereignis vor fünf Jahren brachte die Nagelprobe. Im Bundesland Hamburg fand die zentrale Feier zum Tag der deutschen Einheit am 3. Oktober statt, zu der auch immer ein ökumenischer Gottesdienst mit Anwesenheit der Bundesregierung gehört. Ökumene, das war uns von Anfang an klar ist mehr als evangelisch-katholisch, und das soll auch bei diesem Anlass so sein. Nur, wie einigen wir uns binnenkirchlich so, dass wir nach Außen Vielfalt und Einheit gleichermaßen deutlich wird. Diese Situationen sind, das will ich deutlich sagen, am schwierigsten für die vor Ort großen Kirchen. Nach endlosen Diskussionen, denn wenn auch die bei uns kleinen Kirchen zum Zuge kommen sollen, dann müssen die großen sich zurücknehmen, einigten wir uns auf folgende Lösung:

Der Einzug der Kirchenfamilien orthodox, römisch-katholisch, reformatorisch dazu jeweils in ihrer internationalen Dimension war ein Erlebnis. Das Evangelium wurde von Erzpriester Sergij Baburin gelesen.

Einheit in Vielfalt: Wir haben in der Stadt die Verabredung, dass wir jedes Jahr, wenn in Ost und West Ostern am selben Tag gefeiert wird, wir am Ostermontag eine ökumenische Vesper zusammenfeiern. Das Osterevangelium lesen wir dann in 16 Sprachen. Die anwesenden Pastoren, Pastorinnen, Bischöfe und Bischöfin verteilen am Ende diese Eier – denn das ist der Grund auf dem wir stehen, Christos enestai – Христос воскрес.

3.3 HafenCity – ökumenisches Forum

Als letztes stelle ich Ihnen unser neuestes und kühnstes Projekt vor. Vor 13 Jahren wurde in Hamburg der Plan bekannt, dass im Herzen der Stadt einem nicht mehr genutzten Teil des Hafens ein neuer Stadtteil mit Wohnungen für 12.000 Menschen und ca. 40.000 Arbeitsplätzen gebaut werden soll. In der Arbeitsgemeinschaft Christlicher Kirchen, zu der 34 verschiedene Kirchen gehören, wurde vor 12 Jahren beschlossen, dass keine Kirche in diesem Stadtteil, der sehr nah an der Innenstadt mit ihren alten Kirchen liegt, dort ein eigenes Kirchengebäude anstrebt. Vielmehr wollen wir dort gemeinsam präsent sein. In den folgenden Jahren wurde das Konzept einer solchen Präsenz erarbeitet: ein ökumenisches Forum, mit einer ökumenischen Kapelle, einem Informationspunkt über die Angebote der Kirchen in der Stadt, einem Ort der Begegnung (Bistro/Café) und einem Raum für Veranstaltungen. Was kaum einer für möglich hielt, wurde am 18. Juni dieses Jahres wahr, das Ökumenische Forum in der HafenCity wurde eröffnet. 19 Kirchen tragen das Projekt, darunter auch die Russisch-Orthodoxe Kirche. Was uns gemeinsam trägt und was unsere Mission ist, haben wir in vier Sprachen auf die Tüten der Kapelle geschrieben. Es ist der Text der Charta Oecumenica.

Über diesem Bereich des Erdgeschosses befinden sich zwei Stockwerke kirchlicher Büros. Ganz oben lebt eine geistliche Gemeinschaft. Dazwischen in den Wohnungen Menschen unterschiedlichen Alters und aus verschiedenen Kirchen, die bewusst in dieses christliche Haus gezogen sind. Die Anziehungskraft dieses Hauses ist enorm. Wir sind gespannt, wie es in die Stadt und die Kirchen hinein wirken wird.

Am Ende eine sehr praktische Bemerkung: Alles, was ich an Beispielen eben vorgestellt habe, kann und konnte nur umgesetzt werden, wenn die in Hamburg großen Kirchen – allen voran die Evangelisch-Lutherische – Menschen mit dieser Arbeit beauftragen. Meine Kirche hat dafür eigens eine Pastorenstelle eingerichtet.

Ist also alles ganz einfach, wenn nur die personellen Kapazitäten vorhanden und ökumenisch gebildete Motivationskünstler vorhanden sind?

Schlussbemerkung

In einer Großstadt wie Hamburg hat die multilaterale Ökumene ihren Sitz im Leben vor Ort auf der Gemeindeebene. Und das ist eine sehr anspruchsvolle Situation. Für die Gemeinde vor Ort bilden dabei die bei uns immer zahlreicheren Pfingstgemeinden besonders aus Westafrika eine große Herausforderung. Viele dieser zum allergrößten Teil aus Migranten bestehenden Gemeinden feiern ihre Gottesdienste am Nachmittag in evangelischen Kirchen. Wir begegnen in diesen Gemeinden keiner anderen Religion sondern häufig den Nachfahren eines Christentums, das in vielen Fällen erst durch europäische Vermittlung in den jeweiligen Heimatländern entstanden ist. Oft ist allerdings zu beobachten, dass die gemeinsame christliche Identität nicht dazu befähigt, die kulturellen und sozialen Unterschiede zwischen einheimischen und zugewanderten Gemeinden zu überbrücken. Dabei spielt die besondere Spiritualität eine große Rolle. Sie wirkt zwar auf uns einerseits faszinierend in ihrer Intensität und Lebendigkeit, aber eben auch fremd. Denn die Spiritualität ist nicht zu lösen von der Theologie und der Kultur, die eine Kirche prägt.

In der konkreten Begegnung mit diesen Christen merken wir häufig zum ersten Mal, wie eng die Grenzen unserer Art Kirche zu sein und die Spiritualität, die wir leben, gestrickt sind. Was für uns Selbstverständlichkeiten sind – aus dem Gemeindeleben gar nicht wegzudenken –, ist vielmehr in unserer Kultur verankert als in theologischen Überlegungen. Kul-

tur bedeutet Beheimatung aber eben immer auch Begrenzung auf diejenigen, die diese kulturelle Prägung schätzen und sich in ihr auskennen.
Gleiches gilt für unsere Spiritualität. Was für uns in einem Mix aus neuem
geistlichen Lied und Choral, in einer durch Kerzen erleuchteten Kirche
mit sorgfältig geschmücktem Altar stattfindet, geht für andere Christen
auch bei Neonbeleuchtung, mehr oder weniger gut ausgesteuerter Anlage
und etlichen Dezibel. Die jeweilige kulturelle Prägung des Christentums
wird in der konkreten Begegnung deutlich. Wir erleben unsere Grenzen.
Was die Öffnung für andere Formen der Spiritualität angeht, müssen wir
selber überlegen, was und wer wir in Zukunft sein wollen. Wie überwinden wir kulturelle und spirituelle Prägungen, die zur Abschottung führen?
Die hindern, dass wir mit den zugewanderten Christen in Kontakt kommen? Wie balancieren wir das berechtigte Bedürfnis nach Beheimatung
gegenüber einer ebenso wichtigen Öffnung für die neue Situation aus?
Dies sind Fragen, deren Antworten auch praxistauglich sein müssen. Wir
haben sie noch nicht gefunden.

Церковь Иисуса Христа в мультикультурном обществе на примере Гамбурга

Мартина Северин-Кайзер

1 Гамбург – демографические перемены

Гамбург – портовый город, ворота в мир. Отсюда сотни тысяч людей эмигрировали в 19-м и в начале 20-го столетия в Северную и Южную Америку. Сегодня направление и цель эмиграции изменились. В поисках работы, достойной человека жизни, спасаясь бегством от преследований, люди прибывают в город на Эльбе, чтобы здесь остаться. В Германии много говорят о демографических изменениях, и до сих пор это слишком часто объясняется всего лишь старением общества, в котором количество смертей уже давно превышает количество рождений. При этом пока еще не дошло до сознания, что другое решающее изменение состоит в изменении этнической диверсификации. Приведу для пояснения лишь некоторые цифры. В настоящий момент почти треть населения Гамбурга, в абсолютных цифрах 515.000 из 1,76 млн. – жители с миграционным прошлым (микроперепись населения 2011 г.). Это означает, что либо сами эти лица либо их родители родились не в Германии. Тем самым Гамбург, в сравнении с другими немецкими городами, находится где-то в середине. А если посмотреть на возрастную структуру, то сразу выяснится, что в будущем доля людей с миграционным прошлым в Гамбурге будет расти. Причем в таких масштабах, что все труднее будет провести различие между немецким большинством и иммигрировавшим меньшинством общества. В возрастной группе лиц моложе 18 лет доля детей и молодежи с миграционным прошлым составляет сегодня 45,6%. Среди детей моложе 5 лет речь уже идет о приблизительно 50%, т. е. это каждый второй ребенок!

Гамбург пережил много волн миграции, приведших сюда людей из Южной Европы, из Турции, Польши, с Балкан, из Украины и России, из Вьетнама, Китая, Афганистана, Ирана, Латинской Америки и, в особенности, из Западной Африки –, причем, названы лишь самые крупные группы. Нередко Гамбург называют сегодня европейской столицей Ганы. Все переселенцы приносят с собой свое специфическое миропонимание, свои манеры, жизненные установки, свои образцы воспитания и религиозные традиции, а порой и хорошие отношения с регионами, из которых они происходят.

Говоря о культуре, мы до сих пор понимали под этим то, что объединяет людей, живущих в одном и том же месте. Ведь какое-либо географическое пространство формировалось, как правило, под влиянием одной культуры, одного стиля жизни, одного мировоззрения, одного религиозного и политического понимания. В противоположность этому сегодня, особенно в крупных городах, мы являемся свидетелями того, как на небольшом пятачке можно встретить много культур. В крупных европейских городах Европы мы сегодня сталкиваемся с ситуацией, когда на небольшом пространстве собрана в концентрированном виде по крайней мере одна часть мира. При этом все больше осознается тот факт, что многообразие жизненных культур и религиозных привязанностей, являются важными базисными рамками также и для Церквей. Эта ситуация ведет к тому, что Церкви должны оправдать себя, находясь в окружении, где друг с другом или рядом живут следующие группы:

люди без религии

христиане, принадлежащие к разным Церквам

верующие, принадлежащие к другим религиям.

Как реагирует на эти вызовы Евангелическая лютеранская Церковь, я хочу представить, используя иногда наглядный материал, взятый из практики.

2 Жизнь без религии – вызов секуляризации

Вплоть до самой середины 80-х годов растущая секуляризация воспринималась Церквами как самый крупный вызов. Количество членов Церкви уменьшалось. Это была крупная проблема для Евангелической Лютеранской Церкви, которая, после Реформации была самой крупной и доминирующей Церковью в Гамбурге. Первые подсчеты количества членов, в ходе которых выяснилось, что число членов упало ниже 50%, а затем и ниже 40%, вызвали беспокойство. Возник вопрос, как может Церковь, больше не представляющая большинства в обществе, ссылаться на общественность. В этой ситуации было принято однозначное решение, что Евангелическая

Лютеранская Церковь не отказывается от своей претензии, оказывать влияние на общественность и тем самым на все общество. Это остается в силе и в том случае, если это общество в своем большинстве имеет другую ориентацию. Приведу три примера:

470-я годовщина Реформации отмечалась в городе на площади перед ратушей как великий праздник веры для всего города. Это был подходящий момент для того, чтобы продемонстрировать, что мы гордимся своей верой и ЧТО эта вера значила для истории Гамбурга. Мы демонстрируем это всем, вне зависимости от того, принадлежат ли они к Церкви или нет.

Были разработаны новые формы миссионирования, состоявшие в том, что мы обращались к определенной среде, чтобы дать возможность находящимся там людям соприкоснуться с Евангелием. Знаменитое богослужение на мотоциклах (www.mogo.de), в котором ежегодно участвует до 30.000 мотоциклистов, служит одним из таких примеров. Слух об этом дошел и до Санкт Петербурга.

Евангелическая Церковь активно возлагает на себя ответственность за общество, работая через службу диаконии во многих учреждениях, предназначенных для людей, попавших в сложную жизненную ситуацию. При этом, если того требует дело, она коопериирует с государством, в случае же необходимости, открыто критикует его. В данный момент это особенно актуально в связи с ситуацией беженцев, приезжающих к нам без необходимых документов и не имеющих в связи с этим доступа к системе медицинского обеспечения. Сейчас в Гамбурге мы испытываем такое положение, что Церковь очень хорошо осознает, что за ее плечами стоят 30% жителей, т.е. она представляет большую группу населения, а следовательно может иногда решительнее выполнять свое поручение, заключающееся в критике государства, так как она может делать это теперь без оглядки.

3 Христиане различных Церквей – вызов экумена

Несмотря на все сказанное мною ранее, существует интересный феномен: Даже в секулярном Гамбурге надолго сохранилось представление, что Гамбург – это по сути лютеранский город. Это представление продолжает бытовать и внутри нашей Церкви. Это отношение привело к тому, что изменение христианского спектра населения воспринимается лишь постепенно. Почти не познакомившись с изменениями в составе населения в результате миграции, быстро был сделан вывод, что большинство иммигрантов – мусульмане. Что же касается религиозных последствий миграции, то Германия стала благодаря ей прежде всего страной религиозного плюрализма. Тем большее удивление вызвали первые статистические исследования, свидетельствующие о том, что в настоящий момент преобладающими являются иммигранты христиане. Это привело к тому, что за последние 30 лет спектр христиан, не принадлежащих ни к Евангелической ни к Римско-католической Церкви, расширился по крайней мере в три раза. Также и в Гамбурге православие стало третьей по численности деноминацией.

Для того чтобы познакомиться с другими, кроме римско-католической, христианскими конфессиями или соприкоснуться с отличающимся в культурном отношении христианством, нам больше незачем путешествовать в Африканскую Суб-Сахару, в пригороды Джакарты, в провинциальные поселки России, греческие деревни или в мегацеркви Латинской Америки. Удивительно много из того, что происходит в только что описанных местах, сегодня мы уже можем увидеть у себя дома. Один пример: в одном из расположенных на востоке Гамбурга приходов два раза в месяц, после раннего воскресного богослужения местной евангелической лютеранской общины, совершается сиро-яковитская православная литургия. Прихожане Сирийской православной общины Гамбурга – это в основном рабочие иммигранты, прибывшие за последние 20–30 лет в Германию из юго-восточной Турции. Сразу же после их богослужения начинается богослужение общины церкви пятидесятников из Ганы, основанной 20 лет тому назад под названием Christian Hope Ministry International. Отсюда Вы можете себе представить, что происходит там в духовном отношении в одно только воскресное утро: три раза воспевается и возносится Хвала Богу – но как по-разному! Причем это отличие столь велико, что общины, правда, понимают, что те другие, которые совершают богослужение в этом храме, каким то образом тоже христиане. Но ощущают ли они себя при этом братьями и сестрами, являющимися частями единого Тела единой Церкви Иисуса Христа, чья духовность может представлять взаимный интерес и взаимно обогатить их, в этом я не совсем уверенна. Общность веры на первый взгляд почти не ощущается в связи с культурными различиями. Во всяком случае сегодня в этом городе свои богослужения совершают общины со все мира, начиная от самых древних православных Церквей, и вплоть до только что основанных. То, ради чего раньше пришлось бы предпринимать далекие путешествия, сегодня, если хорошо поискать, можно часто найти у себя под боком. Создается впечатление, будто такие разделяющие понятия как пространство и время, до сих пор характеризовавшие экумену, теперь частично упразднены. Эти явления для нас новы и мы все еще пытаемся понять эту стремительно развивающуюся ситуацию. Что она означает для традиционной Евангелической лютеранской Церкви?

Приведу три практических примера:

3.1 Евангелическая Церковь становится Православной

Эта церковь была построена 108 лет тому назад. Когда наискосок от нее была разбита территория ярмарки, по соседству сразу резко сократилось количество жителей. У общины было два храма. В 2002 г. наступил момент, когда община вынуждена была увидеть, что она больше не имела ни средств для основательного ремонта церкви, ни сил для того, чтобы совершать регулярные богослужения не только в центральном храме Святого Павла, но и здесь. Это был чрезвычайно болезненный процесс, который община вначале восприняла как поражение. Но что же можно было сделать с этим особенным зданием, в котором вот уже на протяжении 100 лет молились, пели песнопения и толковали Библию? В это же время все разраставшаяся русская православная община святого Иоанна Кронштадтского отчаянно искала церковное помещение. До сих пор она совершала литургию в преобразованном в церковь приходском зале одной из евангелических общин. Но там стало тесно. Переговоры с немецкой метрополией Русской Православной Церкви в Берлине довольно скоро стали очень конкретными. Решение, освобождавшее одну Церковь от проблемы и одновременно открывавшее другой Церкви возможность получить необходимое помещение, казалось бы уже было близко. Но для этого нужно было получить согласие евангелической лютеранской общины. К этому ее нужно было еще склонить. Потому что вначале видели только потерю, ведь там больше не будет евангелического богослужения. Лишь постепенно некоторые стали осознавать, что собственно ничто не будет потеряно, если сейчас здесь будет размещаться другая Церковь, демонстрируя христианское присутствие в этой части города. Евангелический храм стал православным. Это удалось реализовать лишь благодаря тому, что на сторону такого решения решительно встала епископ Мария Йепсен. Освящение храма нынешним Патриархом стало крупным событием. А через полгода мы вместе отмечали 100-летие храма, андахт и молебен в сопровождении хоров обеих общин совершали бывший евангелический пастор и протоиерей Сергий. Для многих пожилых прихожан евангелической общины было очень утешительно видеть, что старая крещальная купель осталась стоять в церкви. Ибо есть договоренность, по которой, по желанию любой семьи, там по-прежнему могут совершаться крещения по евангелическому обряду. Экумена в Гамбурге, это также означает, что Церкви взаимно поддерживают друг друга в их стремлении исповедовать христианскую веру на свой лад!

Это подразумевает, что внутрицерковное многообразие и многоголосие традиций мы понимаем не как одну из форм упадка, а как существенную особенность Церкви, начиная с события Пятидесятницы. Многообразие и различие с самого начала были отличительной чертой Церкви. Вместе с тем нам следует найти пути для того чтобы выразить и нашу сплоченность, то есть единство. Ибо все вместе мы и есть Церковь Христова в Гамбурге.

3.2 Экуменическое богослужение в День объединение Германии

Одно событие 5 лет тому назад послужило нам крупным испытанием. В Гамбурге, имеющем статус федеральной земли, проходило центральное торжественное мероприятие, посвященное 3 октября, дню объединения Германии. Это торжество всегда включает экуменическое богослужение, совершаемое в присутствии федерального правительства. С самого начала нам было ясно, что экумена – это нечто большее чем Евангелическая и Католическая Церкви, – так должно было оставаться и на этот раз. Но как же нам договориться внутри Церкви таким образом, чтобы в одинаковой степени продемонстрировать вовне и многообразие, и единство. Такие ситуации, – и мне хотелось бы подчеркнуть это особо – являются самыми сложными для находящихся на местах крупных Церквей. После бесконечных дискуссий, понимая, что если дать возможность представить себя находящимся в городе малым Церкви, то мы, крупные Церкви, вынуждены будем отступить на задний план, мы, договорились о следующем решении.

Торжественная процессия представителей различных церковных семей – православной, римско-католической, реформатской, – причем, каждая со своим международным колоритом, стала событием. Чтение Евангелия совершал протоирей Сергей Бабурин.

Единство в многообразии: у нас в городе существует договоренность, что каждый год, когда празднование Пасхи совпадает на Востоке и на Западе, в пасхальный понедельник мы вместе совершаем экуменическую вечерню. При этом Пасхальное Евангелие читается на 16 языках. А присутствующие при этом пасторы и епископы раздают под конец богослужения вот эти яйца – ибо это и есть основа, на которой мы стоим: Христос воскрес.

3.3 Портовый город – экуменический форум

В заключение я представлю Вам наш последний и самый смелый проект. 13 лет тому назад в Гамбурге был обнародован план, согласно которому в самом центре города, в заброшенной части порта, было решено создать новый квартал с квартирами для 12.000 человек и с рабочими местами для са. 40.000 человек. В Рабочем собрании христианских Церквей (АСК), в которое входят представители 34 разных Церквей, 12 лет тому назад было принято решение, что ни одна из Церквей не будет стремиться к получению собственного церковного здания в этом городском квартале, расположенном очень близко к центру города с его древними храмами. Наоборот, мы решили присутствовать там все вместе. В последующие годы была разработана концепция такого присутствия: экуменический форум, с экуменической часовней, центр информации о предложениях Церквей в городе, с местом встречи (бистро/кафетерия) и помещением для проведения мероприятий. То, что почти все считали неосуществимым, стало действительностью 18 июня этого года, когда был открыт Экуменический форум в HafenCity. Этот проект поддерживают 19 Церквей. Содержание своей миссии мы изобразили на дверях часовни на четырех языках. Это текст Экуменической хартии/Charta Oecumenica.

Над этой частью первого этажа находятся церковные офисы. На самом верху поселилось одно духовное сообщество. А в промежуточных этажах, в квартирах проживают люди разного возраста, прихожане разных Церквей, которые сознательно поселились в этом церковном доме. Притягательная сила этого дома очень велика. Нам очень любопытно, какое влияние он будет оказывать на город и на Церкви.

Под конец одно практическое замечание: все, что я представила здесь в качестве примеров может осуществляться и смогло быть реализовано, только благодаря тому, что находящиеся в Гамбурге крупные Церкви – и прежде всего Евангелическая Лютеранская Церковь – поручили людям заняться этой работой. Моя Церковь специально для этой работы выделила одну штатную единицу – пастора.

Значит все очень просто, если есть персонал и за работу берутся экуменически подкованные мастера мотивации?

Заключительные замечания

В таком крупном городе как Гамбург многосторонняя экумена осуществляется в жизни на местах, на уровне приходов. И это очень амбициозная ситуация. При этом для местных общин большим вызовом являются все более многочисленные общины пятидесятников, в особенности из Западной Африки. Многие из этих, состоящих главным образом из иммигрантов общин совершают свои богослужения в евангелических храмах в послеобеденные часы. В этих общинах мы имеем дело не с какими-либо другими религиями, а часто с потомками христианства, которое во многих случаях зародилось на их родине лишь благодаря содействию европейцев. Правда, часто можно наблюдать, что общая христианская идентичность не помогает преодолеть культурные и социальные различия между местными общинами и общинами иммигрантов. При этом большую роль играет особая духовность. С одной стороны она действует на нас притягательно в своей интенсивности и живости, но вместе с тем и непривычно. Ибо духовность неотделима от богословия и культуры, которые накладывают отпечаток на Церковь.

При конкретном соприкосновении с этими христианами мы нередко в первый раз замечаем, как узки границы нашей формы церковного бытия и духовной жизни. То, что для нас является совершенно естественным, укоренено скорее в нашей культуре, чем в богословских выкладках. Культура означает происхождение, но вместе с тем всегда и ограничение теми, кто ценит этот культурный склад и разбирается в нем. То же касается и нашей духовности. То, что у нас происходит в атмосфере, где поются новые духовные песнопения и хоралы, в освещенном свечами храме с тщательно украшенным алтарем, другие христиане совершают при свете неоновых ламп, с более или менее хорошо настроенной установкой в несколько децибел. Соответствующие своеобразные культурные особенности и привычки христиан выявляются при конкретном соприкосновении. Мы наталкиваемся на собственные границы. Что касается открытия других форм духовности, мы должны сами подумать над тем, кем мы хотим в будущем быть и что собой представлять. Как мы преодолеем культурные и духовные образцы, ведущие к замкнутости и мешающие нам вступить в контакт с новоприбывшими христианами? Как можно достичь баланса между оправданной потребностью в привычном и столь же важной открытостью по отношению к новым ситуациям? Всё это вопросы, ответы на которые должны быть такими, чтобы их можно было применять на практике. Пока что мы их не нашли.

Die christliche Antwort auf die Herausforderungen der Multikulturalität

Archimandrit Filaret

Meine Ausführungen möchte ich mit einer Binsenweisheit beginnen und festhalten, dass der mehrdeutige Begriff der »Multikulturalität« die unterschiedlichsten Interpretationen zulässt. Ohne mich auf eine tiefschürfende Analyse dieses Ausdrucks einlassen zu wollen, erlaube ich mir, auf die dringende Notwendigkeit hinzuweisen, hier zu unterscheiden zwischen der Tatsache einer Polykulturalität der modernen Gesellschaften und der Umsetzung einer regierungsamtlichen Politik der Multikulturalität, welche sich hierzu auf eine ganz bestimmte »Ideologie« stützt.

Fakt ist, dass die weitaus meisten unserer modernen Gesellschaften in kultureller Hinsicht keineswegs homogen sind. Die Reaktionen auf diese Realität können aber sehr unterschiedlich ausfallen. Sie hängen ab von verschiedenen Faktoren, darunter von der Einstellung des Staates, der Sozialtheoretiker, aber auch der breiten Öffentlichkeit.

Als eine Art »politische Ideologie« setzt die Multikulturalität eine ganz besondere Aufmerksamkeit in Bezug auf die kulturellen Besonderheiten bzw. Verhaltensmuster der Minoritäten voraus, wobei man zuweilen sogar behaupten darf, dass in Bezug auf diese eine Art »positive Diskriminierung« an den Tag tritt. Wir halten fest: wir sprechen hier allein von den ethnischen und religiös-konfessionelle Minderheiten, welche durch eine bestimmte Gruppenmerkmale bzw. durch eine ihnen eigene »individuelle« Kultur gekennzeichnet sind, die sich von der Kultur der Bevölkerungsmehrheit auffällig unterscheidet. Haupttenor ist hierbei das Postulat, man müsse diese Minoritätenkulturen unterstützen und fördern, weil dies ja durch das Recht auf Bewahrung von Besonderheiten jener Traditionen, in welchen diese Mitbürger aufgrund ihrer Geburt und Erziehung heimisch sind, gewährleistet wird.

Beim näheren Betrachten der Idee der Multikulturalität fällt aber auf, dass sie eine contradictio in se beinhaltet. Der Gegensatz besteht darin, dass hier der Einhaltung der individuellen Rechte der Bürger eine prinzipielle Bedeutung zukommt. Es geht hierbei um das Recht auf die Zugehörigkeit zu einer ganz bestimmten Gemeinschaft, die der individuellen Wahl des Einzelnen vorausgeht. Einer solchen Gruppe bzw. Gemeinschaft anzugehören bedeutet, ihre Werte und kulturellen Eigenheiten zu teilen, wie sie infolge von ethnischen und religiösen Traditionen vorgegeben sind – nicht aber das einzelne Individuum in seiner Persönlichkeit zu fördern. Dies wiederum bedeutet, dass derartigen Gemeinschaften bestimmte kollektive Rechte zuerkannt werden, die einen höheren Stellenwert zu haben scheinen als die Rechte eines Individuums, als sie einer Einzelperson.

Der Politik der Multikulturalität ging eine Politik bzw. ein Versuch der Assimilierung voraus. Hier bestand die Zielsetzung darin, dass jene Mitglieder der Gesellschaft, welche nicht von Haus aus Träger der Mehrheits-Kultur waren, verpflichtet wurden, sich auf diese »Leit-Kultur« einzustellen, sie sich anzueignen und deren Werte zu verinnerlichen, wobei eigentlich den kulturellen Eigenheiten des jeweiligen Herkunftslandes zu entsagen war. So hoffte man zunächst, eine kulturelle Homogenität der Gesellschaft erreichen zu können. Allerdings führte ein Anwachsen der kulturellen Vielfalt, hervorgerufen durch weitere neue Migrationsprozesse, dazu, dass dieses Konzept aufgegeben wurde.

Die Vision von einer Multikulturalität baut auf der Vorstellung auf, der zufolge Mitbürger, die ursprünglich nicht zur Mehrheitskultur gehört hatten, eine gesamtstaatliche Identität herausbilden können, d. h. das Bekenntnis zu bestimmten weltlichen/säkularen Werten der gesamten Gesellschaft als solcher sowie eine kulturelle Identität, also die Zugehörigkeit entweder zur Mehrheits- oder aber zu einer Minderheiten-Kultur bewusst leben können.

Dem Gedanken der Multikulturalität liegt folglich die Unterscheidung zwischen (1) den allgemeinen Lebensprinzipien einer Gesellschaft – solchen wie Demokratie, Menschenrechte und/oder die Vorrangstellung des Gesetzes und (2) einer Vielzahl von sittlichen/moralischen, weltanschaulichen, religiösen u. a. Vorstellungen, die in ihrer Gesamtheit unter den Oberbegriff »Kultur« fallen, – zugrunde. Das Erstere betrifft alle Bürger des jeweiligen Staates, das Zweite fällt unter »individuelle Vorlieben«, welche sich auf der kollektiven Ebene manifestieren, d. h. Vorstellungen und Vorlieben einer Gemeinschaft sein können, welche die jeweilige Palette der betreffenden Werteorientierungen teilt.

Wenn man heute vom Scheitern der Multikulturalität als Vision, »Ideologie« und Politik spricht, dann wird direkt bzw. indirekt darauf hingewiesen, dass es in der Praxis längst nicht immer möglich war und ist, die obenerwähnte Verbindung zwischen den Identitäten herzustellen.

Wie mir scheint, liegt dies zum Teil daran, dass im Rahmen der Ideologie der Multikulturalität der Begriff der »Kultur« unterschiedlich definiert wird. Man irrte, wenn man meint, eine Kultur reduziere sich allein auf einzelne Glaubensauffassungen, auf Lebenspraktiken, Sitten und Gebräuche, auf Gemeinschafts-Traditionen, ja, zuweilen nur auf Folklore. Ebenso ist man auf dem Holzweg, wenn Leitprinzipien, welche das Leben einer Gesellschaft lenken, nur als etwas außerhalb bzw. über einer Minderheiten-Kultur Stehendes aufgefasst werden. Dann finden sich die weltanschaulichen und moralischen Aspekte gleichsam verschoben und liegen angeblich bei den kulturellen Eigenheiten und Vorlieben, welche pluralistisch sind, während die gesamtbürgerlichen Werte und Regeln als etwas universell Gültiges gesehen werden. Dabei kommt hier aber diesen Universalwerten lediglich ein minimaler moralischer Gehalt zu und man meint, sie seien an keine konkret-bestimmte Weltanschauung gebunden.

Die gegenwärtige Krise der Multikulturalität hat mehrere Aspekte, doch die Hauptursache hängt m. E. damit zusammen, dass längst nicht alle Träger der jeweiligen »Kulturen« mit der obenerwähnten Unterscheidung zwischen gemeinsamen allgemeinstaatlichen Werten und den jeweiligen Werten der Einzelkulturen einverstanden sind. Ebenso wenig sind sie einverstanden mit jener Definition einer »Kultur«, wie sie von den Befürwortern der Multikulturalität vorgeschlagen wird. Hier sind sie sich einig – sowohl die Vertreter der autochthonen Mehrheitskultur, als auch manche »Minderheitengemeinschaften«, welche sich einer derartigen gesellschaftlichen Ideologie widersetzen. So protestieren sie beispielsweise gegen die Auffassung, der zufolge es keine Verbindung zwischen Menschenrechten und moralischen Überzeugungen geben sollte; oder sie protestieren gegen die Auffassung, eine Weltanschauung (darunter auch eine Religion) sollte nicht in den Kontext einer Gesellschaftsordnung eingebunden werden.

Von der Krise der Multikulturalität sprechen heutzutage viele. In diesem Zusammenhang verweise ich auf das 2008 verabschiedete Dokument des Europarates unter dem Titel »Weißbuch zum interkulturellen Dialog«, an dessen Ausarbeitung ich beteiligt war, in meiner Zeit als ich als Vertreter des Moskauer Patriarchats in Straßburg wirkte.

Im Kapitel 3.3 »Alte Ansätze/Herangehensweisen im Bereich der kulturellen Vielfalt« wird hervorgehoben, dass im westlichen Teil des geteilten Nachkriegs-Europas infolge der Einwanderung das Prinzip der Assimilierung ersetzt wurde durch die Multikulturalität, als neues Konzept der modernen Gesellschaftsordnung. Die Verfasser unterstreichen, dass dies zwar wie eine radikale Abwendung vom Assimilierungs-Konzept aussah, »in Wahrheit aber die Multikulturalität häufig de facto auf derselben schematisierten Sicht der Gesellschaft nach dem bereits bekannten Modell ›hier Mehrheit – dort Minderheiten‹ aufbaute«.

In diesen und anderen Papieren (so z. B. in der Erklärung von Opatija 2003) hat der Europarat dem Schema »Mehrheit« bzw. »Minderheiten« eine Absage erteilt, und zwar deshalb, weil »ein derartiges Schema die Kulturen und Gemeinschaften in Kategorien einteilt und sie mit statischen ›Aufklebern‹ versieht bzw. brandmarkt, was zur Folge hat, dass das Sozialverhalten und die kulturellen Vorurteile auf der Grundlage des Status der betreffenden Gruppe wahrgenommen werden«. Dies führe zu Segregation und gegenseitigem Unverständnis bzw. Missverständnissen zwischen den einzelnen Gesellschaften (Stichwort »Parallelgesellschaft«), fördere gleichzeitig auch die Unterdrückung der Rechte Einzelner (vor allem von Frauen) in Minoritäten-Gemeinschaften, welche aufgrund dieser Sichtweise als homogene kollektiv- Protagonisten aufgefasst werden«.

Wie wir erkennen können, wird das Konzept der Multikulturalität diesmal aus einem anderen Blickwinkel heraus kritisiert. Als dessen Hauptmängel werden die gegenseitige Entfremdung der »Kulturellen Gemeinschaften/Gesellschaften/Gruppen« (also der Mehrheitsgesellschaft und den Minoritäten) festgestellt, ferner auch eine Verletzung der individuellen Persönlichkeitsrechte innerhalb dieser Gesellschaften festgestellt (mit anderen Worten: es wird auf den von Anfang an existenten Gegensatz innerhalb des Multikulturalität-Konzeptes hingewiesen, vgl. unsere obigen Ausführungen). Die Herausgeber des »Weißbuches der Multikulturalität« kommen zu folgendem Schluss: »Die Multikulturalität hat aufgehört, ein adäquater Politikansatz zu sein.«

Was wird stattdessen als Ersatz empfohlen?

Die Verfasser des besagten »Weißbuches« heben hervor, dass die Modelle einer Assimilierung bzw. der Multikulturalität nirgendwo als solche bzw. im vollen Umfang umgesetzt werden konnten und dass sie heutzutage Elementen »eines im Entstehen begriffenen interkulturellen Paradigmas aufweisen, die das Beste aus früheren Modellen beinhaltet«: vom Assimilierungsprinzip wird die Aufmerksamkeit zum Einzelnen übernommen, und von der Multikulturalität die Anerkennung der kulturellen Vielfalt. Als neues Element, »welches für die Integration und den sozialen/gesellschaftlichen Zusammenhalt von eminenter Bedeutung ist«, kommt »der Dialog auf Augenhöhe sowie ein Dialog der gleichwertigen Werte« hinzu.

Ich darf aufgrund obiger Ausführungen präzisieren, worum es m. E. eigentlich in einem Vortrag unter dem Titel »Eine Christliche Antwort auf die Herausforderungen der Multikulturalität« gehen soll:

Heute gilt es, die Multikulturalität vor allem in der ersten der beiden ausgeführten Bedeutungen anzusprechen, und zwar im Sinne einer kulturellen Vielfalt in unseren Gesellschaften. Wir postulieren: die Multikulturalität stellt als Ideologie und gelebte Praxis keine erstrangige Herausforderung für unsere Gesellschaft dar, denn sie macht eine tiefe Krise durch. Gleichzeitig hat der Prozess der Absage an die Multikulturalität gerade erst begonnen. Genauer gesagt, es beginnt sich die Einsicht durchzusetzen, wonach die Multikulturalität kein Desiderat sein kann oder soll. Man beginnt ihre Unangemessenheit zu erkennen, was auch die öffentlichen Äußerungen führender europäischer Politiker erkennen lassen. Allerdings hat man es bislang noch nicht geschafft, ein neues, überzeugendes Konzept auszuarbeiten, somit bleibt das alte vorerst weiter in Kraft.

So gesehen stellt die Herausforderung der Multikulturalität heute eine Herausforderung der Polykulturalität bei gleichzeitiger Krise der Ideologie sowie der Politik der Multikulturalität dar. Bei der Suche nach neuen Lösungsansätzen für das Problem der Koexistenz vieler Kulturen, Werte und Weltanschauungen innerhalb ein- und derselben Gesellschaft gilt es, die positiven bzw. die negativen Erfahrungen der früheren Politik mitzuberücksichtigen.

In einer Situation der Unsicherheit, Unbestimmtheit, bei der Suche nach neuen Strategien und Analyse der vergangenen Erfahrungen scheint der vom »Weißbuch« vorgeschlagene Weg der richtige zu sein. »Dialog auf Augenhöhe und auf der Grundlage gemeinsamer Werte« – denn nur im Dialog können neue Strategien und praktische Modelle ausgearbeitet werden, und zwar in einem Dialog unter ebenbürtigen Partnern, deren Bemühungen auf die Herausschälung von Basiswerten einer Gemeinschaft und eines diesbezüglichen Konsenses ausgerichtet sind.

Freilich bleibt ein Dialog immer nur ein Weg. Um diesen Weg zurücklegen und ein Ziel erreichen zu können, bedarf es nicht allein der gegenseitigen Offenheit und Verantwortung, sondern auch klar umrissener Positionen der Dialogteilnehmer. Wenn aber die eine Seite bzw. Dialogpartei versuchen wird, der Gegenseite nur ihre eigene Sicht der erwünschten Resultate aufzuoktroyieren, dann wird man dies wohl kaum als einen Dialog bezeichnen können, ja, er wird wahrscheinlich abgebrochen und gar nicht mehr stattfinden. Vergessen wir nicht: wir befinden uns ja heute in einer Lage, in der es vorerst noch überhaupt kein Konzept für eine friedliche Koexistenz der Kulturen im Rahmen der modernen Gesellschaft gibt.

Daher darf ich im Rahmen dieser Themenstellung zunächst kurz beleuchten, welche Position hierbei m. E. die Christen als eine der »kulturellen Gemeinschaften« der modernen Welt beziehen sollten, und dies sowohl in Europa als auch in anderen Regionen unserer Welt. Wir fragen uns also, wie diese Gemeinschaft, die zur Teilnahme am interkulturellen Dialog eingeladen wird, dessen Endziel in der Herausbildung eines »neuen interkulturellen Systems« (Weißbuch) liegt, zu diesem Dialog ihren optimalen Beitrag leisten kann.

Hierfür sollt man jedoch, wie ich meine, als Erstes die konzeptbegriffliche Herangehensweise gänzlich ändern, und dies in zwei Richtungen:

Wir sollten jenem Verständnis von »Kultur«, wie sie für die Denkweise der Multikulturalität so typisch ist, eine Absage erteilen. Denn »Kulturen« bzw. Minoritäten, die dazu berufen sind Hauptteilnehmer eines multikulturellen Dialogs zu werden, darf man auf keinen Fall auf irgendwelche »folkloristische« ethnische Gemeinschaften oder auf Zusammenschlüsse »privater Glaubensüberzeugungen und -praktiken« reduzieren. Steht doch hinter jeder solcher »Kultur« ein ganzes Weltbild, eine Vielzahl von Vorstellungen, von sittlichen Normen und Idealen, von der Würde des Menschen. Und diese Vorstellungen sind wiederum aufs engste verknüpft mit eschatologischen Werten wie etwa vom Sinn des Lebens oder mit dem religiösen Glauben.

Ich fasse zusammen: Es gibt schlichtweg keine »Kulturen«, die nicht auf einer bestimmten Philosophie, Mythologie oder religiösen Lehre aufbauen würden. Denn auch unsere moderne säkulare Kultur baut auf ihren derartigen tief verwurzelten Begründungen.

Hieraus folgt, dass ein »Dialog auf Augenhöhe«, zur Teilnahme an dem sämtliche Glaubensgemeinschaften (und vor allem die Christen!) aufgerufen sind, einen Dialog der Weltanschauungen, der ethischen Systeme, der grundlegenden Vorstellungen vom Menschen und von dessen Würde bedeutet.

Es bietet sich ferner an, den Teilnehmerkreis einer polykulturellen Gesellschaft zu erweitern, d. h. Zusammenschlüsse und Vereine sowohl der Mehrheitsgesellschaft als auch der Minoritäten zur Mitarbeit zu gewinnen. Neben ethnischen und religiös orientierten Vereinen sollte hier auch die säkulare Kultur mit einbezogen werden, darunter auch verschiedene künstlerische, sexuelle, jugendliche Subkulturen, aber auch bestimmte politische Subkulturen, welche durch eine bestimmte Ideologie und/oder Philosophie gekennzeichnet sind (Neonazis, Globalisierungsgegner, aggressive Säkularisten u. a. m.). Vielleicht sollte man in diesem Zusammenhang auch die sogenannte »Massenkultur« mitberücksichtigen, die, selbst wenn sie eine Kultur der Mehrheitsgesellschaft darstellt, so doch trotzdem auf einer bestimmten »Ideologie«, auf einer besonderen »Philosophie vom Menschen und der Gesellschaft« aufbaut und darüber hinaus über ein starkes wirtschaftliches Potential verfügt, was ja auch nicht unwichtig ist.

All diese »Kulturen« und Subkulturen stellen ja gerade jene »Realität der Multikulturalität« dar, welche sich als ein Problem und Hindernis für eine gesellschaftliche Konsolidierung präsentiert, da sie miteinander in einen Wertekonflikt treten. Ein Beispiel: die Massenkultur, welche ein wichtiges Element der kapitalistischen Wirtschaft darstellt, führt zu einem Kult des »kulturellen Verbrauchertums«, dem nicht nur Religionsgemeinschaften, sondern auch zahlreiche Träger der laizistisch-weltlichen Kultur missbilligend gegenüberstehen.

Stellt man sich die sich zuweilen überlappenden Elemente einer »Multi-Kulti-Gesellschaft« wie eben geschildert vor, dann muss man sich fragen, was denn unter den gegenwärtigen Bedingungen eine »christliche Kultur« bzw. die Kultur von christlichen Glaubensgemeinschaften überhaupt darstellt bzw. wie sie sich definieren lässt.

Und eine weitere Frage drängt sich auf, wenn man das Problem aus einem anderen Blickwinkel betrachtet: wie soll man eine »Mehrheit« in den europäischen Gesellschaften überhaupt definieren? Darf man wirklich behaupten, es handele sich hier um eine »christliche Mehrheitsgesellschaft« oder soll man die »Mehrheit« nicht eher doch als säkular-laizistisch einstufen?

Wie mir scheint, liegt die Hauptherausforderung, vor der sich »Christenmenschen« in der »Multikulturalität« gegenüber sehen, darin, dass sie in den modernen europäischen Gesellschaften sowohl eine Mehrheit als auch zugleich Minderheiten darstellen. Die Mehrheit besteht aus »nominellen Papierchristen«: damit meine ich Europäer, welche von sich sagen, sie seien weder Atheisten, Agnostiker, noch Anhänger irgendwelcher sonstiger Religionsgemeinschaften. Die »christliche Minderheit« dagegen – das sind jene, die ihren Glauben leben; als solche gehören sie zu bestimmten Kirchen oder Glaubensgemeinschaften.

Freilich bleibt eine derartige Sichtweise sehr vereinfachend, weil die Zugehörigkeit zu ihrem Glauben, ihrer Glaubenstradition und Ausübungspraxis bei vielen Einzelpersonen durchaus abgestuft ist. Bei Verwendung bestimmter Kriterien kommen wir so zu einer christlichen Minorität, beim Einsatz anderer – zu einer christlichen Mehrheitsgesellschaft. Ich darf diese Behauptung am Beispiel Russlands verdeutlichen: die weitaus meisten unserer Staatsbürger identifizieren sich als orthodoxe Christen und bekennen sich offen dazu, die Orthodoxe Kirche genießt in der Gesellschaft großes Vertrauen, und dennoch nehmen kaum mehr als zehn Prozent als »praktizierende Christen« aktiv am kirchlichen Leben teil.

Von daher scheint als wichtigste christliche Antwort auf die Herausforderungen der Multikulturalität eine Wiedergeburt der christlichen Kultur in den historisch entstandenen christlichen Gesellschaften zu sein. Dabei ist und bleibt der Grundpfeiler einer solchen christlichen Kultur der Glaube. In den modernen postsäkularen Gesellschaften scheint das

Potenzial für eine derartige Wiedergeburt durchaus vielversprechend und vorhanden zu sein, verlieren doch die »Hauptfeinde« der Religiosität, etwa der Atheismus, die ideologische Verweltlichung bzw. der Scientismus (d. h. die Vorherrschaft einer sogenannten »wissenschaftlichen Weltanschauung«) zusehends an Boden bzw. an Überzeugungskraft. Gleichzeitig zieht die Religion erneut viele Menschen an und gewinnt zusehends einen gesellschaftlich relevanten Stellenwert.

Die kulturelle Zugehörigkeit zur christlichen Tradition ist heutzutage groß, doch bei einem fehlenden lebendigen religiösen Glauben und einem moralischen Treuebekenntnis zu den christlichen Werten führt eine derartige kulturelle Affinität noch nicht zu einer wahrlich »christlichen« Gesellschaft, die als kohärenter Partner eines multikulturellen Dialogs auftreten könnte.

Anders gesagt: wenn die christliche Kultur nicht zur Kultur einer Gemeinschaft von reellen, und nicht nur nominellen Christen wird, die vereint sind durch den christlichen Glauben und die christliche Zuversicht, dann wird sich der neue Konsolidierungsmechanismus der Multikulturellen Gesellschaft eben ohne die Christen entwickeln, was höchstwahrscheinlich wiederum unweigerlich zu neuen gesellschaftlichen Problemen, Spannungen und Konflikten führen würde!

Die Christen sollten als ihre Antwort auf die Ideologie der Multikulturalität darauf pochen, als gleichwertige Partner des gesellschaftlichen Lebens fungieren und dabei für ihre weltanschaulichen und sittlichen Werte in der öffentlichen Debatte einstehen zu dürfen. Beflügelt von ihrem Elan und missionarischer Berufung sowie der Verantwortung für das Wohl der gesamten Gesellschaft sollten die Christen mutig aus ihrem Ghetto hinaustreten, in welches sie in der Vergangenheit durch die ideologischen Verweltlichung hineingetrieben wurden bzw. auch heute immer wieder Versuche unternommen werden, dies zu tun.

Nehmen wir nur eines der brisantesten Beispiele der Moderne: die Familienethik. Was müssen wir in Europa mit ansehen? In jenem Europa, zu dessen Grundwerten die Demokratie, die Menschenrechte und das Gesetz als oberstes Kriterium gelten sollten?

Wir erleben einerseits einen aktiv fortschreitenden Prozess der Legalisierung von gleichgeschlechtlichen Ehen, was auf die Einführung einer gänzlich neuen Norm in die herkömmliche laizistisch-weltliche Rechtsauffassung hinausläuft. Andererseits erleben wir ein rapides Wachsen islamischer Gemeinden und man hört immer häufiger die Forderung nach einer teilweisen Einführung des Scharia-Rechts, was im Endeffekt irgendwann zur Legalisierung der Vielweiberei/Polygamie führen kann. Dabei wird die erstgenannte Erscheinung mit der Notwendigkeit begründet, die individuellen Menschenrechte einhalten zu müssen, die zweite Zielsetzung – als Einhaltung eben jener kollektiven Rechte, die den »kulturellen Minderheiten« zuweilen zugestanden werden, obgleich dabei manche dieser »kulturellen Minderheiten« wegen der Nichteinhaltung/ Missachtung der individuellen Menschenrechte ihrer Mitglieder oft in der Kritik stehen.

Was wir jetzt mitansehen müssen, ist erstens eine Krise der säkularen Sicht der Menschenrechte, die in einer derart schwierigen, komplexen polykulturellen Situation nicht mehr greift, und zweitens ein völliges Scheitern und Auseinanderbrechen der europäischen Tradition, welche bislang herkömmlicherweise auf den christlichen sittlichen Normen und Werten aufbaute.

Wir sehen hier einen Zusammenprall unterschiedlicher, ja gegensätzlicher Vorstellungen aus dem Bereich »Sittlichkeit« bzw. »Moral«. Hinter dieser frontalen Kollision stehen grundsätzlich gegensätzliche religiöse und säkulare, theologische und philosophische Weltsichten, sich radikal unterscheidende Systeme der Endwerte, d. h. eben jener Werte, welche für den Menschen von entscheidender Bedeutung sind.

Ohne Zweifel: dies stellt für Christen eine Herausforderung dar, wobei diese Herausforderung gerade von der Multikulturalität als einer objektiven Realität und einer bestimmten Ideologie her kommt.

Als weiteres Beispiel darf ich an die »Christen-Phobie« erinnern, wie sie sich in den einzelnen Ländern und Regionen unserer Welt in verschiedenen Formen und in unterschiedlicher Intensität manifestiert. Wie wir wissen, hat dieser Begriff erst kürzlich in den Sprachgebrauch der internationalen Diskussion Eingang gefunden und ist dort heute neben anderen, ähnlich gelagerten Termini wie »Islamophobie«, Antisemitismus und Rassismus fest verankert. Lange Zeit scheute man sich, dieses Phänomen beim Namen zu nennen, – daher fiel es im öffentlichen Diskurs immer wieder unter den Tisch.

Doch es genügt nicht, ein Wort bzw. einen Begriff gefunden zu haben. Das Gebot der Stunde liegt im aktiven Handeln. Bei seinem Vortrag zum Thema »Widerstand gegen die weltweite Christen-Diskriminierung als Beitrag zur Entwicklung des Konzeptes ›Menschenrechte‹«, gehalten auf der Sitzung des III. Komitees der Vereinten Nationen in New York, äußerte Metropolit Ilarion von Volokolamsk:

»Im laufenden Jahr, angesichts einer rapide zunehmenden Zahl von Christenverfolgungen können wir leider keine entsprechend adäquate Reaktion der internationalen Strukturen beobachten. Auch in der Agenda der Vereinten Nationen kommt diesem Thema leider nicht der gebührende Stellenwert zu«.

Hieran wird sich auch in Zukunft nichts ändern, solange die Christen nicht selbst Handlungsbedarf sehen und dazu übergehen, aktive Maßnahmen gegen die verschiedenen Formen der weltweiten – darunter auch in europäischen Staaten stattfindenden (man denke nur an die Versuche, christliche Symbole aus dem öffentlichen Leben zu verbannen) Christenverfolgungen bzw. Christen-Phobie einzufordern.

Die beiden angeführten Beispiele: Aushöhlung der traditionellen Vorstellungen von der Familie sowie das Ignorieren eines aktiven Engagements im Bereich des Widerstands gegen die Christen-Phobie, – stellen für Christen eine Herausforderung, zugleich aber auch einen Aufruf zum Handeln dar. Es ist ein Aufruf zur Bündelung unserer Bemühungen und zu konzertiertem Handeln in der modernen multikulturellen Welt, in einer Welt, die ihre gemeinsamen Werte zusehends verliert und die sich gezwungen sieht, nach diesen im Dialog wieder zu suchen.

Aber selbst wenn wir als Christen diese Herausforderung als Aufruf zum Handeln sehen würden, so stoßen wir auf eine andere Herausforderung, eher sekundärer Natur: es ist die Zersplitterung der Christen in der modernen polykulturellen Welt. Auch dies stellt eine nicht minder ernstzunehmende Herausforderung dar, denn zersplitterte Geteiltheit steht dem gemeinsamen Eintreten für die christlichen Werte, einem gemeinsamen Agieren, im Wege.

Christen sind heute in vielerlei Richtungen geteilt. Neben der konfessionellen Teilung (röm.-kath., evangelisch, orthodox u. a.) beobachten wir auch eine Trennlinie, die zwischen konservativ bzw. liberal eingestellten Christen innerhalb einer bestimmten Konfession verläuft. Dies beobachten wir vor allem in Bezug auf die sittlichen Normen und Werte, aber auch im Bereich der geokulturellen Entfremdung.

Es leuchtet ein, dass eine christliche Antwort auf die Herausforderungen der Moderne in einer Welt mit einem Miteinander vieler Kulturen, Weltsichten und Religionen, unmöglich Wirkung zeigen kann, wenn sie ausschließlich konfessionell gebunden oder nur national beschränkt bleiben wird. Hier bedarf es eines Zusammenrückens unter Christen, und dies auf der Grundlage der gemeinsamen weltanschaulichen und sittlichen Wahrheiten. Christen sollten in der Gesellschaft als eine einheitliche religiös-kulturelle Gemeinschaft auftreten, einander unterstützend und dort, wo es möglich erscheint, gemeinsam handelnd.

Wenn wir zu einem bildhaften Vergleich greifen, dann könnten wir diese Aufgabenstellung folgendermaßen definieren: es genügt nicht, die Gesellschaft immer wieder auf die christlichen Wurzeln Europas hinzuweisen, man muss der modernen Welt auch eine lebensfähige, engagierte christliche Zivilisation vor Augen führen, welche aus diesen Wurzeln hervorwächst und die durchaus imstande ist, die für sie typischen Früchte zu erbringen.

Ich fasse zusammen:

Wenn Christen auf der Suche nach neuen Formen der Koexistenz der verschiedenen Kulturen und Wertesysteme den Weg des interkulturellen Dialogs, des öffentlichen Diskurses einschlagen, so wären sie gut beraten, die positiven Aspekte jener Erfahrungen zu studieren, welche die weltlichen Staaten ansammelt konnten, indem sie sich auf das säkulare Recht stützten, in seiner Form, wie sie heutzutage in den europäischen Staaten allgemeinüblich ist. Ich spreche hier von Prinzipien, die das gesellschaftliche Leben regeln – der Demokratie, den Menschenrechten und der Achtung des Gesetzes.

Eine Demokratie sieht die Berücksichtigung der Meinungen und Interessen aller Mitglieder einer Gesellschaft vor, der Meinungsäußerung seitens religiöser wie auch nichtreligiöser Mitbürger, d. h. von Anhängern der unterschiedlichsten Weltsichten und Wertesysteme. Die Menschenrechte stehen ein für die Freiheit und die Menschenwürde eines jeden Mitglieds dieser Gesellschaft, die von ihm getroffen weltanschauliche und religiöse Wahl, die freie Möglichkeit seinen Überzeugungen gemäß leben zu dürfen. Das Gesetz sichert eine Grundordnung in der Gesellschaft, es verbietet Willkür und Gewaltausbrüche, es verhindert einen »Kampf aller gegen alle«.

Diese Grundsätze sind fundamental und sollten unangefochten bleiben. In der heutigen Situation können sie aber nur dann zum Wohle der Gesellschaft und in Richtung auf deren Festigung »greifen« wenn im Rahmen des entsprechenden gesellschaftlichen Prozedere ein inhaltsreicher, ergiebiger und verantwortungsvoller Dialog mit Vertretern unterschiedlicher Kulturen, Weltanschauungen und Religionen geführt wird. Ein gesellschaftlicher Konsens kann und darf sich nicht auf die Einigkeit in Bezug auf Rechte, Spielregeln und Vorgehensweisen beschränken. Es empfiehlt sich dringend, nach einem möglichst gehaltsreichen Konsens zu suchen – sowohl im sittlichen, als auch im wertebezogenen Bereich.

Aus der Sicht unserer Russisch-Orthodoxen Kirche bietet dieser Such-Prozess die Gelegenheit, die für uns unumstößlich-lebendige Wahrheit des Evangeliums zu bekennen und ruft unsere Glaubensbrüder dazu auf, immer wieder aufs Neue zu der Tradition und Überlieferung der Alten ungeteilten Kirche zurückzugreifen und hier ihre Kraft und Zuversicht zu schöpfen. Nur dann wird die christliche Zivilisation in der modernen Welt ihre Identität bewahren können.

Hier, bei dieser Suche bzw. bei diesem Dialog auf Augenhöhe sollten sich Christen höchst aktiv engagieren, indem sie ihre Positionen klar definieren, verdeutlichen, stellenweise auch korrigieren, und, – was eminent wichtig ist: sie müssen zusammenhalten. Nur so schaffen wir es als Christen, auf die Herausforderungen der Multikulturalität, auf ihre reelle kulturelle Vielfalt, aber auch auf die ihr innewohnende »Ideologie« bzw. Vision eine adäquate Antwort zu finden.

Христианский ответ на вызовы мультикультурализма

Игумен Филарет

Термин мультикультурализм является многозначным и допускает разные интерпретации. Не вдаваясь в подробный анализ употребления этого термина, хотел бы обратить внимание на следующее: говоря о мультикультурализме, следует различать факт поликультурности современных обществ и осуществляемую правительствами политику мультикультурализма, которая опирается на определенную идеологию.

Тот факт, что большинство современных обществ не являются культурно однородными, – это объективная реальность. А вот реакция на эту реальность может быть различной, и она связана с той или иной установкой со стороны государственных властей, социальных теоретиков, общественности.

Мультикультурализм как политическая идеология предполагает особое внимание к культурным особенностям меньшинств, в отношении которых осуществляется так называемая позитивная дискриминация. Речь идет прежде всего об этнических и религиозных меньшинствах, которым присуща специфическая общинно-индивидуальная культура, отличная от культуры большинства. Основная идея состоит в том, что следует поддерживать и защищать эти малые культуры, поскольку тем самым будет уважаться право граждан сохранять особенности тех традиций, к которым эти граждане принадлежат по рождению и воспитанию.

Рассматривая самую общую идею мультикультурализма, уже можно заметить, что в ней присутствует противоречие. Оно состоит в том, что принципиальным в данном случае является соблюдение индивидуальных прав граждан. Однако речь идет о соблюдении права принадлежать к определенной общности, которая предшествует индивидуальному выбору. Принадлежать к такой общности – значит разделять ее ценности, культурные особенности и установки, определяемые этническими и религиозными традициями, а не самими индивидами. А это в свою очередь означает, что за такими общностями признаются коллективные права, которые по своей значимости выше прав индивидуальных.

Политике мультикультурализма предшествовала политика ассимиляции. Суть ее состояла в том, что члены общества, изначально не являющиеся носителями культуры большинства, должны освоить эту культуру и присвоить ее ценности, по существу отказавшись от культурных особенностей, связанных с их происхождением. Таким образом предполагалось достичь культурной однородности общества. Рост культурного многообразия, связанный прежде всего с процессами миграции, заставил отказаться от такой концепции.

Политика же мультикультурализма опирается на представление, согласно которому возможно и желательно, чтобы граждане, изначально не принадлежащие к культурному большинству, сочетали в себе общегражданскую идентичность (приверженность к определенным светским ценностям общества в целом) и идентичность культурную (принадлежность к культуре либо большинства, либо какого-либо меньшинства).

Таким образом, в основе идеологии мультикультурализма лежит различение между (1) общими принципами жизни общества (например, демократия, права человека и верховенство закона) и (2) комплексом нравственных, мировоззренческих, поведенческих и иных (в частности, религиозных) представлений, который и именуется в данном случае »культурой«. Первое касается всех граждан, второе же является предметом индивидуальных предпочтений, которые одновременно могут иметь и коллективное выражение, то есть быть представлениями и предпочтениями группы граждан, некоего сообщества, разделяющего определенный набор ценностей и установок.

Когда сегодня говорят о провале идеологии и политики мультикультурализма, то прямо или косвенно указывают на то, что реализовать на практике вышеуказанное сочетание идентичностей далеко не всегда оказывается возможным.

Дело здесь, на мой взгляд, в том, что в рамках идеологии мультикультурализма »культура« понимается неадекватно. Это ущербное понимание – когда культура сводится к частным верованиям, бытовым практикам, специфическим обычаям, общинным традициям, а порой и просто к фольклору. А управляющие жизнью общества принципы рассматриваются как нечто вне- или сверх-культурное – по крайней мере, по отношению к »культурам« меньшинств.

Соответственно, мировоззренческие и нравственные вопросы оказываются отнесенными к культурным особенностям и предпочтениям, которые плюралистичны, тогда как общегражданские ценности и правила понимаются как универсальные. Но при этом эти универсальные ценности имеют лишь минимальное нравственное содержание и не связаны ни с каким конкретным мировоззрением.

Нынешний кризис идеологии мультикультурализма имеет несколько аспектов, но важнейшая его причина связана с тем, что носители лишь некоторых »культур« согласны с вышеуказанным различением между едиными общегражданскими ценностями и многообразными »культурными« ценностями, а также с тем определением »культуры«, которое предполагается идеологией мультикультурализма. Если это признают представители коренного большинства, а также и некоторых меньшинств, то есть и такие »культурные сообщества«, которые сопротивляются такой общественной идеологии. Например, они не согласны с тем, что права человека никак не связаны с нравственными убеждениями; или с тем, что мировоззрение (в том числе религиозное) не имеет никакого отношения к принципам общественного устройства.

О кризисе идеологии и политики мультикультурализма сегодня говорят многие. Сошлюсь на принятый в 2008 году документ Совета Европы под названием »Белая книга по межкультурному диалогу«, в работе над которым мне довелось принимать участие в бытность представителем Московского Патриархата в Страсбурге.

В соответствующем разделе документа »3.3. Прежние подходы к культурному многообразию« отмечается, что в западной части послевоенной разделенной Европы в силу иммиграции принцип ассимиляции сменился мультикультурализмом как новой концепцией общественного порядка. Составители отмечают, что хотя это и выглядело как радикальный отход от концепции ассимиляции, »на деле мультикультурализм зачастую основывался на том же схематическом видении общества по модели большинство–меньшинство«.

Совет Европы в этом и в других документах (например, в т.н. Опатийской декларации 2003 г.) отверг подход в понятиях »большинства« или »меньшинства« по той причине, что »такая схема выделяет культуры и сообщества, расставляет их по категориям и навешивает на них статичные ярлыки, в результате чего социальное поведение и культурные стереотипы воспринимаются на основе статуса соответствующей группы«. В результате развивается сегрегация и взаимное непонимание между общинами, а также происходит »подавление прав индивидов (в особенности женщин) в сообществах меньшинств, которые воспринимаются как единые коллективные действующие лица«.

Как видим, в данном случае концепция мультикультурализма критикуется с иной точки зрения. Его главными недостатками признаются взаимное отчуждение »культурных сообществ« (в том числе большинства и меньшинств), а также нарушение принципа индивидуальных прав внутри этих сообществ (то есть отмечается то изначальное противоречие концепции мультикультурализма, о котором мы говорили выше). Вывод, к которому приходят составители Белой книги: »Мультикультурализм перестал быть адекватной политикой«.

Что же предлагается взамен?

Составители Белой книги отмечают, что нигде модели ассимиляции или мультикультурализма не применялись отдельно и в полном объеме и что сегодня они сочетаются с элементами »возникающей межкультурной парадигмы, включающей лучшее из прежних моделей«: из принципа ассимиляции – внимание к индивиду, а из мультикультурализма – признание культурного многообразия. При этом в качестве нового элемента –»крайне важного для интеграции и социального сплочения« – указывается на »диалог на основе равного достоинства и общих ценностей«.

Исходя из вышесказанного, хотел бы уточнить, о чем, собственно, должна идти речь в докладе, озаглавленном »Христианский ответ на вызовы мультикультурализма«.

Сегодня мы должны говорить о мультикультурализме прежде всего в первом из двух указанных смыслов, а именно как о культурном многообразии в наших обществах. Мультикультурализм как идеология и практика не является первостепенным вызовом, поскольку находится в глубоком кризисе.

В то же время процесс отказа от политики мультикультурализма только начался. Точнее, начинается осознание ее неадекватности, о чем и свидетельствуют известные публичные заявления ведущих европейских политиков. При этом новой убедительной концепции пока не предложено, а старая еще продолжает действовать.

Поэтому сегодня вызов мультикультурализма – это вызов поликультурности в ситуации кризиса идеологии и политики мультикультурализма. И размышляя о новых способах решения проблемы сосуществования в одном обществе многих культур, ценностей и мировоззрений, следует учитывать как положительный, так и отрицательный опыт прежней политики.

В ситуации неопределенности, поиска новых стратегий и извлечения уроков из прошлого тот путь, который предлагается в Белой книге, безусловно, следует признать правильным: »диалог на основе равного достоинства и общих ценностей«. Ибо только в диалоге могут возникнуть новые теоретические концепции и практические модели, и именно в таком диалоге, в котором участвуют равные и который нацелен на достижение консенсуса относительно базовых для общества ценностей.

Однако диалог – это только путь. Чтобы пройти этот путь и достичь цели, необходимы не только взаимная открытость и взаимная ответственность, но и максимальная ясность позиций его участников. И если какая-либо сторона будет навязывать другим свое видение желаемого результата, вряд ли диалог состоится. Ведь мы находимся в ситуации, когда никакой заранее известной концепции сосуществования »культур« в современном обществе не существует.

Поэтому в рамках заявленной темы я хотел бы прежде всего остановиться на том, какую позицию в этой ситуации должны занять христиане – как одно из »культурных сообществ« в современном мире, как в Европе, так и в других регионах. То есть как сообщество, призванное участвовать в межкультурном диалоге, целью которого является формирование новой »рождающейся межкультурной системы« (Белая книга).

Однако первое что, на мой взгляд, нужно для этого сделать, – это изменить концептуальный подход. Причем в двух направлениях.

Следует отказаться от того понятия »культуры«, которое характерно для идеологии мультикультурализма. »Культуры«, которые призваны быть основными участниками межкультурного диалога, нельзя сводить к »фольклорным« этническим общинам или к сообществам приверженцев »частных религиозных верований«. Потому что за каждой такой »культурой« стоит прежде всего комплекс представлений о мире, о нравственных идеалах и нормах, о достоинстве человека. А эти представления в свою очередь связаны с такими предельными ценностями, как смысл человеческой жизни или религиозная вера. Иными словами, не существует »культур«, не основанных на определенной философии, мифологии или религиозном учении. И современная светская культура также имеет такие глубинные основания.

Соответственно, »диалог равных«, в котором призваны участвовать религиозные сообщества (и христиане прежде всего), означает диалог мировоззрений, этических систем, фундаментальных представлений о человеке и его достоинстве.

Кроме того, следует, наверное, расширить »номенклатуру« участников поликультурного общества, то есть различных сообществ, представляющих собой как »меньшинства«, так и »большинство«. Помимо этнических и религиозных сообществ в нее следует включить собственно »секулярную культуру« (или культуры), различные художественные, молодежные и сексуальные субкультуры, а также некоторые политические субкультуры, объединенные на основе определенной идеологии и философии (например, неонацисты, антиглобалисты или агрессивные секуляристы). В этой связи, может быть, нужно как-то учитывать и так называемую »массовую культуру«, которая если и является культурой большинства, тем не менее опирается на определенную идеологию, особую »философию человека и общества«, и – что немаловажно – обладает экономической мощью.

Все эти »культуры« и субкультуры как раз и образуют ту »реальность мультикультурализма«, которая является проблемой и препятствием для общественной консолидации, поскольку они вступают между собой в ценностный конфликт. Так, например, массовая культура, являющаяся элементом капиталистической экономики, порождает и укрепляет культ »культурного потребительства«, которому противостоят не только религиозные сообщества, но и многие носители светской культуры.

Если так представлять себе элементы »мультикультурного общества« (иногда накладывающиеся друг на друга), то возникает вопрос о том, что такое в современных условиях »христианская культура«, или культура христианских сообществ?

И еще один вопрос (если подойти с другой стороны): как следует охарактеризовать vбольшинство« в европейских обществах? Можно ли говорить, что это »христианское большинство«, или большинство заведомо следует считать »светским«?

Думаю, что главный вызов для христиан в условиях мультикультурности состоит в том, что сегодня в европейских обществах »христиане« одновременно являются и большинством и меньшинством. Большинство составляют номинальные христиане, то есть те европейцы, которые не являются ни атеистами, ни агностиками, ни приверженцами других религий. А меньшинство – это так называемые практикующие христиане, члены определенных Церквей и деноминаций.

Однако это упрощенный ответ, потому что существует много степеней приверженности христиан своей религиозной традиции и разные формы церковного участия. Используя одни критерии, мы получаем христианское меньшинство, а используя другие – христианское большинство. Пример России: подавляющее большинство граждан идентифицирует себя как православных, очень высоким является доверие к Церкви, но при этом активно участвуют в церковной жизни не более десяти процентов.

Поэтому главным христианским ответом на вызов мультикультурности должно стать возрождение в исторически христианских обществах христианской культуры, стержнем которой является вера. В нынешних постсекулярных обществах потенциал такого возрождения достаточно велик, поскольку главные »враги« религиозной веры – атеизм, идеологический секуляризм и сциентизм (господство т. н. »научного мировоззрения«) сегодня стремительно утрачивают свою убедительность. В то же время религия снова привлекает множество людей и приобретает все большую общественную значимость.

Культурная причастность к христианской традиции сегодня достаточна велика, но в отсутствии живой религиозной веры и нравственной верности христианским ценностям такая культурная причастность не порождает подлинного христианского сообщества, которое могло бы выступать в качестве одного из участников межкультурного диалога.

Другими словами, если христианская культура не станет культурой сообщества реальных, а не номинальных христиан, объединенных христианской верой и упованием, тогда новый механизм консолидации мультикультурного общества будет вырабатываться без христиан, что грозит новыми проблемами, напряжениями и конфликтами в обществе.

В ответ на идеологию мультикультурализма христиане должны настаивать на праве быть равными участниками общественной жизни и отстаивать свои мировоззренческие и нравственные ценности в публичной дискуссии. Движимые своим миссионерским призванием и чувством ответственности за благо всего общества, христиане должны смело выходить из того гетто, в которое их ранее пытался загнать и действительно иногда загонял идеологический секуляризм.

Возьмем один из самых больных вопросов нынешней повестки дня: семейную этику. Что происходит сегодня в Европе? В той Европе, основными ценностями которой являются демократия, права человека и верховенство закона?

С одной стороны, активно идет процесс легализации однополых браков, что означает введение в общее, светское по характеру, право новой нормы. С другой стороны, растут мусульманские общины, и все чаще речь заходит о частичном введении норм шариата, что в перспективе означает легализацию многоженства. При этом первое обосновывается необходимостью соблюдения индивидуальных прав человека, а второе – соблюдения тех самых коллективных прав, которые иногда признаются за »культурными меньшинствами«, хотя при этом некоторые »культурные меньшинства« как раз критикуются за несоблюдение индивидуальных прав их членов.

Налицо, во-первых, кризис светской концепции прав человека, которая в столь сложной поликультурной ситуации уже не работает, а, во-вторых, не больше – не меньше, как разрушение европейской традиции, опирающейся на христианские нравственные нормы.

В данном случае мы видим столкновение различных представлений о нравственном. А за этим столкновением стоят различные религиозные и светские, богословские и философские мировоззрения, разные системы предельных ценностей, то есть таких ценностей, которые имеют решающее значение для человека.

Безусловно, это вызов для христиан, и вызов как раз со стороны мультикультурализма – как объективной реальности и как определенной идеологии.

Другой пример – христианофобия, которая проявляется в разных формах и с разной интенсивностью в различных странах и регионах мира. Безусловно, важно, что сам этот термин недавно вошел в словарь международной дискуссии и занял там законное место наряду с такими терминами, как исламофобия, антисемитизм и расизм. Долгое время самое это явление не было названо, а потому и практически не замечалось в публичной сфере.

Однако одного слова недостаточно – необходимы активные действия. Митрополит Волоколамский Иларион, выступая недавно на заседании III Комитета ООН в Нью-Йорке с докладом »Противодействие дискриминации христиан в мире как вклад в развитие концепции прав человека«, отметил, что »в нынешнем году, когда количество фактов преследований христиан значительно возросло, мы не видим соответствующей реакции международных структур. К сожалению, и в повестке дня ООН данная тема не занимает должного места«.

Эта ситуация не изменится, если прежде всего сами христиане не будут активно требовать принятия мер против различных форм христианофобии, в том числе и в европейских государствах, где, в частности, предпринимаются все новые попытки лишить христиан права на использование религиозных символов в публичном пространстве.

Оба приведенных примера – и размывание традиционных представлений о семье, и игнорирование необходимости активного противодействия христианофобии – являются для христиан одновременно и вызовом, и призывом. Призывом к консолидации усилий и к сплоченному действию в современном мультикультурном мире, который утрачивает общие ценности и вынужден искать их в ходе диалога.

Однако даже если мы, христиане, осознаем этот вызов как призыв к действию, то столкнемся с иным вызовом, так сказать, второго порядка: с разделенностью христиан в современном поликультурном мире. Это не менее серьезный вызов, ибо разделенность препятствует совместному отстаиванию христианских ценностей, общему действию.

Сегодня христиане разделены по разным направлениям. Помимо конфессиональной разобщенности, можно говорить о разделении между консервативно и либерально настроенными христианами внутри конфессий, прежде всего по отношению к нравственным ценностям и нормам, а также о геокультурной разделенности, или, лучше сказать, отчужденности.

Очевидно, что христианский ответ на вызов современного мира, в котором сосуществуют многие культуры, мировоззрения и религии, не может быть действенным, если он будет исключительно конфессиональным или национальным. Необходимо христианское сплочение на основе общих мировоззренческих и нравственных истин. В общественном пространстве христиане должны выступать как единое религиозно-культурное сообщество, поддерживая друг друга и действуя вместе там, где это возможно.

Образно эту задачу можно сформулировать так: недостаточно обращать внимание общества на христианские корни Европы, нужно являть современному миру живую христианскую цивилизацию, произрастающую из этих корней и приносящую свойственные ее плоды.

В заключение хотел бы сказать следующее.

Вступая на путь межкультурного диалога, общественной дискуссии, в ходе которой осуществляется поиск новых форм сосуществования различных культур и ценностных систем, христианам следует со вниманием отнестись к позитивным аспектам того опыта, который был накоплен светскими государствами, опирающимися на общепринятое сегодня в европейских обществах светское право. Это касается прежде всего таких регулирующих принципов, как демократия, права человека и верховенство закона.

Демократия предполагает учет мнений и интересов всех членов

общества, как религиозных, так и нерелигиозных граждан, то есть приверженцев разных мировоззрений и систем ценностей. Права человека защищают свободу и достоинство каждого члена общества, его мировоззренческий и религиозный выбор, возможность жить согласно своим убеждениям. Верховенство закона обеспечивает принципиальную упорядоченность жизни общества, исключая проявления произвола и насилия, не допуская »войны всех против всех«.

Эти принципы являются основополагающими и не должны оспариваться. Однако сегодня они смогут »работать« на благо общества и на его консолидацию только в том случае, если в рамках соответствующих им общественных процедур будет вестись реальный, содержательный и ответственный диалог представителей различных культур, мировоззрений и религий. Общественный консенсус не может ограничиваться согласием относительно правил и процедур. Следует искать возможного содержательного консенсуса – как в нравственной, так и в других ценностных сферах.

Наша Церковь видит в этом процессе поиска возможность свидетельствовать о непреложной для нас евангельской истине и призывает наших собратьев по вере постоянно возвращаться к Преданию древней неразделенной Церкви и именно в ней черпать свою силу. Лишь в этом случае христианская цивилизация сможет сохранить свою идентичность в современном мире.

В этом поиске и в этом диалоге »на основе равного достоинства« христиане должны принимать максимально активное участие, формулируя и уточняя свою позицию и действуя сообща. Только так мы, христиане, сможем ответить на вызовы мультикультурализма – и как реального культурного многообразия, и как определенной идеологии, которая пока еще сохраняет свое влияние.

Herausforderungen einer multikulturellen Gesellschaft an die Kirchen: Überlegungen zu theologischen Antworten aus evangelischer Perspektive

Dagmar Heller

Einleitung

Dass unsere Gesellschaft in Deutschland – und das gilt auch für andere Länder in Westeuropa, aber ich werde hier insbesondere die deutsche Situation im Blick behalten – inzwischen eine multikulturelle Gesellschaft geworden ist, wird inzwischen in allen Bereichen des Lebens wahrgenommen: in den Kindergärten, den Schulen, in Fabriken, selbst in Altersheimen, wo es an einigen Orten spezielle Konzepte für interkulturelles Wohnen im Alter gibt. Wo die Interkulturalität erst mit Verspätung sichtbar wurde und wird, ist allerdings z. B. im Fernsehen, wo immer noch vorwiegend deutschstämmige Sprecher zu sehen sind, oder auch in der Politik, wo erst langsam auch Mitbürger und Mitbürgerinnen mit Migrationshintergrund in verantwortlichen Positionen zu finden sind.

Und wie sieht es in den Kirchen aus? Deutschlandweit stelle ich fest: Die protestantischen Gemeinden als solche spiegeln die Multikulturalität kaum wieder. Das heißt die überwältigende Mehrheit der Mitglieder einer örtlichen Kirchengemeinde in einer Landeskirche sind in der Regel Deutsche, und zwar – genauer gesagt – alteingesessene Deutsche seit Generationen. Wo sind dann aber all die Vertreter und Vertreterinnen anderer Kulturen, denen wir heute auf Schritt und Tritt im Alltag begegnen? Nun – zum Teil sind diese Mitbürger Angehörige anderer Religionen, vor allem des Islam, und sofern sie Christen sind, gehören sie meist zu Gemeinden ihrer eigenen Konfession und vor allem: ihrer eigenen Sprache. In Großstädten wie Hamburg, Frankfurt oder Berlin finden wir eine bunte Mischung an christlichen Gemeinden, verschiedene afrikanische Kirchen, Chinesische Gemeinden, Koreanische Gemeinden; und sie alle haben unterschiedliche konfessionelle Prägungen: traditionelle orientalisch orthodoxe Gemeinden der Äthiopischen Orthodoxen Kirche wie auch Kopten finden sich da genauso wie Armenier und die verschiedenen byzantinischen orthodoxen Kirchen. Diese Gruppe ist zum Teil schon seit den 1960er Jahren in Deutschland etabliert. Seit ca. 30 Jahren gibt es aber immer mehr Freikirchen, z. B. die Baptisten, die aus der ehemaligen Sowjetunion nach Deutschland kamen, Gemeinden von Afrikanischen Unabhängigen Kirchen wie z. B. die Kimbanguisten oder die Church of the Lord (Aladura), die stark charismatisch und pfingstlerisch geprägt sind, verschiedene presbyterianische Kirchen aus Asien usw. Soweit meine kurze zusammenfassende Bestandsaufnahme. Näheres wurde schon oder wird noch aus den anderen Vorträgen in unserer Begegnung deutlich.

Diese Situation wird von vielen skeptisch betrachtet, weil sie Veränderungen und dadurch auch Verunsicherungen mit sich bringt. Die Ablehnung anderer Religionen, aber auch Fremdenhass allgemein bis hin zu Gewaltanwendung sind die eine Seite, Akzeptanzverlust der Kirchen in der Gesellschaft ist ein andere Seite, die Christen zum Nachdenken über die Herausforderungen veranlasst, die Multikulturalität und Pluralismus mit sich bringen.

Mein Vortrag wird hier kein Gesamtkonzept vorlegen, sondern versucht, einigen Gedanken aus evangelischer Sicht nachzugehen. Dazu werde ich zuerst in Kürze die wichtigsten Begriffe wie Multikulturalität und Pluralismus klären, bevor ich die konkreten Herausforderungen für die Kirchen kurz beschreiben möchte. Dann werde ich versuchen, auf der Grundlage der Schrift einen Ansatz für Antworten zu gewinnen, die ich dann systematisch diskutieren möchte in verschiedenen Spannungsfeldern, in denen sich der christliche Glaube in der Gesellschaft bewegt.

Klärungen

Multikulturalität ist – wie es z. B. Wolfgang Huber, der ehemalige Ratsvorsitzende der EKD formuliert hat – zunächst einfach die Tatsache, »dass in ein und derselben Gesellschaft Menschen zusammenleben, die von ihrer Herkunft und Lebenssituation her in ihren kulturellen Lebensformen unterschiedlich geprägt sind«[1]. Oder in einer anderen Formulierung: Multikulturalität meint »die Kopräsenz unterschiedlicher, unterschiedliche Handlungsorientierungen implizierender Lesarten der Wirklichkeit«[2]. Dabei muss auch kurz festgehalten werden, was wir in diesem Zusammen-

---

[1] Wolfgang Huber, Viele Kulturen – eine Gesellschaft. Multikulturalität in europäischer Perspektive!, in: Zeitschrift für Evangelische Ethik 36/1992, 11–124, 111.

[2] Christoph Schwöbel, Pluralismus II – Systematisch-theologisch, in: TRE 26, 724–739, 731.

hang unter »Kultur« verstehen, nämlich »die Gesamtheit menschlicher Deutungs- und Gestaltungsakte«[3], die auf einer bestimmten Interpretation der Welt und ihrer Wirklichkeit beruht, die durch Tradition vermittelt ist und die Gestaltung dieser Welt leitet.

Wenn wir also aus der Perspektive der Kirchen von einer multikulturellen Gesellschaft sprechen, dann hat dies verschiedene Facetten. Zum einen denken wir an verschiedene Religionen und Weltanschauungen, die diese Multikulturalität ausmachen, dann aber auch an verschiedene christliche Konfessionen und nicht zuletzt an verschiedene kulturelle Prägungen, die unabhängig von der religiösen Zugehörigkeit zu betrachten sind.

Wir sprechen in diesem Zusammenhang von Herausforderungen, die sich aus dieser Situation ergeben. Dabei möchte ich folgendes klären: der Begriff »Herausforderungen« wird manchmal in einem negativen Sinne verstanden, als »Schwierigkeiten«, die man eben lieber nicht hätte, denen man sich aber gezwungenermaßen stellen muss. Dieses unterschwellige Verständnis wird zwar auch in meinem Vortrag mitschwingen, aber ich möchte grundsätzlich den Begriff »Herausforderung« neutral verstehen: eine Situation, die eine Antwort erfordert. Dies kann auch – positiv – eine Chance sein

Die Herausforderungen, die sich durch die Situation in einer multikulturellen Gesellschaft ergeben, rühren vor allem von der Tatsache her, dass wir es mit einem Phänomen zu tun haben, das man unter dem Begriff »Pluralität« zu fassen pflegt: Was neu ist an dieser gesellschaftlichen Situation und womit sich manche Menschen – auch in den Kirchen – schwer tun, ist die Pluralität, die Vielfalt der verschiedenen Lebensweisen und Ansichten. Dabei ist zu bemerken, dass Pluralität als solche an sich nichts vollkommen Neues ist. Spätestens seit der Reformation kennen wir in Westeuropa eine gewisse Vielfalt an verschiedenen Ausprägungen des Christentums. Zwar wurde das Zusammenleben dieser unterschiedlichen Gemeinschaften geregelt durch die Formel »cuius regio – eius religio« (also: der Herrscher bestimmte die Religion), aber eine von der vorherrschenden Konfession abweichende Religionsausübung war im Privatraum gestattet. Aber beispielsweise in Nordamerika war die Koexistenz verschiedener religiöser – christlicher – Prägungen von vornherein Bestandteil der Entstehungsgeschichte der heutigen USA.

Was sich in der jüngsten Zeit – und vor allem im 20. Jahrhundert – verändert hat, ist eine Verstärkung der Pluralität und damit eine größere Diversifizierung, nicht nur innerhalb des kirchlichen Bereichs, sondern

---

[3] Ebd.

auch im kulturellen, im politischen und im sozialen Bereich allgemein. Gründe dafür liegen in der geistesgeschichtlichen Entwicklung[4], aber auch in den Migrationsbewegungen der zweiten Hälfte des 20. Jahrhunderts. Damit wird Pluralität heute in vielen Bereichen als unumkehrbare Gegebenheit gesehen. Dies spiegelt sich im Begriff »Pluralismus« wieder, der sich vor allem im politischen und im philosophischen Bereich entwickelt hat als »zentrales Leitbild moderner Demokratien, deren politische Ordnung und Legitimität ausdrücklich auf der Anerkennung und dem Respekt vor den vielfältigen individuellen Meinungen, Überzeugungen, Interessen, Zielen und Hoffnungen beruhen.«[5]

Der evangelische Theologe Dietrich Korsch hat das Neue in der multikulturellen Gesellschaft des 20. Jahrhunderts noch etwas verschärft dargestellt, indem er feststellt: »Multikulturell heißt eine Gesellschaft dann wenn in ihr die Unterscheidung zwischen der auf individuelle Wahrheitsgewissheit aufbauende Selbsterhaltung und gesellschaftlicher Kompromissfähigkeit in Frage gestellt wird und tendenziell verschwindet.«[6] Das heißt mit anderen Worten: es wird nicht mehr unterschieden zwischen dem, was allgemein gültig ist für die Gesamtgesellschaft und dem, was als individuelle Auffassung, sondern auch bisher »privat kultivierte Lebensformen« erheben Anspruch auf Öffentlichkeit.

Dies bedeutet eine gleichberechtigte Koexistenz, aber auch eine mehr oder weniger harte Konkurrenz der verschiedenen Gruppen.

Für den politischen Bereich hebt Christoph Schwöbel hervor, dass der politische Pluralismus »auf einem Konsens über die formalen Verfahrensregeln gesellschaftlicher Interaktion auf [baut] [...] und resultiert im 20. Jahrhundert aus der Abgrenzung gegenüber dem Totalitarismus«[7]. »Ein politischer Konsens wird als Resultat des freien Ausgleichs politischer Kräfte verstanden.«[8]

Mit dieser zunehmenden Diversifizierung und Konkurrenzsituation tritt nun vor allem ein Problem auf: Während bisher trotz einer gewissen Pluralität eine gewisse kulturelle Einheit die Grundlage auch der nationalen

---

4   Siehe dazu Christoph Schwöbel, Pluralismus II – Systematisch-theologisch, in: TRE 26, 724–739, insbesondere 725 ff.

5   Klaus Schubert / Martina Klein, Das Politiklexikon, 5. Aktualisierte Auflage, Bonn, 2011.

6   Dietrich Korsch, Gottesbegegnung und Selbstunterscheidung. Das protestantische Prinzip in Ökumene und multikultureller Gesellschaft, in: ZEE 37/1993, 281–296, 291 f.

7   Christoph Schwöbel, Pluralismus II – Systematisch-theologisch, in: TRE 26, 724–739, 729.

8   Ebd.

Einheit und eines gesellschaftlichen Konsenses war, findet nun gerade in diesem Bereich eine tiefgreifende Veränderung statt. »Je mehr sich die Gesellschaft differenziert, desto schwieriger wird es [...], geschlossene Gesamttheorien der Kultur zu formulieren.«[9] Darauf komme ich später noch einmal zurück.

Diese Situation der europäischen Gesellschaften wird oft als »Postmoderne« bezeichnet. Aber hinter diesem Begriff verbirgt sich noch etwas mehr, wie wir wissen, nämlich eine philosophische Richtung, die die Vielfalt gleichberechtigter und nebeneinander bestehender Auffassungen gewissermaßen bestätigt und gar als einzige vorwärtsweisende Möglichkeit sieht. An die Stelle eines einzigen und allgemeingültigen Erklärungsprinzips tritt eine Vielzahl von »Sprachspielen« (Jean-François Lyotard), die verschiedene Erklärungsmodelle anbieten. Damit gibt es eine Vielzahl von Wahrheitsbegriffen, die unvereinbar einander gegenüber stehen. Die Konkurrenzsituation wird hier in der Theorie untermauert.

Zusammenfassung

Nach dieser kurzen Begriffsklärung möchte ich zusammenfassen: Wenn wir die Herausforderungen der multikulturellen Gesellschaft an die Kirchen diskutieren wollen, gehen wir von einer vorgegebenen und feststellbaren Pluralität – religiös und kulturell – in der Gesellschaft aus, wie sie heute durch die Begriffe Pluralismus und Postmoderne allgemein beschrieben werden. Allgemein stellt der Pluralismus »vor die Aufgabe, eine Vielzahl unterschiedlicher innergesellschaftlicher Gemeinschaftsformen, Normativitäten und Moralen mit gesamtgesellschaftlichen Formen und Normen zu verbinden.«[10]

1 Herausforderungen an die Kirchen

Wenn wir die konkreten Herausforderungen dieser Situation in den Blick nehmen, dann geht es m.E. um vor allem um zwei grundlegende Fragen: a) Was ist die Stellung der Kirche/n in einer multikulturellen Gesellschaft? b) Was bedeutet die Existenz in einer multikulturellen Gesellschaft für das »Innenleben« (wenn ich es so nennen darf) der Kirchen?

---

[9]   Friedrich Wilhelm Graf / Klaus Tanner, Kultur II, in: TRE 20, 187–209, 204.
[10]   Michael Welker, Kirche im Pluralismus, Gütersloh 1995, 14.

In einer Gesellschaft wie der deutschen, wo traditionell zwei große Kirchen (die Evangelische Kirche und die Römisch-Katholische Kirche) die religiöse Landschaft beherrschten und im Moment noch beherrschen, bedeutet die multikulturelle Gesellschaft zunächst einmal die Herausforderung, die damit zusammenhängt, dass diese beiden Kirchen sich nun mit einer neuen Situation arrangieren müssen, in der sie eine unter mehreren verschiedenen Kirchen sind und gleichzeitig – zusammen mit diesen anderen Kirchen – eine Religion unter mehreren darstellen. Das heißt, die beiden traditionellen Kirchen finden sich zunehmend in einer Konkurrenzsituation nicht nur mit anderen Konfessionen, sondern auch mit anderen Religionen.[11] Albrecht Grözinger spricht von einem »radikalisierten Pluralismus«, der dadurch entsteht, dass »an die Stelle einer bestimmten kulturellen Mehrheitsorientierung mit tolerierter Minderheitenabweichung [...] zunehmend die ›reziproken Ansprüche‹ gleichberechtigter Bevölkerungsgruppen aneinander«[12] treten.

Diese Situation hat verschiedene Auswirkungen, die ich hier nur kurz andeuten möchte – ohne Anspruch auf Vollständigkeit:

Sie hat zunächst Auswirkungen auf das Verhältnis der Kirchen zum Staat. Es wird z. B. immer schwieriger das System der Kirchensteuer aufrecht zu erhalten. Und es wird auch immer mehr Kämpfe um den Religionsunterricht an öffentlichen Schulen geben.

Die neue Situation bringt aber auch Veränderungen im Verhältnis der Kirchen zur Gesellschaft. Die Selbstverständlichkeit, mit der christliche Werte in der Gesellschaft gelebt wurden, schwindet. Und auch religiöse christliche Symbole sind nicht mehr selbstverständlich (vgl. Debatte um das Kreuz im Klassenzimmer).

Gleichzeitig kommen auch neue Aufgaben innerhalb der Gesellschaft auf die Kirchen zu. Wie Albrecht Grözinger aufgezeigt hat, ist die multikulturelle Gesellschaft ein zerbrechliches und gefährdetes Gebilde. Denn, obwohl der Pluralismus neue Möglichkeiten für die Lebensgestaltung eröffnet, »mutet er den Menschen oft mehr zu, als diese individuell zu leisten vermögen bzw. leisten wollen.« Daraus entstehen zwei Extremhaltungen, die diese Gesellschaft gefährden, nämlich »Flucht in fundamentalistische Haltungen« oder »ein entsolidarisierter Individualismus«[13]. Mit

---

[11] Vgl. eine statistische Untersuchung dazu aus Nordrhein-Westfalen bei Traugott Jähnichen, Pluralität der Religionen und gesellschaftlicher Zusammenhalt. Institutionenökonomische Perspektiven, in: Zeitschrift für Evangelische Ethik, 50/2008, 243–248, 243 f.

[12] Albrecht Grözinger, Pluralismus III, in: TRE 26, 739–742, 740.

[13] Albrecht Grözinger, Pluralismus III, in: TRE 26, 739–742, 740.

beiden Gefahren muss sich die Kirche sowohl in der Gesellschaft als auch in ihren eigenen Reihen auseinandersetzen bzw. diese Gefahren zu vermeiden suchen, wenn sie zu einem friedlichen Zusammenleben in der multikulturellen Gesellschaft beitragen wollen.

Eine weitere Herausforderung ergibt sich aus der multireligiösen Zusammensetzung der Gesellschaft. Es ist die Frage nach dem Missionsauftrag der Kirche im Verhältnis zum interreligiösen Dialog. Das heißt zum einen wird man entdecken, dass nun das eigene Land, das bisher als christlich galt, zum Missionsland geworden ist. Gleichzeitig kann es aber im Pluralismus, wie wir gesehen haben, nicht darum gehen, sich den anderen Religionen gegenüber überlegen zu fühlen und deren Mitglieder abzuwerben. Das friedliche gesellschaftliche Zusammenleben verlangt nach dem Dialog der Religionen auf gleicher Augenhöhe. Wie ist aber beides – Missionsauftrag und interreligiöser Dialog miteinander vereinbar?

Aber eine multikulturelle Gesellschaft hat auch Auswirkungen und Herausforderungen für das Leben der Kirchen als solche bzw. das Leben der Gemeinden.

Es geht zum einen darum, wie die Kirchen Christen aus anderen Kulturen integrieren können. Lange Zeit ist es z. B. nicht gelungen, Gemeinden anderer Sprache und Herkunft in Deutschland in die Arbeitsgemeinschaft Christlicher Kirche (ACK) zu integrieren – mit Ausnahme der orthodoxen Kirchen. Erst jetzt kommen Überlegungen dazu in Gang. Die Integration von Christen anderer Kultur wird aber auch Auswirkungen auf Gottesdienste haben, z. B. auf die Musik. Generell wird den Gemeindegliedern mehr Toleranz abgefordert werden.

In der Begegnung mit anderen Religionen aber stellt sich auch die Frage der Einheit unter den Christen neu, und zwar im Hinblick darauf, ob es möglich ist, mit einer Stimme zu den Religionen zu sprechen. Das heißt, es treten theologische Fragen in den Blick, die die Christen untereinander klären müssen, die bisher in der ökumenischen Diskussion kaum im Mittelpunkt standen. Ich denke dabei beispielsweise an die Frage, wie die Christen die Trinität gemeinsam begründen und erklären als eine Anfrage, die sich stellt, wenn das Christentum dem Islam begegnet.

2 Antwortversuche aus der Bibel

Grundsätzlich wird für eine Antwort von Seiten der Kirche auf die beschriebenen Herausforderungen gelten, dass es auch der Kirche darum gehen muss, ein friedliches Zusammenleben in dieser multikulturellen Gesellschaft zu fördern. Das bedeutet zum einen, man sollte die Situation nicht als Bedrohung verstehen, sondern als Gegebenheit, die auch Chancen in sich birgt. Beispielsweise könnte die religiöse Vielfalt in (christlichen) Kindergärten dazu anregen, den christlichen Glauben deutlicher zu bezeugen. Dabei wird deutlich werden, dass die Kirchen eine besondere Rolle spielen können,[14] wie sich noch zeigen wird.

Zunächst möchte ich aber, – in protestantischer Manier –, sehen, was aus der Bibel an Antworten zu erhalten ist:

Bereits im Alten Testament und in der jüdischen Tradition ist die Grundposition verankert, dass Gott »den Menschen« schuf, der nicht von der Schöpfung an als Hebräer oder als Jude zu identifizieren ist. Das Volk Israel entsteht erst im Laufe der Menschheitsgeschichte und ist als auserwähltes Volk immer auf die weitere Menschheit bezogen (vgl. Gen 12,3: »Ich will segnen, die dich segnen, und verfluchen, die dich verfluchen; und in dir sollen gesegnet werden alle Geschlechter auf Erden.«, auch Jes 42,6; auch Jes 19,24: »Zu der Zeit wird Israel der dritte sein mit den Ägyptern und Assyrern, ein Segen mitten auf Erden [...]«). Der Gott Israels ist letztlich ein Gott aller Nationen: »Es werden gedenken und sich zum Herrn bekehren aller Welt Enden und vor ihm anbeten alle Geschlechter der Heiden« (Ps 22,28; siehe auch Ps 72,11; Ps 82,8; Ps 102,16; 117,1).

Wie Wolfgang Huber feststellt: »Die Vorstellungen des Alten Testaments vom Menschen enthalten deshalb einen Grundzug, der sich gegen die Diskriminierung und Marginalisierung von einzelnen wie von Minderheitengruppen richtet.«[15] Die Erfahrung des eigenen Daseins als Fremdling spielt dabei eine wesentliche Rolle, die z. B. in Gen 15,13 zum Ausdruck kommt: »Da sprach der Herr zu Abram: Das sollst du wissen, dass deine Nachkommen werden Fremdlinge sein in einem Lande, das nicht das ihre ist [...]« In der ägyptischen Gefangenschaft macht das Volk Israel eine einschneidende Erfahrung, die Wolfgang Huber als »misslungene Multikulturalität«[16] interpretiert. Das heißt das Volk wurde in Ägypten als Fremdling ausgegrenzt und ausgebeutet, was dann zum Auszug führte. Aus dieser Erfahrung heraus rührt das Gesetz: »Die Fremdlinge sollst du nicht bedrängen und bedrücken; denn ihr seid auch Fremdlinge in Ägyptenland gewesen« (Ex 22,20; 23,9). Dementsprechend steht auch in Dt 10,18f: »[...] der Herr [...] schafft Recht den Waisen und Witwen und hat die Fremdlinge lieb, dass er ihnen Speise und Kleider gibt. Darum sollt ihr auch die Fremdlinge lieben; denn ihr seid auch Fremdlinge gewesen in

---

[14] Vgl. Michael Welker, a. a. O., 26.
[15] Wolfgang Huber, Viele Kulturen – eine Gesellschaft. Multikulturalität in europäischer Perspektive!, in: ZEE 36/1992, 11–124, 116.
[16] Ebd.

Ägyptenland.« Und auch Dt 27,19: »Verflucht sei, wer das Recht des Fremdlings, der Waise und der Witwe beugt« bringt dasselbe zum Ausdruck.

Die Texte des Propheten Jeremia spiegeln sie Situation des Volkes in der Diaspora wieder. Man kann sagen, hier geht es darum, wie sich das Volk Israel in die Gesellschaft einbringen soll, die nicht von der eigenen Kultur geprägt ist. Es geht darum, das Gemeinwohl zu fördern: »Suchet der Stadt Bestes, dahin ich euch habe wegführen lassen, und betet für sie zum Herrn; denn wenn's ihr wohlgeht, so geht's auch euch wohl« (Jer 29,7).

Aus der jüdischen Tradition kennt auch das Christentum und das Neue Testament die Vorstellung von Gottes Volk, das auf der Wanderschaft ist, das erst am Ende aller Tage an sein Ziel gelangt, in das von Gott verheißene Land: »Denn wir haben hier keine bleibende Stadt, sondern die zukünftige suchen wir« (Hebr 13,14). Das Dasein als Fremde bekommt einen eschatologischen Aspekt.

Dies bedeutet zunächst, dass es zum Christsein hinzugehört, sich selbst in der Schwachheit eines Menschen in einem fremden Land zu verstehen – d. h. angewiesen auf die Hilfe anderer, potentielle Opfer von Sklaverei, Verachtung etc. Daraus ergibt sich andererseits, dass man selbst wiederum Fremden hilft, sie integriert, sie respektiert und achtet und nicht unterdrückt.

Der erste Petrusbrief spiegelt die Situation früher Christen als Minderheit in einer multikulturellen Gesellschaft wieder:

> »Liebe Brüder, ich ermahne euch als Fremdlinge und Pilger. Enthaltet euch von fleischlichen Begierden, die gegen die Seele streiten, und führt ein rechtschaffenes Leben unter den Heiden, damit die, die euch verleumden als Übeltäter, eure guten Werke sehen und Gott preisen am Tag der Heimsuchung. Seid untertan aller menschlichen Ordnung um des Herrn willen, es sei dem König als dem Obersten oder den Statthaltern als denen, die von ihm gesandt sind zur Bestrafung der Übeltäter und zum Lob derer, die Gutes tun. Denn das ist der Wille Gottes, dass ihr mit guten Taten den unwissenden und törichten Menschen das Maul stopft [...].« (1 Petr 2,11–17)

Hier wird eine gewisse Fremdheit der Christen in der Gesellschaft deutlich, die aber dennoch in ein Sich-Engagieren für die Menschen in dieser Gesellschaft mündet. Die Situation wird sozusagen als missionarische Gelegenheit empfunden, in der aber nicht aggressiv missioniert wird, sondern im Rahmen der geltenden Ordnung Zeugnis abgelegt wird durch den eigenen Lebenswandel. Es geht darum, die christliche Botschaft von der Liebe Gottes in der Gesellschaft präsent zu machen.

Denn das Evangelium gilt allen Nationen, wie in der Offenbarung des Johannes deutlich wird: »Danach sah ich und siehe, eine große Schar, die niemand zählen konnte, aus allen Nationen und Stämmen und Völkern und Sprachen; die standen vor dem Thron und vor dem Lamm, angetan mit weißen Kleidern [...]« (Apk 7,9; siehe auch Apk 14,6: »Und ich sah einen andern Engel fliegen mitten durch den Himmel, der hatte ein ewiges Evangelium zu verkündigen denen, die auf Erden wohnen, allen Nationen und Stämmen und Sprachen und Völkern.«; auch Apk 21,23 f). Dies hat dann auch einen eschatologischen Aspekt in der Vorstellung, dass Menschen aller Völker am Ende der Zeiten zusammenkommen (Mk 13,27: »Und dann wird er die Engel senden und wird seine Auserwählten versammeln von den vier Winden, vom Ende der Erde bis zum Ende des Himmels.«). In der Pfingstgeschichte ist dies gewissermaßen vorweggenommen, wenn sie vom Zusammenkommen von Juden aus »allen Völkern unter dem Himmel« erzählt (Apg 2,1–13).

Was aber ist aus den Worten und dem Verhalten Jesu selbst im Hinblick auf unsere Fragestellung zu entnehmen? Jesus hat sich über Ausgrenzungen von Menschen anderer religiöser Auffassungen bzw. anderer ethnischer Herkunft, wie sie zu seiner Zeit üblich waren, hinweggesetzt (Mk 7,24–30: Die Heilung der Tochter einer Frau aus Syrophönizien). Jesus durchbricht Konventionen die mit dem Anderssein anderer zu tun haben (Joh 4,1–39 Jesus und die Samariterin). Jesus heilte Heiden (Mt 15,21–28: Heilung der Tochter einer kanaanäischen Frau) und Hass im Hause von sozial Verachteten (Lk 19,1–10: der Zöllner Zachäus). Mt 25,31–46 (die Rede vom Weltgericht) spiegelt ebenfalls die Vorstellung vom Weltgericht über »alle Völker« wieder, bei dem der karitative Beistand gegenüber Hilfsbedürftigen und Fremden (Vers 35.38.43) als Kriterium gilt. Zentral ist in Jesu Verkündigung die Nächstenliebe, die mit einem Beispiel demonstriert wird, in welchem ein Fremder als Nächster dargestellt wird (Lk 10,25–37: der barmherzige Samariter). Außerdem wird dieses Gebot durch das Gebot der Feindesliebe überboten. Damit »erscheint Anerkennung des Fremden geradezu als eine grundlegende Bestimmung christlicher Lebenspraxis. Sie schließt beides ein: den Respekt vor dem Anderssein des andern und die Gewährung eines Heimatrechts, den Verzicht auf Vereinnahmung und das Angebot von Kommunikation.«[17]

Schließlich ist in diesem Zusammenhang auch nicht zu vergessen Mt 28,19: »Gehet hin und machet zu Jüngern alle Völker [...]« Obwohl dieses Wort von vielen Exegeten in seiner Authentizität angezweifelt wird, kann

[17]   Wolfgang Huber, a. a. O., 116.

es nicht einfach aus dem christlichen Kanon gestrichen werden, sondern hat hier seine Bedeutung darin, dass die Christen in die Welt gesandt sind, um die Welt zu Christus zu bringen.

Für unser Thema bedeutsam sind aber auch Texte wie Gal 3,28: »Hier ist nicht Jude noch Grieche, hier ist nicht Sklave noch Freier, hier ist nicht Mann noch Frau; denn ihr seid allesamt einer in Christus«. Dieser Text beinhaltet den »Vorschlag, im Licht der gemeinsamen Zugehörigkeit zum Leib Christi die unaufhebbaren Verschiedenheiten genau so zu relativieren, dass sie als Verschiedenheiten nicht nur erträglich, sondern produktiv, aufbauend werden.«[18] Die Unterschiede sind notwendig um der Einheit willen, wie aus 1 Kor 12,13 hervorgeht.

Die Apostel haben in den frühen Gemeinden – wenn auch nicht ohne Spannungen – ein Zusammenleben zwischen Juden und Heiden, also zwischen verschiedenen Kulturen entwickelt, in dem die Heiden akzeptiert wurden, ohne Juden werden zu müssen.

Zusammenfassung:

Man kann aus der Gesamtheit des biblischen Zeugnisses schließen: Es geht für Christen darum, in der multikulturellen Gesellschaft mitzuleben im Wissen um die eigene eschatologische Bestimmung und damit im Wissen um das eigene Fremdsein. Es geht zum einen um das Wohl der gesamten Gesellschaft, das im Vordergrund steht und das auch im Auftrag, das Evangelium zu verkünden im Vordergrund steht. Jesu eigenes Handeln kann als Vorbild für Dialog verstanden werden, für einen Dialog, der das Gegenüber ernst nimmt, aber gleichzeitig die eigene Auffassung in ihrem Unterschied zum Gegenüber deutlich macht, – immer auf der Grundlage der Nächstenliebe. Jeder und jede hat seine/ihre Rolle in der Gemeinschaft und trägt zum Ganzen bei. Das gilt auch für verschiedene Gruppen in einer Gesellschaft. Daher sind kulturelle Unterschiede zu respektieren und zu achten.

Innerhalb der Gemeinde sind die kulturellen und sozialen und geschlechtlichen Unterschiede so zu betrachten, dass sie keine trennende Rolle spielen, da sie vor Gott keine Rolle spielen. Es kann daher keine Ausgrenzung aufgrund solcher Unterschiede geben.

---

[18] Wolfgang Huber, a. a. O., 117.

Es ist sicher nicht entgangen, dass ich im Gesamtfazit aus dem biblischen Befund selektiv war und gewisse Aussagen nicht berücksichtig habe – bisher jedenfalls. Zum Beispiel sind in der Textpassage aus dem 1. Petrusbrief, die ich zitiert habe, Aussagen zu finden, die sich in diesem Zusammenhang als problematisch erweisen. Ich denke an die Aussagen zum Verhalten der Gemeinde gegenüber der Obrigkeit, die wir heute, nach den Erfahrungen, die die Kirchen in Deutschland gemacht haben, so nicht mehr unkritisch übernehmen können. Manchem werden auch Bibelstellen, die den missionarischen Anspruch des Christentums hervorheben, mit einem kritischen Blick auf die Missionsgeschichte problematisch erscheinen. Insgesamt wird daraus deutlich, dass die Existenz der Kirche in einer multikulturellen Gesellschaft durchaus in gewissen Spannungsfeldern zu sehen ist. Ich sehe mindestens drei solcher Spannungsfelder, in die sich die grundlegende christliche Haltung, die ich im letzten Abschnitt beschrieben habe, einzeichnet.

Zum einen besteht eine gewisse Spannung zwischen Evangelium und Kultur: Diese Spannung hat mehrere Facetten. Zunächst ist es eine Spannung, die dann deutlich wird, wenn man darüber nachdenkt, ob es in einer Gesellschaft eine gemeinsame Kultur gibt oder geben sollte. In Deutschland gab es vor einigen Jahren eine Diskussion über eine deutsche »Leitkultur«, an die sich Einwanderer anzupassen hätten. Es ist nicht zu leugnen, dass es – historisch gesehen – in den europäischen Ländern bisher eine gemeinsame Kultur gab, die – unter anderem – sehr stark vom Christentum geprägt war. Dies scheint sich jedoch – wie wir gesehen haben – zu ändern in einer Art und Weise, die sich kaum aufhalten lässt. Die Kirchen werden sich in einer solchen multikulturellen Gesellschaft folglich nicht mehr als dominanter Kulturträger sehen. Gleichzeitig stellt sich aber die Frage, wie man sich bestimmten kulturellen Erscheinungen gegenüber verhalten soll. Einerseits wird das Toleranzgebot gelten, der Respekt und die Achtung des anderen und Fremden, andererseits ist auch besonnene Entscheidung nötig, wo kulturelle Eigenarten kritisiert werden müssen. Ich denke z. B. an Erscheinungen wie die Beschneidung von Mädchen oder der Ehrenmord, die wir als Christen trotz aller Toleranz anderen gegenüber anprangern müssen. Das heißt also, nicht alle Elemente einer Kultur sind nur deshalb schützenswert, weil sie zu einer anderen Kultur gehören. Hier ist also eine Unterscheidung gefragt, die davon ausgeht, dass das Christentum selbst in Kultur eingebettet ist und sich kulturell unterschiedlich manifestiert, dass aber aus christlicher Sicht an gewissen Standards festgehalten werden muss, die sich gegen gewisse kulturelle Erscheinungen wenden.

Damit zusammen hängt zweitens eine Spannung zwischen der Absolutheit des Christentums und dem Eigenanspruch anderer Religionen und Kulturen. In einer multikulturellen Situation, in der Kirchen gleichrangig mit anderen Religionsgemeinschaften konkurrieren, ergibt sich eine Spannung, die mit der Wahrheitsfrage und deren Absolutheitsanspruch zu tun hat. Das Evangelium, das die ganze Welt im Blick hat, stößt auf die Eigenansprüche anderer Religionen. Hier wird es für die Kirchen darum gehen, ein friedliches Zusammenleben zu ermöglichen, das auf dem Vorbild Jesu selbst basiert: Wie in den biblischen Texten zu sehen war, geht es um Dialog, und das bedeutet: Überzeugen durch überzeugendes Reden und glaubwürdiges Verhalten. Gleichzeitig werden hier zwei weitere biblische Prinzipien bedeutsam, ich denke erstens an den eschatologischen Aspekt, der die letztgültige Entscheidung was Wahrheit ist, Gott selbst überlässt, und zweitens an das Prinzip der Kenosis, das Gott selbst als Modell gegeben hat durch die Selbstaufgabe seiner Hoheit und das Hinabsteigen in menschliche Armut und Ausgestoßenheit bis zum Tod am Kreuz (vgl. Phil 2,6–8).

Und drittens gibt es eine Spannung zwischen Einheit und Partikularität, und zwar auf zwei Ebenen. Wie bereits erwähnt entstehen im Pluralismus zwei Gefahren: Von manchen wird die zunehmende Pluralisierung als Bedrohung der nationalen Einheit empfunden. Daraus ergibt sich die Gefahr eines Fundamentalismus als Gegenreaktion. Andere entwickeln die Vielfalt in einen Relativismus und einen Individualismus, dem jede Solidarisierung mit Mitmenschen verlorengeht. Pluralismus wird dann zu einer Art Ideologie, mit der alles zu rechtfertigen ist. Kirchen werden also sowohl dem Fundamentalismus auf der einen Seite als auch dem Relativismus auf der anderen Seite zu widerstehen haben.

Was ich bisher auf einer Ebene diskutiert habe, die sich auf die Außenbeziehungen der Kirche innerhalb der Gesellschaft bezieht, hat auch eine innerkirchliche Dimension: In einer multikulturellen Gesellschaft und damit in einer Geisteshaltung des Pluralismus, stellt sich für die Kirchen neu die Frage nach der Einheit, in zweierlei Weise: In der Begegnung mit anderen Religionen und Kulturen stellt sich die Frage nach der innerchristlichen Einheit: Wie können wir in der Begegnung mit anderen Religionen mit einer Stimme sprechen? Gleichzeitig stellt sich die Frage im Hinblick auf die Werte der Gesellschaft: Können, müssen und sollen wir uns mit anderen Religionen auf gemeinsame Werte einigen? Was geben wir dabei evtl. auf? Kann es in einer Gesellschaft einen Wertepluralismus geben? Und gerade die Antwort in diesem zweiten Bereich gestaltet sich äußerst schwierig: geht man in Richtung allgemeiner Prinzipien für alle, dann wird man daran denken müssen, dass ein allgemeines Prinzip immer dazu tendiert, alles davon Abweichende zu verfolgen und zu vernichten. Wenn aber der Partikularismus herrscht, dann besteht die Gefahr, dass das Eigene sich allem Abweichenden gegenüber als überlegen versteht.[19] Gibt es die Möglichkeit jenseits dieser Alternative? Wie Albrecht Grözinger zeigt, ist dies nur möglich, wenn das Eigene und das Fremde nicht mehr als Gegensätze wahrgenommen werden, sondern man im Fremden die eigene Eigenart erkennt und im Eigenen das Fremde in seiner Besonderheit erst wahrnimmt.[20]

4 Perspektiven

Zusammenfassend möchte ich konkret aufzeigen, was die bisherigen Überlegungen aus evangelischer Perspektive für die Kirche in einer multikulturellen Gesellschaft praktisch austragen.

Zunächst zum Ort der Kirche und zur Stellung der Kirche in der Gesellschaft: Der evangelische Theologe Traugott Jähnichen hat vor einigen Jahren dargelegt, dass die Kirche sich als Religionsgemeinschaft sehen müsse, die gleichberechtigt mit anderen in der Gesellschaft agiert. »Eine solche Gleichberechtigung setzt voraus, dass sich die Religionsgemeinschaften selbständig als Organisationen in dem Funktionsbereich des Religionssystems verorten, sich damit selbst begrenzen und ohne Anspruch auf eine rechtlich gewährte Dominanz als gleichberechtigte Organisationen im Verbund mit anderen Religions- und Überzeugungsgemeinschaften ihren gesellschaftlichen Ort finden.«[21] Das bedeutet aber nicht ein Untergehen in der Pluralität oder ein zähneknirschendes Hinnehmen der Situation, sondern eine aktive Beteiligung »am Projekt einer multikulturellen Gesellschaft«[22]. Dazu muss die multikulturelle Gesellschaft als »Kommunikationsraum« verstanden werden, in dem gerade das Besondere »zum Austausch mit anderen verpflichtet«.[23] Albrecht Grözinger zeigt dies als

[19] Vgl. Grözinger, Es bröckelt an den Rändern. Kirche und Theologie in einer multikulturellen Gesellschaft, Gütersloh, 1992, 17.
[20] Grözinger, a. a. O., 19f. Vgl. dazu auch José J. Alemany, Die Herausforderung des Pluralismus: Christliche Kirchen zwischen Partikularität und Katholizität, in: ÖR 42/1993, 177–195.
[21] Traugott Jähnichen, Pluralität der Religionen und gesellschaftlicher Zusammenhalt, in: Zeitschrift für Evangelische Ethik 50/2006, 243–248, 246.
[22] Albrecht Grözinger, Es bröckelt an den Rändern, 26.
[23] Ebd., 19.

Chance auf, indem er deutlich macht, dass der Versuch, das bisher behauptete »christliche Abendland« als für alle verbindliche Kultur aufrecht zu erhalten oder gar erst zu schaffen, eine Versuchung darstellt, »aus dem Modus des Bezeugens in den des Behauptens und oft eines sehr gewalttätigen Behauptens überzuwechseln«[24]. Demgegenüber sieht er in der multikulturellen Gesellschaft einen Gewinn für die Kirche, nämlich dass hier ein Raum entsteht, der dem Reden der Kirche angemessen ist, in dem es um die »Vergegenwärtigung« des Evangeliums geht und nicht um ein Aufdrängen oder gar Überstülpen. Mit anderen Worten: Kirche ist ausgerichtet auf Gottes Reich, das ein Reich des Friedens und der Gerechtigkeit ist. Das wird durch die Kirche und die einzelnen Christen präsent gemacht – nicht durch Auftrumpfen und Aufoktroyieren von Glaubenssätzen, sondern indem vom Evangelium Zeugnis abgelegt wird durch ein entsprechendes Leben der christlichen Vorstellung von Frieden und Gerechtigkeit. Es geht um »die Bereitschaft, durch Gespräch und Argumentation zu überzeugen bzw. eines Besseren überzeugt zu werden«[25] und diese Überzeugung jeweils entsprechend in das Leben zu integrieren. Daher ist Kirche zu verstehen als Kirche in Bewegung im Sinne des wandernden Gottesvolkes in all seiner Vorläufigkeit, aber auch in ihrer Bewegung auf Menschen hin.

Kirche sucht die Menschen auf.[26] In diesem Zusammenhang hebt Michael Welker zusammen mit Francis Schüssler Fiorenza hervor, dass die Kirchen einen institutionellen Ort für »Diskursgemeinschaften über Fragen der Ethik und Gerechtigkeit«[27] bereitstellen können, die es sonst in der Gesellschaft nirgends gibt. Damit haben die Kirchen eine besondere Funktion in einer multikulturellen Gesellschaft. Dazu braucht eine Kirche aber selbst ein Profil der Vielfalt. Und sie braucht ein Profil, das deutlich macht, dass die Kirche kein Selbstzweck ist, sondern über sich hinausweist. Dieses Profil wird sich einerseits dem Fundamentalismus entgegen stellen und andererseits eine beliebige Religiosität abwehren, die sich wie in einem Kaufladen bedient.[28] Außerdem wird man eine Hermeneutik des Fremden[29] entwickeln müssen, in der die Spannung zwischen Vertrautem und Fremdem ausgehalten und in der christlichen Vorstellung der Liebe überboten wird.

[24] Ebd., 29.
[25] Michael Welker, a. a. O. 19.
[26] Vgl dazu Ulrich Fischer, Die Evangelische Kirche in unserer multikulturellen Gesellschaft.
[27] Michael Welker, a. a. O., 26.
[28] Vgl. Grözinger, Pluralismus III, in: TRE 26, 741.
[29] Vgl. Theo Sundermeier, Den Fremden verstehen. Eine praktische Hermeneutik, Göttingen, 1996.

Dazu muss die Frage von Exklusivität und Inklusivität neu bedacht werden. Unter Exklusivität versteht man den Anspruch einer religiösen Tradition, die alleinige Wahrheit zu besitzen und den einzigen Weg zum Heil zu verkündigen[30]. Demgegenüber schließt eine inklusivistische Haltung auch andere Wege ein.

Die vorgetragenen Überlegungen müssen in den Kirchen ganz praktische Auswirkungen haben: Es muss darum Respekt und Toleranz anderen gegenüber einzuüben, was aber nur möglich ist bei einer gleichzeitigen tiefen Kenntnis und Verwurzelung im eigenen Glauben. Dies wird nur möglich sein, wenn die Kirchen die Ökumene und den interreligiösen Dialog vertiefen.

---

[30] Vgl. Peter Gerlitz, Pluralismus I – religionsgeschichtlich, in: TRE 26, 717–723.

Вызовы, которые ставит перед Церквами мультикультурное общество: Размышления о богословских ответах – перспектива Евангелической Церкви

Дагмар Хеллер

Вступление

То, что наше общество в Германии постепенно превратилось в мультикультурное общество (и это касается также других стран в Западной Европе, но я буду рассматривать главным образом ситуацию в Германии), ощутимо во многих сферах жизни: в детских садах, в школах, на фабриках, даже в домах престарелых, где во многих местах уже существуют специальные концепции для межкультурного совместного проживания. Правда, такими местами, где межкультурность проявилась и проявляется лишь с опозданием, являются, например телевидение, где по-прежнему все еще преобладают дикторы немецкого происхождения, или же в политике, где ответственные посты лишь постепенно стали занимать иммигранты.

Ну а как обстоит дело в Церквах? По всей Германии можно констатировать: протестантские общины как таковые почти не отражают мультикультурности. Иными словами, подавляющее большинство членов местных церковных общин в земельной церкви, как правило, немцы, причем – точнее говоря – коренные немцы, живущее здесь уже много поколений. Но где же тогда все эти представители и представительницы других культур, которые встречаются нам на каждом шагу в быту? Как правило – это либо представители других религий, прежде всего ислама, либо, если они христиане, то принадлежат к общинам своих собственных конфессий и, прежде всего к тем, где они могут говорить на своем языке. В таких крупных городах как Гамбург, Франкфурт или Берлин мы обнаруживаем пестрый набор христианских общин, в которые входят различные африканские церкви, китайские общины, корейские общины; и все они принадлежат к различным конфессиональным ориентациям: здесь встречаются как традиционные восточные православные общины Эфиопской православной Церкви, так и копты, и армяне, и различные православные церкви византийского обряда. Эта группа частично обосновалась в Германии уже начиная с 1960-х годов. А в последние 30 лет появилось все больше и больше новых независимых религиозных объединений, например, прибывшие в Германию из бывшего Советского Союза баптисты или общины Африканских независимых церквей, например, такие харизматические и духоносные объединения как церковь кимбангистов или церковь Лорда Аладура (Church of the Lord [Aladura]), разные пресвитерианские церкви из Азии и т.д.

Таков краткий обзор ситуации. Подробности уже были или будут представлены в других докладах в ходе нашей встречи.

Эту ситуацию многие рассматривают скептически, поскольку она привносит изменения и вселяет неуверенность. Неприятие других религий, но и ксенофобия вообще, вплоть до применения насилия, с одной стороны, и утрата признания Церквей в обществе – с другой стороны, вынуждают христиан задуматься о вызовах, которые привносят с собой мультикультурность и плюрализм.

Мой доклад – это не презентация общей концепции, а скорее попытка проследить за ходом мыслей, высказываемых евангелической стороной. Для этого мне хотелось бы вначале кратко пояснить такие наиболее важные понятия, как мультикультурность и плюрализм, а затем перейти к описанию конкретных вызовов, стоящих перед Церквами. Затем я попытаюсь найти ответы на эти вызовы, вытекающие из Писания, и систематически рассмотреть их в применении к различным сферам напряженности, в которых оказывается христианская вера в обществе.

Разъяснения

По определению бывшего председателя Совета Евангелической Церкви в Германии Вольфганга Хубера мультикультурность – это, прежде всего, просто тот факт, »что в одном и том же обществе совместно живут люди, которые в силу своего происхождения и жизненной ситуации имеют различную культурную ориентацию и жизненный уклад«[1]. Или по другой формулировке, мультикультурность

---

[1] Вольфганг Хубер, Многообразие культур – общество. Мультикультурность в европейской перспектива! в: Журнал евангелической этики 36/1992, стр. 11–124, 111.

подразумевает »одновременное присутствие различных форм про-
чтения действительности, имплицирующих различные установки к
действиям.«[2] Правда, вначале нужно кратко пояснить, что же мы
понимаем в этой связи под »культурой«, а именно »совокупность
человеческих действий, направленных на толкование и творение«[3],
которая основывается на определенной интерпретации мира и его
действительности, передается по традиции и направляет устройство
этого мира.

Следовательно, если мы в церковной перспективе говорим о
мультикультурном обществе, то имеем ввиду его разные грани. С
одной стороны, мы подразумеваем разные религии и мировоззрения,
которые составляют эту мультикультурность, затем разные христианские конфессии и, не в последнюю очередь, разные культурные
установки, которые следует рассматривать независимо от религиозной принадлежности.

В этой связи мы говорим о »вызовах«, вытекающих из данной
ситуации. При этом мне хотелось бы выяснить следующее: понятие
»вызовы« иногда бывает понято в негативном смысле, как »трудности«, без которых лучше было бы обойтись, но с которыми волей
неволей приходиться справляться. Это подспудное понимание будет,
правда, ощущаться и в моем докладе, но мне хотелось бы принципиально толковать понятие »вызовы« в нейтральном смысле, как
ситуацию, требующую ответа. В этом, если смотреть положительно,
может содержаться и шанс.

Вызовы, вытекающие из ситуации в мультикультурном обществе,
возникают прежде всего из того факта, что мы имеем дело с фено-
меном, который обычно принято выражать понятием »плюральность«. Новым в этой общественной ситуации является именно,
плюральность, многообразие различных образов жизни и взглядов,
а с этим трудно справиться некоторым людям – также и в Церквах.
При этом следует отметить, что плюральность сама по себе не является чем-то совершенно новым. Самое позднее начиная с Реформации мы в Западной Европе знакомы с определенным многообразием различных проявлений христианства. Правда, совместное
проживание этих различных объединений регулировалось формулой
»cuius regio – eius religio« (то есть: властитель определял религию
подданных), но в частной сфере разрешалась религиозная практика,
отклонявшаяся от практики той конфессии, которая занимала гла-

---

[2]   Кристоф Швёбель, Плюрализм II, в: TRE 26, 731.
[3]   Там же.

венствующее положение. А в Северной Америке одновременное существование различных религиозных – христианских – проявлений с самого начала являлось составной частью истории возникновения современных Соединенных Штатов.

Те изменения, которые произошли за последнее время – и прежде всего в 20-м столетии – были связаны с усилением плюральности и тем самым большей диверсификации, не только в церковной сфере, но и в культурной, политической и социальной областях вообще. Причины этого объясняются духовно-историческим развитием[4], а также миграционными движениями второй половины 20-го столетия. Таким образом плюральность считается сегодня во многих областях необратимой данностью. Это отражается в понятии »плюрализм«, получившем свое развитие главным образом в политической и в философской областях как »центральный идеал современных демократий, политический порядок и легитимность которых, основывается именно на признании и уважении многообразных индивидуальных мнений, убеждений, интересов, целей и упований.«[5]

Евангелический богослов Дитрих Корш еще более резко описал то новое, что появилось в мультикультурном обществе 20-го столетия: »Мультикультурным общество называется тогда, когда в нем ставится под сомнение и имеет тенденцию к исчезновению различие между самосохранением, базирующимся на индивидуальной уверенности в обладании истиной, и способностью общества к компромиссам.«[6] Иными словами, это означает, что больше не проводится различия между общепринятым для всего общества и индивидуальным мнением, то есть ранее »частные формы жизни« заявляют свою претензию на то, чтобы стать общественными.

Это означает равноправное сосуществование, но также и наличие более или менее жесткой конкуренции между различными группами.

Относительно политической сферы Кристоф Швёбел подчеркивает, что политический плюрализм базируется »на консенсусе относительно формальных процессуальных правил общественного взаимодействия […] и в 20-м столетии он стал результатом отгра-

[4] См. об этом Кристоф Швёбель, Плюрализм II – систематически-богословски, в: TRE 26, 731б в особенности 725 ff.

[5] Клаус Шуберт/Мартина Кляйн, Политическая энциклопедия, 5-е актуализированное издание, Бонн, 2011.

[6] Дитрих Корш, Встреча с Богом и познание самого себя. Протестантский принцип в экумене и в мультикультурном обществе, в: ZEE 37/1993, 281–296, 291 f.

ничения от тоталитаризма.«[7] »Политический консенсус понимается как результат свободного баланса политических сил.«[8]

Однако по мере усиления диверсификации и роста конкуренции возникает следующая проблема: в то время, как до сих пор, несмотря на некоторую плюральность, основой национального единства и общественного консенсуса было определенное культурное единство, именно в этой сфере теперь происходят глубокие изменения. »По мере диверсификации общества, становится все сложнее […], формулировать общие, замкнутые теории культуры.«[9] Позднее я еще вернусь к этому.

Данная ситуация европейских обществ часто характеризуется понятием »постмодернизм«. Но, как нам известно, за этим понятием скрывается еще нечто большее, а именно философское течение, которое в некоторой степени подтверждает многообразие равноправных и существующих параллельно друг с другом мнений и даже считает это единственной возможностью прогресса. На смену одному единственному и общеупотребительному принципу толкования приходит большое число »языковых игр/фразовых режимов« (Жан-Франсуа.Лиотар), предлагающих различные модели толкования. В результате появляется большое количество понятий истины, непримиримо противостоящих друг другу. Конкурентная ситуация подкрепляется здесь теорией.

Выводы

После этого краткого разъяснения понятий, мне хотелось бы подвести итоги: приступая к обсуждению вызовов мультикультурного общества, стоящих перед Церквами, мы исходим из заданной и констатируемой плюральности в обществе – религиозной и культурной –, в соответствии с принятым сегодня описанием понятий плюрализм и постмодернизм. Плюрализм как правило »ставит перед собой задачу сочетать многообразие различных внутриобщественных форм общения, нормативов и моралей с формами и нормами, общепринятыми для всего общества.«[10]

---

[7] Кристоф Швёбель, Плюрализм II, в: TRE 26, 724–739, 729.
[8] Там же.
[9] Фридрих Вильгельм Граф / Клаус Таннер, Культура II, в: TRE 20, 187–209, 204.
[10] Михаель Велькер, Церковь в плюрализме, Гютерсло 1995, 14.

1 Вызовы, стоящие перед Церквами

Если мы посмотрим на конкретные вызовы, предъявляемые данной ситуацией, то речь идет, на мой взгляд, о двух основополагающих вопросах: a) Какое место занимает Церковь/Церкви в мультикультурном обществе? b) Что означает для (если можно так выразиться) »внутренней жизни« Церквей существование в мультикультурном обществе?

В таком обществе как немецкое, где по традиции религиозный ландшафт доминировали и в настоящий момент все еще доминируют две крупные Церкви (Евангелическая Церковь и Римско-католическая Церковь), мультикультурное общество означает прежде всего вызов, связанный с тем, что обе эти Церкви должны теперь привыкать к новой ситуации, в которой они являются одной из многих различных Церквей и одновременно – вместе с этими другими Церквами – представляют собой одну из религий среди многих. Это означает, что обе традиционные Церкви все больше попадают в ситуацию конкуренции не только с иными конфессиями, но также и с другими религиями.[11] Альбрехт Грёцингер говорит о »радикализованном плюрализме«, возникающем из-за того, что »на место одной определенной культурной ориентации большинства с толерируемым отклоняющимся меньшинством […] все больше выступают ›реципрокные/обратные претензии‹ равноправных групп населения.«[12]

Эта ситуация имеет разные последствия, которые мне хотелось бы лишь вкратце перечислить здесь, не претендуя на полноту:

Прежде всего она имеет последствия для отношений между Церквами и государством. Например, становится все сложнее сохранять систему церковного налога. И будет разгораться все более острая борьба за преподавание религии в государственных школах.

Новая ситуация ведет также к изменениям в отношениях между Церквами и обществом. Уменьшается естественность, с которой общество жило, руководствуясь христианскими ценностями. Кроме того, религиозные христианские символы больше не являются чемто само собой разумеющимся (срвн. дебаты вокруг распятия в школьных классах).

---

[11] Срвн. Статистические исследования по этому вопросу в земле Северный Рейн-Вестфалия у Трауготт Енихен / Плюральность религий и общественная сплоченность. Институционально-экономические перспективы, в: Журнал евангелической этики, 50/2008, 243–248, 243.

[12] Альбрехт Грёцингер, Плюрализм III, в: TRE 26, 739–742, 740.

Вместе с тем Церквам предстоит решать новые задачи, выдвигаемые обществом. Как показал Альбрехт Грёцингер, мультикультурное общество является образованием хрупким и находящимся под угрозой. Ибо, хотя плюрализм и открывает новые возможности для жизненного устройства, »он нередко требует от людей большего, чем они индивидуально могут или, соответств., желают дать.« Отсюда вытекают две крайности в поведении, ставящие это общество под угрозу, а именно, »уход на позиции фундаментализма« или в »лишенный солидарности индивидуализм«.[13] С обеими этими опасностями Церковь, если она желает внести свой вклад в мирное совместное проживание в мультикультурном обществе, должна бороться, соотв. стараться предотвратить возникновение таких угроз, как в обществе, так и в своих собственных рядах.

Еще один вызов вытекает из мультирелигиозного состава общества. Это вопрос о соотношении между миссионерским призванием Церкви и межрелигиозным диалогом. То есть, с одной стороны обнаруживается, что собственная страна, ранее считавшаяся христианской, превращается в страну, нуждающуюся в миссионировании. Одновременно, как мы видели, в условиях плюрализма не может быть и речи о чувстве собственного превосходства над другими религиями и о переманивании их членов. Мирное сосуществование в обществе требует ведения диалога религий на равноправных условиях. Но как можно совместить друг с другом – миссионерское призвание и межрелигиозный диалог?

Мультикультурное общество сказывается на жизни самой Церкви и предъявляет вызовы к ней как таковой, то есть к жизни церковных общин.

Речь идет, с одной стороны, о том, как Церкви могут интегрировать христиан из других культур. Долгое время, например, не удавалось интегрировать иноязычные общины иного происхождения – за исключением православных Церквей – в рабочее Объединение христианских церквей Германии (Arbeitsgemeinschaft Christlicher Kirche, ACK). Только сейчас появились идеи на этот счет. Интеграция христиан иных культур скажется также на богослужениях, например, на музыке. В общем и целом прихожанам придется проявить больше толерантности.

А в обращении с другими религиями вновь возникает вопрос о единстве христиан, и именно в отношении того, возможно ли вы-

13   Альбрехт Грёцингер, Плюрализм III, в: TRE 26, 739–742, 740.

ступать единым голосом, обращаясь к иным религиям. Это означает, что появляются богословские вопросы, которые христиане должны выяснить между собой и которые до сих пор в ходе экуменических дискуссий почти не попадали в центр их внимания. Я имею ввиду вопрос о том, как христиане совместно обосновывают и поясняют вопрос о троичности Бога, то есть вопрос, возникающий при соприкосновении христианства с исламом.

2 Попытка найти ответ в Библии

В принципе ответ со стороны Церкви на описанные вызовы должен гласить, что и Церкви должны прилагать усилия для поддержки мирного сожительства в этом мультикультурном обществе. Это означает, во-первых, что ситуацию следует воспринимать не как угрозу, а как данность, таящую в себе также шансы. Например, религиозное многообразие в (христианских) детских садах может побудить к более четкому свидетельству христианской веры. При этом будет ясно, что Церквам, как это выяснится ниже, может принадлежать особая роль.[14]

Но вначале мне хотелось бы, – на протестантский лад, – посмотреть, какие ответы на этот вопрос можно почерпнуть из Библии:

Уже в Ветхом Завете и в иудейской традиции закреплена основная позиция, согласно которой Бог сотворил »человека«, который при творении не идентифицируется как иудей или еврей. Народ Израиля возникает лишь в ходе истории человечества и выступает как избранный народ всегда по отношению к остальному человечеству (Срвн. Быт 12,3: »Я благословляю благословляющих тебя, и злословящих тебя прокляну; и благословятся в тебе все племена земные.«, также в Исаия 42,6; и Исаия 19, 24: »В тот день Израиль будет третьим с Египтом и Ассириею, благословение будет посреди земли […]«). Ведь в конце концов Бог Израиля – это Бог всех наций: »Вспомнят и обратятся к Господу все концы земли, и поклонятся пред тобою все племена язычников, […]« (Псал 21,28; см. также Псал 71,11; Псал 81,8; Псал 101,16; 116,1)

Как констатирует Вольфганг Хубер[15]: »Представления Ветхого

---

14 Срн. Михаль Велькер, 26.
15 Вольфганг Хубер, Много культур – одно общество. Мультикультурализм в европейской перспективе!, в: ZEE 36/1992, 11–124, 116.

Завета о человеке содержат поэтому главную черту, направленную против дискриминации и маргинализации как отдельных людей, так и меньшинств.« Опыт собственного существования как пришельцы играет при этом существенную роль, например, это находит выражение в Быт 15,13: »И сказал Господь Авраму: знай, что потомки твои будут пришельцами в земле не своей, […]« В египетском плену народ Израиля испытывает горький опыт, который Вольфганг Хубер интерпретирует как »неудавшуюся мультикультурность«[16]. Т.е. в Египте народ был подвергнут изоляции и эксплуатации как пришелец, что впоследствии и привело к исходу. В результате этого опыта возник закон: »Пришельца не обижай и не притесняй его; […] потому что сами были пришельцами в земле Египетской.« (Исход 22,20; 23,9). Соответственно сказано и во Второзак 10,18: »[…] Господь […] дает суд сироте и вдове и любит пришельца, и дает ему хлеб и одежду. Любите и вы пришельца, ибо сами были пришельцами в земле Египетской.« То же самое сказано и во Второзак 27,19: »Проклят, кто превратно судит пришельца, сироту и вдову!«

Тексты пророка Иеремии отражают ситуацию народа в диаспоре. Можно сказать, здесь речь идет о том, как народ Израиля должен вести себя в обществе со сложившейся там культурой, отличной от его собственной. Важно при этом способствовать общественному благу: »[…] заботьтесь о благосостоянии города, в который Я переселил вас. И молитесь за него Господу; ибо при благосостоянии его и вам будет мир« (Иерем 29,7).

Из иудейской традиции христианству и Новому Завету знакомо также представление о странствующем народе Божием, который лишь в конце дней всех достигнет цели и попадет в землю, обетованную Богом: »[…] ибо не имеем здесь постоянного града, но ищем будущего« (Евр 13,14). Существование как пришельцы приобретает здесь эсхатологический аспект.

Прежде всего это значит, что быть христианином означает понимать самого себя как человека, пребывающего в немощи в чужой стране – т.е. зависящего от помощи других, являющегося потенциальной жертвой порабощения, презрения и т.д. Из этого, с другой стороны, вытекает предъявляемое к себе требование помогать пришельцам, интегрировать их, считаться с ними, относится к ним с уважением и не притеснять их.

Первое послание Петра отражает ситуацию ранних христиан как меньшинства в мультикультурном обществе:

---

[16]   Там же.

»Возлюбленные! Прошу вас как пришельцев и странников, удаляться от плотских похотей, восстающих на душу, и провождать добродетельную жизнь между язычниками, дабы они за то, за что злословят вас, как злодеев, увидя добрые дела ваши, прославили Бога в день посещения. Итак, будьте покорны всякому человеческому начальству, для Господа: царю ли, как верховной власти, правителям ли, как от него посылаемым для наказания преступников и для поощрения делающих добро. Ибо такова есть воля Божия, чтобы мы, делая добро, заграждали уста невежеству безумных людей [...].« (1 Петр 2,11–17)

Отсюда видим определенную отчужденность христиан в обществе, из которого впоследствии вытекает выступление за благо людей, живущих в этом обществе. В некоторой степени эта ситуация воспринимается как удобный случай для миссионирования, правда, не для агрессивного миссионирования, а для свидетельствования в рамках действующего порядка посредством изменения собственного поведения. Речь идет о том, чтобы обеспечить присутствие в обществе христианского благовестия о любви Божией.

Ибо Евангелие предназначается всем народам, как это видно из Откровения святого Иоанна Богослова: »После сего взглянул я, и вот, великое множество людей, которого никто не мог перечесть, из всех племен и колен и народов и языков стояло перед престолом и пред агнцем в белых одеждах [...]« (Апокалипс 7,9; см. Также Апокалипс 14,6: »И увидел я другого Ангела, летящего по середине неба, который имел вечное Евангелие, чтобы благовествовать живущим на земле и всякому племени и колену, и языку и народу.«; также Апокалипс 21,23). И также в Новом Завете содержится представление о том, что люди из всех народов в конце времен соберутся вместе (Марк 13,27: »И тогда Он пошлет Ангелов Своих, и соберет избранных Своих от четырех ветров, от края земли до края неба.«) В истории Пятидесятницы это уже, как бы предвосхищается, когда повествуется о собрании иудеев »из всякого народа под небесами« (Деян 2,1–13).

Какое заключение можно сделать из слов и из поступков Самого Иисуса в отношении вопроса, поставленного нами? Иисус проигнорировал принятую в его эпоху изоляцию людей иного религиозного мировоззрения или иного этнического происхождения. (Марк 7,24–30: Исцеление дочери женщины Сирофиникиянки). Иисус нарушает условности, связанные с инаковостью других людей (Иоан 4,1–39 – Иисус и Самарянка). Иисус исцелял язычников (Матф 15,21–28: исцеление дочери Хананеянки) и посетил дом социально отверженного (Лук 19,1–10: начальник мытарей Закхей). Возглашение о Страшном Суде (Матф 25,31–46) также отражает представление о Страшном суде над »всеми народами«, в ходе которого критерием служит милосердная помощь нуждающимся и странникам (стихи 35, 38, 43). Центральной в проповеди Иисуса является любовь к ближнему, демонстрируемая примером в котором пришелец изображается как ближний (Лук 10, 25–37: милосердный Самарянин). Более того, эту заповедь превосходит заповедь о любви к врагам. Таким образом »признание пришельцев выглядит прямо таки как основополагающее призвание христианской жизненной практики. Оно включает в себя оба момента: уважение к инаковости другого человека и предоставление ему права убежища, отказ от овладения им и предложение общения.«[17]

И, наконец, в этой связи не следует забывать и Матф 28,19: »[…] идите, соделайте Учениками все народы, (Прим. переводч. – в синод. издании Библии: »итак идите, научите все народы, крестя их во имя Отца и Сына и Святаго Духа). Хотя достоверность этих слов и ставится под сомнение многими экзегетами, их нельзя просто так вычеркнуть из христианского канона, ибо их значение состоит здесь в том, что христиане были посланы в мир, дабы привести мир ко Христу.

Важными для нашей тематики являются также такие тексты как Галат. 3,28: »Нет уже Иудея, ни язычника; нет раба, ни свободного; нет мужеского пола, ни женскаго: ибо все вы одно во Христе Иисусе«. Этот текст содержит в себе »предложение, в свете общей принадлежности к Телу Христову так изображать относительность непреодолимых различий, чтобы эти различия становились не только терпимыми, но даже наоборот, продуктивными и конструктивными.«[18] Различия необходимы во имя единства, как это следует из 1 Коринф 12,13.

Апостолы в раннехристианских общинах могли – хотя и не без проблем – устраивать совместную жизнь иудеев и язычников, то есть различных культур, в ходе которой язычники признавались как таковые, не превращаясь в иудеев.

Резюме:

В целом, из библейских свидетельств можно сделать следующий вывод: для христиан важно жить в мультикультурном обществе, со-

---

[17]   Вольфганг Хубер, 116.
[18]   Вольфганг Хубер, 117.

знавая свое эсхатологическое предназначение и тем самым, сознавая то, что они сами являются пришельцами. Речь идет, с одной стороны, о благе всего общества, что стоит на переднем плане, и о поручении проповедовать Евангелие, что также стоит на переднем плане. Поступки Самого Иисуса могут быть поняты как образец для диалога, для такого диалога, участники которого серьезно относятся к своему визави, но одновременно четко излагают собственное мнение, отличное от мнения другого – всегда руководствуясь любовью к ближнему. Каждый и каждая играет свою роль в сообществе и вносит свой вклад в общее дело. Это касается и разных групп в обществе. Поэтому нужно с уважением относиться к культурным различиям и считаться с ними.

Существующие внутри общины культурные, социальные и половые различия должны рассматриваться таким образом, чтобы они не играли разделяющей роли, ибо перед Господом они не играют никакой роли. Следовательно, такие различия не могут служить причиной какой-либо изоляции.

3 Сферы напряженности

Конечно, от Вашего внимания не ускользнуло, что общие выводы из анализа Библии я делала селективно, не учитывая некоторых высказываний – по крайней мере до сих пор. Например в цитировавшихся мною отрывках из текста 1-го Послания Апостола Петра можно найти выдержки, которые представляются в этой связи проблематичными. Я имею ввиду высказывания об отношении общины к правителям. Сегодня, с учетом опыта, с которым столкнулись Церкви в Германии, такую установку больше нельзя перенимать некритично. При критическом рассмотрении истории миссионирования проблематичными могут показаться некоторым и те места из Библии, где подчеркиваются миссионерские претензии христианства. В целом отсюда вытекает, что существование Церкви в мультикультурном обществе следует рассматривать как определенные сферы напряженности. Я вижу по крайней мере три таких сферы напряженности, в которые вписывается принципиальная христианская позиция, описанная мною в последнем разделе.

Во-первых, существует определенная напряженность между Евангелием и культурой: эта напряженность многогранна. Напряженность возникает при размышлении о том, существует ли или должна ли существовать в обществе общая культура. В Германии несколько лет тому назад велась дискуссия о германской »Leitkultur« (главенствующей культуре / общегражданской культуре), к который должны приспосабливаться переселенцы. Нельзя отрицать, что – в исторической перспективе – в европейских странах до сих пор существовала общая культура, на которую – между прочим – очень сильный отпечаток наложило христианство. Но, как мы видели, создается впечатление, что начинают происходить такие изменения, которые с трудом можно остановить. Следовательно, в таком мультикультурном обществе Церкви уже больше не смогут чувствовать себя доминирующими носителями культуры. Но вместе с тем возникает вопрос, как следует вести себя по отношению к определенным культурным явлениям. С одной стороны, в силе остается требование о терпимости, уважении и внимании к другим и к пришельцам, с другой стороны, необходимо также принять осмотрительное решение о том, какие культурные особенности следует критиковать. Я имею ввиду, например, такие явления как обрезание девочек или же убийство ради спасения чести, которое нам христианам, при всей нашей терпимости по отношению к другим, следует заклеймить позором. То есть, иными словами, не все элементы какой-либо культуры заслуживают защиты лишь потому, что они являются частью другой культуры. Следовательно, здесь требуется проводить различие, исходя из того, что само христианство является частью культуры с разными культурными проявлениями, но что с христианской точки зрения следует придерживаться определенных стандартов, направленных против некоторых культурных проявлений.

С этим связана, во-вторых, другая напряженность между абсолютностью христианства и собственной претензией других религий и культур. В ситуации многокультурности, в которой Церкви равнозначно конкурируют с другими религиозными общинами, возникает напряженность, связанная с вопросом об истине и о праве претендовать на обладание абсолютной истиной. Евангелие, охватывающее весь мир, наталкивается на претензии, заявляемые другими религиями. При этом для Церквей речь будет идти о возможности совместного существования, которое базируется на примере Самого Иисуса: Как мы видели из библейских текстов, речь идет о диалоге, а это значит, что необходимо убеждать с помощью убедительных слов и достоверного поведения. Вместе с тем здесь приобретают важность еще два библейских принципа. Я имею ввиду, во-первых, эсхатологический аспект, оставляющий Самому Богу окончательное решение вопроса о том, что же истина, и во-вторых, принцип кеносиса, который Сам Бог показал как модель, Который »будучи образом Божиим уничижил Себя Самого, сделавшись подобным человекам и по виду став как человек; смирил Себя, быв послушным даже до смерти, и смерти крестной« (срн. Филипп 2,6–8).

И, в-третьих, существует напряженность между единством и партикулярностью, причем на двух уровнях. Как уже было упомянуто выше, плюрализм порождает две опасности: некоторые испытывают рост плюрализации как угрозу национальному единству. Отсюда вытекает опасность фундаментализма как обратной реакции. Другие превращают многообразие в релятивизм и индивидуализм, при которых утрачивается любая способность солидаризироваться с окружающими. В таком случае плюрализм становится своего рода идеологией, с помощью которой можно оправдать все. Церквам предстоит противостоять обоим этим явлениям.

То, о чем я говорила до сих пор, касается уровня внешних отношений Церкви внутри общества, но есть и еще один уровень отношений – а именно внутрицерковный: В мультикультурном обществе, т.е. в обществе с плюралистским умонастроением, перед Церквами заново ставится вопрос о единстве в двойственном отношении: в соприкосновении с другими религиями и культурами возникает вопрос о внутрихристианском единстве: как мы можем, соприкасаясь с другими религиями, выступать единым голосом? Вместе с тем возникает вопрос и в связи с общественными ценностями: можем ли мы, обязаны ли мы и должны ли мы договариваться с другими религиями об общих ценностях? От каких ценностей мы можем при этом отказаться? Может ли быть в обществе плюрализм ценностей? И особенно сложно дать ответ касательно этой второй сферы: если идти по пути общих принципов для всех, то придется учесть то, что общий принцип всегда имеет тенденцию к преследованию и уничтожению всего, что от него отличается. Ну а если возобладает партикуляризм, то существует опасность, что собственное будет восприниматься как нечто, стоящее выше всего отличного от него.[19] Существует ли возможность выйти за рамки этих альтернатив? Как показывает Альбрехт Грёцингер, это возможно лишь в том случае, если чужое и собственное перестают восприниматься как противоположность, когда в чужом начинаешь распознавать свое, а в собственном лишь начинаешь воспринимать чужое в его своеобразии.[20]

[19] Срн. Грёцингер, 17.
[20] Грёцингер, Срвн. Об этом также Хосе.Й.Алемани, Вызов плюрализма: Хрис-

4 Перспективы

Подводя итоги, мне хотелось бы конкретно показать, что означают на практике высказанные до сих пор соображения относительно действий Церквей в мультикультурном обществе с евангелической перспективы.

Прежде всего, относительно места Церкви и позиции Церкви в обществе. Евангелический богослов Трауготт Енихен некоторое время тому назад подчеркнул, что Церковь должна рассматривать себя как религиозное объединение, которое действует в обществе равноправно с другими. »Такое равноправие предполагает, что религиозные объединения самостоятельно как организации занимают свое место в сфере деятельности религиозной системы, тем самым они сами себя ограничивают и, без претензии на правовое доминирующее положение, находят свое общественное место как равноправные организации в комплексе с другими религиозными объединениями и объединениями по убеждениям.«[21] И это вовсе не означает, что придется исчезнуть в пучине плюральности или со скрежетом зубовным смириться с возникшей ситуацией, а наоборот, это обеспечивает активное участие »в проекте мультикультурного общества«[22]. Для этого мультикультурное общество должно быть понято как »пространство общения«, в котором именно особость обязывает к обмену с другими«.[23] Альбрехт Грёцингер демонстрирует это как шанс, разъясняя, что попытка сохранить до сих пор удерживавшийся »христианский Запад« как обязательную для всех культуру, или тем более стремление создать такую культуру вновь, представляет собой искушение, »сменить модус свидетельства на модус удерживания и нередко весьма насильственного удерживания«[24]. В противоположность этому в мультикультурном обществе он видит выигрыш для Церкви, а именно ввиду того, что здесь возникает пространство, подходящее для выступления Церкви, в котором речь идет о »приведении в настоящее (Vergegenwärtigung)« Евангелия, а не о его навязывании или тем более нахлобучивании.

тианские Церкви между партикулярностью и соборностью, в: ÖR 42/1993, 177–195.

[21] Трауготт Йенихен, Плюрализм религий и общественная сплоченность, в: Журнал евангелической этики 50/2006, 243–248, 246.

[22] Альбрехт Грёцингер, Осыпается по краям, 26.

[23] Там же., 19.

[24] Там же., 29.

Иными словами: Церковь нацелена на Царство Божие, являющееся царством мира и справедливости. Церкви и отдельные христиане демонстрируют его присутствие – не путем козыряния или навязывания догматов веры, а путем свидетельствования Евангелия своей жизнью, соответствующей христианским представлениям о мире и справедливости. Речь идет о »готовности убеждать, соотв. быть переубежденным, путем разговоров и аргументов«[25], и соответственно каждый раз воплощать это убеждение в жизнь. Отсюда Церковь следует понимать как Церковь в движении в смысле странствующего народа Божия во всей его временности, но также и в движении по направлению к человеку. Церковь посещает человека.[26] В этой связи Михаэль Велькер и Франсиз Шюсслер Фиоренца подчеркивают, что Церкви могут превратиться в институцию, предоставляющую такое место для »дискуссий по вопросам этики и справедливости«[27], какого еще нет в обществе. Тем самым Церковь несет особую функцию в мультикультурном обществе. Для этого ей самой необходим профиль многообразия. Она нуждается в профиле, который показывает, что Церковь – не самоцель, она указывает на нечто вне себя. Этот профиль будет, с одной стороны, противостоять фундаментализму, а с другой стороны, бороться с разношерстной религиозностью, которую можно выбирать себе как товар в супермаркете.[28] Кроме того придется разработать герменевтику пришельца,[29] которая позволит переносить напряженность между привычным и чужим с помощью превосходящих эту напряженность христианских представлений о любви.

Для этого следует заново продумать вопрос об эксклюзивности и инклюзивности. Под эксклюзивностью понимается претензия какой-либо религиозной традиции на единоличное обладание истиной и проповедование единственно правильного пути ко спасению.[30] В противоположность этому инклюзивистская позиция включает и иные пути.

Представленные соображения должны иметь вполне практичные последствия для Церквей. Следовательно нужно стараться с

---

25   Михаэль Велькер, 19.

26   Об этом Ульрих Фишер, Евангелическая Церковь в нашем мультикультурном обществе.

27   Михаэль Велькер, 26.

28   Срн. Грёцингер, Рлюрализм III, в: TRE 26, 741.

29   Срн. Тео Зундермейер, Понять чужого. Практическая герменевтика, Гёттинген, 1996.

30   Срн. Петер Герлитц, Плюрализм I – религиозно-исторический, в: TRE 26, 717–723.

уважением и терпимостью относиться к другим, а это возможно лишь при одновременном наличии глубоких знаний и укорененности в своей вере. Ну а это станет возможным лишь в том случае, если Церкви будут углублять экумену и межрелигиозный диалог.

Orientierung in der multikulturellen Gesellschaft – Der Beitrag der evangelischen Kirche im Dialog

Petra Bosse-Huber

Wie kann der Beitrag der evangelischen Kirche in der multikulturellen freiheitlichen Gesellschaft in Deutschland im 21. Jahrhundert aussehen? Hat die evangelische Kirche, haben die christlichen Kirchen insgesamt genügend gestalterische Kraft in der Gesellschaft und kann von ihnen Orientierung im Dialog zwischen dem Staat und verschiedenen zivilgesellschaftlichen Gruppen ausgehen?

Um diese Frage gerade hier, im gemeinsamen ökumenischen Gespräch mit Vertretern der russisch-orthodoxen Kirche zu erörtern, muss erst einmal dargestellt werden, wie sich das Verhältnis von Staat und Kirche in Deutschland gestaltet.

Das Verhältnis von Staat und Kirche in der Bundesrepublik Deutschland ist im Vergleich zu Kirchen in anderen Staaten in Europa oder in den USA außergewöhnlich. Denn weder gibt es ein laizistische Haltung, die wie in Frankreich eine strikte Trennung von Staat und Kirche in der Verfassung festschreibt, noch sind die evangelische oder die katholische Kirche Staatskirche wie z. B. die lutherische Kirche in Schweden.

Die evangelische Kirche war in Deutschland Ende des 19. Jahrhunderts eine Staatskirche, und der deutsche Kaiser war der »summus episcopus« der Protestanten. Im deutschen Kaiserreich in den Jahrzehnten zwischen 1871 und 1918 wurden in weiten Teilen der Gesellschaft »evangelisch sein« und »deutsch sein« fast gleichgesetzt. Die katholische Kirche und die jüdische Kultusgemeinschaft spielten dort eine andere, untergeordnete Rolle.

Auch nach dem Zusammenbruch des Kaiserreichs am Ende des 1. Weltkriegs sollten die Kirchen eine wichtige Rolle in der deutschen Gesellschaft behalten. In der Verfassung der neu gegründeten Demokratie, der sogenannten Weimarer Verfassung, wurden 1919 den damals größten religiösen Gemeinschaften, der evangelischen Kirche, der katholischen Kirche und der jüdischen Kultusgemeinde, weitgehende Rechte der Selbstbestimmung eingeräumt.

Diese verfassungsmäßig garantierten Rechte wurden auch nach dem 2. Weltkrieg im Grundgesetz der Bundesrepublik Deutschland wieder erneuert und bekräftigt. Sie wurden auch auf der Ebene der Bundesländer und Landeskirchen in sogenannten Staats-Kirchen-Verträgen beschrieben und festgelegt.

Die frühere Zurückhaltung der Kirchen gegenüber der Staatsform Demokratie hat sich grundlegend gewandelt. Die Evangelische Kirche steht dem Staat Bundesrepublik Deutschland nicht indifferent oder ablehnend gegenüber. In der sogenannten Demokratiedenkschrift von 1985 bekennt sich die Evangelische Kirche in Deutschland zu den Grundsätzen dieser Staatsform, weil die freiheitliche Demokratie des Grundgesetzes in besonderer Weise dem christlichen Menschenbild entspricht.

Dabei übt die evangelische Kirche in Bezug auf den deutschen Staat eine Haltung »kritischer Loyalität« aus, d. h. sie erkennt ihn als rechtmäßige und auch dem christlichen Menschenbild gemäße Staatsform an. Andererseits ist die Kirche eigenständig genug, ein kritisches Gegenüber des Staates zu sein und seine Aussagen, Gesetze und Handlungen anhand ihrer im Evangelium gegründeten Werte und Überzeugungen zu prüfen.

Es gibt keine strikte Trennung des staatlichen und kirchlichen Raumes, aber auch keine organisatorische und rechtliche Identität. Die Staatsrechtler sprechen beim deutschen Modell des Verhältnisses von Staat und Kirche von einer »hinkenden Trennung« oder auch von der »fördernden Neutralität« des Staates.

Der Staat garantiert in Deutschland die Religionsfreiheit und ist zu religiöser Neutralität verpflichtet. Die Kirchen haben das Recht, sich als Körperschaft öffentlichen Rechts selbst zu verwalten, bis hinein in Fragen des Arbeitsrechts.

Die Finanzierung der Kirchen erfolgt in der Hauptsache über die Erhebung der sogenannten Kirchensteuer – auch das ist ein verbrieftes Recht der Kirchen und der jüdischen Kultusgemeinde. Oft wird von ausländischen Beobachtern deswegen vermutet, dass die christlichen Kirchen ganz eng mit dem Staat verquickt und gar nicht getrennt sind. Das stimmt aber nicht. Die Kirchensteuer wird nur von den Steuer zahlenden Mitgliedern der Kirche eingezogen, nicht von allen Bürgerinnen und Bürgern. Der Staat übernimmt dies für die Kirche als Dienstleistung und wird von ihr dafür bezahlt.

Einen weiteren Hinweis für die Einheit von Kirche und Staat meinen Beobachter von außen auch dort zu entdecken, wo die Kirchen im staatlichen und öffentlichen Raum präsent sind, z. B. beim konfessionellen Religionsunterricht in Schulen, beim Studienfach Theologie an staatlichen

Hochschulen oder beim Dienst von Seelsorgerinnen und Seelsorgern in der Polizei oder in der Bundeswehr.

Die Kirchen übernehmen hier umfängliche Aufgaben im öffentlichen Raum. Sie bzw. ihre Gemeinden unterhalten Kindergärten, Jugendzentren und z. T. auch Schulen. Es gibt sogar einige kirchlich getragene Fachhochschulen, z. B. für die Ausbildung von Erzieherinnen und Erziehern. Kirchengemeinden oder kirchliche diakonische Werke sind Trägerinnen von evangelischen oder katholischen Krankenhäusern, Alten- und Pflegeheimen.

All dies sind aus deutscher Sicht Leistungen der Daseinsvorsorge, die eigentlich dem Staat obliegt. Diese Leistungen für seine Bürgerinnen und Bürger kann und will der Staat nicht allein erbringen – das gehört zum Selbstverständnis der freiheitlich geordneten Demokratie, die durch den gemeinsamen Einsatz ihrer Bürgerinnen und Bürger in vielen verschiedenen gesellschaftlichen Gruppen und Weltanschauungen getragen wird. Nicht nur die Kirchen, sondern auch nicht-kirchliche Organisationen wie die Arbeiterwohlfahrt oder der Paritätische Wohlfahrtsverband übernehmen solche Leistungen.

Der Staat revanchiert sich dafür – gleichsam als Entgelt – mit finanziellen Transferleistungen an die Kirchen und die anderen Organisationen, z. B. in der Refinanzierung von Personalkosten. In Deutschland sind alle Organisationen, die den Staat in der Versorgung der Bürgerinnen und Bürger in den Bereichen von Bildung, Gesundheit und Fürsorge für sozial Benachteiligte unterstützen, zusammen geschlossen unter dem Begriff »Wohlfahrtsverbände«. Diese Verbände, zu denen auch die Kirchen gehören, unterstützen den Staat nicht nur, sondern bilden auch ein kritisches Korrektiv. Wenn der deutsche Bundestag Kürzungen im Sozialbereich, z. B. bei der finanziellen Unterstützung für Arbeitslose, beschließt, werden sich die Wohlfahrtsverbände laut und kritisch zu Wort melden und öffentlich als Anwälte für die Schwachen in der Gesellschaft auftreten.

In Deutschland hat sich die religiöse Landschaft in den letzten 50 Jahren stark verändert. Deutschland ist ein hochentwickeltes, stark auf Export ausgerichtetes Industrieland. Nicht alle, aber doch breite Bevölkerungskreise leben in einem auskömmlichen Wohlstand – bekanntermaßen nicht der ideale Nährboden für Gottessuche und Volksfrömmigkeit. Das spiegelt sich auch in der religiösen Landschaft wider. Während 1970 in der alten Bundesrepublik noch rund 94 % – also nahezu die Gesamtbevölkerung – Mitglied der evangelischen oder katholischen Kirche waren, sank dieser Prozentsatz mit der deutschen Einheit 1990 auf rund 73 %. Das erklärt sich aus dem Umstand, dass das beigetretene Gebiet der früheren DDR nach 45 Jahren kommunistischer Diktatur weitgehend entkirchlicht war und bis heute ist. Heute hat sich das Bild weiter – sehr zum Nachteil der beiden Kirchen – verschoben: Nach den Zahlen von 2008 sind rund 35 % der Gesamtbevölkerung kirchenfremd. Die evangelischen und katholischen Christen liegen mit jeweils rund 30 % gleichauf. Wohlgemerkt: Diese Zahlen stellen auf die formale Kirchenmitgliedschaft ab; sie besagen also nichts über die aktive Teilhabe am kirchlichen Leben, die – wie etwa ein Blick in oft spärlich besuchte Gottesdienste zeigt – sicher nicht von 60 % der Gesamtbevölkerung bestritten wird.

Etwa 4,5 % der Gesamtbevölkerung werden dem Islam zugerechnet – eine Folge der Zuwanderung seit Anfang der 1960er Jahre gerade aus der Türkei und nordafrikanischen Ländern. Der Rest verteilt sich auf die unterschiedlichsten Religionsgemeinschaften.

Will man eine Prognose wagen, so wird man vermuten dürfen, dass die Zahl der evangelischen und katholischen Kirchenmitglieder – durch die demographischen Entwicklung, aber auch durch Kirchenaustritte weiter sinken wird; die Zahl der kirchenfernen Mitbürger wird – wenn auch nicht in gleichem Umfang – steigen. Zunehmen wird – ein fortdauernder Anstieg von Bevölkerungsanteilen mit Migrationshintergrund unterstellt – auch die Zahl der Muslime.

Damit lässt sich eine massive Veränderung der religiösen Landschaft in Deutschland feststellen. Der Staat und auch die christlichen Kirchen müssen mit dieser neuen Situation umgehen. Das deutlichste Beispiel ist die jahre-, fast jahrzehntelange Diskussion um den islamischen Religionsunterricht – also um die Frage, ob in den öffentlichen Schulen im ordentlichen Lehrfach Religion auch die Kinder muslimischer Eltern Unterricht in der eigenen Religion, also im Islam erhalten dürfen.

Hier geht es um ein sehr komplexes Gebilde des interkulturellen Zusammenlebens, denn nicht nur die christlich geprägte deutsche Politik und Gesellschaft müssen sich dafür öffnen, dass der Islam Teil des deutschen Lebens geworden ist. Sondern auch die Muslime müssen sich fragen lassen, ob der Islam in Deutschland den Anforderungen entsprechen kann, die der deutsche Staat an eine Religionsgemeinschaft stellt, die Religionsunterricht erteilen will und dafür z. B. Religionslehrerinnen und -lehrer nach verbindlichen Lehrplänen an staatlichen deutschen Hochschulen ausbilden lassen muss.

Deutschland ist in den vergangenen Jahrzehnten zu einer multikulturellen Gesellschaft geworden. Seit den 1960er Jahren sind viele Menschen aus anderen Ländern in unser Land gekommen. Es waren zum Teil angeworbene Arbeiter und Akademikerinnen und ihre Familien, die aus südeuropäischen Ländern wie Italien, Spanien, Griechenland, aus der Türkei, aber auch aus Russland und den Staaten der ehemaligen Sowjetunion kamen. Es gab und gibt aber auch Flüchtlinge und Asylsuchende aus afrikanischen und asiatischen Ländern, z. B. aus dem Kongo der dem Iran, z. T. auch aus Kriegsgebieten im Balkan.

Die Integration der verschiedenen Bevölkerungsgruppen ist eine ständige Aufgabe und Herausforderung für die deutsche Gesellschaft. Das gilt besonders für die Jugendlichen und jungen Erwachsenen der sogenannten 2. und 3. Generation, die in Deutschland geboren sind, die aber oft keine deutsche Staatsangehörigkeit und vielfach nur schlechte Chancen auf dem Arbeitsmarkt besitzen. Sie fühlen sich oft in Deutschland nicht zugehörig.

Es gibt auch Kräfte in der Bevölkerung, die kein Interesse an Integration haben und die Idee einer multikulturellen, offenen und demokratischen Gesellschaft ablehnen. Rechtsradikale und neo-faschistische Gruppen und Ideen haben in den letzten Jahren in gewissen gesellschaftlichen Kreisen Zulauf erhalten. Ebenso gibt es »auf der anderen Seite« Gruppierungen mit stark islamistischen Tendenzen. Beide »Lager« erkennen den freiheitlichen demokratischen Rechtsstaat mit seiner Betonung von Meinungsfreiheit, Religionsfreiheit und Pluralität nicht an.

Auch angesichts dieser Herausforderung übernehmen die christlichen Kirchen die Rolle, den Staat kritisch zu begleiten, aber auch zu unterstützen. Die Evangelische Kirche in Deutschland betont in verschiedenen Denkschriften und Handreichungen, dass Antisemitismus, Fremdenfeindlichkeit und Rassismus keinen Platz haben in der Kirche und in der freiheitlich demokratischen Gesellschaft. Zu Ausschreitungen und rassistisch motivierten Gewalttaten bezieht sie klar Stellung, nicht nur in Worten, sondern auch in Taten. Viele evangelische Kirchengemeinden engagieren sich zum Beispiel mit anderen bürgerschaftlichen Gruppen in ihrer Stadt gegen Neonazis und für ein tolerantes friedliches Zusammenleben.

Die evangelische Kirche versteht die Botschaft des Alten und des Neuen Testaments so, dass sie sich verpflichtet sieht, sich besonders für die Schwachen und Benachteiligten in der Gesellschaft einzusetzen. Dabei ist ihre Rolle in Bezug auf den Staat einerseits unterstützend, wo der Staat sich für die Schwachen einsetzt. Andererseits ist ihre Rolle auch kritisch, wo sie diese Parteinahme gefährdet sieht.

Ein Beispiel für notwendige Parteinahme ist die politische und gesamtgesellschaftliche Debatte um Inklusion, gerade um die Inklusion vom Menschen mit und ohne Behinderungen.

Im Sommer 2012 sollte ein Bluttest auf den Markt kommen, der vielleicht ein Schritt hin zur Verwirklichung der Vision des »perfekten Kindes« ist. Es ist ein Bluttest für Trisomie 21. Sein Vorteil: Ohne Fruchtwasseruntersuchung, also ohne das Risiko einer Fehlgeburt, kann untersucht werden, ob das im Mutterleib wachsende Kind Trisomie 21 haben wird – das so genannte Down-Syndrom. An der Ankündigung dieser Einführung hat sich eine relativ breite öffentliche Diskussion entzündet, in der sich auch etliche Theologinnen und Theologen zu Wort gemeldet haben.

Schon bei dem bisher verwendeten invasiven Testverfahren werden zwischen 85 und 95 % der Feten, bei denen Trisomie 21 festgestellt wurde, abgetrieben. Mit einem Bluttest ist die Untersuchung vermeintlich »risikolos«.

Betroffene Eltern machen es sich sehr schwer mit ihrer Entscheidung für oder gegen eine Fortsetzung der Schwangerschaft machen. Sie werden oft sehr sorgsam von vielen Ärztinnen und Ärzten oder von den Schwangerschaftskonfliktberatungsstellen in diesem Prozess begleitet. Dass jede Einzelentscheidung mit guten Gründen getroffen wird und ihre Berechtigung hat, steht nicht in Frage. Die Sorge vieler Christinnen und Christen gilt dem gesellschaftlichen Kontext, in dem Eltern und Mediziner ihre ethischen Entscheidungen treffen. Denn dieser Kontext bestimmt, ob den Betroffenen ein Leben mit einem Kind mit Behinderung vorstellbar oder als ganz und gar ausgeschlossen erscheint.

Obwohl in Deutschland die Behindertenrechtskonvention der UN gilt und inzwischen Maßnahmen zur Inklusion z. B. im schulischen, beruflichen und kulturellen Bereich vorangetrieben werden, gibt es auch eine gegenläufige Bewegung, die Familien ein Leben mit Kindern mit Behinderungen erschwert.

Immer lauter wird die gesellschaftliche Haltung artikuliert, dass ein Leben mit Behinderung vermieden werden kann und daher auch vermieden werden soll. Das führt schon jetzt dazu, dass Eltern, die sich für ein Kind mit »Down-Syndrom« entscheiden oder die ohne Test von der Diagnose überrascht werden, unter Rechtfertigungsdruck kommen. Diese Haltung wird noch dominanter werden, wenn nicht nur Trisomie 21, sondern mit fortschreitender Entwicklung entsprechender Tests auch andere Chromosom-Störungen mit Bluttests schnell und einfach »routinemäßig« getestet werden können.

Eine solche Haltung widerspricht in vielerlei Hinsicht christlichen Grundüberzeugungen. Das christliche Menschenbild ist nicht ausgerichtet an einem Ideal von Perfektion, das ohnehin menschlich nicht zu erreichen ist. Unser Leben ist nicht perfekt. Es gibt für keinen von uns ein Leben ohne Krankheit und ohne Einschränkungen. Das gehört zum Menschsein dazu. Wir erfahren und deuten unser »Leben als Fragment«, so hat es der Theologe Henning Luther formuliert. Diese Deutung geschieht nicht außerhalb der Beziehung zu Gott, sondern gerade als Teil der Gottesbeziehung, wie angesichts des Leidens und Sterbens Jesu am Kreuz und an seiner Auferstehung deutlich wird.

Zum christlichen Menschenbild gehört bei aller Wertschätzung des Individuums ganz zentral die Überzeugung, dass menschliches Leben immer in Gemeinschaft stattfindet. Im »Leib Christi« gehören alle Glieder zusammen, die starken und die schwachen. Dabei ist kein Glied immer stark oder immer schwach.

Das ist ein Maßstab für eine humane Gesellschaft. Eine Gesellschaft verkümmert, wenn sie nicht mehr eine Solidargemeinschaft von Stärkeren und Schwächeren sein kann und will.

Noch ein Blick auf das Miteinander der zwei größten christlichen Kirchen bzw. Konfessionen in Deutschland: Anders als bis in das 20. Jahrhundert hinein, ist das Miteinander katholischer und evangelischer Christen heute kein wirklich handgreiflich praktisches Problem mehr. Das gilt für die alltäglichen Lebensvollzüge, weitgehend aber auch für das kirchliche Leben. Das ist kein Wunder, stellen sich doch beiden Kirchen zum Teil dieselben Schwierigkeiten: Fortschreitende Glaubensferne, sinkende Mitgliederzahlen, damit Hand in Hand gehend ein sich verminderndes Kirchensteueraufkommen; eine im pluralistischen Meinungskanon rückläufige politische Bedeutung der Kirchen. All dies schafft konfessionsübergreifende Gemeinsamkeit – in der diakonischen Arbeit, in den Stellungnahmen gegenüber Politik und Gesellschaft, in Grenzen auch im Gottesdienst und durch zunehmende Konkurrenz anderer Glaubensgemeinschaften. Für viele – vor allem junge – Christinnen und Christen in Deutschland ist es deshalb heute schwer vorstellbar, dass die reformatorische Botschaft von der Gerechtigkeit Gottes allein aus dem Glauben das ganze Mittelalter aus den Angeln gehoben und – von Martin Luther ganz ungewollt – zu einer Kirchenspaltung geführt hat.

Die eigentlichen Gräben sind heute anders und womöglich tiefer gezogen: So die Furchen zwischen den Gleichgültigen, die Gott und Kirche bestenfalls als Garnitur für Weihnachten und Ostern benutzen, ihn aber sonst für überflüssig halten, und denen, die so etwas wie christliche Nachfolge wagen im Einsatz für Frieden, Gerechtigkeit und Bewahrung der Schöpfung.

Einschneidender noch sind die Gräben zwischen jenen, die Kirchenferne zum Verfassungsgrundsatz erheben und ihre Kinder in einem gottesfreien Umfeld erzogen wissen wollen, und den Christen, egal welcher Konfession, die ihren Kindern ihren Glauben zwar nicht oktroyieren, wohl aber als Angebot nahebringen. Schließlich gibt es die tiefen Schluchten, ja Abgründe, zwischen denen, die fanatisch als Muslime oder als Christen die Alleinwahrheit ihrer religiösen Überzeugungen reklamieren und der deutschen Gesellschaft – notfalls gewaltsam – eine ihr vielfach fremde Wertewelt aufzwingen wollen, und denen, die gegenüber diesem weltanschaulichen Ansturm immer noch Toleranz bewahren und den Dialog suchen.

Ich glaube, es wird die Zeit kommen, wo wir die jeweils andere Kirche oder Konfession nicht länger auf dem falschen Weg vermuten, sondern wo wir einander dringend brauchen: als Stützen nach innen und außen. Die Menschen – vor allem die Jüngeren – in Deutschland, egal ob katholisch oder evangelisch, haben schon heute kein Verständnis mehr für die trennende Kraft theologischer Divergenzen. Wir Protestanten sind ein gutes Beispiel dafür. Zwar sind wir traditionell ein theologisch streitlustiges Volk. Aber wir haben auch gelernt, mit der Einheit in der Vielfalt umzugehen. Es ist keine neue Erkenntnis, dass zum Beispiel ein Lutheraner seinen katholischen Glaubensgeschwistern im Verständnis von Eucharistie deutlich näher stehen kann als einer reformierten Protestantin. Das hindert uns – ob lutherisch, reformiert oder uniert – aber nicht, uns als eine Kirche zu verstehen, miteinander das Heilige Abendmahl zu feiern und es dem einzelnen zu überlassen, wie er in seinem subjektiven Glaubenserleben Brot und Wein zum Leib und Blut unseres Herrn in Beziehung setzt.

Vielleicht lässt sich dieser Gedanke ausweiten: Wir sollen und wollen schon jetzt gemeinsam bekunden, was der gute Grund ist, auf dem wir stehen – wir evangelische Christinnen und Christen und unsere katholischen und orthodoxen Geschwister, mit denen wir im gemeinsamen Zeugnis verbunden sind. Dann dürfen wir aber möglicherweise dieses gemeinsame Zeugnis nicht durch fein gesponnene theologische Probleme und Differenzen in Frage stellen, mögen sie uns Theologen auch durchaus gewichtig erscheinen. Vielmehr müssen wir uns auf die »basics« unseres gemeinsamen Glaubens beschränken und die Ausgestaltung im Einzelnen dem gelebten Glauben in seinen verschiedenen Traditionen und auch individuellen Ausprägungen überlassen.

In Deutschland, eventuell in auch in vielen anderen Ländern Westeuropas, hilft dabei womöglich die Erkenntnis, dass die Menschen, mit denen wir es zu tun haben und die die Kirche Jesu Christi ja letztlich tragen, sich schon lange nicht mehr vorschreiben lassen, was sie im Detail glauben müssen und was nicht. Eine Kirche, die den theologisch zweifellos interessanten Problemen vorrangige Bedeutung zumisst, wird ihre Bedeutung im politischen und gesellschaftlichen Raum (wie ich meine: mit Recht) verlieren.

Vielleicht müssen wir gemeinsam orthodox, also rechtgläubig, werden, indem wir lernen, in katholischer, also allumfassender, Weise evangelisch, also am Evangelium orientiert, zu sein. Das wird uns aber jedenfalls in den pluralistischen Gesellschaften der westlichen Welt wohl nur gelingen, wenn wir darauf verzichten, im Einzelnen festzuschreiben und für die einzelnen Gläubigen und Suchenden verbindlich reglementieren zu wollen, was ihnen die frohe Botschaft im Detail sagt und bedeutet.

Die Probleme und die Aufgaben des Christentums in einer pluralistischen Gesellschaft liegen nicht in der Lösung von 500 oder 1.000 Jahre alten theologischen Streitfragen. Sie sind pragmatisch:

– Wir müssen unsere Kirchen und Gemeinden, ob orthodox, katholisch oder evangelisch, als Freiräume für die tastenden und suchenden Menschen im 3. Jahrtausend gestalten und verteidigen. Als Freiräume für alle, die ihre Mitte suchen und im Licht des Evangeliums finden können.
– Wir sind es anderen Menschen schuldig, uns zu unterscheiden: Für sie als Christen einsehbar und erkennbar zu sein. Die Menschen, denen wir begegnen, sollen wissen, mit wem sie es zu tun haben; sie sollen erfahren, wofür wir stehen. Und das gilt auch und gerade gegenüber den Angehörigen anderer Religionsgemeinschaften: Voraussetzung des viel beschworenen interreligiösen Dialogs ist nicht, dass man seine eigene Wahrheit und die eigene Gestalt des Lebens verbirgt. Miteinander reden können nur Menschen, die ein Gesicht und eine Sprache haben: Die Annäherung der Gesichtslosen führt zu gar nichts.

Treten wir also offen ein für das, an das wir glauben. Vertreten wir – notfalls auch kämpferisch – die Werte, die dieser Glaube uns vermittelt. Seien wir dabei selbstbewusst, aber nicht selbstgerecht. Wie heißt es doch im Römerbrief so richtig: »Ich schäme mich des Evangeliums nicht; denn es ist eine Kraft Gottes, die selig macht die daran glauben.« Diese Kraft wirkt auch in der pluralistischen Gesellschaft – vorausgesetzt, wir stehen zusammen und beschäftigen uns mit den Fragen, die die uns anvertrauten Menschen um ihretwillen und um Gottes willen stellen.

Ориентация в мультикультурном обществе – Доклад Евангелической Церкви

Петра Боссе-Хубер

Какой вклад может внести Евангелическая Церковь в мультикультурное свободное общество в Германии в 21-м столетии? Имеет ли Евангелическая Церковь, имеют ли христианские Церкви в целом достаточно творческой силы в обществе, дабы послужить ориентацией в диалоге между государством и различными группами гражданского общества?

Для того, чтобы обсуждать этот вопрос именно здесь, в рамках экуменического собеседования с представителями Русской Православной Церкви, следует вначале представить, как складываются взаимоотношения между государством и Церковью в Германии.

Отношения между государством и Церковью в Федеративной Республике Германия в сравнении с Церквами в других государствах в Европе или в США необычны. Ибо здесь не существует лаицистской системы, наподобие Франции, где последовательное отделение Церкви от государства закреплено в Конституции, не имеют Церкви в Германии – ни Евангелическая, ни Католическая, и статуса государственных Церквей, как, к примеру, Лютеранская Церковь в Швеции.

В конце 19-го столетия Евангелическая Церковь в Германии была государственной Церковью, а германский кайзер исполнял обязанности »summus episcopus« протестантов (Верховного епископа Евангелической государственной церкви старопрусских провинций (под этим названием с 1875 года – прим.перев.). В германской империи в период с 1871 по 1918 гг. в широких слоях общества понятия »протестант« и »немец« были почти тождественны. Католическая церковь и еврейская культовая община играли тогда иную, подчиненную роль.

Церкви должны были сохранить важную роль в германском обществе и по окончании Первой мировой войны, после крушения

Германской империи. В Конституции молодой германской демократии, в так называемой Веймарской Конституции, за самыми крупными в то время религиозными объединениями, – Евангелической Церковью, Католической Церковью и Еврейской культовой общиной – были признаны широкие права на самоопределение.

Эти, гарантированные конституционные права были возобновлены и закреплены также после Второй мировой войны в Основном Законе Федеративной Республики Германия. На уровне федеральных земель и земельных церквей они также были зафиксированы и закреплены в так называемых договорах между государством и Церковью.

Коренным образом изменилась былая сдержанность Церквей по отношению к такой государственной форме как демократия. Евангелическая Церковь не относится безразлично или негативно к государству Федеративная Республика Германия. В так называемом Меморандуме, принятом Синодом Евангелической Церкви в Германии в 1985 г. под названием »Евангелическая Церковь и либеральная демократия«, Церковь признает принципы этой государственной формы, поскольку свободная демократия Основного Закона особенно соответствует христианскому образу человека.

При этом Евангелическая Церковь занимает по отношению к германскому государству позицию »критической лояльности«, то есть она признает его как законную государственную форму, соответствующую христианскому образу человека. С другой стороны, Церковь достаточно самостоятельна для того, чтобы критически противостоять государству и проверять государственные заявления, законы и действия на их соответствие установленным в Евангелии ценностям и убеждениям.

Не существует четкого разделения государственного и церковного пространства, но нет также и организационной и правовой идентичности. Специалисты по государственному праву характеризуют германскую модель отношений между государством и Церковью как »хромающее разделение« или как »поддерживающий нейтралитет« государства.

Государство гарантирует свободу религии в Германии и оно обязано блюсти религиозный нейтралитет. Церкви имеют право, будучи корпорациями общественного права, осуществлять самоуправление, вплоть до вопросов, касающихся трудового права.

Финансирование Церквей осуществляется главным образом посредством сбора так называемого церковного налога – это также является гарантированным правом Церквей и Еврейской культовой общины. Ввиду этого иностранные наблюдатели нередко предполагают, что христианские Церкви очень тесно связаны с государством, а вовсе не отделены от него. Но это не так. Церковный налог взимается не со всех граждан, а лишь с платящих налоги членов Церкви. Государство берет на себя сбор церковного налога, это его услуга, оказываемая Церкви, за которую она платит.

Многим сторонним наблюдателям кажется, что еще одно подтверждение единства Церкви и государства обнаруживается там, где Церкви присутствуют в государственной и общественной сфере, например, в школах, где преподается конфессиональный урок религии, в государственных высших учебных заведениях, где есть предмет богословие или в полиции и бундесвере, где служат духовники.

Здесь Церкви возлагают на себя обширные задачи в общественной сфере. Они, то есть церковные общины содержат детские сады, молодежные центры, и, частично также школы. Есть даже финансируемая Церковью высшая школа, например, для подготовки воспитательниц и воспитателей. Церковные общины или диаконические службы содержат евангелические или католические больницы, дома для инвалидов и престарелых.

По немецким представлениям все это услуги по жизненному обеспечению, которые по сути вменяются в обязанность государству. Но эти услуги государство не может и не желает предоставлять своим гражданам самостоятельно – это часть самопонимания свободной регулируемой законами демократии, поддерживаемой благодаря совместному участию его граждан во многих различных общественных и мировоззренческих группах. Такие услуги берутся предоставлять не только Церкви, но и не церковные организации, такие как Общество благотворительной помощи рабочим или Паритетный благотворительный союз.

Государство платит им за это – как бы в виде возмещения – перечисляя средства Церквам и другим организациям, например, в виде рефинансирования им затрат персонала. В Германии все организации, поддерживающие государство в обеспечении граждан в областях образования, здравоохранения и при попечении социально ущемленных, объединяются под общим понятием »благотворительные союзы«. Эти союзы, в число которых входят также Церкви, не только оказывают поддержку государству, но и вносят критическую поправку в его действия. Если Германский Бундестаг примет решение о сокращении выплат в социальную сферу, например, для финансовой поддержки безработных, благотворительные союзы невременно выступят с публичной критикой, исполняя роль адвокатов немощных в обществе.

За последние 50 лет религиозный ландшафт в Германии сильно изменился. Германия – высокоразвитая индустриальная страна, которая сильно ориентирована на экспорт. Не все, но все-таки широкие слои населения достаточно зажиточны – как известно, это не идеальная питательная среда для поиска Бога и для народного благочестия. Это отражается и на религиозном ландшафте. В то время как в 1970 году в Федеративной Республике Германия около 94% – то есть почти все население – еще принадлежало к Евангелической или Католической Церкви, после объединения Германии в 1990 году этот процент упал до порядка 73%. Это можно пояснить тем обстоятельством, что присоединившиеся территории бывшей ГДР после 45 лет коммунистической диктатуры в основном отпали от Церкви и продолжают оставаться вне ее до сих пор. Сейчас эта ситуация изменилась еще больше – причем в ущерб обеим Церквам. По данным 2008 года около 35% всего населения – отчуждены от Церкви. Количество евангелических и католических христиан приблизительно одинаково и составляет по 30% от всего населения. При этом следует заметить, что эти цифры отражают номинальное, а не реальное членство в Церкви; то есть они ничего не говорят об активном участии в церковной жизни, если посмотреть на скудную посещаемость богослужений – то количество реальных христиан вряд ли составит 60% всего населения.

Около 4,5% всего населения причисляется к исламу – это результат начавшейся с начала 1960-х годов миграции в особенности из Турции и североафриканских стран. Остальное население распределяется между различными религиозными общинами.

Если попытаться сделать прогноз на будущее, можно высказать предположение, что количество членов Евангелической и Католической Церквей будет и далее падать. Это произойдет как за счет демографического развития, так и вследствие выхода верующих из Церкви. Число граждан, отчужденных от Церкви, будет продолжать расти, хотя и не в таком объеме как ранее. Если исходить из постоянного роста доли населения с иммигрантским прошлым – будет расти и количество мусульман.

Тем самым можно констатировать массивное изменение религиозного ландшафта в Германии. Государство, а также христианские Церкви должны учиться справляться с этой новой ситуацией. Самым ярким примером является длящаяся годами, пожалуй даже десятилетиями, дискуссия о преподавании религии ислама в общественных школах, – то есть о вопросе, можно ли в рамках учебного процесса преподавать урок собственной религии, т.е. ислама также детям из мусульманских семей.

Здесь речь идет об очень сложной структуре межкультурного совместного проживания, ибо не только германская политика и немецкое общество, сложившееся под влиянием христианства, должны быть готовы акцептировать то, что ислам стал частью немецкого общества. В свою очередь и мусульмане должны позволить задать себе вопрос, а сможет ли ислам в Германии соответствовать тем требованиям, которые германское государство предъявляет к религиозной общине, желающей преподавать религию в школе и согласятся ли они с тем, что будущих преподавателей религии будут готовить по обязательным учебным программам в германских государственных вузах.

Германия превратилась за последние десятилетия в мультикультурное общество. Начиная с 60-х годов прошлого века в нашу страну приехало много людей из других государств. Частично это были завербованные рабочие и лица с высшим образованием со своими семьями, приехавшие из таких стран Южной Европы как Италия, Испания, Греция, Турция, но есть также переселенцы из России и из государств бывшего Советского Союза. Одновременно приезжали и продолжают приезжать беженцы и ищущие политического убежища из африканских и азиатских стран, например, из Конго, из Ирана, частично из районов военных действий на Балканах.

Интеграция различных групп населения является постоянной задачей и вызовом для немецкого общества. В особенности это касается молодежи и молодых взрослых так называемого 2-го и 3-го поколения. Это люди, родившиеся в Германии, но часто не имеющие немецкого гражданства и нередко лишенные шансов на рабочем рынке. Порой они чувствуют себя чужаками в Германии.

Среди населения есть также силы, не заинтересованные в интеграции, и отвергающие идею мультикультурного, открытого и демократического общества. Праворадикальные и неофашистские группы и идеи получили в последние годы приток в определенных общественных кругах. Точно также »на другой стороне« существуют группировки с сильными исламистскими тенденциями. Оба »лагеря« не признают свободного демократического правового государства с его упором на свободу мнений, свободу религий и плюральность.

Отвечая на эти вызовы христианские Церкви берут на себя роль, заключающуюся в критическом отношении к государству, но также и в его поддержке. Евангелическая Церковь в Германии в своих различных меморандумах и документах подчеркивает, что антисемитизму, ксенофобии и расизму нет места в Церкви и в свободном демократическом обществе. Она, не только на словах, но и на деле, занимает четкую позицию по отношению к эксцессам и расистски мотивированному насилию. Многие евангелические церковные общины проявляют политическую активность, выступая совместно с другими гражданскими группами в своем городе, например, против неонацистов и за толерантное мирное совместное проживание.

Евангелическая Церковь понимает послание Ветхого и Нового Завета как обязательство особенно вступаться за слабых и ущемленных в обществе. При этом ее роль по отношению к государству состоит, с одной стороны, в поддержке, там где государство защищает слабых. Но, с другой стороны, Церковь выступает и в роли критика, если она видит, что эта солидарность находится под угрозой.

Примером открытой солидарности Церкви стала, затронувшая все общество политическая дискуссия об инклюзии, ориентирующейся на всех людей и требующей общего взаимодействия людей с ограниченными возможностями и без таковых.

Летом 2012 года на рынке должен был появиться новый тест для анализа крови, который мог бы стать шагом в сторону реализации мечты об »идеальном ребенке«. Речь идет о тесте крови, обнаруживающем одну из форм генной патологии, трисомию 21. Его преимущество состоит в том, что без исследования околоплодных вод, то есть без риска выкидыша, можно выяснить, имеет ли ребенок, растущий во чреве матери трисомию 21, т.е. так называемый синдром Дауна. В связи с сообщением о таком новшестве разгорелась относительно широкая общественная дискуссия, в которой приняли участие и некоторые богословы.

Уже в результате применявшейся до сих пор инвазивной диагностики от 85 до 95 процентов зародышей, у которых была обнаружена трисомия 21, были абортированы. С помощью нового анализа крови это обследование якобы »лишено риска«.

Родители, которых это коснулось, с тяжелым сердцем принимают решение за или против продолжения беременности. При этом они часто получают заботливую поддержку врачей или консультационных бюро, предназначенных для беременных женщин. Не подлежит сомнению, что каждое отдельное решение принимается с учетом веских причин и не без основания. Забота многих христиан касается общественного контекста, в котором родители и врачи принимают свои этические решения. Ибо от этого контекста зависит, в состоянии ли те люди, которых это коснулось, представить себе жизнь с ребенком с ограничением или это кажется им абсолютно невозможным.

Хотя в Германии действует Конвенция ООН о правах людей с ограниченными возможностями и уже были предприняты меры к продвижению инклюзивности, например, в школьной, профессиональной и культурной сферах, существует и встречное движение, которое осложняет семьям жизнь с детьми с ограничениями.

Находит все большее распространение общественная позиция, согласно которой можно предотвратить жизнь с ограничениями, а, следовательно, ее и нужно предотвратить. Это уже сейчас привело к тому, что родители, принявшие решение в пользу ребенка с синдромом Дауна или застигнутые врасплох диагнозом без всякого теста, вынуждены оправдываться. Эта позиция будет еще более преобладающей, если по мере прогрессирующего развития соответствующих тестов, откроется возможность для того, чтобы с помощью анализа крови быстро и просто »рутинно« обнаружить не только наличие трисомии 21, но и других хромосомных дефектов.

Такая позиция во многом противоречит основным христианским убеждениям. Христианский образ человека не нацелен на какой-либо идеал совершенства, которого человек и так и так достичь не может. Наша жизнь не совершенна. Никто из нас не может избежать в жизни болезней и ограничений. Это – часть человеческого бытия. Как сформулировал богослов Хеннинг Лютер, мы испытываем и трактуем свою »жизнь как фрагмент«. Такая трактовка предпринимается не вне отношения к Богу, а именно как часть отношения с Богом, как это видно из страданий и смерти Иисуса на Кресте и Его Воскресения.

Христианский образ человека при всем уважении к индивидууму, включает центральное убеждение, что человеческая жизнь всегда происходит в сообществе. В »Теле Христовом« все члены, сильные и слабые, составляют единое целое.

Это служит масштабом для гуманного общества. Общество приходит в упадок, если оно больше не может или не хочет быть солидарным сообществом сильных и слабых.

Обратим еще раз внимание на сосуществование двух самых крупных христианских Церквей, соотв. конфессий в Германии. По другому, чем это имело место вплоть до 20-го столетия, сосуществование католических и евангелических христиан в наши дни больше не является действительной, осязаемой практической проблемой. Это касается бытовой жизни, но в основном и церковной жизни. Это не чудо, ведь перед обеими Церквами встают порой одни и те же проблемы: все увеличивающаяся удаленность от веры, уменьшение количества членов, и параллельно с этим сокращение поступлений церковного налога; падение политического значения Церквей в плюралистском хоре мнений. Все это ведет к возникновению межконфессиональной общности – в деятельности диаконии, в обращениях в адрес политиков и общества, в определенных пределах также в богослужении – и также ввиду растущей конкуренции со стороны других религиозных общин. Поэтому многим, живущим в Германии христианам – прежде всего молодым –сегодня трудно себе представить, как могла проповедь реформаторов о праведности Божией, достигаемой одной лишь верой, перевернуть вверх дном все средневековье и – вопреки желанию Мартина Лютера – привести к церковному расколу.

Истинные рвы, проходят в наши дни по-иному, и, возможно они значительно глубже: это могут быть борозды, разделяющие равнодушных, использующих Церковь в лучшем случае как украшение на Рождество и на Пасху, а в остальном считающих ее излишней, и тех, кто решаются идти по пути последования Христу в борьбе за мир, справедливость и во имя сохранение творения.

Еще более радикальны рвы, проходящие между теми, кто свою удаленность от Церкви хочет возвести в конституционный принцип и воспитывать своих детей в безбожном окружении и теми христианами, вне зависимости от их конфессии, которые хотя и не навязывают своим детям свою веру, но желают заинтересовать их своим предложением. И, наконец, разверзаются глубокие ущелья, поистине бездны между теми, которые будь то мусульмане или христиане, фанатично рекламируют свои религиозные убеждения как единственно возможную истину, и желают навязать немецкому обществу – при необходимости с помощью насилия – чуждые ему ценности и теми, которые перед лицом этого мировоззренческого натиска все еще сохраняют терпимость и ищут диалога.

Я думаю, что наступит время, когда мы больше не станем подозревать другую Церковь или конфессию в том, что она идет неправильным путем, а будем крайне нужными друг другу: в качестве опоры, внутри и снаружи. Люди в Германии – прежде всего молодые – вне зависимости от того, католики они или протестанты, уже сегодня с непониманием относятся к разъединяющей силе богословских расхождений. Мы, протестанты, служим хорошим примером этого. И несмотря на то, что мы, по традиции, и являемся народом, любящим поспорить, мы научились обращаться с единством в многообразии. Ничего нового нет в том, что, например, лютеранин в своем понимании Евхаристии может оказаться значительно ближе к своему католическому собрату, чем к протестанту реформатского толка. Однако вне зависимости от того, являемся ли мы лютеранами, представителями реформатского толка либо прихожанами церквей прусской унии, – это не мешает нам осознавать друг друга единой Церковью, совершать Святое Причастие и предоставлять каждому в отдельности решать то, как он в своем субъективном религиозном переживании соотносит Хлеб и Вино с Телом и Кровью нашего Господа.

Может быть эту мысль можно расширить: мы должны и хотим уже сейчас совместно свидетельствовать, какова положительная основа, на которой мы стоим – мы, евангелические христианки и христиане и наши католические и православные братья и сестры, с которыми мы связаны общим свидетельством веры. Тогда может быть нам не следует ставить под сомнение это совместное свидетельство постановкой изощренных богословских проблем и разногласиями, даже если они и кажутся нам богословам чрезвычайно важными. Напротив, мы должны ограничиться »basics« (основами) нашей общей веры и предоставить оформление частностей переживаемой вере с ее различными традициями и индивидуальными проявлениями.

В Германии, возможно и во многих других странах Западной Европы, может помочь сознание того, что люди, с которыми мы имеем дело и которые, в конечном итоге и являются носителями Церкви Иисуса Христа, уже давно больше не позволяют предписывать себе, как в деталях они должны веровать и как нет. Церковь, которая будет придавать первостепенное значение, вне сомнения, интересным богословским проблемам, утратит свое значение в политическом и общественном пространстве (и как мне кажется: по праву).

Может быть нам следует вместе стать православными, то есть быть правоверными тем, что будем учиться по -католически, то есть всеобъемлющим образом, ориентироваться евангелически, то есть на Евангелие. Это удастся нам, по крайней мере в плюралистском обществе западного мира лишь в том случае, если мы откажемся от желания, в подробностях предписывать и в обязательном порядке регламентировать каждому верующему и ищущему то, что в деталях говорит им и что для них означает благая весть.

Проблемы и задачи христианства в плюралистском обществе не зависят от решения спорных богословских проблем 500 или 1000-летней давности. Они прагматичны:

– Мы должны создавать и защищать свои Церкви и общины, будь то православные, католические или евангелические как свободные пространства для идущих на ощупь и ищущих людей 3-го тысячелетия, как свободные пространства для всех, ищущих свою сердцевину и могущих обрести ее в свете Евангелия.

– Мы обязаны показать другим людям, чем мы отличаемся: мы должны быть видимы и распознаваемы для них как христиане. Люди, с которыми мы встречаемся должны знать, с кем они имеют дело; они должны узнавать, за что мы боремся. И это распространяется в особенности на представителей других религиозных объединений: предпосылка для часто призываемого межрелигиозного диалога не сокрытие собственной истины и собственного образа жизни. Говорить друг с другом могут лишь люди, имеющие свое лицо и свой язык: сближение тех, кто лишен лица, не ведет ни к чему.

Давайте же открыто бороться за то, во что мы веруем. Давайте же защищать – если надо то и воинственно – те ценности, которые диктует нам эта вера. Давайте же будем при этом уверены в себе, но не убеждены в собственной непогрешимости. Ведь как сказано в Послании к римлянам: »Ибо я не стыжусь благовествования Христова, потому что оно есть сила Божия ко спасению всякому верующему […]« Рим 1,16. Эта сила действует и в плюралистском обществе – при условии, что мы будем заодно и будем заниматься вопросами, которые ставят перед нами люди, вверенные нам, ради них и Бога ради.

Die Russische Orthodoxe Kirche und die multikulturelle Gesellschaft

Vladimir Shmalij

Die Problematik der Multikulturalität steht im Zusammenhang mit der kritischen Reaktion auf das für die liberale politische Theorie traditionelle Modell bzw. Vorstellung von einem »Staatsbürgerwesen als einer schlichte Ansammlung von für alle gültigen Rechten«. Ziel dieses Ansatzes war es schon immer gewesen, bei den Staatsangehörigen des betreffenden Gemeinwesens eine Art gemeinsame Identität zu entwickeln. Die genannte Kritik kam auch bei der politischen Philosophie unter anderen Bezeichnungen zum Ausdruck, etwa als »Politik des Unterscheidens«, »Politik der Identität«, »Politik des Anerkennens«. Heute haben alle diese Termini abweichende, andere Konnotationen, doch der Grundgedanke ist derselbe geblieben.

Nach diesem Gedanken werden die modernen Gesellschaften gekennzeichnet von einer tiefgehenden Vielfalt und einem kulturellen Pluralismus. In der Vergangenheit wurde dies ignoriert und unterdrückt, denn es dominierte die Vorstellung vom sogenannten »Normalbürger«. Ausschlaggebend war hierbei die Vorstellung von weißen, physisch vollwertigen, heterosexuellen Männern (manchmal fügte man hinzu: Männern christlichen Glaubensbekenntnisses). Jeder, der von diesem Muster der »Normalität« abwich, wurde von dieser Gesellschaft ausgeschlossen, marginalisiert, totgeschwiegen oder musste assimiliert werden.

Ein multikultureller Ansatz sah vor, dass die in früheren Zeiten ausgeschlossenen Gruppen es jetzt nicht mehr wollten, dass man sie totschwieg, marginalisierte oder als »Abweichler von der Norm« definierte, und dies nur deshalb, weil sie von den sogenannten »Normalbürgern« nach Rasse, Kultur, Gender, Religion, nach ihren Fähigkeiten oder nach ihrer sexuellen Orientierung abwichen. Diese Bevölkerungsgruppen verlangen jetzt nach einem weit allgemeiner angelegten Konzept des Staatsbürgers, bei dem ihre Identität anstatt stigmatisiert zu werden, anerkannt wird und den vorhandenen Unterschieden gebührend Raum geboten wird. Somit ist die

Problematik der Multikulturalität stets im Zusammenhang mit der Fragestellung nach den Rechten der Minderheiten und nach den Möglichkeiten ihrer Integrierung in die Mehrheitsgesellschaft zu sehen.

Im engeren Sinne kann der Begriff der Multikulturalität in Bezug auf das Adaptieren/Anpassen von Migrantengruppen verwendet werden, nicht aber in Bezug auf andere ethnokulturelle Gruppen: so erstreckt sich dieser Begriff in Kanada und Australien keineswegs auf die einheimischen Indianer und Aborigines. Im breiteren Sinne des Wortes bezieht sich der Ausdruck auf sämtliche Formen einer »Politik der Identität« unter Einschluss nicht nur der ethnokulturellen und konfessionellen Gruppen, sondern auch der Frauen, der Homosexuellen und Lesben, der Schwerbehinderten und anderen. Das Gemeinsame daran ist, dass die einzelnen Gruppen mit ihrer jeweiligen Identität als selbständige Teilnehmer am politischen Prozess auftreten. Zur Multikulturalität im breiteren Sinne des Wortes lässt sich auch die Problematik einer postsäkularen Gesellschaft hinzurechnen, d.h., um mit Habermaas zu sprechen, das Zugeständnis an konfessionelle Gemeinschaften, politische Akteure sein zu dürfen.

Am weitesten verbreitet erscheint die Verwendung dieses Begriffs bei ethnokulturellen und bei den ethnokonfessionellen Gemeinschaften.

Die Diskussion um die Multikulturalität begann schon in den 1970er Jahren als eine Fortsetzung des Diskurses zwischen den Liberalen und den Kommunitaristen im Bereich der Politiktheorien. Schon bald aber hatte sie den Rahmen einer kommunitaristischen Kritik des Liberalismus und der Sichtweise, die Minoritäten seien kompakt-festgefügte und kulturell abseits stehende Gemeinschaften, deren Rechte es zu schützen gebe vor Ansprüchen seitens des liberalen Individualismus, gesprengt. Heute aber hat sich die Problematik der Multikulturalität in Richtung auf eine Reaktion seitens der verschiedenen ethnokulturellen und ethnokonfessionellen Gemeinschaften auf die Politik der Nationenbildung, wie sie vom Staat beabsichtigt wird, verlagert.

Allgemein gilt, in einem liberalen Staat müsse die Voraussetzung der Neutralität bzw. eines »beabsichtigt-gewollten Nichtbeachtens« der ethnokulturellen und/oder konfessionellen Vielfalt gelten. Dieser Ansatz setzt voraus, die Selbst-Reproduktion einer kulturellen bzw. konfessionellen Identität sei Privatsache des jeweiligen Betroffenen und der Staat sei nicht verpflichtet hierfür Sorge zu tragen (solange die Rechte anderer Bürger nicht verletzt werden). In diesem Zusammenhang sprechen manche Theoretiker sogar von liberalen »bürgerlichen Nationen« die sich von »nichtliberalen, ethnischen« Nationen unterscheiden würden. Doch die faktische Politik des Staates fördert oft die Integration innerhalb eines bestimmten Hoheitsgebietes und um eine gemeinsame Sprache als Achse herum, um eine Sprache, die in den weitaus meisten sozialen Institutionen, im öffentlichen wie im privaten Lebensbereich verwendet wird (Schulen, Medien, Wirtschaft, Verwaltung etc.). Solch ein Prozess der Bevorzugung einer bestimmten Verkehrssprache, des Gefühls der gemeinsamen Zugehörigkeit und der Mitgliedschaft in sozialen Institutionen, in welchen die betreffende Sprache verwendet wird, sowie auch des gleichberechtigten Zugangs dorthin – stellt den Prozess des Nations-Aufbaus dar.

Je nachdem, wie die einzelnen ethnokulturellen Gemeinschaften auf den staatlichen »Nations-Aufbau« reagieren, kann man von mehreren unterschiedlichen Modellen der Multikulturalität sprechen. Unter solchen Typen, die in den westlichen Demokratien existieren und in die Diskussion von der Multikulturalität eingebunden sind, lassen sich folgende nationale Minderheiten feststellen: Migranten (legale und illegale), ethnokonfessionelle Gemeinschaften, die ganz bewusst einen isolationistischen Kurs verfolgen, sowie rassisch bestimmte kastenähnliche Gemeinschaften (letztere haben mit der russischen Problematik nichts zu tun).

Nach Charles Taylor verleiht der Prozess des Nations-Aufbaus jenen, die zur Mehrheitskultur gehören, unweigerlich eine privilegierte Position. Ich zitiere Taylor: »Verfügt eine moderne Gemeinschaft über eine »offizielle Amtssprache« im weitesten Sinne des Wortes, d. h. über eine Sprache, die unterstützt, eingesetzt und staatlicherseits verbreitet wird, verbunden mit einer Kultur, in welcher Staat und Wirtschaft funktionieren, dann ist nachvollziehbar, dass es für jene Menschen, deren Muttersprache und Kultur dies darstellt, von großem Vorteil ist. Vertreter anderer Sprachen sind dabei eindeutig in einer unterprivilegierten, ungünstigeren Situation«.

Russland verfügt über eine jahrhundertelange historische Erfahrung eines Nebeneinanders von vielen Ethnien, Kulturen und religiösen Traditionen. Doch handelt es sich hierbei einerseits um die Erfahrung des russischen Zarenreiches, an dessen Spitze ein orthodoxer Monarch stand, andererseits haben wir wiederum eine anders geartete Erfahrung der Sowjetunion, wo das Prinzip einer Einheitskultur zu gelten hatte, mit der eigenartigen Definition »dem Inhalt nach sozialistisch, der Form nach – national, d. h. der jeweiligen Volksgruppe eigen«.

In der postsowjetischen Zeit stellt sich heute in besonderer Schärfe das Problem der Herausbildung bzw. Definition einer einheitlichen russischen Identität, die als Ergänzung und Gegengewicht zu den verschiedenen ethnischen, ethnokulturellen konfessionellen Identitäten gelten könnte, welche sich zuweilen im Rahmen der zur Staatlichkeit der Russischen Föderation gehörenden Nationalstaatengebilden (also: nichtrussische semi-autonome Bezirke auf russischem Hoheitsgebiet, etwa:

Tschetschenien oder das sibirische Jakutien – Anm. d. Übers.) entstanden waren.

Der Prozess des Staatsaufbaus in Russland könnte heute als »hybrid« bezeichnet werden. Einerseits existiert ein einheitlicher Staat und Artikel 14 der Verfassung lautet »die Russische Föderation ist ein laizistischer Staat. Keine Religion darf als Staatsreligion oder als verpflichtende Glaubensrichtung bestimmt werden. Die Religionsgemeinschaften sind vom Staate getrennt und vor dem Gesetz gleich«. Andererseits wird in der Präambel des gültigen Gesetzes »Von der Gewissensfreiheit und über die Religionsgemeinschaften« (1997) »die besondere Rolle der Orthodoxie in der russischen Geschichte und ihr Beitrag zum Aufbau und die Entwicklung ihrer Spiritualität und Kultur« gewürdigt. Obgleich weiter ergänzend der Text folgt: »[…] zu würdigen sind das Christentum, der Islam, der Buddhismus, der Judaismus sowie andere Religionen, die einen unabdingbaren Teil des historischen Erbes der Völker Russlands darstellen«.

Die politische Führung unseres Landes spricht dabei zuweilen von der »staatsbildenden (8) Rolle der Orthodoxie und der Kirche«, und hebt hervor, die Orthodoxie bilde die Grundlage des kulturellen Wertefundaments der russischen/russländischen Gesellschaft.

Als ein reelles Korrelat dieser Position kann die Tatsache gelten, dass die Orthodoxie tatsächlich eine dominierende kulturprägende religiöse Tradition darstellt. Zahlreichen soziologischen Umfragen zufolge bezeichnet sich die Mehrheit der Bevölkerung unseres Landes als orthodox, wenn es auch nur eine Minderheit ist, die am kirchlichen Leben aktiv teilnimmt. Ein russischer Staatsbürger sieht sich oft eher als weltanschaulichen Atheisten und hält sich dennoch nach seiner ethnokulturellen Zugehörigkeit für orthodox-christlich. Unter diesen Umständen erweist sich die Russisch Orthodoxe Kirche als eben jene Institution, dank welcher diese Tradition gepflegt und reproduziert werden kann.

Zugleich erleben wir in anderen Regionen unseres Landes, wo historisch bedingt andere Religionen dominieren (der Islam oder der Buddhismus), dass dort zum Element des Nationsaufbaus eine andere, dort übliche religiös-kulturelle Tradition eingesetzt wird. Dies führt zur Entstehung einer festen Vorstellung von sogenannten »traditionellen Religionen Russlands« (Orthodoxie, Islam, Judaismus, Buddhismus) und zur Akzeptanz der für sie typischen Kulturtraditionen. Diese Sicht fand ihren Ausdruck in der Einführung des Schulfachs »Grundlagen der religiösen Kulturen sowie der säkularen Ethik«, welches gegenwärtig nahezu überall an staatlichen Schulen unterrichtet wird. Dieser Schritt unserer Regierung, welcher sowohl bei der Russischen Kirche als auch bei Vertretern anderer Religionsgemeinschaften Zustimmung und Unterstützung findet, kann als Defacto-Beispiel einer wenn auch begrenzten, so doch erfolgreichen Politik der Multikulturalität gelten.

Wie positioniert sich die Russische Kirche hier?

Als Trägerin einer religiös-kulturellen Tradition, der die Mehrheit unserer Bevölkerung angehört, sieht sich die Kirche als für die gesamte Gesellschaft verantwortlich. Sie sieht auch ihre Verantwortung für ein Nicht-Zulassen von Konfliktsituationen zwischen der Mehrheitsbevölkerung und den religiös-kulturellen Minderheiten. Dabei stellt die Kirche niemals die verfassungsmäßigen Grundlagen des modernen Russischen Staates in Frage.

Gleichzeitig widersetzt sich die Kirche dem Bestreben, den Säkularismus als antireligiöse Ideologie zur Grundlage einer gesamtnationalen Einheit machen zu wollen. Seine Heiligkeit Patriarch Kyrill unterstrich anlässlich einer seiner neueren Reden: »keinesfalls darf man die Ideologie des Säkularismus bzw. des verweltlichten Ansatzes irrtümlicherweise für eine Art ideologische und/oder weltanschauliche Neutralität halten. Der Atheismus darf nicht als gemeinsamer Nenner aller Weltanschauungen, darunter auch der religiösen, gelten.«

Und einige Zeit davor äußerte der Vorsitzende des Kirchlichen Außenamtes der ROK, Metropolit Ilarion von Volokolamsk, in einem Interview bei der rumänischen Informationsagentur AGERPRESS:

> »Das Problem der Multikulturalität stellt sich heute besonders akut. Wissenschaftler, Politiker und Staatsmänner suchen nach einer gemeinsamen Grundlage für die Entwicklung der Gesellschaft, bei der die Vielzahl der Kulturen und Religionen ihre gebührende Vertretung finden. Einige unter ihnen möchten den Säkularismus nicht als neutrale Grundlage für eine friedliche Koexistenz akzeptieren. Dies ist jedoch von Grund auf falsch, da ein solcher Ansatz die Öffentlichkeit, den öffentlichen Bereich, zu einer feindseligen Einstellung gegenüber allen Gläubigen schlechthin verwandelt. Dies führt dazu, dass die Betreffenden über ihre jeweiligen Überzeugungen nichts mehr wissen und sich gegenseitig mit Argwohn betrachten.«

Seine Heiligkeit Patriarch Kyrill verwies bei einer Begegnung mit Vertretern einer Gruppe des Global Leadership am Weltwirtschaftsforum auf ein wünschenswertes Modell der Interzivilisations-Beziehungen, wobei »jeder Mensch nach seinen eigenen Überzeugungen leben kann und ihm nicht ein Modell, welches für ihn kulturell oder in philosophischer Hinsicht fremd wäre, gewaltsam aufgezwungen wird«.

Erzpriester Vsevolod Chaplin, der Vorsitzende des Amtes für die Beziehungen zwischen der Kirche und der Gesellschaft, erklärte in seinem

Kommentar zu den Erklärungen einiger führender europäischer Politiker über das Scheitern der Politik der Multikulturalität (»Multi-Kulti-Politik« – Anm. d. Übers.), Russland habe (im Zarenreich – Anm. d. Übers.) tatsächlich eine echte, unverfälschte Multikulturalität besessen, »damals, als Menschen verschiedener religiöser Ansichten, unterschiedlicher Traditionen, Sitten und Gebräuche, unterschiedlicher sozialer Grundlagen – man denke nur an die Finnen, mit ihrer typisch europäischen politischen Weltsicht oder wiederum an die Einwohner von Zentralasien, welche sich in ihrem Alltag nach der Scharia ausrichteten – im Rahmen ein und desselben Staates nebeneinander leben konnten«.

Er äußerte dabei die Hoffnung, diese Tradition der Eintracht könnte jetzt ihre Fortsetzung erfahren. Auf eine mögliche Wiedereinführung der Scharia-Gerichte angesprochen meinte er:

> »Die islamische Gemeinschaft sollte nicht eingeengt werden, man sollte ihr nicht das Recht und die Möglichkeit versagen, nach ihren eigenen Regeln leben zu wollen. Es ist, wie ich meine, gerade dies der Weg, der für das Russland der Zukunft, aber auch für Westeuropa aktuell sein wird. Freilich leichtet auch ein, dass man diese Regeln keinesfalls anderen – außerhalb seiner eigenen Religionsgemeinschaft stehenden Personen – aufzwingen darf.«

Diese Position scheint mir für einen Ansatz im Sinne der Multikulturalität durchaus adäquat zu sein.

Unsere Kirche, die in religiöser und kultureller Dimension mit der überwältigenden Mehrheit unserer Bevölkerung verbunden ist und im gesellschaftlichen Raum sich immer wieder zu Worte meldet, leugnet nicht die religiöse und kulturelle Vielfalt unserer Gesellschaft. Ganz im Gegenteil, auch sie sieht sich als eine der Religionsgemeinschaften, die mit anderen koexistiert, und unterstreicht für Jeden die Freiheit der Wahl seiner jeweiligen Weltanschauung. Dabei weist sie aber auf die Notwendigkeit hin »eines der Grundprinzipien des gesellschaftlichen Miteinanders strikt einzuhalten – nämlich die gegenseitige Achtung der anderen unterschiedlichen weltanschaulichen Gemeinschaften«.

In ihren offiziellen Dokumenten stellt die Russische Kirche immer wieder ihre eigene Position zu einem breiten Spektrum an sozio-politischen Fragen unmissverständlich klar. Wir verweisen hier etwa auf die »Grundlagen des Sozialkonzeptes der ROK« (2000), »Grundlegende Lehren der ROK über die Würde, Freiheit und Rechte des Menschen« (2008), »die Einstellung der ROK zu gezielter und öffentlicher Blasphemie und Verleumdung der Kirche« (2011).

Die zwischenkonziliare Arbeitsgruppe arbeitet gegenwärtig an weiteren Dokumenten, einem Teil von ihnen kommt auch eine gesellschaftspolitische Relevanz zu.

Somit darf behauptet werden, dass die ROK für eine ausbalancierte Multikulturalität eintritt, d. h. sich für eine gleichmäßig-gerechte Aufmerksamkeit gegenüber der Mehrheitskultur, aber auch gegenüber den Minderheitenkulturen einsetzt.

In religiös-kultureller Hinsicht sieht sich die ROK als Mehrheitskirche und als Trägerin der dominierenden (Mehrheits-)Kultur, welche wiederum auf einer religiösen Grundlage aufbaut. Unter »Mehrheit« ist dabei nicht einfach »der größte Teil« zu verstehen, sondern eine Grundlage und ein adäquates Mittel für den Zusammenhalt der gesamten Gesellschaft.

Ich möchte unseren Patriarchen zitieren. Bei seinem Besuch in Odessa (Hafenstadt am Schwarzen Meer, Ukraine) äußerte er:

> »Setzt das menschliche Gemeinwesen das Vorhandensein einer bestimmten Basis-Grundlage des Miteinanders, irgendeine tragende Konstruktion auf diesem nationalen Fundament vor? Ich bin der festen Überzeugung: jegliche Vielfalt muss sich auf ein gemeinsames Fundament stützen, auf eine Art gemeinsamen Felsen, der das Konstrukt trägt, und das Leben der vielen Menschen stützt, welche unterschiedliche Anschauungen und Überzeugungen haben können [...] Wie mir scheint, ist es gerade die Orthodoxie, die als eine solche Tragende Konstruktion fungieren kann [...].«

Zugleich stellt die ROK als Gemeinschaft von aktiv praktizierenden orthodoxen Christen bei uns eine Minderheit dar und kann mit diesem Gedanken gut leben. Dabei setzt sie sich aber für ihr Recht ein, gemäß ihren Glaubensüberzeugungen und Sittlichkeitsvorstellungen leben zu dürfen und im gesellschaftlichen Raum entsprechend dieser Überzeugungen frei und offen sprechen zu können.

Als Beispiel eines derartigen Eintretens für seine Rechte möchte ich den Dialog zwischen Kirche und Staat über die Präsenz der Religion als Unterrichtsfach an weiterführenden Mittel- und Hochschulen anführen. Beispielhaft ist auch der Kampf um die Einführung der orthodoxen Theologie an Hochschulen. Wir setzen uns dafür ein, dass der Staat Magister- und Doktorarbeiten mit theologischem Bezug genauso anerkennt wie andere wissenschaftliche Leistungen auch. Darauf wies unser Patriarch immer wieder hin und forderte hier eine entsprechende Partnerschaft zwischen Kirche und Staat. Hier setzt sich die ROK für die Basisprinzipien der Multikulturalität ein.

Русская Православная Церковь и мультикультурное общество

Владимир Шмалий

Проблематика мультикультурализма связана с критической реакцией на традиционную для либеральной политической теории модель »гражданства как набора общих для всех прав«, целью которой было формирование у граждан некоей общей национальной идентичности. Эта линия критики также присутствовала в политической философии под другими названиями: »политика различия«, »политика идентичности«, »политика признания«.[1] Сегодня все эти термины имеют разные коннотации, но основная идея одна.

Согласно этой идее, современные общества характеризуются глубоким многообразием и культурным плюрализмом, что в прошлом игнорировалось и подавлялось с помощью представления о »нормальном« гражданине. Такое представление обычно основывалось на характеристиках белых, физически полноценных, гетеросексуальных мужчин (иногда к этому добавляют – мужчин-христиан). Любой, кто отклонялся от этого образца нормальности, подлежал исключению из общества, маргинализации, замалчиванию или ассимиляции.

Мультикультурный подход подразумевает, что ранее исключавшиеся группы более не желают, чтобы их замалчивали, маргинализировали или определяли как »отклоняющихся от нормы« просто потому, что они отличаются от так называемых нормальных граждан по своей расе, культуре, гендеру, религии, способностям или сексуальной ориентации. Эти группы требуют более всеобъемлющей концепции гражданства, которая признает (а не стигматизирует) их идентичность и дает место различиям.[2] Таким образом, проблема-

---

[1] Кимлика, Уилл. Современная политическая философия: Введение. М.: Изд. дом ГУ-ВШЭ, 2010. С. 413.

[2] Там же. С. 413.

тика мультикультурализма всегда связана с вопросами о правах меньшинств и об их интеграции в большинство.

В узком смысле термин »мульткультурализм« может использоваться в отношении адаптации групп иммигрантов, но не других этнокультурных групп (например, в Канаде и Австралии этот термин не распространяется на коренные аборигенные народы). В широком смысле термин относится ко всем формам »политики идентичности«, включая не только этнокультурные и религиозные группы, но также женщин, гомосексуалистов и лесбиянок, инвалидов и проч. Общим здесь является то, что группы с разными идентичностями рассматриваются как самостоятельные участники политического процесса.[3] К мультикультурализму в широком смысле слова можно отнести и проблематику постсекулярного общества, то есть признание за религиозными группами возможности быть политическими акторами (по Хабермасу).

Наиболее распространенным является использование этого термина в отношении этнокультурных и этноконфессиональных групп.

Дискуссия о мультикультурализме начиналась 1970-е годы как продолжение спора либералов и коммунитаристов в теории политики. Однако довольно скоро она вышла за рамки коммунитаристской критики либерализма и рассмотрения меньшинств как сплоченных и культурно обособленных групп, права которых следует защищать от посягательств либерального индивидуализма. В настоящее время проблематика мультикультурализма сместилась в сторону реакции различных этнокультурных и этноконфессиональных меньшинств на политику нациестроительства, проводимую государством.[4]

Считается, что в либеральном государстве должно соблюдаться условие нейтральности или »нарочитого невнимания« к этнокультурному и религиозному многообразию. Этот принцип предполагает, что самовоспроизводство этнокультурной идентичности (как и религиозной) является частным делом каждого и не входит в сферу забот государства (пока не нарушаются права других граждан). Некоторые теоретики в связи с этим говорят даже о либеральных »гражданских нациях«, которые отличаются от нелиберальных »эт-

3 Хабермас, Юрген. Религиозная толерантность как пионер прав культурной жизни // Хабермас, Юрген. Между натурализмом и религией: философские статьи. М.: Изд-во »Весь мир«, 2011. С. 250.
4 Кимлика, Уилл. Современная политическая философия: введение. С. 425–426, 435–440.

нических« наций. Однако фактическая государственная политика зачастую способствует интеграции на определенной территории вокруг общего языка, использующегося в большинстве социальных институтов, как в общественной, так и в частной жизни (в школах, СМИ, экономике, управлении и т.д.). Такой процесс поощрения общего языка, чувства общего членства в социальных институтах, где употребляется этот язык, и равного доступа к ним и является процессом нациестроительства.[5]

В зависимости от того, как различные типы этнокультурных групп реагируют на государственное нациестроительство, различаются несколько различных моделей мультикультурализма. Среди этих типов, существующих в западных демократических странах и вовлеченных в дискуссию о мультикультурализме, можно выделить следующие: национальные меньшинства, иммигранты (легальные и нелегальные), изоляционистские этноконфессиональные группы и расовые кастовые группы (последние не имеют отношения к российской проблематике).[6]

Чарльз Тейлор считает, что процесс нациестроительства неизбежно ставит в привилегированное положение тех, кто принадлежит к культуре большинства. Он пишет: »Если современное общество имеет ›официальный язык‹ в наиболее полном смысле этого слова, т.е. поддерживаемый, насаждаемый и определенный государством язык и культуру, на которых функционирует государство и экономика, то очевидно, что это огромное преимущество для людей, если это их язык и культура. Говорящие на других языках находятся в явно худшем положении«.[7]

У России большой исторический опыт сосуществования многих этносов, культур и религиозных традиций. Однако это опыт, с одной стороны, Российской империи, во главе которой стоял православный монарх, а с другой стороны, Советского Союза, где был провозглашен принцип единой культуры – »социалистической по содержанию и национальной по форме«.

В постсоветский период резко обострилась проблема формирования единой общероссийской идентичности, которая была бы дополнением и противовесом различным этническим, этнокультурным и конфессиональным идентичностям, которые развивались иногда

[5]   Там же. С. 439–440.
[6]   Там же. С. 440–442. Подробнее о каждой из моделей см. там же. С. 442–466.
[7]   Taylor, Charles. Nationalism and Modernity // The Morality of Nationalism. – Oxford: Oxford University Press, 1997. P. 34.

в рамках входящих в федерацию национально-государственных образований.

Нациестроительство в современной России можно назвать гибридным. С одной стороны, существует единое гражданство, и ст. 14 Конституции гласит: »Российская Федерация – светское государство. Никакая религия не может устанавливаться в качестве государственной или обязательной. Религиозные объединения отделены от государства и равны перед законом«. С другой стороны, в Преамбуле действующего закона »О свободе совести и о религиозных объединениях« (1997) говорится о признании »особой роли православия в истории России, в становлении и развитии ее духовности и культуры« (хотя далее следуют слова: »уважая христианство, ислам, буддизм, иудаизм и другие религии, составляющие неотъемлемую часть исторического наследия народов России«).

При этом политическое руководство иногда говорит о государствообразующей[8] роли православия и Церкви, а также о том, что православие является основой культурно-ценностного фундамента российского общества.[9]

В реальности коррелятом этой позиции является тот факт, что православие – доминирующая культурно-религиозная традиция. Согласно многочисленным социологическим опросам, большинство населения идентифицируют себя как православных, хотя активно в церковной жизни принимает участие меньшинство. Гражданин может быть атеистом по мировоззрению и в то же время православным по этнокультурной принадлежности. Русская Православная Церковь в этой ситуации оказывается в роли того института, благодаря которому сохраняется и воспроизводится эта традиция.

Одновременно в отдельных регионах, где исторически доминируют другие религии (ислам или буддизм), элементом нациестроительства становится соответствующая религиозно-культурная традиция. В результате складывается устойчивое представление о так называемых традиционных религиях России (православие, ислам,

---

[8] См., например, в выступлении премьер-министра РФ В. В. Путина (ныне президент РФ) перед лидерами и представителями традиционных религиозных общин России 8 февраля 2012 г.: Стенограмма встречи председателя Правительства РФ В. В. Путина со Святейшим Патриархом Кириллом и лидерами традиционных религиозных общин России // Официальный сайт Русской Православной Церкви (08. 02. 2012) http://www.patriarchia.ru/db/text/2005767.html.

[9] Как в документе »Нравственная основа модернизации«, подготовленном Национальным институтом развития современной идеологии к заседанию партийных клубов партии »Единая Россия« // http://www.nirsi.ru/48.

иудаизм, буддизм) и соответствующих им культурных традициях. Это представление нашло свое выражение в предмете »Основы религиозных культур и светской этики«, который ныне повсеместно вводится в государственных школах. Эта акция правительства, активно поддерживаемая как Русской Церковью, так и представителями других религиозных сообществ, де факто является примером мультикультуралистской политики, хотя и ограниченной.

Какова в данном случае позиция Русской Православной Церкви?

Как носительница религиозно-культурной традиции, к которой причастно большинство населения, Церковь переживает свою ответственность за все общество и за недопущение конфликта между большинством и религиозно-культурными меньшинствами. И Церковь никоим образом не оспаривает конституционные основы современного Российского государства.

В то же время Церковь сопротивляется тому, чтобы в основу общенациональной сплоченности был положен секуляризм как антирелигиозная идеология. Так, Святейший Патриарх Кирилл в одном из недавних выступлений настаивал на том, что »нельзя смешивать идеологию секуляризма и светскость как идеологическую и мировоззренческую нейтральность. Нельзя рассматривать атеизм как общий знаменатель всех мировоззрений, в том числе религиозных«.[10]

Ранее председатель Отдела внешних церковных связей митрополит Волоколамский Иларион в интервью румынскому информационному агентству АДЖЕРПРЕС, отметил:

»В наши дни проблема мультикультурализма стоит особенно остро. Ученые, политики и общественные деятели ищут общую основу для развития общества, в котором представлено множество культур и религий. И некоторые из них хотели бы видеть секуляризм в качестве нейтральной основы для мирного сосуществования, но это в корне неверно, так как подобный подход делает публичную сферу одинаково враждебной всем верующим, которые при этом не знают ничего об убеждениях друг друга, а потому испытывают недоверие и подозрительность«.[11]

---

[10] Выступление Святейшего Патриарха Кирилла на совещании »Теология в вузах: взаимодействие Церкви, государства и общества«. – Официальный сайт РПЦ (28.11.2012).

[11] Митрополит Волоколамский Иларион. Интервью национальному информационному агентству Румынии АДЖЕРПРЕС. – Официальный сайт Отдела внешних церковных связей РПЦ (09.12.2011).

В то же время Святейший Патриарх, выступая на встрече с участниками Группы глобального лидерства Всемирного экономического форума, ссылался на такую модель межцивилизационных отношений, когда »каждый человек живет в соответствии со своими убеждениями, ему не предлагается модель, чуждая для него в культурном или философском смысле«[12].

Председатель Отдела по взаимоотношениям Церкви и общества протоиерей Всеволод Чаплин, комментируя заявления некоторых лидеров европейских государств о крахе политики мультикультурализма, отметил, что в России была настоящая мультикультурность, »когда люди разных религиозных взглядов, разных традиций, разного образа жизни, разных социальных устоев, те же финны, имевшие типично европейское политическое устройство, и те же жители Средней Азии, жившие по шариату, умели существовать в рамках одной страны«.[13] При этом он выразил надежду на то, что эта традиция будет иметь продолжение. А высказываясь о возможности введения в России шариатских судов, он заявил: »Не стоит ограничивать исламскую общину в возможности жить по своим правилам. Именно такой путь, я думаю, актуален в будущем и для России, и для Западной Европы. Но очевидно, что нельзя навязывать эти правила другим, вне своей общины«.[14]

Эти позиции вполне соответствуют мультикультуралистскому подходу.

Таким образом, выступая в общественном пространстве как Церковь, религиозно и культурно связанная с абсолютным большинством населения России, Русская Церковь не отрицает религиозного и культурного многообразия. Напротив, она сама осознает себя одним из религиозных сообществ, сосуществующим с другими, и настаивает на свободе мировоззренческого выбора. При этом она обращает внимание на необходимость соблюдать »один из основных принципов общежития – взаимное уважение различных мировоззренческих групп«.[15]

Русская Церковь постоянно заявляет на уровне официальных

---

[12] Концепция мультикультурализма потерпела крах – патриарх Кирилл. – Интерфакс (14. 03. 2011).

[13] Мультикультурализм – не гамбургеры и памперсы, а умение жить в одной стране, считает протоиерей Всеволод Чаплин. – Интерфакс (16. 11. 2011).

[14] В РПЦ считают, что мусульманам нельзя запрещать шариатские суды. – Русская служба новостей (25. 04. 2012).

[15] Основы учения Русской Православной Церкви о достоинстве, свободе и правах человека, IV.5.

церковных документов о своей собственной позиции по широкому спектру социально-политических вопросов. Достаточно указать на такие документы, как »Основы социальной концепции РПЦ« (2000), »Основы учения Русской Православной Церкви о достоинстве, свободе и правах человека« (2008), »Отношение Русской Православной Церкви к намеренному и публичному богохульству и клевете в адрес Церкви« (2011). В рамках деятельности Межсоборного присутствия в настоящее время идет работа над другими документами, часть которых имеет общественное значение.

Таким образом, можно сказать, что Русская Церковь выступает за сбалансированный мультикультурализм, то есть за равное внимание как к культуре большинства, так и к культуре меньшинств.

В религиозно-культурном отношении Русская Церковь осознает себя Церковью большинства и носительницей доминирующей культуры, имеющей религиозную основу. Но большинство в данном случае понимается не просто как »бóльшая часть«, но как основа и скрепа всего общества.

Приведу слова Святейшего Патриарха Кирилла, сказанные в ходе его визита в Одессу: »Предполагает ли человеческое общежитие наличие некоей базисной основы общего бытия, предполагается ли наличие какой-то несущей конструкции в этом национальном фундаменте? Я глубоко убежден в том, что любое многообразие должно опираться на общий фундамент, на некую общую скалу, несущую конструкцию, которая поддерживала бы жизнь многих людей, имеющих разные взгляды и разные убеждения […] Мне кажется, что Православие и является такой несущей конструкцией«.[16]

В то же время Русская Церковь как сообщество церковно активных верующих православных христиан представляет собой меньшинство и осознает себя как таковое, отстаивая свое право жить согласно своим религиозно-нравственным убеждениям и соответствующим образов выступать и действовать в общественном пространстве.

Примером отстаивания такого права можно считать диалог Церкви и государства по вопросам присутствия религии в области среднего и высшего образования. Показательной является борьба Церкви за православную теологию в вузах, в частности, за возможность признания государством квалификационных работ по теологии

---

16 См. например Слово Святейшего Патриарха Московского и всея Руси Кирилла на встрече с общественностью Одессы. – Официальный сайт ОВЦС РПЦ (22.07.2010).

(кандидатских и докторских диссертаций). Например, выступая на совещании »Теология в вузах: взаимодействие Церкви, государства и общества«, Святейший Патриарх Московский и всея Руси Кирилл постоянно упоминал о потребности Церкви и общества в вузовском теологическом образовании и в связи с этим о необходимости нормативного обеспечения соответствующего партнерства государства и Церкви.[17]

В данном случае Русская Церковь защищает базовые принципы мультикультурализма.

---

[17] Выступление Святейшего Патриарха Кирилла на совещании »Теология в вузах: взаимодействие Церкви, государства и общества«.

70 Jahre nach dem Ende des
Zweiten Weltkriegs – München 2015

Teilnehmer und Gäste des bilateralen Theologischen Dialogs zwischen der Russischen Orthodoxen Kirche und der Evangelischen Kirche in Deutschland vom 10. bis 11. Dezember 2015 in München

Evangelische Kirche in Deutschland

Ratsvorsitzender Bischof Prof. Dr. Heinrich Bedford-Strohm, München
Prof. Dr. Christfried Böttrich, Lehrstuhl für NT, Universität Greifswald
Pfarrerin Susanne Fleischer, Deizisau
Pfarrerin Direktorin Cornelia Füllkrug-Weitzel, EWDE, Berlin
Pfarrerin Prof. Dr. Dagmar Heller, Bossey
Propst Siegfried Kasparick, Lutherstadt Wittenberg
Hauptpastorin Martina Severin-Kaiser, Hamburg
Prof. Dr. Dr. mult. Martin Tamcke, Universität Göttingen
Pfarrerin Dr. Jennifer Wasmuth, Humboldt-Universität Berlin
OKR PD Dr. Martin Illert, Kirchenamt der EKD, Hannover
Prof. Dr. Reinhard Thöle D.D., Universität Halle

Russische Orthodoxe Kirche

Metropolit Hilarion von Volokolamsk, Leiter der kirchlichen Außenamtes, Moskau
Erzbischof Feofan von Berlin und Deutschland
Archimandrit Filaret, stellvertretender Leiter des kirchlichen Außenamtes, Moskau
Erzpriester Vladimir Khulap, Geistliche Akademie St. Petersburg
Erzpriester Valentin Vasetschko, Geistliche Akademie Moskau
Priestermönch Stefan, kirchliches Außenamt Moskau (verhindert)
Priester Antonij Borisov, Geistliche Akademie Moskau
Prof. Vladimir Burega, Geistliche Akademie Kiew
Margarita Neljubova, Kirchliches Außenamt, Moskau

Prof. Alexander Rahr, Projektleiter in deutsch-russischen Forum, Berlin/ Moskau

Elena Speranskaja, Kirchliches Außenamt, Moskau

Gäste

Erzbischof Dietrich Brauer, ELKRAS, Moskau
Weihbischof Dr. Thomas Löhr, Limburg a. d. Lahn
Generalkonsul Dr. Sergej Ganzha, München
Pfarrerin Almut Bretschneider-Felzmann, Kirche von Schweden / Mitteldeutsche Kirche
Pfarrer Dr. Roland Fritsch, Erding b. München
Pfarrerin Dr. Heta Hurskainen, Evangelisch-lutherische Kirche Finnlands
Brigitte Lehnhoff, Journalistin, Barsinghausen
Pfarrer Präsident Minister a. D. Markus Meckel, Berlin
Pfarrer Professor Dr. Karl-Wilhelm Niebuhr, Lehrstuhl für NT, Universität Jena
Direktor Dr. Johannes Oeldemann, Johann-Adam-Möhler-Institut, Paderborn
Prof. Dr. H. Oelke, Dekan der ev.-theol-Fak., Universität München
Alexander Perabo, Limburg
Stud. theol. Johannes Schmier, Universität Halle
Pfarrer KR Dirk Stelter, Kirchenamt der EKD Hannover
Kirchenrätin Sabine Udodesku, Kirchenamt der EKD Hannover (verhindert)
Dipl. theol. Georgios Vlantis, orthodoxe Lehreinrichtung, Universität München
Prof. Dr. A. Vletsis, Leiter der orthodoxen Lehreinrichtung, Universität München
Prof. Dr. Markus Vogt, Dekan der kath.-theol. Fak., Universität München
Kirchenrätin Andrea Wagner Pinggéra, Landeskirchenamt München
Dr. Irena Zeltner-Pavlovic, Christliche Publizistik, Universität Erlangen

St. Matthäusgemeinde München:
Pfarrer Gottfried von Segnitz, München

Dolmetscher:
Erzdiakon Dr. Georg Kobro, Landsberg-Penzing
Matthias Kobro, München

Gruppenbild der Delegation der Begegnung 2015

Grußworte

Weihbischof Thomas Löhr

Eminenz, verehrter Metropolit Hilarion!
Verehrter Herr Ratsvorsitzender Landesbischof Dr. Bedford Strohm!
Exzellenz, verehrter Erzbischof Feofan!
Sehr geehrte Teilnehmerinnen und Teilnehmer dieser Dialogbegegnung!
Sehr geehrte Damen und Herren!

Es ist mir Anlass zur Freude und in gleicher Weise zur Dankbarkeit, heute als Vertreter der Deutschen Bischofskonferenz ein Grußwort an Sie zu richten. Gern möchte ich Sie im Namen des Vorsitzenden der katholischen Deutschen Bischofskonferenz Kardinal Reinhard Marx und meiner Mitbrüder in der Bischofskonferenz herzlich grüßen. Ein besonderer Gruß ergeht an Sie im Namen der Ökumenekommission, deren Vorsitzender der Magdeburger Bischof Dr. Gerhard Feige ist. Wir wünschen Ihnen ein gutes Gelingen Ihrer Begegnung, die die Evangelische Kirche in Deutschland und die Russische Orthodoxe Kirche des Moskauer Patriarchats in diesen Tagen hier in München durchführen.

Zwischen der Deutschen Bischofskonferenz und der Evangelischen Kirche in Deutschland gibt es seit vielen Jahren vielfältige ökumenische Kontakte, die zum Aufbau guter und tragfähiger Beziehungen geführt haben. Auch mit der Russischen Orthodoxen Kirche steht die Deutsche Bischofskonferenz schon seit Mitte der 80er Jahre in einem regelmäßigen theologischen Austausch, der seit 2009 mit der Wiederaufnahme der Gesprächsreihe noch einmal intensiviert wurde. Daher ist es ein deutliches ökumenisches Signal, dass die Evangelische Kirche in Deutschland und die Russische Orthodoxe Kirche zu ihrer bilateralen Dialogveranstaltung die Deutsche Bischofskonferenz zu einem Grußwort eingeladen haben. So bringen Sie zum Ausdruck, dass die Dialoge, die auf unterschiedlichen

Ebenen und in unterschiedlichen Konstellationen geführt werden, nicht isoliert stehen, sondern einander ergänzen und befruchten. Sie werden geführt in der Gewissheit, dass wir gemeinsam den einen Leib Christi bilden, so dass, wie der Apostel Paulus schreibt, gilt: »Wenn darum ein Glied leidet, leiden alle Glieder mit; wenn ein Glied geehrt wird, freuen sich alle anderen mit ihm« (1 Kor 12,26).

Als bei den Planungen für diese Ihre Begegnung 70 Jahre nach dem Ende des Zweiten Weltkrieges entschieden wurde, sich mit dem Beitrag der Kirchen für den Frieden zu befassen und diese Frage aus theologischer und gesellschaftlicher Perspektive zu erörtern, war sicher nicht vorauszusehen, welche Aktualität dieses Thema angesichts der jüngsten Entwicklungen haben würde. Gewalt, Krieg und Terror zerrütten den Nahen und Mittleren Osten, ebenso wie Länder Afrikas und nicht wenige andere Staaten und machen Millionen Menschen heimatlos. Auf der ganzen Welt und auch in Europa fühlen sich Extremisten bestärkt in ihrer irregeleiteten Vorstellung, unter Berufung auf Gott, wahllos Menschen töten zu dürfen. Derzeit wird immer wieder vom sogenannten »Gewaltpotenzial der Religionen« gesprochen. Dabei gerät der Beitrag der Religionen zu einem friedlichen Miteinander von Menschen und Kulturen ganz in den Hintergrund, obwohl es viele gegenläufige Erfahrungen und vielfache Bemühungen um ein friedliches Miteinander der Religionen und Kulturen gibt, das die Würde der Menschen verteidigt, den Familien Sicherheit und den jungen Menschen Zukunft gibt.

70 Jahre nach Ende des Zweiten Weltkrieges haben Kardinal Reinhard Marx und Landesbischof Dr. Bedford-Strohm in großer Dankbarkeit für die vielen Entwicklungen zum Guten in Europa mit Blick auf Spannungen, die es auch auf unserem Kontinent nach wie vor gibt und die in neue Konflikte, auch gewaltsame Auseinandersetzungen, eingemündet sind, in Erinnerung gerufen, dass wir von einer umfassenden, allgemeinen Friedensordnung noch entfernt sind. Unsere Kirchen sind weiterhin aufgerufen zu verkünden: Wir Christen glauben an einen Gott der Versöhnung und des Friedens. Wer Krieg führen und Gewalt ausüben will, soll sich nicht auf Gott berufen können.

In diesen Tagen des Advents, in denen wir uns auf die Feier des Geburtsfestes des Erlösers vorbereiten, mahnen uns immer wieder die prophetischen Texte der biblischen Lesungen zum Frieden und zur Versöhnung. In Jesus Christus, unserem Erlöser und Heiland, erfüllen sich die Verheißungen Gottes, der treu ist und das Heil und das Wohlergehen aller Menschen will. Dankbar schauen wir als Katholische Kirche – und darin wissen wir uns vereint mit den anderen christlichen Kirchen – auf das II. Vatikanische Konzil. Vor wenigen Tagen jährte sich zum fünfzigsten

Mal der Tag, an dem diese große Versammlung zu Ende ging, in deren Beratungen sich auch prominente Theologen der orthodoxen und der evangelischen Kirchen eingebracht haben. Dankbar sind wir allen, die uns auf diesem Weg der Ökumene begleitet haben und begleiten. Gern wollen wir diese Zusammenarbeit in dem Heiligen Jahr fortsetzen und intensivieren, das Papst Franziskus vor wenigen Tagen eröffnet und unter das biblische Leitwort »Seid barmherzig, wie es auch euer Vater ist!« (Lk 6,36) gestellt hat.

Die theologischen Gespräche zwischen der Deutschen Bischofskonferenz und der Russischen Orthodoxen Kirche haben sich in den letzten Jahren intensiv mit der gesellschaftlichen Bedeutung des christlichen Glaubens und der christlichen Werte im Kontext der Moderne befasst. Bei diesen Gesprächen, an denen ich selbst als Mitglied der katholischen Delegation teilnehmen konnte, wurde eines sehr deutlich herausgearbeitet: Die Kirchen müssen in einem ständigen Austausch mit der Gesellschaft stehen und versuchen, christliche Wertvorstellungen in den gesellschaftlichen Diskurs einzubringen, weil sie davon überzeugt sind, dass sie damit dem Wohl der Menschen dienen. Die christlichen Kirchen stehen hier in einer gemeinsamen Verantwortung. Und sie werden umso eher gehört werden, je mehr sie mit einer Stimme sprechen und sich gemeinsam für ihre Überzeugungen stark machen.

Die Not der vielen Flüchtlinge, die seit einiger Zeit aus vielen Teilen der Erde und vor allem aus den Ländern des Nahen und Mittleren Ostens zu uns kommen, hat bei uns zu einem neuen ökumenischen Miteinander geführt. Christen verschiedener Konfessionen engagieren sich zusammen mit Menschen anderer Überzeugungen, damit sie bei uns gut aufgenommen werden und sich in unserer Gesellschaft zurechtfinden. Wenn wir uns als Christen gemeinsam von der Not derer berühren lassen, die unserer Hilfe am meisten bedürfen, sei es die Not der Flüchtlinge, sei es die Not derer, die in unserer Gesellschaft am Rand stehen und unter Armut leiden, dann ist das auch ein wertvoller Beitrag zum friedlichen Miteinander.

Schauen wir in die Herkunftsländer der vielen Menschen, die auf der Flucht sind, zeigt sich: Neben der Ökumene des Helfens und der Barmherzigkeit, die hier neu bestärkt wird, gibt es dort die bedrückende Erfahrung einer »Ökumene der Märtyrer«. Die Christen sind die Religionsgemeinschaft, die in der schlimmsten Weise Verfolgung erleidet. Umso mehr beeindruckt uns die Glaubenskraft jener Christen, für die das Martyrium das Zeugnis ihres Lebens für den Glauben, die Hoffnung und die Liebe ist, die Gott selbst in unser Herz gelegt hat. Der Heilige Geist, der in unserer abendländischen Kultur oft sehr einseitig intellektuell Gegenstand der Betrachtung ist, wird als der Tröster, der Paraklet, erlebt. Die Erfahrung des Heiligen Geistes steht ganz nah bei den biblischen Zeugnissen und führt uns zu den Anfängen zurück

Liebe Schwestern und Brüder, abermals wünsche ich Ihnen für Ihre Veranstaltung fruchtbare Beratungen und einen guten ökumenischen Geist. Möge Ihr Dialog unter Gottes Segen stehen. Möge er dazu beitragen, die Gemeinschaft unter allen, die an Christus glauben, weiter zu vertiefen. Und möge er das Potenzial des christlichen Glaubens für ein Zusammenleben in Gerechtigkeit und Friede bewusst machen und bezeugen. Gott segne Ihr Miteinander.

Athanasios Vletsis

»Als Gott des Friedens, Vater des Erbarmens, hast Du uns den Engel Deines großen Willens offenbart, der uns den Frieden schenkt«: mit diesen Worten wird, unter anderem, tagtäglich während der 40 Tage der vorweihnachtlichen Zeit in der Orthodoxen Kirche das Ankommen des Heilands angekündigt.

In dieser schönen Adventszeit ist ein hochrangiges Treffen der Kirchen des Ostens und des Westens ein wahrlich Frieden-ankündigendes Zeichen: Zwar sind die bilateralen theologischen Dialoge zwischen der Russisch-Orthodoxen Kirche und der Evangelischen Kirche eine Institution, die sogar in gewisser Hinsicht älter ist als der Dialog im Rahmen des ÖRK, und sie haben bis jetzt sehr viele gute Früchte getragen; sie waren aber oft – und sind es immer noch – den Wirren der Zeiten ausgesetzt, wie auch das Leben der Kirche insgesamt von den Verwirrungen in der menschlichen Geschichte nicht ohne Wunden geblieben ist. Daher kann dieses Zusammenkommen zwischen den beiden Kirchen, zumal es als zentrales Thema das Gedenkjahr »70 Jahre nach dem Ende des II. Weltkriegs« hat, die Hoffnung erneuern, dass die Kirchen Jesu Christi als Engel des Friedens in dieser Welt wirken können, eine Erwartung, die gerade heute wieder einmal die Welt so bitter nötig hat.

Als Mitglied einer Orthodoxen Kirche und eines Landes (in Griechenland), die die zerstörerische Kraft des II. Weltkrieges sehr zu spüren bekamen (wie dies auch für die Christenheit in Russland der Fall war) kann ich zugleich von der wunderbaren Heilkraft unseres christlichen Glaubens, der Versöhnung, bezeugen und bestätigen, was in relativ kurzer Zeit zwischen den ehemals verfeindeten Völkern erreicht worden ist: die Versöhnung wurde somit zur treibenden Kraft in unseren Kirchen und Völkern, und damit sind u.a. dieses Treffen, wie auch viele weiteren ökumenischen

Begegnungen möglich. Eine Frucht dieses Werkes der Versöhnung ist auch das wunderbare Zusammenleben von Christen aus so verschiedenen Kirchen in diesem gastfreundlichen Land, Deutschland. Unsere Ausbildungseinrichtung für Orthodoxe Theologie ist eben ein handfestes Zeichen der friedlichen Zusammenarbeit unserer Kirchen: denn zum ersten Mal in der Geschichte Westeuropas – und vielleicht darüber hinaus – kann das volle Studium der Orthodoxen Theologie an einer staatlichen Universität angeboten werden, und zwar in harmonischer Kooperation mit den hier in München alten und ehrwürdigen theologischen Fakultäten, der Katholischen und der Evangelischen, was auch heute die Anwesenheit der zwei Dekane dieser Fakultäten unter Beweis stellen kann. »Jetzt wächst zusammen, was zusammen gehört« habe ich in meiner Ansprache vor einem Monat bei dem 20-jährigen Jubiläum unserer Ausbildungseinrichtung für Orthodoxe Theologie gesagt. Das kann ich auch heute wiederholen, wenn ich mit großer Freude feststellen kann, wie kreativ geschwisterlich die Beziehungen zwischen der EKD und der ROK weiter gepflegt und fortgeführt werden.

Ich wünsche Ihrer Dialogkommission weiterhin viel Kraft, damit das Werk der Versöhnung und des Friedens stets neue Früchte trägt und damit die Hoffnung erneuert werden kann, dass auch die Communio-Eucharistie Gemeinschaft uns gelingen kann.

Harry Oelke

Eure Seligkeit Metropolit Hilarion von Volokolamsk, verehrter Herr Ratsvorsitzender Bedford-Strohm, Exzellenzen, Väter ([Erz-]Priester), Herr Generalkonsul, Herr Minister a. D., verehrte Kolleginnen und Kollegen, sehr geehrte Pfarrerinnen und Pfarrer, meine Damen und Herren,

im Namen der Evangelisch-Theologischen Fakultät der Ludwig-Maximilans-Universität überbringe ich Ihnen, den Teilnehmerinnen und Teilnehmern des bilateralen Dialogs der EKD und der ROK 2015 in München, die herzlichsten Grüße. Es ist der Fakultät eine große Freude, dass der wichtige Dialog zwischen diesen beiden Kirchen gerade hier in München, dazu im Zeichen des von Ihnen gewählten Themas »*70 Jahre nach dem Ende des Zweiten Weltkriegs*« einen weiteren Impuls erhält. Wir hoffen, Sie haben heute Nachmittag Ihre Gespräche konstruktiv aufnehmen können und wünschen Ihnen einen erfolgreichen weiteren Verlauf.

Die Stadt München hat im 20. Jahrhundert enge Berührungspunkte mit den beiden kirchlichen Akteuren dieses Dialogs und seinem Thema. Ein starker Strom von Diasporarussen erreichte München im Zusammenhang mit dem Ersten Weltkrieg und der Oktoberrevolution von 1917. Beim Gedenken an den an Ersten Weltkrieg im vergangenen Jahr hat man hier daran erinnert. Mit dem später nahenden Ende des Zweiten Weltkriegs wurde München sowohl als Transitzone als auch als Endziel – neben Paris, New York und Berlin – ein Zentrum des geistlichen Lebens russisch orthodoxer Christen weltweit: die sogenannte »Oberste Kirchenverwaltung« der russischen Auslandskirche musste 1944 Serbien verlassen und fand hier in München Unterkunft, bis sie 1950 endgültig in die USA ging. In den 1940er Jahren war die russische Kultur ein Faktor in dieser Stadt, im Großraum München existierten drei russische Gymnasien und mehrere Volksschulen.

In den Kontext dieser Bevölkerungsgruppe gehört auch Alexander Schmorell, der Mitgründer der Widerstandsgruppe »Weiße Rose«. Er wurde 1917 in Orenburg/Russland geboren, seiner Mutter, die Tochter eines russisch-orthodoxen Priesters, war es wichtig, dass Alexander ebenso getauft wurde. 1921 emigrierte er dann mit seinem Vater nach München. Schmorell war zweisprachig erzogen, ging hier aufs Neue Realgymnasium und studierte danach bekanntlich an der Ludwig-Maximilians-Universität Medizin, bis er 1943 als Widerständler denunziert und im Gefängnis München-Stadelheim hingerichtet wurde. Er gehört heute mit den anderen Gründungsmitgliedern der Weißen Rose, Hans und Sophie Scholl sowie Christoph Propst, zu den starken Identifikationsfiguren der LMU. Auch in der Lehre unserer Fakultät sind Alexander Schmorell und die Weiße Rose in den historischen Fächern vertreten.

Alexander Schmorell hatte im Bestreben nach der Rückkehr von der Front 1942 den Plan in Deutschland ein parteienübergreifendes Netzwerk des Widerstands aufzubauen. In diesem Zusammenhang war auch die Kontaktaufnahme zu Dietrich Bonhoeffer in Berlin vorbereitet. Das Treffen im November 1942 kam im letzten Moment nicht zustande, aber die hier erkennbar werdenden Verbindungslinien zwischen den Widerstandsakteuren haben weiter gewirkt. Schmorell und Bonhoeffer werden verbunden durch das Band des Widerstands in beiden Kirchen als Bekenner des Glaubens rezipiert. Ein gemeinsames Bewusstsein zwischen orthodoxen und evangelischen Christen für den Widerstand gegen NS und möglicherweise auch kommunistische Diktaturen wurde geschaffen. Es ist zu hoffen, dass dieser Impuls weiter in die jüngere christliche Erinnerungskultur beider Kirchen fortwirkt. Möglicherweise kann das aktuelle Dialoggespräch in diese Richtung weisen.

Als der Zweite Weltkrieg 1945 zu Ende ging, gab es die Evangelisch-Theologische Fakultät noch nicht. Sie ist ein Kind der 1960er Jahre, wurde 1967 gegründet und wird, wenn sich im übernächsten Jahr das große

500-jährige Gedenken der Reformation ereignen wird, ihr kleines 50-jähriges Jubiläum feiern können. Auch wenn die Fakultät also zeitlich nicht in die Zeit des Kriegsendes hineinreicht, so ist sie dem Thema ihrer Tagung und mehr noch der Verbindung zwischen der EKD und der ROK auf engste verbunden. Diese Verbindung hat einen Namen: Georg Kretschmar – der für die EKD von 1994 bis 2005 als Bischof der ELKRAS und ab 1999 sogar als ihr Erzbischof fungierte, ist Gründungsmitglied der Evangelisch-Theologischen Fakultät in München. Von 1967 an war er hier bis zu seiner Emeritierung 1990 Professor für Kirchengeschichte und Neues Testament.

Danach intensivierte er seine Kontakte zur evangelisch-lutherischen Kirche in Russland, der Ukraine, in Kasachstan und Mittelasien und hat dann zunächst von Riga, später von St. Petersburg aus am Wiederaufbau der evangelisch-lutherischen Kirche Russlands nachhaltig mitgewirkt. Es gelang ihm, die theologische Ausbildung in St. Petersburg und das Zentrale Kirchenamt wieder zu öffnen und die Diözesan- und Synodalstrukturen zu erweitern und zu etablieren.

Georg Kretschmar hat von der Münchener Fakultät aus darüber hinaus auch konkret auf das Thema Ihres Dialoggesprächs eingewirkt. Er war es, der hier in München die kirchliche Zeitgeschichtsforschung maßgeblich vorangerieben hat. Seit 1972 war er für anderthalb Jahrzehnte der Vorsitzende der Evangelischen Arbeitsgemeinschaft für Kirchliche Zeitgeschichte. Diese war und ist eine Einrichtung der EKD, die 1955 zunächst als »Kommission für die Geschichte des Kirchenkampfes in der nationalsozialistischen Zeit« gegründet worden war. Georg Kretschmar gelang es hier von München aus, die fachwissenschaftlichen Kräfte, die sich in Deutschland mit der NS-Zeit beschäftigten, konstruktiv zusammenzuführen. Die von ihm geleitete Arbeitsgemeinschaft leistete einen wesentlichen Beitrag zur Aufarbeitung der Rolle der evangelischen Kirche in der NS-Zeit. Schon bald erweiterte sich der zeitliche Forschungshorizont der Kommission auf die Zeit der Weimarer Republik und die Rolle des Protestantismus in der Nachkriegszeit. Georg Kretschmar hat auf diese Weise an der Münchener Fakultät einen wichtigen Forschungsbeitrag eingeleitet und vorangetrieben, der auch das Thema dieser Tagung in ersten Zügen vorausgehend andachte. Die von Kretschmar in 16 Jahren geprägte Evangelische Arbeitsgemeinschaft ist nach wie vor an der Münchener Fakultät beheimatet. Sie umfasst heute eine Forschungsstelle zur Kirchlichen Zeitgeschichte und eine der führenden Bibliotheken zur Kirchlichen Zeitgeschichte im deutschsprachigen Raum Europas.

Der bilaterale Dialog zwischen der EKD und der ROK hat inzwischen eine lange Geschichte, es ist eine der kontinuierlichsten theologischen Gesprächsreihen in der Geschichte des 20. Jahrhunderts. Die Arnoldshainer Gespräche seit 1959 und die Sargorsker Gespräche, die seit 1974 zwischen dem Bund der Evangelischen Kirchen in der DDR und der ROK geführt wurden, sind heute aus kirchenhistorischer Sicht wichtige Bausteine für eine verantwortungsvolle Gesprächskultur zwischen den Kirchen, die immer kirchlich disponiert war, dabei aber häufig über sich selbst in den gesellschaftlichen, auch politischen Raum hinauswirkte. Die Arnoldshainer Gespräche setzten in Zeiten des Kalten Krieges ein wichtiges Zeichen für eine Gesprächskultur, die die politischen Lager in Ost und West überschritt. Die Sargorsker Gespräche waren wichtig für die die Rolle des Bundes Evangelischer Kirchen in der DDR. Auch wenn diese Wirkungen nicht in jeder Hinsicht sogleich intendiert gewesen sind, so gab es sie doch und sie haben Folgen gezeitigt. Die politischen Rahmenbedingungen von einst haben sich verändert, die Unterschiede zwischen den Kirchen von einst sind vielfach nicht mehr die von heute, aber natürlich gibt es sie. Wenn Geschichte eine Bedeutung für gegenwärtiges Handeln haben kann, dann doch wohl vor allem diese: Sie kann dazu ermutigen, erfolgreiche Aspekte einer gemeinsamen Vergangenheit, die ja immer beide Seiten betreffen, nicht aus den Augen zu verlieren und als Ermutigung für gegenwärtiges Handeln zuzulassen. Die Tradition des Dialogs dieser beiden hier heute Abend präsenten Kirchen hat vieles angestoßen und bewirkt, man kann erwartungsfroh auf die zukünftige Entwicklung schauen. In diesem Sinne wünsche ich Ihnen im Namen der Evangelische-Theologischen Fakultät weiterhin gewinnbringende Gespräche – in München und anderswo.

Grundsatzreferat

Metropolit Hilarion

Erneut führen unsere beiden Kirchen eine Begegnung durch, nun in einem neuen Format, und widmen diese dem Ende des Zweiten Weltkriegs sowie dem Friedensbeitrag christlicher Gemeinden.

In dem Buch »Hinhören und hinsehen«, das 2003 von der Russischen Orthodoxen Kirche und der Evangelischen Kirche in Deutschland gemeinsam herausgegeben wurde, haben wir den Helden und Märtyrern dieses schrecklichen Krieges unsere Verehrung zum Ausdruck gebracht. Einer von ihnen war ein orthodoxer Gläubiger, Alexander Schmorell, der 1943 von den Nationalsozialisten in München hingerichtet wurde. Er wurde zunächst in der deutschen Diözese der Russischen Orthodoxen Kirche im Ausland (ROKA) heiliggesprochen. Bereits 2012 folgte erstmals nach der Wiederherstellung der kanonischen Gemeinschaft zwischen der Russischen Orthodoxen Kirche im Ausland und dem Moskauer Patriarchat auf gemeinsamen Beschluss die Heiligsprechung von Alexander Schmorell hier in München in der Kathedrale der heiligen Neumärtyrer und Bekenner Russlands. Mit seinem Leben und Tod offenbarte er den Mut im Kampf mit dem Nationalsozialismus und den Demut in der Ergebenheit dem Erlöser unserem Herrn Jesus Christus. Kurz vor seiner Hinrichtung schrieb Alexander in einem Brief an seine Eltern: »Gott lenkt alle Dinge so, wie er es will, und wie es zu unserem Besten ist, wir müssen uns immer nur voller Vertrauen in seine Arme geben – er wird uns dann niemals verlassen, immer helfen und trösten« (05.06.1943).

Ein anderer Märtyrer, Pastor Dietrich Bonhoeffer, wurde einen Monat vor Kriegsende am 9. April 1945 hingerichtet. Am Vortag feierte er seinen letzten Gottesdienst. Der Lagerarzt des KZ Flossenbürg berichtete später: »Ich habe in meiner fast 50-jährigen ärztlichen Tätigkeit kaum je einen Mann so gottergeben sterben sehen«. Nicht ohne Grund sind auch die Worte des Bischofs Wolfgang Huber bekannt, der für die Gesamtausgabe der Werke Bonhoeffers mitverantwortlich war: »Er ist ein evangelischer

Heiliger«. Unter anderem verfasste Bonhoeffer ein bemerkenswertes Buch mit dem Titel »Nachfolge«, oder in einer anderen Übersetzung »Befolgung«. Den Sinn des deutschen Wortes »Nachfolge« ist es nicht so einfach im Russischen wiederzugeben. Der Titel beruht auf den Worten Jesu »Folge mir nach« (Mk 1,17; Joh 21,22).

Tiefgründig sind die Gedanken Bonhoeffers über die »billige« und »teure« Gnade, die auch heute sehr aktuell anklingen. Die billige Gnade ist für ihn »die Predigt der Vergebung ohne Buße, ist Taufe ohne Gemeindezucht, ist Abendmahl ohne Bekenntnis der Sünden, ist Absolution ohne persönliche Beichte. Billige Gnade ist Gnade ohne Nachfolge, Gnade ohne Kreuz, Gnade ohne den lebendigen, menschgewordenen Jesus Christus«. »Billige Gnade« ist seiner Meinung nach die Rechtfertigung der Sünde.

»Teure Gnade ist das Evangelium, das immer wieder gesucht, die Gabe, um die gebeten [...] werden muss. [...] Gnade ist sie, weil sie in die Nachfolge Jesu Christi ruft; teuer ist sie, weil sie dem Menschen das Leben kostet, Gnade ist sie, weil sie ihm so das Leben erst schenkt; teuer ist sie, weil sie die Sünde verdammt, Gnade, weil sie den Sünder rechtfertigt. [...] Teure Gnade ist Gnade als das Heiligtum Gottes, das vor der Welt behütet werden muss, das nicht vor die Hunde geworfen werden darf, sie ist darum Gnade als lebendiges Wort, Wort Gottes, das er selbst spricht, wie es ihm gefällt. Es trifft uns als gnädiger Ruf in die Nachfolge Jesu, es kommt als vergebendes Wort zu dem geängsteten Geist und dem zerschlagenen Herzen. Teuer ist die Gnade, weil sie den Mensch unter das Joch der Nachfolge Jesu Christi zwingt, Gnade ist es, dass Jesus sagt: ›Mein Joch ist sanft und meine Last ist leicht (Mt 11,30).«

Bonhoeffer sucht und findet für sich das innerste Wesen des christlichen Glaubens in Jesus Christus selbst. An dieser Stelle sei es angebracht, Wladimir Solowjew und seine »Kurze Erzählung vom Antichristen« ins Gedächtnis zu rufen, in der Starez Ioann auf die Frage des Antichristen »Was ist Euch das teuerste im Christentum« sanftmütig zur Antwort gibt: »Das teuerste im Christentum ist für uns Christus selbst – er selbst, von dem alles kommt, denn wir wissen, dass die Gesamtheit der Göttlichkeit physisch in ihm wohnt.« Bonhoeffer zufolge richtet sich die Liebe Gottes an alle Menschen. Demzufolge müssen sich der vollwertige Glaube und die »teure Gnade« in der Verantwortung für den Frieden offenbaren. Gerade dieser Standpunkt führte Dietrich Bonhoeffer in die Bekennende Kirche.

Und unsere Bemühungen für den Friedensschutz nach dem Gebot Gottes (Selig, die Frieden stiften Mt 5,9) müssen ebenso eine Nachfolge Christi durch die Kraft der »teuren Gnade« sein.

Schon bald nach Kriegsende übernahmen gerade die Kirchen in unseren Ländern die Pflicht, sich in den Dienst der Versöhnung zu stellen (aber das alles kommt von Gott, der uns durch Christus mit sich versöhnt und uns den Dienst der Versöhnung aufgetragen hat. Ja, Gott war es, der in Christus die Welt mit sich versöhnt hat, indem er den Menschen ihre Verfehlungen nicht anrechnete und uns das Wort von der Versöhnung [zur Verkündigung] anvertraute. 2 Kor 5,18–19). Bezeichnenderweise war Martin Niemöller einer der ersten Botschafter der Versöhnung zwischen unseren Kirchen und unseren Völkern. Es war gerade er, der 1933 Pastoren um sich im Pfarrernotbund vereinte, auf dessen Grundlage im Frühjahr 1934 die »Bekennende Kirche« entstand. Nachdem er das KZ Dachau überlebt hatte, wurde er zum Leiter des Kirchlichen Außenamtes der Evangelischen Kirche in Deutschland und war Anfang des Jahres 1952 auf Einladung des Patriarchen von Moskau und der ganzen Rus Alexij I. in Moskau zu Besuch.

Unsere Kontakte dauern auch heute fort, obwohl es neue Schwierigkeiten und neue Herausforderungen gibt, denen sowohl unsere Völker als auch unsere Kirchen begegnen.

Zunächst einmal kam es zu einer Trennung wegen des unterschiedlichen Verständnisses christlicher Werte. Die orthodoxen Christen sehen in der Tatsache, dass das westliche protestantische Christentum Abtreibungen, die Euthanasie, und gleichgeschlechtliche Bünde gutheißt, einen Einfluss der säkularen Welt. Und nicht nur einen Einfluss, sondern ein Aufzwingen durch die säkulare Welt ihrer Wertevorstellung der religiösen Welt, und das auf einer obligatorischen, gesetzlichen Ebene. In diesem Zusammenhang wollen wir uns die Worte des deutschen Philosophen Jürgen Habermas ins Gedächtnis rufen. Er schrieb: »Moralische Normen, die an unsere bessere Einsicht appellieren, dürfen nicht wie etablierte Rechtsnormen erzwungen werden« (J. Habermas, Bestialität und Humanität. Ein Krieg an der Grenze zwischen Recht und Moral).

Bereits seit Mitte des 20. Jahrhunderts hebt die Säkularisierung das Weltliche als etwas Autonomes, Genügendes und Selbstgenügendes hervor, und drängt die Religion aus dem Alltag der menschlichen Gemeinschaft. Unserer Auffassung nach werden insbesondere alle erwähnten Abweichungen von den traditionellen christlichen Normen durch das falsche Verständnis der berechtigten Forderung nach der Einhaltung von Menschenrechten diktiert. Niemanden lässt folgende Tatsache aufmerken, die Habermas wie folgt zum Ausdruck bringt: »Dabei fungieren Menschenrechte für die Bewertung politischer Ziele als moralische« (ebd.).

Viele Protestanten im Westen bewerten die Veränderungen in der christlichen Ethik, die im Widerspruch zur Heiligen Schrift stehen, als einen natürlichen Prozess, der einer sich immer erneuernden und verändernden Kirche eigen ist. Ecclesia semper reformanda est – diesen Leitsatz, den Martin Luther in seinen Werken vielfach wiederholt, kann man in Wirklichkeit unterschiedlich auslegen. Und zwar, wie es uns erscheint, nicht im Sinne eines Wandels grundlegender christlicher ethischer Postulate. Nach Auffassung der Orthodoxen, ist es möglich und notwendig den christlichen Geist in sich ständig zu erneuern ohne dabei das Wesen des christlichen Glaubens zu verändern. Wie der russische Philosoph Iwan Iljin schrieb:

»Diese Erneuerung erfolgt dermaßen, dass der Leser bei der Lektüre der Heiligen Schrift das Gesagte mit seinem Verstand nicht registriert, aber versucht das im Text Beschriebene bei sich wiederzufinden und zu stärken, und wenn nötig, in sich selbst zum ersten Mal zu erzeugen: das Gefühl der Barmherzigkeit hervorzurufen und sich diesem Gefühl hinzugeben; Reue zu erwecken und diese Reue schöpferisch zu erleben, sich auf die Vollkommenheit Gottes im Herzen zu besinnen und darin zu verweilen bis sich sein Herz und Wille (Gewissensakt) damit füllen; Kraft der Liebe bei sich zu finden und diese (wenigstens für einen Augenblick) an Gott zu richten, und danach an die Menschen und alles Lebendige [...].« (I. A. Iljin, Grundlagen der christlichen Kultur)

An dieser Stelle muss ich wieder an Dietrich Bonhoeffer denken, der befand, dass die Welt ungläubig und »volljährig« geworden ist. Aber drückt sich diese »Volljährigkeit« im freien Umgang mit ethischen Gesetzen aus?

Diese Unterschiede in der Auffassung christlicher Ethik führten dazu, dass wir unseren jahrelangen, erfolgreichen und gedeihlichen theologischen Dialog auf Eis gelegt haben. Zum Glück stellten diese Unterschiede kein Hindernis für unsere heutige Konferenz und die gute Zusammenarbeit in wichtigen aktuellen Fragen dar. Es hat aber Änderungen gegeben, zu denen ich nicht anders als mein Bedauern ausdrücken kann.

In diesen Tagen werden wir das Thema »Diakonie – Erfahrung und Perspektiven der Zusammenarbeit« besprechen. Erstaunlicherweise war die Diakonie noch nie ein Thema in unseren Dialogbegegnungen.

Voller Dankbarkeit erinnern wir uns an die Unterstützung der deutschen Kirchen in den 1990er Jahren beim Wiederaufbau unserer Kirchen und Klöster, im Bildungsbereich, bei der Ausbildung kirchlicher Sozialarbeiter, die wir dringend benötigten. Und natürlich werden unsere Gläubigen die Hilfe deutscher Christen bei der Versorgung mit dem Nötigsten nicht vergessen. Sie schickten ihnen damals in einer Zeit der Not Lebensmittel und Kleidung. Solche Taten der Barmherzigkeit bringen immer gute

Früchte, da sie von Menschen vollbracht werden, die sich von der Liebe zu Gott und dem Nächsten leiten lassen. Wir schätzen auch die Unterstützung deutscher Christen sehr, die es unseren jungen Leuten ermöglichen, in den renommierten theologischen Ausbildungseinrichtungen Deutschlands zu studieren.

Aber in den letzten zehn Jahren gab es auf diesem außerordentlich wichtigen Gebiet nahezu keine Zusammenarbeit. Währenddessen gab es solide Veränderungen in der Struktur der Diakonie in Deutschland. Auch die Russische Orthodoxe Kirche hat ihre Ansätze und Methoden im Dienst der Barmherzigkeit und Wohlfahrt geändert. Bei unserer Konferenz wollen wir die Herausforderungen formulieren, vor denen die Diakonie gegenwärtig steht, was als Grundlage einer realen Zusammenarbeit und einer möglichen gemeinsamen Darlegung der Diakonischen Theologie dienen kann.

Heute müssen wir an das Elend denken, das den Christen im Nahen Osten und Nordafrika widerfahren ist. Ihre Tragödie sticht in die Herzen Millionen von gläubigen Christen in der ganzen Welt.

Infolge des sogenannten Arabischen Frühlings haben Verfolgungen und Ausrottung wehrloser Christen das Ausmaß eines wahrhaften Völkermordes erreicht. Die Terroristen unternehmen alles, um Christen aus ihren Heimatländern, die sie nun seit 2.000 Jahren von Generation zu Generation bewohnen, zu vertreiben. Antike Kirchen und Klöster sind zerstört, viele Christen haben ihr Dach und ihren Besitz verloren. Unter Kriegsbedingungen ist die Ideologie der Extremisten für bestimmte Bevölkerungsgruppen sehr attraktiv geworden.

Dieser Ideologie müssen wir eine einheitliche Stimme der Menschen des Glaubens entgegensetzen, die Zeugnis ablegen von den unvergänglichen evangelischen Werten. Die Geschichte gibt uns allen, den Christen, heute die Chance bei der Rettung von Menschen, die an Jesus Christus glauben, zusammenzuarbeiten. Diese Menschen sterben heute zu Tausenden im Nahen Osten, verlassen ihre Häuser zu Hunderttausenden. Wir müssen alle zusammen dem Gebot unseres Herrn folgen: »Es gibt keine größere Liebe, als wenn einer sein Leben für seine Freunde hingibt« (Joh 15,13) und den Geist der christlichen Solidarität in uns in den gemeinsamen Bemühungen zur Rettung von Menschenleben und des Christentums in diesen Ländern erneuern.

Wir sind alle berufen, die Worte des Apostels Paulus in Erinnerung zu behalten, die in unseren Tagen mehr denn je aktuell sind: »Gleicht euch nicht dieser Welt an, sondern wandelt euch und erneuert euer Denken, damit ihr prüfen und erkennen könnt, was der Wille Gottes ist, was ihm gefällt, was gut und vollkommen ist« (Röm 12,2).

Die Notlage der Christen im Nahen Osten ist mit einer solchen Erscheinung wie dem internationalen Terrorismus auf das Engste verbunden. Er ist dort durch die Terrormiliz vertreten, die sich Islamischer Staat nennt und sich durch scheußliche Verbrechen bekannt gemacht hat. Erst vor kurzem haben wir gemeinsam ihre Opfer beklagt, unschuldige Menschen, die im Flugzeug aus Ägypten nach Russland, auf den Straßen von Paris, Beirut, Libyen und Mali getötet wurden.

Christen aus Syrien und dem Libanon, die Anfang Dezember Moskau besucht hatten, verglichen diese neue Bedrohung mit der Gefahr des Nationalsozialismus im Zweiten Weltkrieg. Erinnern wir uns daran, wie damals Bürger der Sowjetunion, der Vereinigten Staaten von Amerika, Bürger Großbritanniens und Frankreichs Seite an Seite gekämpft haben. Gab es etwa zwischen den Staaten der Anti-Hitler-Koalition keine schweren und tiefgründigen Gegensätze? Diese Gegensätze wurden aber zur Nebensache, als es danach ging, die »braune Pest« zu besiegen.

Und heute scheint die Zeit gekommen zu sein, in der sich Länder und Völker in der Bekämpfung des gemeinsamen Feindes vereinen müssen. Was steht denn hier im Weg? Es scheint, als ob infolge unterschiedlicher politischer und wirtschaftlicher Gründe in zwischenstaatlichen Beziehungen, darunter auch zwischen Russland und Deutschland, das Wichtigste verlorengegangen ist, nämlich das Vertrauen. Wir erinnern uns erneut an Bonhoeffer: »Die Gestalt des Judas, die uns früher so unbegreiflich war, ist uns kaum mehr fremd. So ist die Luft, in der wir leben, durch Misstrauen verpestet, dass wir fast daran zugrunde gehen. Wo wir aber die Schicht des Misstrauens durchbrachen, dort haben wir die Erfahrung eines bisher gar nicht geahnten Vertrauens machen dürfen.« (Briefe aus der Haft. In Russland wurden sie unter dem Titel »Widerstand und Ergebung« herausgegeben).

Wie es scheint, sollten die Kirchen unabhängig von den unterschiedlichen Ansätzen unserer Länder zum Lösen dieses schweren Problems eine gemeinsame Position vertreten, da diejenigen, die an Jesus Christus als den Erlöser und Sohn Gottes glauben, eine gemeinsame Verantwortung für die Friedenserhaltung tragen.

Ich möchte betonen, dass ungeachtet dessen, wie sich die Beziehungen zwischen den Christen in Ost und West gestalten, ungeachtet dessen, dass das Verständnis der christlichen Moral scheinbar immer weiter auseinandergeht, wir aufeinander angewiesen sind. Der russische Philosoph S.S. Awerinzew schrieb dazu in »Einige Gedanken zur Gegenwart und Zukunft des Christentums in Europa«:

»Der christliche Westen benötigt heute brennend das orthodoxe Gefühl des Mysteriums, der Gottesfurcht. Die ontologische Distanz zwischen dem Schöpfer und dem Geschöpf, den orthodoxen Beistand gegen die Erosion des Gefühls der Sünde; ansonsten werden diejenigen Söhne und Töchter des Westens, die ständig auf der Suche nach einer Religion sind, die dieses Namens würdig ist, sich immer häufiger dem unchristlichen Orient zuwenden, wie zum Beispiel dem Islam. Aber auch der christliche Osten kommt ohne die westliche Erfahrung im über zweihundertjährigen von der Aufklärung herausgeforderten Leben im Glauben nicht aus, ohne all jenes, das dank westlicher Reflexion über die Probleme der Moraltheologie und der einhergehenden Rechtstheologie erarbeitet wurde, ohne den westlichen Sinn für die langmütige Differenzierung von Nuancen, ohne den Imperativ der intellektuellen Redlichkeit. Andernfalls wird das Lebensrecht der demokratischen Zivilisation bei uns immer wieder als Trumpfkarte gegen das Christentum ausgespielt, die wir auf Ebene des Glaubens der beschränkten Kräfte, erneut nicht übertrumpfen werden können. Das westliche Christentum erinnert uns so oft berechtigterweise: Seid doch nicht Kinder an Einsicht, Brüder! (1 Kor 14,20). Und wir haben zuweilen einen Grund unseren westlichen Brüdern ins Gedächtnis zu rufen: Gottesfurcht ist Anfang der Erkenntnis (Spr 1,7).«

Ich möchte ein besonderes Augenmerk auf die Notwendigkeit unserer Zusammenarbeit im Bereich der Theologie richten. Die Theologie in Russland bahnt sich als Wissenschaft mit großer Mühe den Weg in die Universitäten und andere Hochschuleinrichtungen. Bereits 1992 traf das Bildungsministerium die Entscheidung über die mögliche Theologielehre in Russland, aber erst zehn Jahre später wurde das Fachgebiet Theologie in die Liste der Fachrichtungen und Fachgebiete der beruflichen Hochschulbildung aufgenommen. Nichtsdestotrotz wird die Theologie in vielen Hochschuleinrichtungen als eine »minderwertige Wissenschaft« angesehen. Nach vielen Bemühungen wurde die Theologie zu einem Magister- oder Promotionsfach. In der Praxis wird hingegen vorgeschlagen, die theologische Thematik im Rahmen der anerkannten Fächer wie Soziologie, Geschichte, Philosophie oder Pädagogik zu behandeln. Gegen die Einführung von Lehrstühlen für Theologie sind insbesondere Religionswissenschaftler, die zu Sowjetzeiten größtenteils den wissenschaftlichen Atheismus lehrten. Zu den Hauptargumenten der Gegner zählt, dass die neue Fachrichtung im Widerspruch zum säkularen Charakter des russischen Staates steht und Konflikte zwischen den Religionsgemeinschaften schüren kann. Ich bin mir sicher, dass dies in keiner Weise der Wirklichkeit entspricht. In dieser Frage erscheint uns die Erfahrung Deutschlands hilfreich zu sein, wo an renommierten säkularen Universitäten theologische Fakultäten erfolgreich funktionieren.

Доклад

Митрополит Иларион

Мы проводим очередную встречу наших Церквей, теперь уже в новом формате, посвятив ее окончанию Второй мировой войны и вкладу христианских общин в дело мира.

В книге »Слышать и видеть друг друга«, которую Русская Православная Церковь и Евангелическая Церковь в Германии издали совместно в 2003 году, мы отдали дань памяти героям и мученикам этой ужасной войны. Один из них – православный, Александр Шморель – казнен фашистами в 1943 году в Мюнхене. Прославленный сначала в Германской епархии Русской Православной Церкви за границей (РПЦЗ), уже в 2012 году, впервые после восстановления канонического общения между Русской Православной Церковью за границей и Московским Патриархатом, совместным решением Александр Шморель был причислен к лику святых здесь, в Мюнхене, в соборе новомучеников и исповедников Российских. Он явил своей жизнью и гибелью мужество в борьбе с фашизмом и смиренное следование Спасителю нашему Господу Иисусу Христу. Незадолго до казни в письме родителям Александр написал: »Бог всё управляет так, как Сам хочет и как это служит нашему благу, мы только должны всегда с полным доверием предавать себя в руки Его – тогда Он нас никогда не оставит, всегда будет помогать и утешать« (05. 06. 1943).

Другой мученик – пастор Дитрих Бонхёффер – был казнен за месяц до окончания войны 9 апреля 1945 года. Накануне он совершил последнее в своей жизни богослужение. Врач концлагеря Флоссенбург вспоминал: »За всю мою почти 50-летнюю врачебную деятельность я не видел человека, умиравшего в большей преданности Богу«. Недаром известны слова епископа Вольфганга Хубера, одного из редакторов полного собрания сочинений Бонхёффера: »Он святой в протестантском значении этого слова«. Среди прочих Бонхёффер написал замечательную книгу »Хождение вслед«, или в другом

297

переводе – »Последование«. Не так просто правильно передать по-русски значение немецкого слова Nachfolge. Название книги основано на словах Иисуса: »Следуй за Мной« (Мк 1,17; Ин 21,22).

Глубоки размышления Бонхёффера о »дешевой« и »бесценной« благодати, которые звучат очень своевременно и в наши дни. Дешевой благодатью он называет »проповедь отпущения грехов без покаяния, крещение без вхождения в общину, причастие без исповедания грехов, прощение грехов без личной исповеди. Дешевая благодать есть благодать без следования, благодать без креста, благодать без живого, вочеловечившегося Иисуса Христа«. »Дешевая благодать«, по его мнению, является оправданием греха.

> »Бесценная благодать – это Евангелие, которого постоянно нужно искать, это дар, о котором нужно попросить […] она благодать, поскольку зовет следовать за Иисусом Христом, она бесценная, поскольку стоит человеку жизни; она благодать, поскольку дарит ему настоящую жизнь, она дорогая, поскольку осуждает грехи; она благодать, поскольку оправдывает грешника […] Дорогая благодать есть благодать как святыня Божия, которую должно оберегать от мира, которую нельзя бросать псам, она благодать, поскольку являет живое Слово, Слово Божие, которое Он произносит Сам, как Ему угодно. Нам она явлена как милостивый призыв следовать Христу, она пришла дарованным Словом к устрашившейся душе и разбитому сердцу. Она бесценна, потому что принуждает людей к бремени Иисуса Христа, она благодать, потому что Христос говорит: «Иго Мое благо, и бремя Мое легко» (Мф 11,30).

Бонхёффер ищет и находит для себя самую суть христианской веры – в Самом Иисусе Христе. Здесь уместно вспомнить Владимира Соловьева и его »Краткую повесть об Антихристе«, в которой на вопрос Антихриста: »Что всего дороже для вас в христианстве?«, старец Иоанн »кротко« отвечает: »Всего дороже для нас в христианстве Сам Христос, – Он Сам, а от Него все, ибо мы знаем, что в Нем обитает вся полнота Божества телесно«. По мысли Бонхёффера, любовь Бога относится ко всем людям, а значит, полноценная вера и »бесценная благодать« непременно должна проявиться в ответственности за мир. Именно такая позиция привела Дитриха Бонхёффера в »Исповедующую церковь«.

И наши усилия в защите мира, по заповеди Божией »Блаженны миротворцы« (Мф 5,9) также должно быть »хождением вслед« Христа в силе »бесценной благодати«.

Вскоре после окончания войны именно Церкви в наших странах

приняли на себя долг служения примирению: »Все же от Бога, Иисусом Христом примирившего нас с Собою и давшего нам служение примирения, потому что Бог во Христе примирил с Собою мир, не вменяя людям преступлений их, и дал нам слово примирения« (2 Кор 5,18–19). Знаменательно, что одним из первых послом примирения между нашими Церквами и народами был Мартин Нимёллер. Именно он объединил вокруг себя пасторов в 1933 году в Чрезвычайную пасторскую лигу, на основе которой весной 1934 года была организована »Bekennende Kirche« (»Исповедующая церковь«). Выжив в концлагере Дахау, он стал руководителем церковного ведомства внешних связей Евангелической церкви в Германии и в начале 1952 года посетил Москву по приглашению Патриарха Московского и всея Руси Алексия I.

Наши контакты продолжаются и по сей день, несмотря на новые трудности и новые вызовы, с которыми столкнулись и наши народы, и наши Церкви.

Прежде всего, нас стало разделять разное понимание христианских ценностей. Православные усматривают в одобрении западным протестантским христианством абортов, эвтаназии, »однополых союзов« влияние секулярного мира. И не просто влияние, а навязывание секулярным миром своих представлений о ценностях миру религиозному, причем на обязательном, законодательном уровне. В этой связи вспомним немецкого философа Юргена Хабермаса. Он писал: »Моральные нормы, которые апеллируют к нашим лучшим чувствам, не могут принудительно использоваться как обоснованные правовые нормы« (Ю. Хабермас. Зверство и гуманность. Война на границе права и морали).

Уже с середины XX века секуляризация выделяет светское как автономное, как достаточное и самодостаточное, изгоняя религию за пределы повседневной жизни человеческого сообщества. В частности, по нашему мнению, все вышеперечисленные отступления от традиционных христианских норм диктуются превратным пониманием справедливого требования соблюдения прав человека. При этом никого не настораживает тот факт, что, по выражению Хабермаса, »права человека в качестве моральных ценностных ориентиров используются в оценке политических целей« (там же).

Многие протестанты на Западе оценивают перемены в христианской этике, противоречащие Священному Писанию, как естественный процесс, свойственный постоянно обновляющейся и изменяющейся Церкви. Ecclesia semper reformanda est – этот лозунг, который многократно повторяет Мартин Лютер в своих трудах, в действительности можно понимать по-разному. И, как нам представляется, не в смысле перемен основополагающих христианских нравственных постулатов. По мнению православных, можно и нужно постоянно обновлять в себе христианский дух, не меняя при этом сути христианской веры. Как писал русский философ Иван Ильин:

> »Это обновление совершается так, что при чтении Писания читающий не регистрирует своим пониманием сказанное, но пытается отыскать и укрепить в себе самом, а если нужно, то впервые создать в себе самом описываемое в тексте: вызвать в себе чувство милосердия и предаться ему; вызвать в себе раскаяние и творчески пережить его, помыслить сердцем совершенство Божие и пробыть в нем, пока не наполнятся им сердце и воля (акт совести); найти в себе силу любви и обратить ее (хотя бы на миг) к Богу, и потом – к людям и ко всему живому [...].« (Ильин И. А. Основы христианской культуры)

Не могу не вспомнить вновь Дитриха Бохёффера, который считал, что мир стал неверующим и »совершеннолетним«. Но выражается ли »совершеннолетие« в свободе обращения с этическими законами?

Эти наши различия в понимании христианской этики привели к тому, что мы заморозили наш многолетний успешный и плодотворный богословский диалог. К счастью, они не помешали нашей сегодняшней конференции и доброму сотрудничеству в важных вопросах современности. Но перемены произошли, и я не могу не сожалеть об этом.

Мы будем обсуждать в эти дни тему »Диакония – опыт и перспективы сотрудничества«. Как ни странно, диакония никогда раньше не была предметом нашего обсуждения в диалогах.

Мы с благодарностью вспоминаем помощь немецких Церквей в 1990-е годы в деле восстановления храмов и монастырей, в сфере образования, в области подготовки социальных церковных работников, в которых мы испытывали сугубую нужду. И, конечно, наши верующие не забудут помощи немецких христиан в самом необходимом – вы присылали им продукты питания и одежду в наиболее трудное время. Такие дела милосердия всегда приносят добрые плоды, поскольку совершают их люди, движимые любовью к Богу и ближнему. Мы высоко ценим и помощь со стороны немецких христиан, которые предоставляют нашим молодым людям возможность учиться в знаменитых богословских учебных заведениях Германии.

Но в последние десять лет наши Церкви почти не сотрудничали

в этой важнейшей сфере. В этот период произошли серьезные изменения в структуре немецкой диаконии. И Русская Православная Церковь существенно изменила свои подходы и методы в служении милосердия и благотворительности. На конференции мы попытаемся сформулировать вызовы, стоящие перед диаконией сегодня, что может послужить основой для реального сотрудничества и для возможного общего формулирования богословия диаконии.

Сегодня мы не можем не вспомнить о той беде, которая постигла христиан на Ближнем Востоке и в Северной Африке. Их трагедия болью отзывается в сердцах миллионов верующих во Христа по всему миру.

В результате так называемой арабской весны преследования и истребление беззащитных христиан приобрели масштаб подлинного геноцида. Террористы делают все, чтобы изгнать христиан из их родных земель, на которых они живут целыми поколениями на протяжении вот уже двух тысяч лет. Разрушены древнейшие храмы и монастыри, многие христиане лишены крова и имущества. В условиях войны идеология экстремистов стала весьма привлекательной для определенных групп населения.

Этой идеологии мы должны противопоставить единый голос людей веры, свидетельствующий о непреходящих евангельских ценностях. Сегодня история дает всем нам, христианам, шанс для совместной работы по спасению верующих во Христа Иисуса, которые тысячами погибают на Ближнем Востоке, сотнями тысяч покидают свои дома. Все вместе мы должны следовать завету нашего Господа: »Нет больше той любви, как если кто положит душу свою за друзей своих« (Ин 15,13) и обновить в себе дух христианской солидарности в общих трудах по спасению человеческих жизней и самого христианства в этих землях.

Все мы призваны помнить слова апостола Павла, как никогда актуальные в наши дни: »[…] Не сообразуйтесь с веком сим, но преобразуйтесь обновлением ума вашего, чтобы вам познавать, что есть воля Божия, благая, угодная и совершенная« (Рим 12,2).

Теснейшим образом бедственное положение христиан на Ближнем Востоке связано с таким явлением, как международный терроризм, представленный группировкой боевиков, именующей себя »Исламским государством« и прославившейся чудовищными злодеяниями. ИГИЛ объявил войну всем религиям и всему миру. Совсем недавно мы вместе оплакивали их жертв – ни в чем не повинных людей, погибших в самолете, летевшем в Россию из Египта, на улицах Парижа, в Бейруте, Ливии, Мали.

Христиане из Сирии и Ливана, посетившие Москву в начале декабря, сравнили эту новую угрозу с опасностью нацизма во Второй мировой войне. Вспомним: тогда бок о бок сражались граждане Советского Союза, Соединенных Штатов Америки, Великобритании и Франции. Разве не было между странами антигитлеровской коалиции серьезных и глубоких противоречий? Но эти противоречия отступили на второй план, когда надо было победить »коричневую чуму«.

И сегодня, как кажется, пришло такое время, когда странам и народам необходимо объединиться в борьбе против общего врага. Что же мешает это сделать? Как представляется, в силу различных политических и экономических причин во взаимоотношениях между государствами, в том числе между Россией и Германией, почти утрачено главное – доверие. Вновь вспомним Бонхёффера: »Фигура Иуды, столь непостижимая прежде, уже больше не чужда нам. Да весь воздух, которым мы дышим, отравлен недоверием, от которого мы только что не гибнем. И если прорвать пелену недоверия, то мы получим возможность приобрести опыт доверия, о котором раньше и не подозревали« (Письма из тюрьмы, изданные в России под заглавием »Сопротивление и покорность«).

Как представляется, независимо от подходов наших стран к решению этой тяжелейшей проблемы у Церквей должна быть общая позиция, поскольку у верующих во Христа Иисуса как Спасителя и Сына Божия есть общая ответственность за сохранение мира.

Хотел бы подчеркнуть, что, как бы ни складывались отношения между христианами Востока и Запада, как бы ни казалось, что мы все дальше расходимся в понимании христианской нравственности, мы нуждаемся друг в друге. Как писал русский философ и филолог С. С. Аверинцев:

»Христианский Запад остро нуждается сегодня в православном чувстве тайны, ›страха Божия‹, онтологической дистанции между Творцом и тварью, в православной помощи против эрозии чувства греха; иначе те среди сынов и дочерей Запада, которые не устанут искать религии, достойной этого имени, будут все чаще уходить в сторону Востока нехристианского, – например, в сторону Ислама. Но и христианскому Востоку не обойтись без западного опыта более чем двухвековой жизни веры перед лицом вызова, брошенного Просвещением, без всего, что оказалось ›наработано‹ западной рефлексией над проблемами нравственного богословия и сопряженного с ним богословия права, без западного вкуса к терпеливому различению нюансов, без императива интеллектуальной честности; иначе жизненное право демократической цивилизации будет вновь и вновь разыгрываться у нас как козырная карта против христианства, которую на уровне веры ›малых сил‹ крыть окажется еще раз нечем. Западное христианство так часто вправе напомнить нам: «Братия! не будьте дети умом (1 Кор 14,20). Мы же иногда имеем основания напомнить нашим западным братьям: »Начало мудрости – страх Господень (Прем 1,7)« (Аверинцев С. Несколько соображений о настоящем и будущем христианства в Европе)

Хотел бы обратить особое внимание на необходимость нашего сотрудничества в области теологии. В России сегодня теология как наука с большим трудом пробивает себе путь в университеты и другие высшие учебные заведения. Еще в 1992 году Министерство образования приняло решение о возможности преподавания теологии в России, но только спустя десять лет специальность »Теология« была внесена в »Перечень направлений и специальностей высшего профессионального образования«. Тем не менее, до сих пор многими высшими учебными заведениями теология рассматривается как »неполноценная наука«. После многих усилий теология была включена в перечень дисциплин, по которой может быть защищена магистерская или докторская диссертация. Но на практике теологическую тематику предлагается включать в состав »признанных« дисциплин – социологию, историю, философию или педагогику. Против введения кафедр теологии выступают, прежде всего, религиоведы, которые в советское время в большинстве своем преподавали научный атеизм. Основными аргументами оппонентов является то, что новая специальность противоречит светскому характеру государства в России, может усилить рознь между религиозными общинами страны. Убежден, что это совершенно не соответствует действительности. В данном вопросе нам может оказаться полезным опыт Германии, где в знаменитых светских университетах успешно функционируют теологические факультеты.

Der »Gott des Friedens« – Krieg und Frieden in der biblischen Überlieferung

Christfried Böttrich

Im Jahr 2015 blicken wir zurück auf das Ende des Zweiten Weltkrieges vor 70 Jahren. 70 Jahre: eine geradezu biblische Zahl! Das ist Grund zur Dankbarkeit – und Verpflichtung zugleich. Die Kirchen in Europa haben aus den Erfahrungen des vergangenen Jahrhunderts gelernt. Die Bewahrung des Friedens ist eines ihrer wichtigsten gemeinsamen Themen geworden.

70 Jahre liegt dieser furchtbare Krieg nun zurück, der Millionen Menschen das Leben gekostet hat. Sind diese 70 Jahre eine Zeit des Friedens gewesen? Die Zahl militärischer Konflikte hat wieder zugenommen – nicht nur auf anderen Kontinenten, sondern auch in Europa. Der Rückblick auf das Kriegsende vor 70 Jahren fordert deshalb die Kirchen heraus, ihre Position zu Krieg und Frieden weiter zu reflektieren.

Auf seiner Gründungsversammlung 1948 in Amsterdam formulierte der ÖRK seinerzeit den programmatischen Satz: »Krieg soll nach Gottes Willen nicht sein!« Diese Formel war vor allem geboren aus der leidvollen, noch frischen Erfahrung zweier verheerender Weltkriege. Der Friedensauftrag der Kirchen erwies sich deshalb von Anfang als ein Wesensmerkmal der Gemeinschaft der Kirchen, als ein unverzichtbarer Teil ihres Selbstverständnisses.

Die Formel von Amsterdam hat eine Vorgeschichte. Im August 1934 hielt Dietrich Bonhoeffer zur Tagung des »Weltbundes für Freundschaftsarbeit der Kirchen« auf der dänischen Insel Fanö eine Rede zum Thema »Kirche und Völkerwelt«. Die Arbeit des Weltbundes muss Arbeit für den Frieden sein – das formulierte Bonhoeffer mit großer Dringlichkeit im Vorfeld eines Krieges, der sich bereits abzuzeichnen begann. Er grenzte diese Friedensarbeit der Kirchen gegen zwei Bereiche ab: einmal gegen alle Versuche, den Krieg argumentativ zu regulieren und damit doch letztlich zu rechtfertigen; zum anderen gegen den säkularen Pazifismus, der das Wohl der Menschheit durch politische Organisationsarbeit zu erreichen versuche. Maßstab sollten nicht das politische Kalkül oder die strategische Konzeption sein, sondern allein Gottes Wort und Gottes Gebot. Auf der Weltkirchenkonferenz in Oxford 1937 brachte Bonhoeffer dieses Votum noch einmal zu Gehör: »Das Evangelium ist die Botschaft des Friedens. ›Christus ist unser Friede.‹ […] Diese Botschaft hat die Kirche Christi aller Welt zu bezeugen […].« Das Votum blieb 1937 ungehört. Erst 1948 wurde es zum Konsens des noch jungen ÖRK.

Seither haben die Kirchen einen Lernprozess durchlaufen. Der neue Diskurs um die Friedensverantwortung der Kirchen schlägt sich nieder in verschiedenen Stellungnahmen und Denkschriften. Dazu gehört auch der Weg, den die »Europäische Ökumenische Versammlung« seit 1989 beschritten hat. Auf ihrer dritten Tagung 2007 in Sibiu fand der konziliare Prozess für »Frieden, Gerechtigkeit und Bewahrung der Schöpfung« ein wichtiges Forum. In der Schlussbotschaft heißt es unter anderem: »Wir lehnen Krieg als Instrument zur Konfliktlösung ab, fördern gewaltfreie Mittel zur Schlichtung von Konflikten und sind besorgt angesichts der militärischen Wiederaufrüstung.« Die EKD-Denkschrift »Aus Gottes Frieden leben – für gerechten Frieden sorgen« von 2007 hat dieses Anliegen weiter vertieft.

Zwei wichtige Erkenntnisse zeichnen sich dabei ab: 1. Alle Bemühungen müssen darauf konzentriert sein, Bedingungen für einen »gerechten Frieden« zu schaffen; die Rede vom »gerechten Krieg« führt in die Irre. 2. Die Kirchen schaffen dem Wort Gottes Raum; der Gefahr jeder politischen Instrumentalisierung gilt es, zu widerstehen.

Das Anliegen meiner Bibelarbeit ist es, nach einer gesamtbiblischen Perspektive auf Krieg und Frieden zu fragen. Was bedeutet es, Gott als einen »Gott des Friedens« zu bekennen?

1 Krieg und Gewalt in der biblischen Überlieferung

Gewalt ist in der Welt des alten Orients die herrschende Realität. In dieser Welt sind die Schriften des Alten Testaments beheimatet. Schon von den ersten Kapiteln des Buches Genesis an findet sich deshalb auch eine Auseinandersetzung mit den Ursachen und mit der Eigendynamik von Gewalt. In der Ursituation des Brudermordes (Gen 4) wird sie vor allem als Zeichen der gefallenen Schöpfung interpretiert. Immer wieder wird auch die Grausamkeit des Krieges schonungslos dargestellt – sowohl in den erzählenden wie auch in den poetischen Texten. Das Gottesvolk Israel lebt in einer gewalttätigen Zeit und Welt, die sich vielfach in seiner Geschichte widerspiegelt.

Wie beurteilt der Glaube Israels Krieg und Gewalt? Wird Gewalt verurteilt und angeprangert? Oder wird sie legitimiert und domestiziert? In welchem Licht stehen die zahlreichen Kriege, die das Gottesvolk selbst auszufechten hat? Äußert sich darin nicht eine positive Haltung zum Krieg, die der Gewalt unter gewissen Umständen die Weihe göttlichen Segens verleiht? Kurz – gibt es im Alten Testament das Modell eines »Heiligen Krieges«? Die Exegese des 20. Jahrhunderts hat diese Frage bejaht. Seither findet sich das Stichwort vom »Heiligen Krieg« auch auf zahlreichen Buchtiteln und ist von da aus in die moderne Publizistik eingewandert. Doch diese These ist falsch.

An keiner einzigen Stelle des Alten Testaments trägt Krieg das Attribut »heilig«. Die Rede von einem »heiligen Krieg« ist keine biblische, sondern eine moderne Prägung. Sie lässt sich zum ersten Mal im Zusammenhang der Befreiungskriege gegen Napoleon im frühen 19. Jahrhundert nachweisen und erlebt eine erneute Popularisierung im Umfeld des Ersten Weltkrieges. Ganz ähnlich steht es mit dem koranischen Begriff des »Dschihad«, dessen große semantische Breite erst in der Neuzeit – und das wiederum in der Begegnung mit der abendländisch-christlichen Kultur – auf die Bedeutung eines »heiligen Krieges« verengt worden ist. »Heilig« wird vieles in der biblischen Überlieferung genannt, der Krieg jedoch nicht.

Wie muss man es dann verstehen, dass die Kriege Israels immer wieder als ein geradezu »sakrales Geschehen« dargestellt werden? Der Befund ist offensichtlich: zum Feldzug wird durch den Schall des Schofar aufgerufen; im Heerlager herrschen rituelle Reinheit und sexuelle Askese; die Krieger befinden sich in einem Status der Weihe; vor dem Kampf werden Orakel befragt und Opfer dargebracht; Gott selbst kämpft, indem er die Feinde verwirrt und seinem Volk »in die Hand gibt«; der Bann am Schluss sichert die Übereignung der Beute an Gott. Präzise muss man dieses Modell als »JHWH-Krieg« bezeichnen. Gott selbst ist der Akteur. Das Heer Israels aber bietet dafür nur eine Art liturgisch-sakraler Kulisse – wofür die Eroberung Jerichos in Jos 6 das eindrücklichste Beispiel darstellt. Diese Erzählungen sagen etwas aus über die Macht und Größe des Gottes Israels. Aber sie lassen sich nicht für die Legitimierung strategischer Planungen im Vorfeld eines Konfliktes in Anspruch nehmen.

Die »JHWH-Kriege« der alttestamentlichen Überlieferung bleiben jeder Militärdoktrin entzogen. Von ihnen führt keine Brücke zu den Debatten um einen »gerechten Krieg«, wie sie die Christenheit seit dem 4. Jahrhundert beschäftigen. Vor allem aber bildet sich darin lediglich ab, was auch das Selbstverständnis der Völker im Umfeld Israels bestimmt: so wie Gott für Israel kämpft, so kämpfen auch die Götter der Feinde Israels für ihre Völker; so wie den »JHWH-Krieg« gibt es auch einen »Ischtar-« oder »Marduk-Krieg«. Gottheit steht gegen Gottheit. Das reale Kriegsgeschehen aber gehört ganz und gar der Sphäre des Profanen an.

Immerhin kann der »Herr Zebaoth (der Herr der Heerscharen)« in der Sprache des Alten Testaments auch ganz direkt ein »Kriegsmann« genannt werden – eben als derjenige, der selbst die Schlachten für sein Volk schlägt. Das geschieht an prominenter Stelle etwa in Ex 15,3 im Lied der Mirjam, das den Sieg Gottes über das Heer des Pharao besingt. In der Septuaginta, die dann vor allem in der byzantinischen Christenheit die maßgebliche Textgrundlage wird, lautet der Satz jedoch ganz anders als im hebräischen Text. Anstatt »Der Herr ist ein Krieger, JHWH ist sein Name« heißt es in der LXX »Der Herr ist einer, der die Kriege zerschlägt. Herr ist sein Name.« Die griechischen Übersetzer haben das Lied der Mirjam – in einer nicht weniger gewalttätigen Zeit – in dieser Weise verstanden. Gottes Eingreifen in die Geschichte dreht nicht weiter an der Spirale der Gewalt, sondern hat ihre Beendigung zum Ziel. Der Krieg soll nicht nur gewonnen, sondern überhaupt als Krieg zerschlagen werden.

Das ist der Ansatzpunkt für ein fundamentales »Abrüstungsprogramm«, das auch in zahlreichen weiteren Aussagen des Alten Testaments sichtbar wird. Von der Zerstörung oder Umfunktionierung von Waffen sprechen etwa Ez 39,9–10; Ps 46,10; Ps 76,4–10 – oder das berühmte Wort Jes 2,2–5/Mi 4,1–5: »Da werden sie ihre Schwerter zu Pflugscharen und ihre Spieße zu Sicheln machen. Denn es wird kein Volk wider das andere das Schwert erheben, und sie werden hinfort nicht mehr lernen, Krieg zu führen.« Sicher – das ist eine Vision, die das Bild einer künftigen Friedenszeit entwirft. Für die Gegenwart formuliert Joel 4,10 mit der gegenläufigen Aufforderung, Pflugscharen zu Schwertern umzuschmieden, ein unvermeidliches Memento. Doch Visionen beschreiben Zielvorstellungen, die bereits für die Gegenwart Bedeutung haben. »Gott, der die Kriege zerschlägt« – das ist das entscheidende Charakteristikum des biblischen Gottesbildes. Im Neuen Testament wird diese Linie dann weitergeführt: nun heißt Gott ganz ausdrücklich und wiederholt ein »Gott des Friedens« (1 Thess 5,23; Phil 4,9; 1 Kor 14,33; 2 Kor 13,11; Röm 15,33; 16,20; Hebr 13,20).

Konflikte bleiben eine Realität, auch für die Welt der frühen Christenheit. Jesu von Nazareth selbst weist darauf hin: »Ihr sollt nicht meinen, dass ich gekommen bin, Frieden zu bringen auf die Erde. Ich bin nicht gekommen, Frieden zu bringen, sondern das Schwert.« (Mt 10,34/Lk 12,51). Aber das ist natürlich kein Aufruf zur Gewalt! Das Schwert steht als Metapher für unvermeidliche Auseinandersetzungen. Dem Petrus, der in Gethsemane diese Metapher wörtlich versteht und ein Schwert zückt, wird von Jesus selbst jede Gewalt verwehrt (Joh 18,10–11); bei Matthäus hat Jesu Zurückweisung der Gewalt darüber hinaus ganz grundsätzlichen Charakter: »Denn alle, die ein Schwert nehmen, werden durch das Schwert umkommen« (Mt 26,52); in der Lukas-Fassung heilt Jesus dann auch noch den, der durch den Schwertstreich verletzt worden ist (Lk 22,51) – ein letztes Heilungswunder im Angesicht des eigenen Todes, das Signalwirkung hat. Ebenso wenig stellt die Tempelaktion (Mk 11,15–19/ Mt 21,12–17/Lk 19,45–48/Joh 2,13–22) einen Gewaltakt dar. Sie ist eine prophetische Zeichenhandlung Jesu und zeigt, dass die Friedensbotschaft des Evangeliums Konflikte nicht scheut – mehr nicht. Dabei erinnert man sich an die siebente Seligpreisung nach Mt 5,9: Selig gepriesen werden hier nicht etwa die »Friedfertigen«, die stille halten und passiv bleiben, sondern die »Friedensstifter«, die sich exponieren und aktiv werden. Ein solcher aktiver, gewaltloser Einsatz aber ist immer riskant. Der realistische Blick auf die Zeit, bevor sich die großen Visionen der Propheten erfüllen, ruht jedoch auf der Grundüberzeugung auf: Gott ist ein Gott des Friedens, nicht des Krieges und nicht der Gewalt.

2 Frieden in der biblischen Überlieferung

Frieden – dieser Begriff meint in der biblischen Überlieferung mehr als nur das Gegenteil oder die Abwesenheit von Krieg. Dem hebräischen Wort »Schalom« eignet eine große semantische Bandbreite: sie reicht von Gesundheit, Glück und Wohlergehen bis hinein in den gesellschaftlichen und politischen Bereich, wo sie auch Gerechtigkeit und Sicherheit umfasst. Dennoch ist der »Schalom« auch in politischer Hinsicht etwas grundsätzlich anderes als etwa die *pax persica* oder die *pax romana*, die vor allem auf Stabilität durch dauerhafte Unterwerfung der Gegner abzielen. Der alttestamentliche »Schalom« ist dadurch gekennzeichnet, dass Frieden und Gerechtigkeit »einander küssen«, wie es Ps 85,11 in poetischer Weise formuliert.

In seiner religiösen Bedeutung berührt sich der Begriff des »Schalom« immer wieder mit dem Begriff des »Segens«. Auch der Frieden ist weniger ein Zustand als vielmehr Ausdruck eines Beziehungsgeschehens, weswegen sich Menschen den Frieden wie einen Segenswunsch im Gruß zusprechen. Auch der Frieden hat seinen Ursprung bei Gott. »Frieden« entspricht der ursprünglichen Intention Gottes, der die Welt »gut« geschaffen hat. Deshalb richtet sich die Hoffnung der Propheten darauf, dass der urzeitliche Frieden in der Endzeit wieder hergestellt wird. Die großen Friedenstexte der Bibel haben visionären, endzeitlichen Charakter – so wie

Jes 2,2–4 (»Und es wird geschehen am Ende der Tage [...]«) oder Apk 21– 22 (die Stadt Gottes bei den Menschen).

Umso brisanter ist es, dass Jesus von Nazareth mit seiner Botschaft Frieden inmitten einer Welt von Krieg und Gewalt verkündet. Frieden ist nicht nur ein Gegenstand der Hoffnung. Frieden wird vielmehr dort gestiftet, wo schon gegenwärtig das Evangelium erklingt. Das äußert sich ganz zentral und auf programmatische Weise in der Bergpredigt Jesu (Mt 5–7). Die »bessere Gerechtigkeit«, zu der Jesus aufruft, hat jetzt ihre Bewährungsprobe zu bestehen. Sie erscheint als ein Gegenentwurf zu der gesellschaftlichen Realität im 1. Jahrhundert, die sichtbar von dem Gewaltpotential der römischen Legionen bestimmt wird.

Man muss sich wundern, wie viel Mühe gerade christliche Ausleger auf die Nivellierung und Relativierung der Bergpredigt verwendet haben. Das gilt besonders für die beiden Antithesen zum Gewaltverzicht und zur Feindesliebe (Mt 5,38–48). Doch was hier gesagt wird, ist eben keine Marginalie. Der Bergprediger macht seine Botschaft konkret. Er übersetzt sie in ein Alltagsverhalten, das auf provozierende Weise anders ist und sichtbar aus dem Kreislauf von Gewalt und Gegengewalt heraustritt.

Die gesamte Bedeutungsbreite des hebräischen Begriffes »Schalom« ist auch in der griechischen Übersetzung mit »Eirene« erhalten geblieben. Frieden als eine Segensgabe Gottes wird nun zu dem entscheidenden Wesensmerkmal des Evangeliums. Die »gute/frohe Botschaft« ist eine Friedensbotschaft. Die Christenheit ist ihrem Wesen nach somit eine Gemeinschaft von »Friedensstiftern«. Dass sie diesem Selbstverständnis oftmals nicht genügt hat, gehört zu den dunklen Kapiteln ihrer Geschichte.

3 »Versöhnung« als Ursprung und Auftrag der einen Kirche

Das Wort von Amsterdam – »Krieg soll nach Gottes Willen nicht sein!« – war weniger ein Statement zur allgemeinen politischen Lage. Es war vor allem ein Wort an die eigene Adresse, ein Wort an die christlichen Kirchen. Denn die Kirche selbst verdankt sich dem Versöhnungshandeln Gottes.

Ein solches Selbstverständnis der Kirche kommt in Eph 2,11–22 besonders klar zum Ausdruck. Dieser Abschnitt handelt von der Überwindung einer Trennung, die das Gottesvolk Israel und die Völkerwelt betrifft. Trennung wird dabei als Entfremdung beschrieben, aus der schließlich Feindschaft erwächst. Von jeher ist »das Fremde« als das Bedrohliche und Angstauslösende empfunden worden. Entfremdung und Fremdheit haben sich immer wieder als Quelle von Konflikten, von Hass und von Krieg erwiesen. Die Ursituation aller Entfremdung aber ist die Entfremdung von Gott.

Der Text in Eph 2,11–22 skizziert in knappen und drastischen Worten die Überwindung dieser Entfremdung durch Christus. Im Zentrum des Textes steht die Darstellung des Kreuzes als der entscheidenden Friedensinitiative Gottes. Drei Aspekte möchte ich dabei im Besonderen hervorheben.

3.1 Frieden mit Gott geht von Gott selbst aus, der in Christus Versöhnung schafft

Obwohl in Eph 2,11–22 Christus als der Handelnde erscheint, besteht an seinem Ausgangspunkt bei Gott kein Zweifel. Als der »Kommende« verkündet Christus mit Worten aus Jes 57,19 die große Friedensbotschaft Gottes an sein Volk, die nun auch auf die Völkerwelt ausgeweitet wird (Eph 2,17). Dieser Frieden besteht – wie schon in der Botschaft des Jesaja – in einer geklärten Gottesbeziehung. Die geeinte Menschheit erhält einen gemeinsamen Zugang »zum Vater«. Aus den einst »Fernen« werden nun »Hausgenossen Gottes«.

Es ist die Sendung des Sohnes und seine Dahingabe am Kreuz, mit der Gott seinen Friedenswillen zum Ausdruck bringt. In äußerster Verdichtung bündelt sich dieser Friedenswille bzw. diese Friedensinitiative Gottes darin, dass »Friede« nun selbst zu einem christologischen Hoheitstitel wird. So wie Christus andernorts die »Weisheit Gottes, Gerechtigkeit, Heiligung und Erlösung« (1 Kor 1,30), »unser Leben« (Kol 3,4) oder »unsere Hoffnung« (1 Tim 1,1) genannt werden kann, so heißt er nun »unser Friede« (Eph 2,14). Es geht dabei nicht um eine Eigenschaft oder Tugend im Sinne von Friedfertigkeit, sondern um das, was Eph 2,15 ganz pointiert formuliert: »er stiftete Frieden«. Der Bergprediger, der die »Friedensstifter« seligpreist (Mt 5,9), vollzieht selbst die entscheidende Friedensinitiative Gottes.

An Gottes Handeln wird das *Wesen* des Friedens sichtbar – nicht nur die vielfach gebrochene und brüchige *Wirklichkeit* eines Friedens, der stets auf der Balance gegensätzlicher Machtansprüche beruht. Der Frieden, der von Gott ausgeht, äußert sich in einer uneingeschränkten Zuwendung zu allen Menschen, in Statusverzicht und Hingabe, in Versöhnung und Überwindung von Feindschaft.

3.2 Das Wesen des göttlichen Friedens offenbart sich in Jesus Christus

Eph 2,14 fungiert als Höhepunkt und Spitzenaussage des gesamten Abschnitts. Vom Frieden wird hier nicht in Form abstrakter Theorien, sondern in einer personalen Beziehung gesprochen. Dass Christus »unser Friede« ist, hat verschiedene Implikationen.

»Friede« als christologischer Titel nimmt eine der großen biblischen Verheißungslinien auf – nämlich die Verheißung eines messianischen Friedensbringers. In diesen Advents- und Weihnachtstagen werden wir wieder diese vertrauten alttestamentlichen Texte lesen, singen und liturgisch vergegenwärtigen, die den Friedensherrscher ankündigen – wie Jes 9,5 (der »Friedefürst«) oder Mi 5,4 (»und er wird der Friede sein«). Eph 2,14 stimmt damit in eine gesamtbiblische Melodie ein, in der sich die Friedenssehnsucht und Friedenshoffnung Israels Gehör verschafft – und stellt fest: Diese Hoffnung hat sich in Christus erfüllt. Sie vertröstet nicht auf eine ferne Zukunft (»am Ende der Tage«), sondern wird real in Zeit und Geschichte. In den Worten, im Verhalten und am Geschick Jesu Christi wird anschaulich, was Frieden bedeutet.

Strukturell ist der Textabschnitt in seinen beiden Rahmenteilen (11–13 // 19–22) durch den Gegensatz von »einst und jetzt« sowie in seinem Mittelteil (14–18) von dem Bild einer Wende bestimmt. Einst – das war die Situation ohne Christus, eine Situation der Entfremdung von Gott und des Defizits aller jener Privilegien, die dem Gottesvolk zu eigen sind. Jetzt – das ist die Situation mit Christus, eine Situation der Versöhnung mit Gott und des Anteils an der Erwählung des Gottesvolkes. Es ist eine Wende von der Entfremdung hin zur Integration. Sie erfolgt im Kreuzesgeschehen bzw. »im Blut Christi«. Die Entfremdung wird nicht kaschiert oder verdeckt, verdrängt oder umgedeutet. Sie kostet vielmehr den, der sie überwindet, das Leben.

Eine solche christologische Bestimmung des Friedens liegt jenseits von allen politischen oder psychologischen Konzepten. Frieden ist damit nicht das Ergebnis einer erfolgreichen Unterwerfung, klug diktierter Bedingen, zäher Verhandlungen oder sorgfältig kalkulierter Strategien. Das schlichte »Er (Christus) ist unser Friede« macht den Frieden zu einer Größe, die schon vorgegeben ist. Diesen Frieden gilt es nicht erst zu schaffen, sondern vor allem anzunehmen und zu bewahren.

3.3 Die Kirche verdankt ihre Entstehung dem Versöhnungshandeln Gottes

Folgt man dem Duktus von Eph 2, dann wird deutlich: Die Geburtsstunde der Kirche fällt auf den Karfreitag. Die Kirche entsteht nicht erst zu Pfingsten – etwa im Rahmen einer machtvollen Demonstration des Gottesgeistes (Act 2). Die Kirche entsteht auch nicht schon im Schülerkreis Jesu – etwa in der Beauftragung von Funktionsträgern (Mt 16). Die Kirche entsteht vielmehr am Kreuz – dort, wo Christus »die beiden zu einem gemacht hat [...] damit er die beiden in einem einzigen Leib miteinander versöhne« (Eph 2,14–18). Am Kreuz versöhnt und vereint Gott in Christus die gespaltene und entfremdete Menschheit.

Die Kirche verdankt sich demnach einer Friedensinitiative, die alle Feindschaft auf grundsätzliche Weise überwindet. Mehr noch: Feindschaft als die Ursache fortgesetzter Gewalt wird nicht einfach nur im Sinne eines Kompromisses beendet. Die Feindschaft selbst wird »getötet«, also auch als künftige Möglichkeit grundsätzlich vernichtet – so wie Gott nach Ex 15,3 LXX nicht nur Kriege gewinnt, sondern vor allem »Kriege zerschlägt«. Hier geht es nicht nur um Ausgleich und Balance, sondern um die Beseitigung der Ursachen. Aus den ehemals verfeindeten Parteien werden nicht nur Bündnispartner. Vielmehr entsteht »ein einziger neuer Mensch [...] in einem einzigen Leib«.

Dieses Bild eines Körpers, eines vitalen Organismus, erinnert an 1 Kor 12. Das ist die Kirche, die es ohne das Friedenshandeln Gottes durch den Friedensstifter Christus gar nicht gäbe. Ihre Signatur, ihre theologische DNA, besteht in der Versöhnung der Gegensätze, in der Beseitigung von Feindschaft – die auch die Bedrohung des eigenen Lebens nicht scheut.

Schluss

Der Rückblick auf das Kriegsende vor 70 Jahren ist Grund zur Dankbarkeit. Diese Dankbarkeit aber schließt auch eine Verpflichtung ein. Die Wirklichkeit des Friedens ist gefährdeter als je zuvor, durch Terrorismus und durch neue Formen der Gewalt, durch alte und neue Krisenherde, durch eine neue Bereitschaft zum Einsatz militärischer Mittel.

Hier sind die Kirchen herausgefordert. Das betrifft jedoch weniger ihre Stimme in den politischen Debatten auf dieser oder jener Seite. Mehr als alle Worte muss hier das Beispiel der Kirchen selbst bewirken, die sich auf den Grund ihrer Existenz – auf das Friedenshandeln Gottes – besinnen und vorleben, was die Überwindung von Entfremdung und Feindschaft bedeutet. Die Einheit der Kirche in aller ihrer Vielfalt und Verschiedenheit (1 Kor 12) ist ein Modell für Frieden, das nicht erst entwickelt werden muss. Es ist in Christus, der am Kreuz Frieden gestiftet hat, bereits vorgegeben. Diese Einheit zu bewahren und zu gestalten, mit Leben zu erfüllen und glaubwürdig zu vertreten – das ist der große Friedensbeitrag der Kirchen.

Von hier aus kann der Friede Gottes ausstrahlen in alle gesellschaftlichen Bezüge hinein, in denen Christinnen und Christen als »Friedensstifter« gefragt und gefordert, aber auch von den Verheißungen Gottes getragen sind.

Literatur

Aus Gottes Frieden leben – für gerechten Frieden sorgen. Eine Denkschrift des Rates der Evangelischen Kirche in Deutschland, Gütersloh [2]2007.

Colpe, Carsten, Der »Heilige Krieg«. Benennung und Wirklichkeit, Begründung und Widerstreit, Bodenheim 1994.

Delling, Gerhard, Die Bezeichnung »Gott des Friedens« und ähnliche Wendungen in den Paulusbriefen, in: Jesus und Paulus. FS W.G. Kümmel, hrsg. von E. Ellis und E. Gräßer, Göttingen 1975, 76–84.

Groß, Walter, Keine »Heiligen Kriege« in Israel. Zur Rolle Jhwh's in Kriegsdarstellungen der Bücher Jos bis 2Kön, in: Krieg und Christentum. Religiöse Gewalttheorien in der Kriegserfahrung des Westens, hrsg. von A. Holzem, Krieg in der Geschichte 50, Paderborn 2009, 107–127.

Klein, Günter, Der Friede Gottes und der Friede der Welt. Eine exegetische Vergewisserung am Neuen Testament, ZThK 83, 1986, 325–355.

Noth, Albrecht, Heiliger Krieg und Heiliger Kampf in Islam und Christentum. Beiträge zur Vorgeschichte und Geschichte der Kreuzzüge, BHF 28, Bonn 1966.

Perkins, Larry, »The Lord is a warrior« – »The Lord who shatters wars«: Ex 15:3 and Jdt 9:7; 16:2, JSCS 40, 2007, 121–138.

Rad, Gerhard von, Der Heilige Krieg im Alten Israel, Zürich 1951.

Schnackenburg, Rudolf, Der Brief an die Epheser, EKK 19, Zürich u.a./Neukirchen-Vluyn 1982.

Schreiner, Klaus (Hrsg.), Heilige Kriege. Religiöse Begründungen militärischer Gewaltanwendung. Judentum, Christentum und Islam im Vergleich, Schriften des Historischen Kollegs 78, München 2008.

Stengel, Friedemann/Ulrich, Jörg (Hrsg.), Kirche und Krieg. Ambivalenzen in der Theologie, Leipzig 2015.

Wengst, Klaus, Frieden stiften. Impulse des Neuen Testaments, ZNT 6/11, 2003, 14–20.

»Бог мира« –
Война и мир в библейском предании

Кристфрид Бётрих

В 2015 году мы отмечаем 70-летие окончания Второй мировой войны. 70 лет – прямо-таки библейское число! Окончание войны пробуждает в нас чувство благодарности, но одновременно порождает и определенные обязательства. Церкви в Европе извлекли уроки из опыта минувшего столетия. Сохранение мира стало важнейшей для них общей темой.

Со времен той страшной войны, которая унесла жизни миллионов людей, прошло 70 лет. Были ли эти послевоенные 70 лет мирными? За последние годы количество военных конфликтов стало вновь возрастать – и не только на других континентах, но и в самой Европе. Памятуя об окончании войны 70 лет назад, Церкви должны и впредь размышлять о своей позиции относительно войны и мира.

На Учредительной ассамблее в 1948 году в Амстердаме Всемирный совет церквей сформулировал основополагающий принцип: »По воле Божией не должно быть войны!« Эта формула появилась как результат скорбного, недавно пережитого опыта двух разрушительных мировых воин. По этой причине миротворческая миссия Церквей стала с самого начала существенным элементом единства Церквей, неотъемлемой частью их самопонимания.

Формула, предложенная в Амстердаме, имеет свою предысторию. В августе 1934 года на съезде »Всемирного союза содружества народов через Церкви« на острове Фанё в Дании Дитрих Бонхёффер выступил с докладом на тему »Церковь и мир народов«. Работа Всемирного союза должна была быть направлена на достижение и защиту мира – об этом настойчиво говорил Бонхёффер в преддверии надвигающейся войны. При этом он четко отграничил деятельность Церквей в защиту мира от двух других моментов: во-первых, от всех попыток аргументированного поддержания состояния войны и в конечном счете ее оправдания и, во-вторых, от секулярного пацифизма, с помощью которого делаются попытки облагодетельствования всего человечества через политическую организационную деятельность. Мерилом в этой работе по защите мира должен стать не политический расчет или стратегическая концепция, а исключительно Слово Божие и Его Заповеди. На конференции Всемирных церквей в 1937 году в Оксфорде Бонхёффер вновь выразил это мнение, сказав что »Евангелие является благовестием мира. ›Христос – наш мир.‹ […] Об этом благовестии должна свидетельствовать Церковь Христова всего мира […]«. Это мнение в 1937 году не было воспринято. И только в 1948 году по этому поводу был достигнут консенсус на Учредительной ассамблеи ВСЦ.

С этого времени Церкви прошли через определенный »учебный« процесс. Следующее обсуждение ответственности Церквей за мир нашло свое отражение в различных заявлениях и статьях. В том же ключе с 1989 года действует »Европейская экуменическая ассамблея«. Третий съезд ассамблеи в 2007 году в Сибиу (Румыния) стал важным форумом для соборного процесса во имя »мира, справедливости и сохранения творения«. В частности, в заключительном послании ассамблеи говорится: »Мы отказываемся от войны как инструмента для решения конфликтов, требуем применения ненасильственных методов для мирного урегулирования конфликтов и выражаем свою озабоченность ввиду происходящего военного перевооружения«. В трактате Евангелической церкви Германии »Жизнь в соответствии с миром Божиим – попечение о справедливом мире«, вышедшем в 2007 году, эта тема получила дальнейшее развитие.

При этом отмечаются два важных фактора. Во-первых, все наши усилия должны быть направлены на то, чтобы создать условия для »справедливого мира«, а разговор о »справедливой войне« приводит к заблуждению. И во-вторых, Церкви определяют пространство для проповеди Слова Божия. При этом следует противостоять опасности любой попытки использования наших усилий в политических интересах.

Цель данного изучения Библии заключается в том, чтобы обсудить общебиблейскую позицию в отношении войны и мира. Что же означает исповедовать Бога как »Бога мира«?

1 Война и насилие в библейском предании

Во времена древнего Востока насилие являлось распространенной реальностью. Книги Ветхого Завета писались в этих условиях. Уже в первых главах Бытия описываются причины и внутренняя динамика насилия. В первичной ситуации братоубийства (Быт 4) насилие представляется в первую очередь как признак падшего творения. Вновь и вновь также безжалостно описывается жестокость войны – как в повествовательных, так и в поэтических текстах Библии. Народ Божий Израиль живет во времена и в мире насилия, который многократно отображается через его историю.

Как оценивает вера Израиля войну и насилие? Осуждается и обличается ли насилие? Или же оно узаконивается и становится привычным? В каком свете изображены многочисленные войны, которые нужно было выдержать самому народу Божию? Не просматривается ли в этом благосклонное отношение к войне, которое при определенных обстоятельствах освящает насилие Божиим благословением? Одним словом – существует ли в Ветхом Завете модель »Священной войны«? Толкование библейских текстов в 20-м веке ответило на этот вопрос утвердительно. С тех пор обозначение »Священная война« используется во многих названиях книг, откуда и перекочевало в современную публицистику. Однако, этот тезис не является верным.

В книгах Ветхого Завета война нигде не имеет определение »священная«. Когда речь идет о »священной войне«, то это не библейская, а современная формулировка. Первые достоверные источники, касающиеся этого выражения, датируются на заре 19-го века в связи с освободительными войнами против наполеоновского владычества. Это выражение вновь стало популярным в контексте Первой мировой войны. Похожая картина наблюдается в отношении понятия »Джихад« в Коране, широкий семантический диапазон которого был сокращен до значения »Священной войны« лишь в наше время, и, в свою очередь, в контексте столкновения с западноевропейско-христианской культурой. »Священным« называется многое в библейском предании, однако, это не касается понятия войны.

Как же тогда понимать, что войны Израиля вновь и вновь представлялись »сакральным событием«? Ответ очевиден: чтобы начать военные действия, надо было протрубить в шофар. В военном лагере действует ритуальная чистота и половое воздержание. Воины находятся в статусе посвящения. Перед битвой слушают предсказания и приносят жертвы. Бог сам »воюет« таким образом, что Он вводит противника в заблуждение и »передает его в руки« своего народа. Пленение противника в конце битвы обеспечивает передачу добычи Богу. Для определенности эту модель нужно называть »Войной Яхве«. Сам Бог является действующим лицом. При этом войско Израиля представляет собой только некий литургико-сакральный фон. Взятие Иерихона (Нав 6) служит тому нагляднейшим примером. Из этих историй мы узнаем о власти и величии Бога Израиля. Однако, эти истории нельзя использовать для узаконения стратегических планов в преддверии того или иного конфликта.

»Войны Яхве« ветхозаветного предания находятся вне какой-либо военной доктрины. Никакая ниточка не ведет от них к дискуссиям о »справедливой войне«, которыми занято христианство, начиная с 4-го столетия. В первую очередь в этих войнах отображается всего лишь то, что определяет внутреннее понимание смысла войны у народов, существовавших вокруг Израиля. Так, как Бог воюет за Израиль, так и боги врагов Израиля воюют за свои народы. Наряду с »Войной Яхве« существуют также »Война Иштар« или »Война Мардук«. Божество сражается с божеством. Реальные военные действия же – удел профанов.

Тем не менее, в языке Ветхого Завета »Господь Саваоф (Господь сил)« называется прямо »воином«, то есть тем, кто побеждает в битвах за Свой народ. Это показательно описано, например, в Исходе 15,3 в песни Мирьям, в которой воспевается победа Господа над воинством фараона. В Септуагинте, которая стала основополагающим исходным текстом в византийском христианстве, этот пассаж отличается от еврейского текста. Вместо »Господь муж брани, Иегова имя Ему« в Переводе семидесяти толковников написано »Господь разбивающий войны, Господь имя Ему.« В эти времена, которые не славились меньшим насилием, переводчики на греческий язык поняли смысл песни Мирьям именно так. Божье вмешательство в ход истории не приводит к новому витку насилия, а нацелено на его прекращение. В войне не только нужно одержать победу. Война как таковая должна быть разбита.

Подобный тезис является отправной точкой для фундаментальной »программы разоружения«, которая может быть обнаружена во многих других текстах Ветхого Завета. О разрушении или изменении назначения оружия написано в Иез 39,9–10, Псал 46,10, Псал 76,4–10. Широко известно также высказываение в Ис 2,2–5 / Мих 4,1–5: »и перекуют мечи свои на орала, и копья свои – на серпы: не поднимет народ на народ меча, и не будут более учиться воевать.« Конечно же, это видение будущего мирного времени. Для настоящего времени в книге Иоиля 3,10 сформулировано неотвратимое требование: обратный призыв перековать плуги на мечи. Однако, видение описывает представление о цели, которое имеет значение для сегодняшнего времени. »Господь разбивающий войны« – вот решающая характерная черта библейского образа Божия. В Новом Завете эта линия продолжается: теперь Бог неоднократно и прямо называется »Богом мира« (1 Фес 5,23; Фил 4,9; 1 Кор 14,33; 2 Кор 13,11; Рим 15,33; 16,20; Евр 13,20).

Конфликты остаются реальностью, в том числе и для мира раннего христианства. Иисус из Назарета Сам указал на это обстоятельство: »Не думайте, что Я пришел принести мир на землю; не мир пришел я принести, но меч.« (Мф 10,34; Лк 12,51). Но это, конечно, не призыв к насилию! В данном контексте меч является метафорой, связанной с неизбежными столкновениями. Петру, который в Гефсимании воспринял данную метафору дословно и обнажил меч, Иисус Христос запрещает применение любой силы (Ин 18,10–11). В Евангелии от Матфея отрицание насилия Иисусом Христом имеет принципиальный характер: »все, взявшие меч, мечом погибнут« (Мф 26,52). В Евангелии от Луки Иисус Христос даже исцеляет того, кто был ранен ударом меча (Лк 22,51). Это последнее чудо исцеления перед лицом собственной смерти, которое имеет знаковый смысл. Акция в храме также не является актом насилия (Мк 11,15–19; Мф 21,12–17; Лк 19,45–48; Ин 2,13–22). Она означает пророческое знаменательное действие и указывает на то, что мирное послание Евангелия не избегает конфликтов, и не более того. При этом вспоминается седьмая Заповедь блаженства по Мф 5,9. Блаженными являются здесь не »миролюбивые«, которые ведут себя тихо и бездействуют, а »миротворцы«, которые подвергают себя опасности и активно действуют. Но подобная активная и ненасильственная позиция всегда рискована. При этом реалистичный взгляд на время до исполнения великих предсказаний пророков основывается на коренном убеждении, что Бог является Богом мира, а не войны и насилия.

2 Мир в библейском предании

Понятие мира в библейском предании шире, чем только противоположность войне или отсутствие войны. Еврейскому слову »Шалом« присуще широкое семантическое понимание: его значение простирается от здоровья, счастья и благополучия вплоть до общественной и политической сфер, в которых оно охватывает такие понятия, как справедливость и безопасность. Тем не менее, »Шалом« и в политическом смысле принципиально отличается от *pax persica* или *pax romana*, которые в первую очередь были нацелены на обеспечение стабильности путем длительного порабощения противника. Ветхозаветный »Шалом« характеризуется тем, что мир и справедливость »облобызаются«, как это языком поезии было сказано псалмопевцем (Пс 84,11).

В религиозном понимании понятие »Шалом« вновь и вновь соприкасается с понятием »благословения«. Мир также является скорее не состоянием, а выражением некоего процесса отношений, что побуждает людей в приветствии желать друг другу мира как благословения. Мир также имеет свое начало у Бога. »Мир« соответствует первоначальному замыслу Бога, который сотворил вселенную »доброй«. По этой причине надежда пророков связана с тем, что в последние времена будет восстановлен первобытный мир. Великие тексты в Библии о мире имеют пророческий характер, относящийся к последним временам, как, например, в книге Исайи 2,2–4 (»И будет в последние дни […]«) или в Откровении 21–22 (город Господень у людей).

Тем более актуальным является тот факт, что Иисус из Назарета приносит благую весть и объявляет о мире посреди охваченного войной и насилием мира. Мир является не только предметом надежды. Более того, мир творится там, где сегодня уже проповедуется Евангелие. Это выражается прежде всего в Нагорной проповеди Иисуса (Мф 5–7), имеющей программный характер. »Лучшая справедливость«, к которой призывает Иисус, должна теперь пройти испытание. Она становится контрпроектом по отношению к общественной реальности 1-го века, в которой ощутимо доминирует возможность применения насилия со стороны римских легионеров.

Следует удивляться, сколько же усилий приложили именно христианские толкователи к сглаживанию и выявлению относительного характера Нагорной проповеди. Особенно это касается двух антитезисов: об отказе от применения насилия и о любви к своим врагам (Мф 5,38–48). То, о чем здесь говорится, не является каким-то примечанием. Нагорный Проповедник конкретизирует свое послание. Он прикладывает его к повседневному поведению, которое поэтому кажется на первый взгляд провокационным и заметно выделяется из круговорота насилия и ответного насилия.

Весь широкий смысл еврейского понятия »Шалом« сохранился также в переводе на греческий в слове »Эйрене«. Мир в качестве благословенного дара Божия теперь становится решающим свойством Евангелия. »Хорошая/благая весть« является вестью о мире. Таким образом, христианство по своей сути является обществом »миротворцев«. Тот факт, что оно зачастую не всегда соответствовало данному внутреннему пониманию, относится к темным страницам его истории.

3 »Примирение« как начало и миссия единой Церкви

Послание ВСЦ в Амстердаме – »Войны по воле Божьей не должно быть« – было скорее всего не заявлением в связи с общей политической ситуацией. Это было в первую очередь слово, направленное в свой же адрес, слово, направленное христианским церквям. Ибо Церковь обязана своим существованием примирительному действию Божию.

Подобное понимание Церкви своей сущности явно выражается в послании к Ефесянам (2,11–22). В этой главе речь идет о преодолении разделения, которое касается народа Божьего Израиля и остальных народов мира. Разделение при этом характеризуется разобщенностью, которая в конечном счете перерастает во враждебность. С давних пор »чужое« воспринималось как угроза, вызывающая страх. Разобщенность и отчужденность вновь и вновь становились источником конфликтов, ненависти и войны. Однако, первопричина любой отчужденности – это отчуждение от Бога.

Текст послания к Ефесянам (2,11–22) описывает в сжатом виде и меткими словами преодоление этой отчужденности благодаря Христу. В центре этого текста – образ Креста в качестве решающей мирной инициативы Бога. При этом мне хотелось бы особенно выделить здесь три важных аспекта.

3.1 Мир с Богом исходит от Самого Бога, который во Христе творит примирение

Несмотря на то, что в послании к Ефесянам 2,11–22 Христос является действующим лицом, нет никакого сомнения в Его начале в Боге. В пророчестве Исайи (57,19) великую весть от Бога Своему народу о мире предвозвещает Христос, называемый »Грядущим«. Эта весть теперь распространяется на все народы (Еф 2,17). Этот мир теперь в разрешенном отношении с Богом, как уже описано в пророчестве Исайи. Объединенное человечество получает совместный »доступ к Отцу«. Те, кто были »дальними«, становятся »близкими« к Нему.

Господь Бог проявляет Свое пожелание мира, посылая Своего Сына, приносящего Себя в жертву на Кресте. Это пожелание мира или мирная инициатива Бога весьма в концентрированной форме проявляется в том, что »мир« теперь становится одним из христологических титулов. Точно также, как в ряде мест Нового Завета Христа называют »премудростью от Бога, праведностью и освящением и искуплением« (1 Кор 1,30), »жизнью нашей« (Кол 3,4) или »нашей надеждой« (1 Тим 1,1), так теперь Его называют »Миром нашим« (Еф 2,14). При этом речь идет не о свойстве или добродетели с точки зрения миролюбия, а о том, что апостол Павел подчеркнуто выделяет в послании к Ефесянам (2,15): Его цель »устроить мир«. Нагорный Проповедник, который считает »миротворцев« счастливыми (Мф 5,9), Сам приводит в исполнение решающую мирную инициативу Бога.

В действиях Бога открывается *сущность* мира, а не только часто нарушаемая и хрупкая *реальность* мира, который сиждется, как правило, на неустойчивом балансе притязаний на власть противоборствующих сил. Мир, исходящий от Бога, проявляется в неограниченном расположении ко всем людям, в стремлении отказаться от своего статуса, в самоотдаче, в примирении и преодолении вражды.

3.2 Сущность мира Божьего открывается в Иисусе Христе

В Еф 2,14 прослеживаются кульминация и ключевая констатация всего раздела. О мире говорится здесь не в форме абстрактных теорий, а в личностном измерении. Утверждение, что Христос является »нашим Миром« имеет различные импликации.

»Мир« в качестве христологического титула определяет одну из главных библейских линий обетования: а именно обещание прихода мессианского мироподателя. В эти предрождественские и рождественские дни мы будем перечитывать, петь и литургически представлять себе знакомые нам ветхозаветные тексты, которые предвещают пришествие Владыки мира, как сказано об этом в пророчестве Исаии 9,6 (»Князь, дарующий мир«) или Михея 5,5 (»И будет Он мир«). В послании к Ефесянам 2,14 подхватывается общебиблейская мелодия, в которой находит отклик жажда мира и надежда на мир Израиля. Здесь же констатируется, что эта надежда исполнилась во Христе. Она не обещает наступление мира в далеком будущем (»в последние дни«), а становится реальностью во времени и в истории. В словах, в поведении и судьбе Иисуса Христа наглядно видно, что означает мир.

По структуре этот текст определяется рамками (11–13 // 19–22) через сопоставление »прошедшего и настоящего времени«, а в средней части (14–18) изображением перемены. Прошедшее время – это время состояния без Христа, состояние отчуждения от Бога и отсутствие всех даров, присущих народу Божьему. Настоящее время – это состояние со Христом, состояние примирения с Богом и приобщения к избранию народа Божия. В этом тексте описывается переход от отчужденности к приобщению. Он осуществляется через Распятие на Кресте или, точнее, »Кровию Христовою«. Отчуждение не маскируется и не скрывается, не вытесняется и не истолковывается по-иному. Более того, Тот, кто преодолел это отчуждение, поплатился жизнью.

Подобное христологическое определение мира находится за пределами всех политических или психологических концепций. Таким образом, мир не является результатом успешного порабощения, умно продиктованных условий, упорных переговоров или тщательно взвешенных стратегий. Простое »Он (Христос) есть Мир наш« делает мир величиной, которая уже предписана заранее. Этот мир следует не устанавливать, а прежде всего принимать и сохранять.

3.3 Своим возникновением Церковь обязана примирительным действиям Бога

Если следовать духу послания к Ефесянам глава 2, то выясняется, что датой основания Церкви является Великая Пятница. Церковь рождается не на Пятидесятницу в ходе могущественного действия Духа Божия (Деян 2), а ранее. Церковь также не рождается уже в круге учеников Иисуса Христа, в ходе их поставления на служение (Мф 16). Церковь, скорее всего, рождается на Кресте – там, где Христос »соделавший из обоих одно, […] чтобы в одном теле примирить обоих с Богом« (Еф 2,14–18). На Кресте Бог примиряет и объединяет во Христе раздвоенное и отчужденное человечество.

Из этого следует, что своим существованием Церковь обязана мирной инициативе, которая коренным образом преодолевает любую враждебность. Более того, вражда в качестве причины постоянного насилия не просто прекращается по типу достижения компромисса. Сама вражда »убивается«, то есть допущение вражды в будущем в корне исключается, также как Бог по книге Исхода 15,3 в Септуагинте не только побеждает в войнах, но в первую очередь »разбивает войны«. Здесь речь идет не только о компенсации или балансе, а об устранении самих причин возникновения войн. Стороны, которые раньше были враждебны друг другу, становятся не просто союзники. Более того, возникает »один новый человек […] в одном теле«.

Образ одного тела, организма, полного жизненных сил, напоминает нам о первом послании к Коринфянам главе 12. Вот Церковь, которая не существовала бы без Божьих действий, нацеленных на мир, через миротворца Христа. Ее шифр, ее теологическая ДНК, заключается в примирении противоположностей, в устранении вражды, которая не боится даже угрозы для собственной жизни.

Заключение

Окончание войны 70 лет назад является поводом для благодарения. Однако, эта благодарность таит в себе и определенные обязанности. Существование мира находится сейчас под угрозой более, чем когда-либо, из-за терроризма и новых форм насилия, из-за прежних и новых кризисных очагов, из-за вновь возникшей готовности к применению оружия.

В этом заключается вызов для Церквей. В меньшей степени это касается их голоса с той или другой стороны в политических дискуссиях. Больше любых слов оказать необходимое воздействие должен именно пример Церквей. Последние должны ясно осознавать причину их существования, а именно действия Божии, нацеленные на мир, и через это подавать пример своими действиями по преодолению отчужденности и вражды. Единство Церкви во всем ее разнообразии и всей разнородности (1 Кор 12) является той моделью для мира, которая уже разработана. Она уже определена Христом, который на Кресте принес мир. Сохранить и оформить это единство, наполнить его жизнью и убедительно его представлять – в этом вклад Церквей в достижение мира.

Именно так идея мира Божьего может распространяться на все сферы жизни общества, в которых от христиан с одной стороны ожидают и требуют »миротворчества«, и в которых они с другой стороны получают поддержку от обетования Божия.

Gott des Krieges oder Gottes des Friedens? Das Verständnis des Krieges und des Friedens im Neuen Testament sowie in der Kirchentradition

Vladimir Burega

In der heutigen Zeit, in der immer häufiger über die Gefahr neuer globaler militärischer Konflikte gesprochen wird, stellt sich für uns Christen die äußerst wichtige Aufgabe sich erneut dem Wort Gottes und der Kirchentradition zuzuwenden, um den Herausforderungen der modernen Welt eine konsequent christliche Antwort geben zu können. Das Ziel meines Vortrags sehe ich darin, den Standpunkt neutestamentlicher Autoren in Bezug auf Krieg und Frieden zu aktualisieren, sowie aufzuzeigen, wie dieses Problem von Christen im Laufe der Kirchengeschichte gelöst wurde. Da die Aufgabenstellung sehr umfangreich ist, bin ich gezwungen, mich nur auf einen allgemeinen Überblick des angegebenen Themas zu beschränken.

1 Die Offenbarung über den Gott des Krieges

Bei der Abhandlung des neutestamentlichen Verständnisses des Krieges, können wir nicht umhin, die Auffassung des Krieges im Alten Testament zumindest kurz anzusprechen. Wir sagen gleich vorweg, dass das neutestamentliche Verständnis in einem gewissen Kontrast zum alttestamentlichen steht.

Obgleich der Mord als solcher im Alten Testament als schwerwiegende Sünde betrachtet wird (das Sechste Gebot Mose lautet unmissverständlich »Du sollst nicht töten«, 2 Mose 20,13), sind in den alttestamentlichen Schriften sehr viele Erzählungen über bewaffnete Konflikte vorhanden. Hierbei lassen sich einige Bedeutungsaspekte des Begriffs »Krieg« im Alten Testament hervorheben. Im Kontext unseres Vortrags möchten wir nur zwei von ihnen aufgreifen.

»Krieg des Herrn«. Zunächst einmal ist im Alten Testament das Konzept des sogenannten »Krieges des Herrn« oder »Streites des Herrn« klar dargelegt (griech. πόλεμος κυρίου). Dieses Wortgefüge lesen wir beispielsweise mehrmals im ersten Buch der Könige (in der westlichen Tradition 1. Buch Samuel) sowie im zweiten Buch der Chroniken:

1 Sam 17,47: »David aber sprach zu dem Philister: [...] denn der Streit ist des HERRN, und er wird euch geben in unsre Hände.«

1 Sam 18,17: »Und Saul sprach zu David: [...] sei mir nur tapfer und führe des HERRN Kriege.«

1 Sam 25,28: [Abigail sprach zu David:] »Denn der HERR wird meinem Herrn ein beständiges Haus machen, denn du führst des HERRN Kriege.«

2 Chron 20,15: »[Jahasiel sagt ganz Juda:] So spricht der HERR zu euch: Ihr sollt euch nicht fürchten noch zagen vor diesem großen Haufen, denn ihr streitet nicht, sondern Gott.«

»Der Krieg des Herrn« wird als Krieg aufgefasst, der vom jüdischen Volk in Synergie mit Gott geführt wird. Mehr noch, zuweilen zerschlägt Gott selbst die Feinde Israels.

Deut 20,4: »Denn der HERR, euer Gott, geht mit euch, dass er für euch streite mit euren Feinden, euch zu helfen.«

Jos 10,14: »Und war kein Tag diesem gleich, weder zuvor noch darnach, da der HERR der Stimme eines Mannes gehorchte, denn der HERR stritt für Israel.«

»Der Krieg des Herrn« ist vornehmlich ein Krieg um den Monotheismus gegen das Heidentum. Der Einzug Israels ins Gelobte Land ist eine grausame Kriegsoperation, die mit einer allgemeinen Vernichtung der dort ansässigen heidnischen Völker einhergeht. Aber dieser Krieg wird auf direkte Anweisung Gottes im Bund mit Gott geführt. In diesem Krieg schlägt Gott selbst die Feinde Israels nieder. Deshalb ist auch für Israel ein Sieg im Krieg nicht das Ergebnis menschlicher Weisheit oder Fertigkeit, sondern die Frucht ihrer Treue zu Gott. Von den Kriegern wird verlangt in ritueller Reinheit zu verweilen. Israel, das vor dem Herrn geht (4 Mos 32,20–23.27.29.31–32; Jos 4,13), d. h. das Volk Israel, das dem Bündnis mit Ihm treu bleibt, ist unbesiegbar. Wenn dagegen Israel vom Bündnis abfällt, gibt Gott sein Volk in die Hände der Feinde.

2 Der eschatologische Krieg

Der zweite wichtige Bedeutungsaspekt des Begriffs »Krieg« im Alten Testament ist der eschatologische. Die alttestamentliche Eschatologie sieht vor, dass Israel all seine Feinde niederschlagen wird, wonach das Königreich des Messias kommen wird, in dem der Krieg vollkommen beseitigt wird. Im Buch des Propheten Micha heißt es über das Königreich des Messias:

Mich 4,3: »Sie [d.h. die Völker] werden ihre Schwerter zu Pflugscharen und ihre Spieße zu Sicheln machen. Es wird kein Volk wider das andere ein Schwert aufheben und werden nicht mehr kriegen lernen.«

Somit ist der Begriff »Krieg« von außerordentlicher Bedeutung für das Alte Testament. Er ist wichtig für das Verständnis des Gottesbildes im antiken Israel. Das Alte Testament ist u. a. die Offenbarung über den Gott des Krieges. Nach dem Untergang des pharaonischen Heeres im Roten Meer singt Moses das Lied:

Ex 15,3: »Der HERR ist der rechte Kriegsmann; HERR ist sein Name.«

Wenn man an dieser Stelle dem hebräischen Text folgt, so wird Gott hier unmittelbar als »Herr des Krieges« bezeichnet. Diese Wortverbindung fügt sich völlig harmonisch in das Alte Testament. Für das antike Israel ist der Herr ein Krieger, der sein Volk beschützt.

3 Neues Testament

Wenn wir uns nun dem Neuen Testament zuwenden, fällt der krasse Kontrast bei der Verwendung des Begriffs »Krieg« auf. Während im Alten Testament das Wort »Krieg« und davon abgeleitete Wörter hundertfach verwendet werden, kommt dieses Wort im Neuen Testament relativ selten vor. Im Neuen Testament wird für die Wiedergabe des Begriffs »Krieg« hauptsächlich das Substantiv πόλεμος (Krieg) und das Verb πολεμέω (Krieg führen, kämpfen) verwendet. Diese Wörter kommen im Neuen Testament lediglich 23 Mal vor (davon 15 Mal in der Offenbarung).

 Die Worte μάχομαι (kämpfen, streiten), μάχη (Kampf, Schlacht, Streit) werden im Neuen Testament in der Regel dazu verwendet, um Anfeindungen und Streitigkeiten zwischen den Menschen darzustellen. Im Sinne eines militärischen Kampfes werden sie im Neuen Testament praktisch nicht verwendet.

Der Verwendung von πόλεμος und πολεμέω kommen im Neuen Testament auch verschiedene Bedeutungsnuancen zu. Zuallererst lesen wir eine beträchtliche Anzahl an Texten, in denen der Krieg wie im Alten Testament eine eschatologische Konnotation hat. In allen synoptischen Evangelien kommen beispielsweise Prophezeiungen Jesu vor, wonach ein Anzeichen des nahenden Endes der Welt zahlreiche Kriege sein würden:

Mk 13,7–8: »Wenn ihr aber hören werdet von Kriegen und Kriegsgeschrei, so fürchtet euch nicht. Denn es muss also geschehen; aber das Ende ist noch nicht da. Es wird sich ein Volk wider das andere empören und ein Königreich wider das andere, und werden Erdbeben geschehen hin und wieder, und wird teure Zeit und Schrecken sein. Das ist der Not Anfang.«

Gewiss spricht die Offenbarung am meisten über die eschatologische Dimension des Begriffs »Krieg«. Im eschatologischen Sinn ist der Krieg in erster Linie der Kampf des Teufels gegen Gott. In diesem Zweikampf wird Satan endgültig niedergestreckt. Die Endzeit ist ebenfalls durch das Gefecht des Teufels gegen die Heiligen gekennzeichnet, in dem Satan der Sieg gewährt wird. Außerdem wird es vor der Endzeit zahlreiche Kriege zwischen den Völkern der Erde geben. Daher sind in der Offenbarung zahlreiche Kriegsszenen vorhanden, die alttestamentliche Bilder in Erinnerung rufen.

Es ist wichtig, dass in der Apokalypse auch die Grundursache für alle irdischen Kriege angeführt ist. Es handelt sich hierbei um den ursprünglichen Aufstand gegen Gott. Noch vor der Schöpfung der Erde kam es im Himmel zu einem Krieg, infolge dessen der gefallene Engel vom Himmel verbannt wurde.

Apk 12,7–8: »Und es erhob sich ein Streit im Himmel: Michael und seine Engel stritten mit dem Drachen; und der Drache stritt und seine Engel, und siegten nicht, auch ward ihre Stätte nicht mehr gefunden im Himmel.«

In diesem Vers sind alle zahlreichen Kriege, die in der Offenbarung erwähnt werden, gebündelt. Letzten Endes ist jeder Krieg die Folge der ursprünglichen, geheimnisvollen Katastrophe, die sich in der geistigen Welt ereignet hatte.

In der Betrachtung der Gründe für die irdischen Kriege kommt dem vierten Kapitel des Jakobusbriefes eine Schlüsselrolle zu:

Jak 4,1–3: »Woher kommt Streit und Krieg unter euch? Kommt's nicht daher: aus euren Wollüsten, die da streiten in euren Gliedern? Ihr seid begierig, und erlanget's damit nicht; ihr hasset und neidet, und gewinnt damit nichts; ihr streitet und krieget. Ihr habt nicht, darum dass ihr nicht bittet; ihr bittet, und nehmet nicht, darum dass ihr übel bittet, nämlich dahin, dass ihr's mit euren Wollüsten verzehrt.«

Die Quelle der Feindschaft (μάχη) und des Streites (wörtlich: des Krieges, πόλεμος) ist die Wollust (ἡδονή). Die Wollust führt im Menschen zu einer inneren Zwietracht (inneren Krieg). Diese Zweitracht erzeugt Begierde (ἐπιθυμία). Der Wunsch, diese Begierde zufriedenzustellen, führt zu Neid und Mord. So entsteht Krieg. Hier sehen wir noch einen wichtigen Bedeutungsaspekt des Begriffs »Krieg« im Neuen Testament. Der Krieg ist das Ergebnis des sündigen Verderbens der menschlichen Natur.

Das angeführte Zitat aus dem Jakobusbrief ist eine Bedeutungsbrücke von der Betrachtung äußerer militärischer Konflikte hin zur Betrachtung des inneren Krieges, die ein jeder Mensch in seinem Herzen führt. Im Neuen Testament wird mehrfach über den Kampf im geistig-asketischen Sinn gesprochen. Die Bilder des Krieges werden mehrfach für die Beschreibung des inneren Kampfes, der den Menschen überkommt, verwendet.

Diese Linie, die den Begriff »Krieg« begreifen lässt, wird in den Paulusbriefen am umfassendsten dargestellt. Im zweiten Brief zu Timotheus zum Beispiel bezeichnet Paulus den Christen als einen guten Krieger (καλὸς στρατιώτης, 2 Tim 2,3). Dabei unterstreicht er mehrmals, dass Christus nicht gegen irdische Feinde kämpft.

2 Kor 10,3–4: »Denn ob wir wohl im Fleisch wandeln, so streiten wir doch nicht fleischlicher Weise. Denn die Waffen unsrer Ritterschaft sind nicht fleischlich, sondern mächtig vor Gott, zu zerstören Befestigungen.«

In den Briefen des Apostels Paulus erhalten die Gestalten des Krieges einen geistigen Inhalt, wie zum Beispiel an dieser klassischen Stelle aus dem Epheserbrief:

Eph 6,11–12: »Ziehet an den Harnisch Gottes, dass ihr bestehen könnet gegen die listigen Anläufe des Teufels. Denn wir haben nicht mit Fleisch und Blut zu kämpfen, sondern mit Fürsten und Gewaltigen, nämlich mit den Herren der Welt, die in der Finsternis dieser Welt herrschen, mit den bösen Geistern unter dem Himmel.«

Paulus beschreibt das Leben der Christen oftmals unter bewusster Verwendung kriegerischer Begriffe:

1 Thess 5,8: »Wir aber, die wir des Tages sind, sollen nüchtern sein, angetan mit dem Panzer des Glaubens und der Liebe und mit dem Helm der Hoffnung zur Seligkeit.«

Im seinem Brief an die Epheser werden diese Gestalten noch deutlicher erläutert:

Eph 6,16–17: »Vor allen Dingen aber ergreifet den Schild des Glaubens, mit welchem ihr auslöschen könnt alle feurigen Pfeile des Bösewichtes; und nehmet den Helm des Heils und das Schwert des Geistes, welches ist das Wort Gottes.«

Gerade im Zusammenhang mit dem Kampf gegen die Sünde erscheinen in der neutestamentlichen Ethik Gebote, die letztere von alttestamentlichen Vorstellungen drastisch unterscheiden. Als Grundsatz für zwischenmenschliche Beziehungen legt das Neue Testament das Gebot der Liebe fest:

Lk 6,27–28: »Liebet eure Feinde; tut denen wohl, die euch hassen. Segnet die, so euch verfluchen und bittet für die, so euch beleidigen.«

Ein Christ soll in den Menschen, die ihm Böses zufügen, das Bild Gottes sehen und ihnen in der Art begegnen, wie Gott, aus dem Liebe hervorgeht und der selbst Liebe ist, dem Menschen begegnet. Somit erfordern Hader und Hass als Antwort keine gerechte Vergeltung (wie es im Alten Testament der Fall war), sondern Liebe.

Im Neuen Testament finden wir kein Konzept des »Krieges des Herrn«, dem im Alten Testament eine Schlüsselrolle zukommt. Zu den wenigen Stellen im Neuen Testament, an denen ein Nachklang dieses Konzeptes zu hören ist, gehört das elfte Kapitel des Hebräerbriefes, worin die Tugenden der alttestamentlichen Gerechten angepriesen werden. Hier werden unter anderem deren kriegerischen Ruhmestaten in den Gefechten mit den Fremdstämmigen erwähnt:

Hebr 11,34: »Des Feuers Kraft ausgelöscht, sind des Schwertes Schärfe entronnen, sind kräftig geworden aus der Schwachheit, sind stark geworden im Streit, haben der Fremden Heere darnieder gelegt.«

Auf diese Weise ist im Neuen Testament in der Bedeutung des Wortes »Krieg« eine bestimmte Hierarchie klar formuliert. Der Krieg ist demnach:

Ein Krieg des Teufels gegen Gott
Ein Krieg des Teufels gegen die Heiligen
Ein Krieg der Menschen untereinander
Ein Krieg des Menschen mit sich selbst (mit der Sünde)

Wie wir sehen, versetzen die neutestamentlichen Verfasser in ihren Betrachtungen der Kriege den Schwerpunkt von äußeren Gefechten offensichtlich hin zu den inneren. Der Mensch wird zum Krieg gegen die Sünde aufgerufen. Durch den Sieg über die Quelle des Haders in sich selbst, besiegt der Christ jeden Krieg. Statt Bosheit kehrt Liebe in seinem Herzen ein.

4 Gott des Friedens

Somit kommt dem Begriff »Krieg« im Neuen Testament ein außerordentlich vielschichtiges semantisches Feld zu. Nicht weniger vieldeutig ist wohl der Begriff »Frieden« (ἡ εἰρήνη). Das griechische Wort εἰρήνη, sowie davon abgeleitete Wörter (wie zum Beispiel οἱ εἰρηνοποιοί, die Friedenstifter) kommt im Neuen Testament über 90 Mal vor. Der Begriff des Friedens ist im Neuen Testament viel tiefsinniger als er im antiken Griechenland verstanden wurde, wo Frieden in erster Linie als ein glückliches Nebeneinander von Menschen und Wohlstand ausgelegt wurde; oder im antiken Rom, wo Frieden hauptsächlich auf rechtliche Beziehungen zweier Parteien bezogen wurde.

Im Neuen Testament stoßen wir erneut auf eine gewisse Hierarchie der Bedeutungen. Sie korreliert in allgemeinen Zügen mit dem Bedeutungsfeld des Wortes »Krieg«. Der Frieden bedeutet im Neuen Testament:

1) der Frieden zwischen Gott und dem Menschen,
2) der Frieden zwischen den Menschen sowie
3) der innere Frieden des Menschen.

Jesus versöhnt Gott mit dem Menschen in sich selbst. Daher ist der wichtigste Inhalt des Evangeliums die Botschaft des Friedens, den Jesus Christus auf Erden brachte. Apostel Paulus verwendet sogar den Begriff »Friede« als einen der Namen Jesu Christi:

Eph 2,14–17: »Denn er ist unser Friede, der aus beiden eines hat gemacht und hat abgebrochen den Zaun, der dazwischen war, indem er durch sein Fleisch wegnahm die Feindschaft, nämlich das Gesetz, so in Geboten gestellt war, auf dass er aus zweien einen neuen Menschen in ihm selber schüfe und Frieden machte, und dass er beide versöhnte mit Gott in einem Leibe durch das Kreuz und hat die Feindschaft getötet durch sich selbst. Und er ist gekommen, hat verkündigt im Evangelium den Frieden euch, die ihr ferne wart, und denen, die nahe waren.«

Die Ankunft Christi auf Erden bringt auch Frieden in innermenschliche Beziehungen. Die Engel, die den Hirten nach der Geburt Christi erschienen sind, sprechen über die Ankunft des Friedens auf Erden:

Lk 2,14: »Ehre sei Gott in der Höhe und Frieden auf Erden und den Menschen ein Wohlgefallen.«

In den synoptischen Evangelien gibt es dazu eine wichtige Berichtigung zu diesen Worten. Christus sagt nämlich sehr streng, dass er nicht den Frieden auf Erden brachte, sondern das Schwert. Diese Worte sind im Evangelium von Matthäus wie folgt wiedergegeben:

Mt 10,34–36: »Ihr sollt nicht wähnen, dass ich gekommen sei, Frieden zu senden auf die Erde. Ich bin nicht gekommen, Frieden zu senden, sondern das Schwert. Denn ich bin gekommen, den Menschen zu erregen gegen seinen Vater und die Tochter gegen ihre Mutter und die Schwiegertochter gegen ihre Schwiegermutter. Und des Menschen Feinde werden seine eigenen Hausgenossen sein.«

Es ist völlig offensichtlich, dass das Wort »Schwert« in diesem Fall im übertragenen Sinn verwendet wurde. Wenn man die parallele Stelle im Lukasevangelium liest, sind die Worte Jesu anders wiedergegeben:

Lk 12,51: »Meinet ihr, dass ich hergekommen bin, Frieden zu bringen auf Erden? Ich sage: Nein, sondern Zwietracht.«

Das Schwert, das Christus auf Erden brachte, ist die Zwietracht, die unvermeidlich zwischen vertrauten Menschen entsteht, die die Frohe Botschaft unterschiedlich aufnehmen. Daher führt die Botschaft über den Frieden mit Gott nicht nur zur Befriedung sondern auch zum Konflikt.

In seinen Gedanken zu diesen Worten unterstreicht der heilige Johannes Chrysostomos, dass der Grund der Zwietracht nicht bei Gott liege, sondern in der Gehässigkeit des Menschen. Gleichzeitig unterstreicht er aber, dass die Zwietracht unausweichlich sei. Durch die Abspaltung vom Leib Christi würden die von Krankheit befallenen Glieder abgehackt. Er schreibt: »Gerade dann richtet sich auch Frieden ein, wenn das von Krankheit befallene abgespalten wird, wenn das Feindselige abgetrennt wird. Nur auf diese Weise kann sich Himmel und Erde vereinen« (zu Mt 35,1).

Somit kann der Mensch in seiner Sündhaftigkeit sogar die Friedensbotschaft zu einem Grund für Feindschaft wenden. Gerade aus diesem Grund beauftragt Christus seine Apostel den Menschen Frieden zu bringen. Deswegen kommt der Kategorie des »Friedens« eine Schlüsselrolle in der Apostelpredigt zu:

Lk 10,5–6: »Wo ihr in ein Haus kommt, da sprecht zuerst: Friede sei in diesem Hause! Und so daselbst wird ein Kind des Friedens sein, so wird euer Friede auf ihm beruhen; wo aber nicht, so wird sich euer Friede wieder zu euch wenden.«

Der auferstanden Christus ruft vor allem den Frieden auf die Apostel herab. Auf dieselbe Weise wird das Wort »Friede« zu einem Schlüsselelement in den Apostelbriefen. Alle Briefe des Apostels Paulus (bis auf den Hebräerbrief) beginnen mit dem Friedensgruß wie zum Beispiel:

1 Kor 1,3 »Gnade sei mit euch und Friede von Gott, unserm Vater, und dem HERRN Jesus Christus!«

1 Tim 1,2 »Dem Timotheus, meinem rechtschaffenen Sohn im Glauben: Gnade, Barmherzigkeit, Friede von Gott, unserm Vater, und unserm HERRN Jesus Christus!«

Das Neue Testament liest sich somit wie das Buch des Friedens. Christus versöhnt uns mit Gott Vater und öffnet uns den Weg zur Versöhnung unter den Menschen. Der Friede wird zum Inhalt der apostolischen Predigt, der Friede durchflutet das Leben der Christen.

5 Vom gerechten Krieg zum gerechten Frieden

In der Kirchengeschichte lassen sich mehrere Konzepte für die Rezeption von Krieg und Frieden ersehen. Bei frühen Kirchenschriftstellern finden sich beispielsweise einige utopische Interpretationen des Problems mit Krieg und Frieden. Justin der Philosoph (er lebte im 2. Jahrhundert) war der Auffassung, dass die Prophezeiung Michas darüber, dass die Völker ihre Schwerter zu Pflugscharen machen werden und nicht mehr lernen werden, Kriege zu führen, auf den Beginn des christlichen Zeitalters bezogen werden soll. Nach seinem Dafürhalten, würden sich die Beziehungen zwischen den Menschen mit dem Einzug des Christentums radikal verändern, so dass ein Krieg einfach unmöglich sein wird. Im Dialog mit dem Juden Tryphon sagt Justin, dass die Menschen, die sich früher so gut auf »Krieg (πολέμου), Mord und alles Böse« verstanden haben, nachdem sie Christen geworden sind, ihre »Kriegswaffen« gegen »Ackergeräte« umgetauscht haben und nun »Gottesfurcht, Gerechtigkeit, Menschenfreundlichkeit, Glaube und Hoffnung« züchten (Justin der Märtyrer, Dial. 110.3). Dabei lehnt sich die restliche Welt gegen die Christen auf. Damit stirbt der Krieg innerhalb der christlichen Gemeinde, lebt aber außerhalb weiter.

In den nächsten Jahrhunderten (insbesondere seit dem 4. Jahrhundert) wird für die Kirche die Einstellung zum Krieg besonders aktuell. Die Gesellschaft, die dem Namen nach christlich wurde, hat ihre Kampflust keineswegs eingebüßt. Schwerter wurden nicht zu Pflugscharen umgeschmiedet. Der Krieg blieb das gewohnte Mittel zur Konfliktlösung, darunter auch zu Lösung von Konflikten unter Christen. In diesem Zusammenhang entstand in kirchlichen Schriften die Theorie des gerechten Krieges. Diesem Ansatz folgend kann Krieg für Christen nicht willkommen sein. Nichtsdestotrotz bleibt er zuweilen ein notgedrungenes Mittel zur Konfliktlösung. Der heilige Gregor der Theologe schrieb dazu: »Obwohl wir Kriegs- und Friedenszeiten beobachten müssen, und mitunter nach Salomos Wort und Gesetz es gut ist, Kriege zu führen, ist es doch besser, solange es geht, sich dem Frieden zuzuneigen, da dies höher und gottgefälliger ist« (Gregor von Nazianz. Or. 22.15).

Im Westen war es der heilige Augustinus, der einen besonderen Beitrag zur Entwicklung dieser Theorie geleistet hat. Er betonte, dass ein Christ, der zu den Waffen greift, sich ausschließlich aus Nächstenliebe dazu veranlasst sehen soll. Ein Christ ist nur dann zur Gewalt berechtigt, wenn er zum Ziel hat, den zivilen Frieden und Ordnung wieder herzustellen. Außerdem richtet Augustinus sein besonderes Augenmerk auf die Regeln der Kriegsführung. Er besteht beispielsweise darauf, dass die zivile Bevölkerung während der Kriegseinsätze nicht leiden darf. Augustinus unterstreicht, dass obwohl der Krieg ein »barbarischer Brauch« sei, dürfe er im christlichen Zeitalter jedoch nicht mit barbarischen Mitteln geführt werden. In seinem Werk »Stadt Gottes« schreibt Augustinus mir Genugtuung, dass während des Angriffs der Heere Alarichs auf Rom, die zivile Bevölkerung in Kirchen sichere Zufluchtsorte gefunden hat, »dass man, um des Volkes zu schonen, die weiträumigsten Kirchen auswählte und zu Sammelplätzen bestimmte, an denen niemand getötet, niemand der Freiheit beraubt werden sollte, wohin zu ihrer Rettung viele von mitleidigen Feinden geführt, von wo zur Gefangennahme auch von grausamen Feinden niemand fortgeführt werden durfte« (1. Buch, Kapitel 7).

In den folgenden Jahrhunderten fand eine beachtenswerte weitere Entwicklung der Theorie des gerechten Krieges statt. Den bedeutendsten Einfluss auf deren Entwicklung übte dabei gerade die christliche Ethik aus. Unter anderem wurden Kriterien für eine rechtmäßige Kriegserklärung formuliert (das sogenannte Jus ad bellum, das Recht zum Krieg). Zu diesen Kriterien gehört in erster Linie die Notwendigkeit den Tod vieler Menschen zu unterbinden (zu verhindern) und die Notwendigkeit der systematischen, grausamen Unterdrückung von Menschen Einhalt zu gewähren. Das Ziel des Krieges besteht dabei nicht, Vergeltung zu üben für Gräueltaten, sondern darin, die gestörte Ordnung wiederherzustellen. Einen Krieg erklären, darf nur eine legitime Macht. Einen Krieg zu erklären kann man nur dann, wenn alle zur Verfügung stehenden Möglichkeiten zur friedlichen Beilegung des Konflikts ausgeschöpft sind.

Außerdem werden auch die Grundsätze der Kriegsführung geregelt (Jus in bello, Kriegsrecht). Dies betrifft in erster Linie die Verhältnismäßigkeit der eingesetzten Kräfte, die Unzulässigkeit von Gewalt gegen die zivile Bevölkerung, die Unzulässigkeit der Folter sowie der Misshandlung von Häftlingen.

Die Theorie des gerechten Kriegs setzt voraus, dass die Kirchen in ihrem pastoralen Dienst ihre Mitglieder dazu aufrufen, die Regeln der Kriegserklärung und -führung nicht zu verletzen. Außerdem besteht die Aufgabe der Kirchen darin, zur friedlichen Beilegung von Konflikten zu mahnen.

In der Geschichte des christlichen Denkens dominierte die Theorie des gerechten Krieges bis ins 20. Jahrhundert. Sie wurde von kirchlichen Schriftstellern sowohl im Osten als auch im Westen vertreten. Sie kommt auch in Programmdokumenten protestantischer Kirchen vor (zum Beispiel im Augsburger Bekenntnis, in den 39 Artikeln der Anglikanischen Kirche, im Westminster Bekenntnis). Diese Theorie beschreiben Martin Luther und Johannes Calvin.

Im Mittelalter wurde in der Westlichen Kirche noch eine Variante der Einstellung zum Krieg artikuliert. Dies ist die Theorie des heiligen Krieges, die eine offensichtliche Erwiderung der alttestamentlichen Ethik war. Im Zeitalter der Kreuzzüge bildet sich die Meinung, dass der Krieg vom Bestreben den Namen Gottes im Kampf gegen seine Widersacher zu verherrlichen getragen werden kann. Die Kriege zur Befreiung des Heiligen Landes von den Muslimen werden als Gefechte dargestellt, die im Namen

Gottes geführt werden. Das Konzept des »heiligen Krieges« breitete sich gewissermaßen auch im protestantischen Umfeld aus. Merkmale des »heiligen Krieges« lassen sich zum Beispiel in der puritanischen Revolution in England sowie in den Kolonialkriegen in Asien, Afrika und Amerika wiederfinden.

Im 20. Jahrhundert nach Ende des Zweiten Weltkrieges und insbesondere in der Zeit des Wettrüstens und der steigenden Gefahr eines Atomkriegs wird aber die Theorie des »heiligen Krieges« von christlichen Theologen unterschiedlicher Konfessionen übereinstimmend verurteilt. Gleichzeitig verbreitet sich in den Jahren die Meinung, dass auch die Theorie des gerechten Krieges keine Antworten auf die Herausforderungen der modernen Welt liefern kann. Aus diesem Grund wird die Theorie des gerechten Krieges von der Theorie des gerechten Friedens abgelöst (Theorie zur Erhaltung des gerechten Friedens, engl. Just-Peacemaking Theory). In der zweiten Hälfte des 20. Jahrhunderts erscheint in der Lexik christlicher Kirchen der charakteristische Begriff »Theorie des Friedens«. Zu den Aufgaben der Kirchen gehört nun unter anderem die aktive Friedensförderung, der aktive Einsatz für die Erhaltung des Friedens auf Erden. Der Krieg wird als ein vollkommen unzulässiges Mittel für die Lösung von Konflikten angesehen, da er nun eine Vernichtungsgefahr für die Menschheit darstellt. Die Kirchen arbeiten nun engagiert mit Fachleuten aus der angewandten Politikwissenschaft zusammen, um effektive Methoden zur Bewahrung des Friedens und Prävention militärischer Konflikte zu entwickeln.

Die neue Situation verlangt von Christen, die Heilige Schrift aufmerksamer zu erkunden. Dadurch verbreitet sich die Auffassung, dass Jesus im Neuen Testament deutlich auf die Notwendigkeit der Friedensförderung hinweist; dabei spricht er aber nicht über die Erfordernis, irgendwelche Kriege zu führen.

Nach Ende des Kalten Krieges und der aktiven atomaren Abrüstung scheint die Bedrohung eines globalen militärischen Konfliktes in der Vergangenheit zu liegen. Gleichwohl spüren wir heute immer mehr, wie brüchig der Frieden ist. Und dies stellt für uns eine neue, wichtige Herausforderung dar. Man möchte nur hoffen, dass die Bemühung um den Erhalt des Friedens auf Erden erneut zu einem Faktor wird, der die aktive Zusammenarbeit unterschiedlicher christlicher Konfessionen fördert. Diese Zusammenarbeit sollte sowohl im Bereich des tiefgründigen Verständnisses der Frohen Botschaft über die Versöhnung, als auch bei der Suche nach effektiven Methoden zur Friedenserhaltung gedeihen.

Бог войны или Бог мира? Понимание войны и мира в Новом Завете и в церковной традиции

Владимир Бурега

Сегодня, когда все чаще говорят об опасности новых глобальных военных конфликтов, для нас, как христиан, является чрезвычайно важной задачей вновь обратиться к Слову Божию и к церковной традиции, чтобы суметь дать на вызовы современного мира последовательно христианский ответ. Цель своего доклада я вижу в том, чтобы еще раз актуализировать взгляд авторов новозаветных книг на проблему войны и мира, а также показать, как эту проблему решали для себя христиане на протяжении исторического бытия Церкви. Поскольку такая задача является чрезвычайно масштабной, мне придётся ограничится лишь общим обзором указанной темы.

1 Откровение о Боге войны

Рассматривая понимание войны в Новом Завете, невозможно хотя бы кратко не сказать о том, как понимается война в Ветхом Завете. Сразу скажем, что новозаветное понимание войны является определенным контрастом к ветхозаветному.

Несмотря на то, что убийство как таковое рассматривается в Ветхом Завете как тяжкий грех (6-я заповедь Моисеева ясно гласит »Не убивай«, Исх 20,13), тем не менее ветхозаветные книги буквально изобилуют повествованиями о военных конфликтах. Можно выделить несколько смысловых аспектов термина »война« в Ветхом Завете. В контексте нашего доклада мы обратим внимание лишь на два из них.

»Война Господня«. Прежде всего, в Ветхом Завете ясно сформулирована концепция т.н. »войны Господней« или »войны Божией« (греч. πόλεμος κυρίου, нем. Krieg des HERRN, Streit des HERRN). Это словосочетание мы неоднократно встречаем, например, в Первой

Lutherdenkmal in Eisleben. Luthers Geburts- und Sterbeort

книге Царств (в западной традиции – Первая книга Самуила) и во Второй книге Паралипоменон (в западной традиции – Вторая книга Хроник):

1 Цар 17,47: А Давид отвечал Филистимлянину: […] это война Господа, и Он предаст вас в руки наши.

1 Цар 18,17: И сказал Саул Давиду: […] будь у меня храбрым и веди войны Господни.

1 Цар 25,28: [Авигея говорит Давиду:] Господь непременно устроит господину моему дом твердый, ибо войны Господа ведет господин мой.

2 Пар 20,15: [Иозиил говорит иудеям:] Так говорит Господь к вам: не бойтесь и не ужасайтесь множества сего великого, ибо не ваша война, а Божия.

«Война Господня« понимается как война, которая ведется израильским народом в синергии с Богом. Более того, порой Бог Сам поражает врагов Израиля.

Втор 20,4: Ибо Господь Бог ваш идет с вами, чтобы сразиться за вас с врагами вашими [и] спасти вас.

Нав 10,14: И не было такого дня ни прежде, ни после того, в который Господь [так] слушал бы гласа человеческого. Ибо Господь сражался за Израиля.

»Война Господня« – это, прежде всего, война за единобожие против язычества. Вступление Израиля в Землю Обетованную – это жестокая военная операция, сопряженная с поголовным истреблением местных языческих народов. Но эта война ведется по прямому повелению Бога и в союзе с Богом. В этой войне Сам Господь сокрушает врагов Израиля. Потому и победа в войне для Израиля – не результат человеческой мудрости и ловкости, а плод верности Богу. К воинам предъявляется требование ритуальной чистоты. Израиль, ходящий пред Господом (Числ 32,20–23.27.29.31–32; Нав 4,13), т. е. верный завету с Ним, непобедим. И наоборот, если Израиль отступает от соблюдения завета, Господь предает Свой народ в руки врагов.

2 Эсхатологическая война

Второй важный смысловой аспект термина »война« в Ветхом Завете
– это аспект эсхатологический. Ветхозаветная эсхатология предполагает, что Израиль сокрушит всех своих врагов, после чего наступит
царство Мессии, в котором война будет полностью упразднена. В
книге пророка Михея о царстве Мессии сказано:

Мих 4,3 […] и перекуют они (т.е. народы) мечи свои на орала и
копья свои – на серпы; не поднимет народ на народ меча, и не будут
более учиться воевать.

Итак, термин »война« чрезвычайно важен для Ветхого Завета.
Он важен для понимания образа Бога в Древнем Израиле. Ветхий
Завет – это в том числе и откровение о Боге войны. После гибели
войск фараона в Красном море Моисей воспевает песнь:

Исх 15,3: Господь муж брани, Иегова имя Ему.

Если следовать еврейскому тексту, то Бог здесь прямо назван Гос-
подом войны. И этого словосочетание вполне органично для Ветхого
Завета. Для Древнего Израиля Господь – это Воитель, защищающий
Свой народ.

3 Новый Завет

Если обратиться теперь к Новому Завету, то нельзя не заметить ра-
зительного контраста в употреблении термина »война«. Если в Ветхом Завете слово »война« и производные от него употребляются не
одну сотню раз, то в Новом Завете это слово встречается относительно редко. В Новом Завете для передачи понятия »война« употребляются, прежде всего, существительное πόλεμος (война) и глагол
πολεμέω (вести войну, воевать). Эти слова употреблены в Новом Завете всего 23 раза (при чем 15 из них – в Апокалипсисе).

Слова μάχομαι (бороться, сражаться), μάχη (бой, сражение, со-
стязание, драка, ссора) в Новом Завете употребляются, как правило,
для обозначения вражды и споров между людьми. В значении военного сражения оно в Новом Завете практически не встречается.

Употребление πόλεμος и πολεμέω в Новом Завете также имеет
различные смысловые оттенки. Прежде всего, мы встречаем значительное количество текстов, в которых война, как и в Ветхом Завете,
имеет эсхатологическое наполнение. Например, во всех Синопти-

ческих Евангелиях мы встречаем пророчество Иисуса о том, что признаком приближения конца этого мира будут многочисленные войны:

Марк 13,7–8: ὅταν δὲ ἀκούσητε πολέμους καὶ ἀκοὰς πολέμων, μὴ θροεῖσθε· δεῖ γὰρ γενέσθαι, ἀλλ᾽ οὔπω τὸ τέλος (Когда же услышите о войнах и о военных слухах, не ужасайтесь: ибо надлежит сему быть, – но это еще не конец. Ибо восстанет народ на народ и царство на царство; и будут землетрясения по местам, и будут глады и смятения. Это – начало болезней).

Конечно, более всего об эсхатологическом измерении термина »война« говорит Апокалипсис. В эсхатологическом смысле война – это, прежде всего, борьба диавола с Богом. В этом поединке сатана будет окончательно сражен. Конец мира ознаменуется также сражением диавола со святыми, в котором сатане будет дарована победа. Кроме того, перед концом мира будут и многочисленные войны между народами Земли. Именно поэтому Апокалипсис буквально изобилует различными военными сценами, воскрешающими в памяти ветхозаветные образы.

Важно, что в Апокалипсисе указана и первопричина всех земных войн. Это изначальный бунт диавола против Бога. Еще до сотворения мира на небе случилась война, в результате которой падший ангел был свержен с неба.

Откр 12,7–8: Καὶ ἐγένετο πόλεμος ἐν τῷ οὐρανῷ· ὁ Μιχαὴλ καὶ οἱ ἄγγελοι αὐτοῦ τοῦ πολεμῆσαι μετὰ τοῦ δράκοντος· καὶ ὁ δράκων ἐπολέμησε καὶ οἱ ἄγγελοι αὐτοῦ, καὶ οὐκ ἴσχυσεν, οὐδὲ τόπος εὑρέθη αὐτῷ ἔτι ἐν τῷ οὐρανῷ (И произошла на небе война: Михаил и Ангелы его воевали против дракона, и дракон и ангелы его воевали против них, но не устояли, и не нашлось уже для них места на небе).

Этот стих увязывает воедино все те многочисленные войны, о которых говорит Апокалипсис. В конечном итоге, любая война – это следствие той первоначальной таинственной катастрофы, которая случилась в духовном мире.

В размышлениях о причинах земных войн ключевое место занимает четвертая глава Послания Иакова:

Иаков 4,1–3: Πόθεν πόλεμοι καὶ πόθεν μάχαι ἐν ὑμῖν; οὐκ ἐντεῦθεν, ἐκ τῶν ἡδονῶν ὑμῶν τῶν στρατευομένων ἐν τοῖς μέλεσιν ὑμῶν; ἐπιθυμεῖτε, καὶ οὐκ ἔχετε· φονεύετε καὶ ζηλοῦτε, καὶ οὐ δύνασθε ἐπιτυχεῖν· μάχεσθε καὶ πολεμεῖτε, καὶ οὐκ ἔχετε, διὰ τὸ μὴ αἰτεῖσθαι ὑμᾶς· αἰτεῖτε καὶ οὐ λαμβάνετε, διότι κακῶς αἰτεῖσθε, ἵνα ἐν ταῖς ἡδοναῖς ὑμῶν δαπανήσητε (Откуда у вас вражды и распри? не отсюда ли, от вожделений ваших, воюющих в членах ваших? Желаете – и не имеете; убиваете и завидуете – и не можете достигнуть; препираетесь и враждуете – и не имеете, потому что не просите. Просите, и не получаете, потому что просите не на добро, а чтобы употребить для ваших вожделений).

Источник вражды (μάχη) и распри (дословно – войны, πόλεμος) – это вожделение (ἡδονή). Вожделение вносит в человека внутренний разлад (внутреннюю войну). Этот разлад порождает страстное желание (ἐπιθυμία). Стремление удовлетворить это желание приводит к зависти и убийству. Так рождается война. Здесь мы видим еще один важный смысловой аспект термина »война« в Новом Завете. Война – это результат греховной порчи человеческой природы.

Приведенная цитата из Послания Иакова является смысловым мостиком от рассуждений о внешних военных конфликтах к размышлениям о внутренней войне, которую каждый человек ведет в своем сердце. В Новом Завете неоднократно говорится о сражении в духовно-аскетическом смысле. Военные образы неоднократно используются для описания внутренней борьбы, охватывающей христианина.

Эта линия осмысления термина »война« в наибольшей полноте раскрывается в посланиях апостола Павла. Например, во Втором Послании к Тимофею Павел называет христианина добрым воином (καλὸς στρατιώτης, 2 Тим 2,3). При этом он неоднократно подчеркивает, что христианин воюет не против земных врагов:

2 Кор 10,3–4: Ἐν σαρκὶ γὰρ περιπατοῦντες οὐ κατὰ σάρκα στρατευόμεθα· τὰ γὰρ ὅπλα τῆς στρατείας ἡμῶν οὐ σαρκικὰ, ἀλλὰ δυνατὰ τῷ Θεῷ πρὸς καθαίρεσιν ὀχυρωμάτων ([…] мы, ходя во плоти, не по плоти воинствуем. Оружия воинствования нашего не плотские, но сильные Богом на разрушение твердынь […]).

В Посланиях апостола Павла военные образы получают духовное наполнение. Вот, например, классическое место из Послания к Ефесянам:

Еф 6,11–12: ἐνδύσασθε τὴν πανοπλίαν τοῦ Θεοῦ πρὸς τὸ δύνασθαι ὑμᾶς στῆναι πρὸς τὰς μεθοδείας τοῦ διαβόλου· ὅτι οὐκ ἔστιν ἡμῖν ἡ πάλη πρὸς αἷμα καὶ σάρκα, ἀλλὰ πρὸς τὰς ἀρχάς, πρὸς τὰς ἐξουσίας, πρὸς τοὺς κοσμοκράτορας τοῦ σκότους τοῦ αἰῶνος τούτου, πρὸς τὰ πνευματικὰ τῆς πονηρίας ἐν τοῖς ἐπουρανίοις (Облекитесь во всеоружие Божие, чтобы вам можно было стать против козней диавольских, потому что наша брань не против крови и плоти, но против начальств, против властей, против мироправителей тьмы века сего, против духов злобы поднебесных).

Павел неоднократно изображает жизнь христиан, употребляя подчеркнуто военные термины:

1 Фес 5,8: ἡμεῖς δὲ ἡμέρας ὄντες νήφωμεν, ἐνδυσάμενοι θώρακα πίστεως καὶ ἀγάπης καὶ περικεφαλαίαν ἐλπίδα σωτηρίας (Мы же, будучи сынами дня, да трезвимся, облекшись в броню веры и любви и в шлем надежды спасения […]).

В послании к Ефесянам эти образы толкуются еще более отчетливо:

Еф 6,16–17: ἐν πᾶσιν ἀναλαβόντες τὸν θυρεὸν τῆς πίστεως, ἐν ᾧ δυνήσεσθε πάντα τὰ βέλη τοῦ πονηροῦ τὰ πεπυρωμένα σβέσαι· καὶ τὴν περικεφαλαίαν τοῦ σωτηρίου δέξασθε, καὶ τὴν μάχαιραν τοῦ Πνεύματος, ὅ ἐστι ῥῆμα Θεοῦ […] (А паче всего возьмите щит веры, которым возможете угасить все раскаленные стрелы лукавого; и шлем спасения возьмите, и меч духовный, который есть Слово Божие).

Именно в контексте борьбы с грехом в новозаветной этике появляются заповеди, радикально отличающие ее от ветхозаветных представлений. Новый Завет в качестве принципа взаимоотношений между людьми устанавливает заповедь любви:

Лк 6,27–28: ἀγαπᾶτε τοὺς ἐχθροὺς ὑμῶν, καλῶς ποιεῖτε τοῖς μισοῦσιν ὑμᾶς, εὐλογεῖτε τοὺς καταρωμένους ὑμῖν, προσεύχεσθε ὑπὲρ τῶν ἐπηρεαζόντων ὑμᾶς (любите врагов ваших, благотворите ненавидящим вас, 28 благословляйте проклинающих вас и молитесь за обижающих вас).

В людях, причиняющих зло, христианин должен видеть образ Божий, относиться к ним так же, как относится к человеку Бог, от Которого происходит любовь и Который Сам есть любовь. Таким образом, вражда и ненависть требуют в ответ не справедливого возмездия (как это было в Ветхом Завете), а любви.

В Новом Завете мы не находим концепции »войны Господней«, которая является ключевой для Ветхого Завета. Одним из немногих мест в Новом Завете, в котором можно услышать отголоски этой концепции, является одиннадцатая глава Послания к Евреям, в которой восхваляются добродетели ветхозаветных праведников. Среди прочего здесь упоминаются и их военные подвиги в сражениях с иноплеменниками:

Евр. 11,34: ἔσβεσαν δύναμιν πυρός, ἔφυγον στόματα μαχαίρας, ἐνεδυναμώθησαν ἀπὸ ἀσθενείας, ἐγενήθησαν ἰσχυροὶ ἐν πολέμῳ, παρεμβολὰς ἔκλιναν ἀλλοτρίων (угашали силу огня, избегали острия меча, укреплялись от немощи, были крепки на войне, прогоняли полки чужих).

Таким образом, в Новом Завете ясно сформулирована определенная иерархия смыслов слова »война«. Война это:

Война диавола с Богом;
Война диавола со святыми;
Война людей между собой;
Война человека с самим собой (с грехом).

Как мы видим, новозаветные авторы в их размышлении о войнах очевидным образом смещают акцент с внешних сражений к сражениям внутренним. Человек призывается к войне с грехом. Побеждая в себе источник вражды, христианин побеждает и всякую войну. Вместо злобы в его сердце воцаряется любовь.

4 Бог мира

Итак, термин »война« в Новом Завете имеет чрезвычайно многослойное смысловое поле. Пожалуй, не менее многозначным является и термин »мир« (ἡ εἰρήνη, Welt). Греческое εἰρήνη, а также производные от него (например, οἱ εἰρηνοποιοί, миротворцы) встречается в Новом Завете более 90 раз. Понятие мира в Новом Завете гораздо глубже того, каким оно было в Древней Греции, где мир понимался, прежде всего, как счастливое сосуществование людей и благополучие; или в Древнем Риме, где мир относили, главным образом, к сфере правовых отношений двух сторон.

В Новом Завете мы вновь встречаем определенную иерархию смыслов. В общих чертах она коррелирует со смысловым полем слова »война«. Мир в Новом Завете это:

1) мир между Богом и человеком,
2) мир между людьми и
3) мир внутри человека.

Иисус примиряет в Себе Самом Бога с человеком. Потому главное содержание Евангелия – это весть о мире, принесенном на землю Иисусом. Апостол Павел даже употребляет слово »Мир« как одно из имен Христа:

Еф 2,14–17: αὐτὸς γάρ ἐστιν ἡ εἰρήνη ἡμῶν, ὁ ποιήσας τὰ ἀμφότερα ἓν καὶ τὸ μεσότοιχον τοῦ φραγμοῦ λύσας, τὴν ἔχθραν, ἐν τῇ σαρκὶ αὐτοῦ τὸν νόμον τῶν ἐντολῶν ἐν δόγμασι καταργήσας, ἵνα τοὺς δύο κτίσῃ ἐν ἑαυτῷ εἰς ἕνα καινὸν ἄνθρωπον ποιῶν εἰρήνην, καὶ ἀποκαταλλάξῃ τοὺς ἀμφοτέρους ἐν ἑνὶ σώματι τῷ Θεῷ διὰ τοῦ σταυροῦ, ἀποκτείνας τὴν ἔχθραν ἐν αὐτῷ· καὶ ἐλθὼν εὐηγγελίσατο εἰρήνην ὑμῖν τοῖς μακρὰν καὶ τοῖς ἐγγύς […] (Ибо Он есть мир наш, соделавший из обоих одно и разрушивший стоявшую посреди преграду, упразднив вражду Плотию Своею, а закон заповедей учением, дабы из двух создать в Себе Самом одного нового человека, устрояя мир, и в одном теле примирить обоих с Богом посредством креста, убив вражду на нем. И, придя, благовествовал мир вам, дальним и близким […]).

Приход Христа на землю приносит и мир в межчеловеческие отношения. Ангелы, явившиеся пастухам в момент Рождества, говорят о приходе на землю мира:

Лк 2,14: Δόξα ἐν ὑψίστοις Θεῷ καὶ ἐπὶ γῆς εἰρήνη ἐν ἀνθρώποις εὐδοκία (Слава в вышних Богу, и на земле мир, в человеках благоволение).

При этом в Синоптических Евангелиях содержится важная корректива к этим словам. Христос довольно жестко говорит, что принес на землю не мир, но меч. Вот как эти слова переданы в Евангелии от Матфея:

Мф 10,34–36: Μὴ νομίσητε ὅτι ἦλθον βαλεῖν εἰρήνην ἐπὶ τὴν γῆν· οὐκ ἦλθον βαλεῖν εἰρήνην ἀλλὰ μάχαιραν. ἦλθον γὰρ διχάσαι ἄνθρωπον κατὰ τοῦ πατρὸς αὐτοῦ καὶ θυγατέρα κατὰ τῆς μητρὸς αὐτῆς καὶ νύμφην κατὰ τῆς πενθερᾶς αὐτῆς· 36 καὶ ἐχθροὶ τοῦ ἀνθρώπου οἱ οἰκιακοὶ αὐτοῦ (Не думайте, что Я пришел принести мир на землю; не мир пришел Я принести, но меч, ибо Я пришел разделить человека с отцом его, и дочь с матерью ее, и невестку со свекровью ее. И враги человеку – домашние его).

Вполне очевидно, что слово »меч« в данном случае употреблено в переносном значении. Если посмотреть параллельное место в Евангелии от Луки, то там слова Христа переданы иначе:

Лк 12,51 δοκεῖτε ὅτι εἰρήνην παρεγενόμην δοῦναι ἐν τῇ γῇ; οὐχί, λέγω ὑμῖν, ἀλλ᾽ ἢ διαμερισμόν (Думаете ли вы, что Я пришел дать мир земле? Нет, говорю вам, но разделение).

Меч, принесенный на землю Христом, это разделение, которое неизбежно наступает между близкими людьми, которые по-разному относятся к Благой Вести. Потому весть Христа о мире с Богом, влечет за собой не только примирение, но и конфликт.

Святой Иоанн Златоуст, размышляя над этими словами, подчеркивает, что не Бог является причиной разделения, а человеческая злоба. Однако, подчеркивает Златоуст, разделение неизбежно. Путем разделения от Тела Христова отсекаются зараженные болезнью члены. »Тогда особенно и водворяется мир, когда зараженное болезнью отсекается, когда враждебное отделяется. Только таким образом возможно небу соединиться с землею«, – пишет он (На Мф 35,1).

Таким образом, человек в своей греховности даже весть о мире может обратить в причину вражды. Именно поэтому Христос вручает апостолам миссию нести людям мир. Категория »мира« становится ключевой для апостольской проповеди:

Лк 10,5–6: εἰς ἣν δ᾽ ἂν οἰκίαν εἰσέρχησθε, πρῶτον λέγετε· εἰρήνη τῷ οἴκῳ τούτῳ. καὶ ἐὰν ᾖ ἐκεῖ υἱὸς εἰρήνης, ἐπαναπαύσεται ἐπ᾽ αὐτὸν ἡ εἰρήνη ὑμῶν· εἰ δὲ μήγε, ἐφ᾽ ὑμᾶς ἐπανακάμψει (В какой дом войдете, сперва говорите: мир дому сему; и если будет там сын мира, то почиет на нем мир ваш, а если нет, то к вам возвратится).

Воскресший Христос, прежде всего, призывает на апостолов мир. Точно также слово »мир« приобретает ключевое значение в апостольских посланиях. Все Послания Павла (за исключением Послания к Евреям) начинаются пожеланием мира. Например:

1 Кор 1,3: χάρις ὑμῖν καὶ εἰρήνη ἀπὸ Θεοῦ πατρὸς ἡμῶν καὶ Κυρίου Ἰησοῦ Χριστοῦ (благодать вам и мир от Бога Отца нашего и Господа Иисуса Христа).

1 Тим 1,2: Τιμοθέῳ γνησίῳ τέκνῳ ἐν πίστει· χάρις, ἔλεος, εἰρήνη ἀπὸ Θεοῦ πατρὸς ἡμῶν καὶ Χριστοῦ Ἰησοῦ τοῦ Κυρίου ἡμῶν (Тимофею, истинному сыну в вере: благодать, милость, мир от Бога, Отца нашего, и Христа Иисуса, Господа нашего).

Таким образом, Новый Завет читается как книга мира. Христос примиряет нас с Богом Отцом и открывает путь к примирению между людьми. Мир становится содержанием апостольской проповеди, мир наполняет жизнь христиан.

5 От справедливой войны к справедливому миру

В истории Церкви можно видеть несколько концепций восприятия войны и мира. Так, у ранних церковных писателей встречается несколько утопическая трактовка проблемы войны и мира. Например, Иустин Философ, живших во II в., считал, что пророчество Михея о том, что народы перекуют мечи на орала и перестанут учиться войне, следует относить к наступлению христианской эры. Он полагал, что с приходом христианства отношения между людьми радикальным образом изменятся и война станет просто невозможной. В Диалоге с Трифоном Иудеем Иустин говорит, что люди, которые прежде были исполнены »войной (πολέμου), взаимным убийством и нечестием всякого рода«, став христианами, переменили свои »воинские орудия« на »земледельческие« и теперь возделывают »благочестие, праведность, человеколюбие, веру, надежду« (Iust. Martyr. Dial. 110. 3). При этом весь остальной мир восстает против христиан. Таким образом, война умирает внутри христианской общины, но продолжает жить вне ее.

В последующие века (особенно с IV в.) проблема отношения к войне приобретает для Церкви особую актуальность. Общество, став номинально христианским, при этом не утратило воинственности. Мечи не были перекованы на орала. И война осталась обычным средством решения конфликтов, в том числе и между христианами. В связи с этим в церковной письменности формируется теория справедливой войны. Согласно этому подходу война не может быть желанной для христиан. Тем не менее, порой она становится вынужденным средством разрешения конфликта. Как писал, святой Григорий Богослов, »хотя должно наблюдать время войны и мира, а иногда, по закону и слову Соломона, хорошо вести и войну, однако же лучше, пока только можно, склоняться к миру, потому что это и выше, и богоугоднее (Greg. Nazianz. Or. 22. 15).

На Западе особый вклад в развитие этой теории сделал блаженный Августин. Он подчеркивал, что христианин, берущийся за оружие, должен быть мотивирован исключительно любовью к ближнему. Христианин имеет право применять силу лишь с целью восстановить гражданский мир и порядок. Кроме того, Августин специально уделяет внимание вопросу о правилах ведения войны. Например, он настаивает на том, что во время боевых действий не должно страдать гражданское население. Августин подчеркивает, что хотя война и есть »варварский обычай«, но в христианскую эру она не должна вестись варварским образом. В сочинении »О граде Божием« Августин с удовлетворением пишет, что во время нападения на Рим войск Алариха, для гражданского населения в качестве убежищ были отведены храмы: »Для наполнения народом, который должен был получить пощаду, были выбраны и указаны обширнейшие базилики, где никого не убивали, откуда никого не брали в плен, куда сострадательные враги приводили многих для освобождения, откуда не уводили в плен никого« (Кн. 1, гл. VII).

В последующие века теория справедливой войны получила значительное развитие. При этом решающее влияние на ее развитие оказала именно христианская этика. В частности, были сформулированы критерии законного объявления войны (так называемое jus ad bellum, право на войну). К ним, прежде всего, относятся необходимость остановить (или предотвратить) гибель большого количества людей и необходимость остановить систематическое жестокое угнетение людей. При этом цель войны – это не месть за совершенные злодеяния, а восстановление нарушенного порядка. Войну может объявить только законная власть. Объявить войну можно лишь в том случае, когда исчерпаны все доступные возможности для мирного урегулирования конфликта.

Кроме того, активно регламентируются и правила ведения войны (jus in bello, право в войне). Они предполагают, прежде всего, пропорциональность использования силы, недопустимость насилия против мирного населения, недопустимость пыток и жестокого обращения с пленными.

Теория справедливой войны предполагает, что церкви в своем пастырском служении должны призывать своих членов не отступать от правил объявления и ведения войны. Кроме того, задача церквей – призывать к поиску мирных путей разрешения конфликтов.

В истории христианской мысли вплоть до XX в. теория справедливой войны занимала лидирующее положение. Ее разделяли церковные писатели и на Востоке, и на Западе. Она встречается и в программных документах протестантских церквей (например, в Аугсбургском исповедании, Тридцати девяти статьях Церкви Англии, Вестминстерском исповедании). О ней пишут и Мартин Лютер, и Жан Кальвин.

В Средние века в Западной Церкви было артикулировано и еще один вариант отношения к войне. Это теория священной войны, которая стала очевидной репликой ветхозаветной этики. В эпоху Крестовых походов складывается мнение, что война может быть мотивирована стремлением прославить имя Божие в борьбе с Его противниками. Войны за освобождение Святой Земли от мусульман трактуются как сражения, которые ведутся во имя Бога. Концепция »священной войны« получила определенное распространение и в протестантской среде. Например, черты »священной войны« можно видеть в пуританской революции в Англии и в колониальных войнах в Азии, Африке и Америке.

Однако, в XX в. после окончания Второй мировой войны и особенно в период гонки вооружений и нарастания угрозы ядерной войны теория »священной войны« согласно осуждается христианскими богословами разных конфессий. Вместе с тем в эти годы все большее распространение получает мнение о том, что и теория справедливой войны не может ответить на вызовы современного мира. Потому на место теории справедливой войны приходит теории справедливого мира (теория поддержания справедливого мира, англ. Just-Peacemaking Theory). Во второй половине XX в. в лексике христианских церквей появляется характерный термин »богословие мира«. Одной из задач церквей считается теперь активное миротворчество, активная борьба за поддержание мира на планете. Война рассматривается как абсолютно недопустимое средство разрешения конфликтов, поскольку теперь она несет в себе угрозу уничтожения человечества. Церкви начинают активно сотрудничать со специалистами в области практической политологии с целью выработки эффективных методов сохранения мира и предотвращения военных столкновений.

Новая ситуация понуждает христиан к более внимательному изучению Писания. В результате получает распространение точка зрения, что Иисус в Новом Завете ясно указывает на необходимость миротворчества, но при этом не говорит о необходимости вести какие бы то ни было войны.

После окончания холодной войны и активного сокращения ядерных вооружений угроза глобального военного конфликта, казалось, осталась в прошлом. Однако сегодня мы вновь все больше чувствует хрупкость мира. И это является для нас новым важным вызовом. Хочется верить, что стремление сохранить мир на планете вновь станет фактором, способствующим активному сотрудничеству между христианами разных конфессий. Это сотрудничество должно развиваться как в направлении более глубокого понимания Благой Вести о примирении, так и в направлении поиска эффективных методов защиты мира.

Diakonisches Engagement der evangelischen Kirchen in Deutschland, insbesondere des Evangelischen Werkes für Diakonie und Entwicklung

Cornelia Füllkrug-Weitzel

1 Ausprägungen diakonischen Handelns

Das biblische Wort διακονεῖν bezeichnet sowohl das barmherzige Handeln jedes Christen im zwischenmenschlichen Bereich als auch den sozialen Dienst der Kirche. Dabei reagiert diakonisches Handeln nach unserem Verständnis auf die konkreten Bedarfe und Notlagen von Menschen unbeschadet ihrer Zugehörigkeit zur eigenen Kirche, Religion, Nation, Ethnie, Kultur etc.: Der Mensch mit seiner seelischen, körperlichen und materiellen Not und mit seiner Würde steht im Zentrum des Handelns. Barmherzigkeit und Gerechtigkeit sind die Leitmotive diakonischen Handelns. Eine frühkirchliche Systematisierung diakonischer Handlungsfelder sprach von den sieben Werken der Barmherzigkeit (vgl. Mt 25,34–46): Hungrige speisen, Durstige tränken, Fremde beherbergen, Nackte kleiden, Kranke pflegen, Gefangene besuchen, Tote bestatten.

Die protestantischen Kirchen in Deutschland leisten diesen Beistand jeweils im In- und Ausland

1) durch unmittelbare Werke der Barmherzigkeit am Notleidenden (a) als humanitäre Hilfe in Gestalt von Suppenküchen, Nahrungsmittelhilfe, medizinischer Notversorgung, Notunterkünften, (samaritaische Diakonie), b) Krankenhäuser, Einrichtungen für Waisen, Behinderte, Alte, Sterbende, sowie durch Beratungsstellen, Streetwork und Seelsorge für besonders verletzliche Gruppen wie Obdachlose, Drogensüchtige, Überschuldete, Zwangsprostituierte, Opfer individueller (z. B. häuslicher oder rassistischer) oder kollektiver (Bürgerkrieg und Krieg) oder rechtloser Gewalt, Gefangene und Verfolgte, Flüchtlinge und Migranten, vernachlässigte oder gefährdete Kinder und Jugendliche etc. (institutionelle Diakonie) und d) durch die mittel-, bis langfristige Stärkung der Selbsthilfefähigkeit Armer und Ausgegrenzter (z. B. Beratung in nachhaltiger Landwirtschaft, Bildungsangebote und Stipendien, einkommensschaffende Möglichkeiten etc.), Rechtsberatung, etc.;

2) durch gesellschaftliche Diakonie: Bemühungen um Prävention (Drogen, Gewalt, Menschenrechtsverletzungen etc.), Integration (Behinderte, Fremde etc.), Wahrung oder Wiederherstellung des sozialen Friedens – wie den Abbau von Vorurteilen, Konfliktmediation, Versöhnung, etc. Die Diakonie Deutschland ist daran beteiligt, wenn soziale Rechte eingefordert und wenn soziale Ansprüche eingelöst werden, und wenn sozialstaatliche und sozialversicherte Leistungen erbracht werden.

3) durch politische oder öffentliche Diakonie: konstruktive Vorschläge und Interventionen gegenüber dem nationalen Gesetzgeber, der EU und UN-Organisationen zugunsten des Gemeinwohls und globaler Güter, zugunsten der Schaffung einer angemessenen Sozialgesetzgebung sowie nationaler wie internationaler rechtlicher, wirtschaftlicher und politischer Rahmenbedingungen, die soziale Sicherheit schaffen, die Chancen der Armen und Marginalisierten systematisch erhöhen, ihnen zu Recht und Gerechtigkeit verhelfen und Diskriminierung und den Ursachen von Vertreibung, Flucht und Gewalt, Klimawandel und anderen Armutstreibern entgegenwirken, etc.

4) als prophetische Diakonie, die im Extremfall gegenüber der eigenen Regierung und der EU mahnend und warnend ihre Stimme erhebt gegen drohenden Genozid, Kriegsgefahr, Klimawandel und andere nationale und internationale Entwicklungen, die das Leben vieler Menschen, speziell der Armen, und der künftigen Generationen, negativ beeinflussen.

Dazu gehört die Förderung von Bildung und Wissen über Diakonie, Entwicklung, Humanitäre Hilfe in den Kirchen und durch kirchlich-diakonische Elitenförderung:

a) durch Eröffnung von institutionellen (Förderung von entwicklungspolitisch relevanten Ausbildungsstätten und von non-formalen Bildungsstätten) und individuellen (entwicklungspolitische Stipendien und Flüchtlingsstipendien) Bildungszugängen zur Stärkung von begabten Menschen mit anderweitig geringen Bildungs- und Beteiligungschancen und

b) durch die Stärkung des gesamten Ausbildungsbereiches, der für die diakonische und ökumenische diakonische Arbeit der Kirchen, mit denen das Werk verbunden ist, wichtig ist (durch kirchlich-theologische Stipendien) und Nachwuchsförderung kirchlicher Führungspersönlichkeiten weltweit.

Die Erhöhung des Bildungsstandes und Wissens, mehr aber noch die Erfahrung des gemeinsamen Studierens mit Studierenden anderer Fachrichtungen, Kulturen, Nationen und – im Falle der kirchlich-diakonischen Stipendien – auch Kirchen, sowie der Fachaustausch und Dialog wirken – wo nötig – auch Vorurteilen entgegen und fördern Verständigung und Versöhnung über Grenzen hinweg.

2 Nationale und Ökumenische Diakonie gemeinsam

Die Kirche ist ihrem Wesen als Leib Christi und ihrem Auftrag der Verkündigung des Reiches Gottes nach »oikumenisch«, das heißt sie hat einen weltweiten Horizont und in allen Wesens- und Lebensäußerungen einen weltweiten Horizont. Auch ihr Mandat der Diakonie, ihr Dienst an den nahen und fernen Notleidenden, ist darum weltumspannend und schließt niemanden aus.

Im Evangelischen Werk für Diakonie und Entwicklung (EWDE) sind nationale und weltweite Ökumenische Diakonie zwei Ausdrucksformen von Barmherzigkeit unter einem Dach. Dies ist in Zeiten der Globalisierung, in der sich immer deutlicher herausstellt, dass Armut und soziale Not weltweite Phänomene sind, die in einem Geflecht komplexer Abhängigkeiten und Wirkungszusammenhänge stehen, von wachsender Relevanz. Viele soziale Probleme können nicht mehr allein im nationalen Kontext verstanden oder gar gelöst werden. Die Flüchtlingsthematik ist das jüngste Beispiel dafür: weltweite und nationale Diakonie arbeiten hier in der Problem-Analyse, bei ihren praktischen Hilfeleistungen und in der politischen Beratung der Regierung engstens zusammen. Diese in Deutschland einmalige und in Westeuropa seltene Konstellation wird von Vielen im In- und Ausland als zukunftsweisend gesehen.

Die Diakonie Deutschland hat als Spitzenverband der Deutschen Wohlfahrtspflege im Wesentlichen zwei Aufgaben: die Beratung der deutschen Sozialgesetzgebung und Mitgestaltung des Sozialwesens auf Bundesebene und auf EU-Ebene, sowie die Koordinierung und Qualifizierung aller Verbandsmitglieder (Landes- und Fachverbände der Diakonie). Sie arbeitet im Verbund der Bundesarbeitsgemeinschaft Deutscher Wohlfahrtspflege (BAGFW), der u. a. auch der Deutsche Caritasverband und das Deutsche Rote Kreuz angehören.

Die Ökumenische Diakonie unterstützt unter dem Namen ›Brot für die Welt‹ sowohl mit kirchlichen und Spendenmitteln, wie mit staatlichen Mitteln weltweit weit über 1000 kirchliche und nichtkirchliche Partner in etwa 100 Ländern dabei, entsprechend den Nachhaltigen Entwicklungszielen (UN Sustainable Development Goals) vom September 2015 ihre eigenen Projekte im Bereich Armuts- und Hungerbekämpfung und den dazu gehörenden Feldern: Erhalt der Umwelt, Klimaanpassung, Frieden, Demokratie und Menschenrechte umzusetzen.

Mit der Diakonie Katastrophenhilfe unterstützt das Werk (direkt oder über Partner- vornehmlich Mitgliedern der ACT Alliance) Menschen, die Opfer von Naturkatastrophen, Krieg oder Vertreibung geworden sind und sich nicht aus eigener Kraft aus diesen Notlagen befreien können. Ziel dieser Arbeit ist die Wiederherstellung tragfähiger Lebensbedingungen in den Notgebieten. Dazu zählen ebenso Vorsorge- und Vorbeugemaßnahmen, die künftige Katastrophen verhindern oder zumindest das Ausmaß der Schäden verringern, wie auch Rehabilitations- und Wiederaufbauprogramme.

Unter dem Namen Kirchen helfen Kirchen fördert das Werk Projekte, die die ökumenische Zusammenarbeit vertiefen. Das Programm hilft Kirchen unterschiedlicher Konfession dabei, ihre pastoralen und diakonischen Aufgaben wahrzunehmen und auszubauen.

Dabei arbeiten alle drei in enger Vernetzung mit den ökumenischen internationalen Organisationen wie dem Ökumenischen Rat der Kirchen (ÖRK), dem Lutherischen Weltbund und der ACT Alliance. So arbeitet Brot für die Welt und viele seiner Partner im Friedensbereich etwa mit im Ecumenical Peace Advocacy Network (EPAN), das der ÖRK Ende 2014 ins Leben gerufen hat.

3 Zusammenarbeit von Kirche und Diakonie

Diakonische Projekte, die vielfach zu etablierten Arbeitsbereichen geworden sind, kommen ursprünglich aus der Mitte von Kirchgemeinden heraus und sind oft der Initiative und des Engagement einzelner Christinnen und Christen und kirchlicher Gruppen zu verdanken. So haben die Begleitung Sterbender in Hospizen oder die Versorgung Bedürftiger mit Lebensmitteln durch sogenannte Tafeln als Initiativen Einzelner begonnen. Heute sind es etablierte Arbeitsformen geworden. Diakonische und kirchliche Dienste haben ihre Stärke darin, dass sie Institutionen mit Professionalität mit dem ehrenamtlichen Engagement von Christinnen und Christen verbinden.

Neben der Bedarfsorientierung zeichnen sich diakonische Dienste und Einrichtungen in Deutschland sowie die Dienste der weltweiten Ökumenischen Diakonie (Diakonie Katastrophenhilfe und Brot für die Welt und Kirchen helfen Kirchen) nämlich durch hohe Fachlichkeit aus. Die Professionalisierung sowie die Entwicklung der Diakonie- und Sozialwissenschaften haben zu einer starken Differenzierung der Handlungsfelder geführt. Auch die deutsche Sozialgesetzgebung (Sozialgesetzbücher) und die Positionierung der Diakonie als Leistungsanbieter auf dem Gesundheits- und Sozialmarkt sowie als Zuwendungsempfänger für Entwicklungs- und Humanitäre Hilfe durch die eigene Regierung, EU- und UN-Organisationen haben zu dieser Entwicklung beigetragen.

Gleichwohl ist für die Beschreibung des Verhältnisses von Diakonie und Kirche grundlegend, dass die Diakonie eine »Lebens- und Wesensäußerung« der Kirche ist: Diakonische Arbeit ist keine zufällige oder beliebige Tätigkeit für die Kirche, sondern gehört wie Bekenntnis und gottesdienstliche Versammlung der Gemeinde grundsätzlich zur Kirche. Deshalb haben Kirchgemeinden eine diakonische Verantwortung und deshalb gibt es vielfältige soziale und diakonische Angebote – von Beratungsstellen bis zu Besuchsdiensten, von Pflegeheimen bis zu Rehabilitationseinrichtungen, von Integrationswerkstätten bis zu Krankenhäusern.

Institutionell müssen nationale und internationale (auch ›Ökumenische Diakonie‹ genannt) Diakonie, sowie größere Einrichtungen aufgrund staatlicher Vorgaben (sofern sie Zuwendungsempfänger sind) eine privatrechtliche Form haben als eingetragener Verein o.ä. Dessen unbeschadet sind Kirche und Diakonie sowohl auf nationaler (EKD) als auch auf landeskirchlicher Ebene in ihren Entscheidungsgremien eng verknüpft: den diakonischen Einrichtungen (so auch dem EWDE) sitzen vielfach Leitende Geistliche vor, Synoden und Versammlungen der Vereinsmitglieder, Kirchenleitungen und Aufsichtsräte diakonischer Einrichtungen sind vielfach miteinander verbunden, der offizielle wie der informelle Informationsfluss und Austausch ist vielfältig, so dass bei getrennten Gremien und mandatsgemäß unterschiedlichen Aufgaben und Vorgehensweisen die Ziel-Kohärenz und Komplementarität gewährleistet sind.

4 Zusammenarbeit von Kirche und nicht-kirchlicher Zivilgesellschaft

Die Kirche geht mit ihrem Auftrag zu Zeugnis und Dienst in der Welt nicht in der Welt auf, sie ist aber auch Teil der Gesellschaft und ist mit ihren sozialen Ausprägungen und ihren verschiedenen Arbeitsfeldern auch Teil der nationalen und internationalen Zivilgesellschaft. Die Diakonie Deutschland tritt national und europäisch im Konzert und vernetzt mit anderen Wohlfahrtsverbänden auf und ist gleichzeitig im Wettbewerb mit anderen Anbietern. Die ökumenische Diakonie arbeitet zur Erreichung ihrer Ziele nicht nur bilateral mit ihren jeweiligen Partnern und multilateral mit dem Ökumenischen Rat der Kirchen (ÖRK), dem Lutherischen Weltbund und mit dem kirchlichen Netzwerk von über 140 Entwicklungs- und humanitären Organisationen, der ACT Alliance, sondern auch mit europäischen und weltweiten säkularen Allianzen und Netzwerken zusammen. Dabei kommt es natürlich immer darauf an, auszuloten wie viel von Mitwirkung möglich und in welchen Fällen / an welchen Stellen Distanz geboten ist. Maßstab ist dabei die Ziele- und Werte-Kohärenz.

Die Arbeit in Netzwerken und Bündnissen, Kooperationen und Beteiligungen kirchlicher Akteure sind in vielen Situationen ein, manchmal das einzige, Instrument für wirkungsvolles politisches Handeln und können auch die Wirksamkeit von sozialen Projekten und Programmen erhöhen, sofern dadurch größere ›Hebel‹ bedient werden können.

5 Zusammenarbeit von Kirche und Staat

Das deutsche Staatskirchenrecht sieht seit 1919 die Trennung des religiös-weltanschaulich neutralen Staates und der Kirche vor. Dessen unbeschadet arbeiten Staat und Kirchen in vielen Bereichen zusammen und pflegen ein partnerschaftliches Verhältnis: von der theologischen Hochschulbildung bis zum Religionsunterricht an den Schulen, von der Seelsorge in Gefängnissen und bei der Bundeswehr bis zum Kirchensteuereinzug und der Entwicklungszusammenarbeit und humanitären Hilfe. Lassen Sie mich dies an zwei Handlungsfeldern verdeutlich:

1) Im Bereich der *Diakonie Deutschland* gibt es in der Zusammenarbeit von Kirche und Staat wechselseitige Erwartungen und Forderungen. Kommunen und die Regierung erwarten von der Diakonie eine Mitgestaltung des Sozialen, des Sozialstaates. Die Diakonie – wie die übrigen religiösen und säkularen Wohlfahrtsverbände – sollen mit ihren konkreten lokalen Einrichtungen dazu beitragen, dass bedarfsgerechte soziale Leistungen für die verschiedenen Lebenslagen und Notsituationen zur Verfügung stehen. Dem Subsidiaritätsprinzip als allgemeinem Strukturprinzip folgend, haben die Träger der Freien Wohlfahrtspflege dabei einen Vorrang vor staatlicher Kinder-, Jugend- und Sozialhilfe. Als zivilgesellschaftliche Akteure wird von ihnen erwartet, dass sie die Interessen der sozial benachteiligten Menschen, mit denen sie arbeiten, in den politischen Diskurs einbringen und auf diese Weise politische Entscheidungen schärfen und staatliches Handeln an den Nöten und Bedarfen aller Teile der Gesellschaft ausrichten. Von der Diakonie als kirchlichem Wohlfahrtsverband wird zudem erwartet, dass ihre Angebote für christliche Werte stehen. Auf diese Weise sollen Diakonie und Kirche zum Wertesystem und zur sozialen Ausrichtung der Gesellschaft beitragen. Ihrerseits erkennt die Diakonie die Trennung von Kirche und Staat an und erwartet keine bevorzugte Behandlung vor anderen zivilgesellschaftlichen Akteuren. Zu den Erwartungen der Diakonie an den Staat gehört vielmehr, dass er die sozialen Rechte umsetzt, sie auf der Basis der Menschenrechte weiter entwickelt und für die Erbringung sozialer Dienstleistungen (durch die Diakonie wie die nichtkirchliche Wohlfahrtspflege) angemessene Rahmenbedingungen schafft. Dazu gehört aber auch die ausreichende Finanzierung von allgemein zivilgesellschaftlichem, aber auch speziell kirchlichem und diakonischem Han-

deln, unter der Anerkennung der Eigenständigkeit und des besonderen Auftrags der kirchlichen Akteure, der mit ihrem Selbstverständnis als Verkündigung des Reiches Gottes über den Auftrag nichtkirchlicher Akteure hinausgeht.

2) Deutlich wird diese Arbeitsteilung nach dem Subsidiaritätsprinzip auch in der *Entwicklungszusammenarbeit*: Zwischen der Bundesregierung und den beiden großen christlichen Kirchen (evangelisch und katholisch) besteht in Deutschland eine enge entwicklungspolitische Zusammenarbeit. Diese Zusammenarbeit geht von dem Grundgedanken aus, dass Armutsbekämpfung, Ernährungssicherung und allgemein die Entwicklungspolitik Aufgaben sind, die unbedingt der Mitwirkung aller gesellschaftlichen Kräfte bedürfen.

Zugleich hat die Bundesregierung den Kirchen in dieser Zusammenarbeit ein einzigartiges Maß an Unabhängigkeit zuerkannt: Die Kirchen können die ihnen anvertrauten Staatsgelder eigenverantwortlich für Entwicklungsarbeit einsetzen: Ein sogenanntes ›Globalbudget‹ sichert die vollständige Unabhängigkeit der kirchlichen Entwicklungszusammenarbeit bezüglich ihrer regionalen und sektoralen Prioritätensetzungen, ihrer Partnerauswahl, ihrer Arbeitsweise- und -methoden und erlaubt es den Kirchen, die Arbeit des zuständigen Bundesministeriums kritisch wie konstruktiv zu begleiten. Der Staat bezieht die kirchlichen Entwicklungswerke in die Beratung seiner Arbeit ein und ist dabei für jedes – auch kritische – Feedback offen, das er als Chance ansieht, gegebenenfalls seine Politik durch die umfassenderen Perspektiven des Werkes aus dessen Zusammenarbeit mit Partnern weltweit zu bereichern oder auch zu korrigieren. Die Unabhängigkeit der kirchlichen Entwicklungsarbeit und humanitären Hilfe weltweit wird durch die Tatsache gestärkt, dass die evangelischen Kirchen in Deutschland mit Spenden, Kollekten und Kirchensteuermitteln im Durchschnitt der vergangenen Jahre und Jahrzehnte etwa ebenso viele Mittel selbst aufgebracht haben, wie sie vom Staat erhalten haben – anders als viele andere zivilgesellschaftliche Akteure.

Die Ökumenische Diakonie nimmt entwicklungspolitische Aufgaben zum einen im Sinne der politischen und prophetischen Diakonie durch die konstruktiv-kritische Begleitung der politischen Rahmenbedingungen für Entwicklung – d. h. vor allem der deutschen und europäischen Entwicklungspolitik – wahr. Zum anderen fördert sie im Sinne der wohltätigen und gesellschaftlichen Diakonie Partner im Ausland, die sich für Diakonie und Entwicklung in ihrem Wirkungsbereich einsetzen. Dabei steht Hilfe zur Selbsthilfe im Vordergrund. Lokale Kirchen, kirchliche Einrichtungen, aber auch nichtkirchliche Organisationen werden in ihren eigenen Programmen und Maßnahmen bestärkt, selbst mildtätig tätig zu werden, um

Armut und Hunger zu mindern, sich für Gerechtigkeit und Rechte der Armen einzusetzen und Menschen ein Leben in Würde und Frieden zu ermöglichen. Dabei sind die Partner unabhängige und eigenständige Akteure, die als Teil ihrer Gesellschaft dazu beitragen, dass die Entscheidungsmacht über Entwicklungsprozesse in der eigenen Gesellschaft verbleibt. Zu diesem Zweck müssen sie sich in den politischen Diskurs einbringen, denn Kirchen, diakonische Einrichtungen und andere zivilgesellschaftliche Akteure sind häufig die einzigen, die die Interessen sozial Benachteiligter vertreten – d.h. auch derer, die selbst von politischen Prozessen ausgeschlossen sind und keinerlei Einfluss auf die politischen Rahmenbedingungen ihres Daseins haben.

Damit dies gelingen kann, bedarf es eines Umfeldes, das der kirchlichen wie der nichtkirchlichen Zivilgesellschaft ermöglicht, sich zu entwickeln, sich und ihre Angebote und Positionen öffentlich zu präsentieren und am politischen Diskurs teilzunehmen. Wir stellen jedoch fest, dass Kirchen und andere zivilgesellschaftliche Akteure in vielen Ländern verstärkt unter staatlichen Druck geraten. Durch neue Gesetze, die die Arbeit von nichtstaatlichen, auch kirchlichen Organisationen erschweren oder gar unmöglich machen, über Gewalt gegen ihre Mitarbeitende bis hin zum Verschwinden lassen von Menschen, die sich für die Rechte Benachteiligter einsetzen, wird der Handlungsspielraum, in dem kirchliche und nichtkirchliche Zivilgesellschaft aktiv bleiben kann, immer wieder eingeschränkt und bedroht. Der Staat beraubt sich dadurch selbst eines wichtigen Resonanzbodens und eines korrektiven Elements gerade in der sozialen und Entwicklungsarbeit: sie steht in Gefahr, nicht ausreichend die verschiedenen Interessen und Bedarfe innerhalb der Gesellschaft zu berücksichtigen. Dies birgt hohes Konfliktpotenzial. Die Leidtragenden sind oft die Schwächsten und Marginalisierten, deren Recht auf ein Leben in Würde politisch nicht zum Tragen kommt. Daher setzen wir uns gemeinsam mit unseren Partnern für den Erhalt der Handlungsspielräume der Zivilgesellschaft als zentralem Element für eine Gesellschaft ein, in der ein Leben in Würde für alle möglich werden kann.

6 Beitrag der Ökumenischen Diakonie zur Förderung von Frieden

In der neuen globalen Entwicklungsagenda (Deklaration und SDGs), die im September 2015 von der UN Vollversammlung als Nachfolger der MDGs verabschiedet wurde, wird »eine Welt frei von Armut, Hunger, frei von Furcht und Gewalt« beschworen, »in der alle Menschen in Sicherheit und Würde leben sollen« etc. Im Analyseteil der Deklaration wird beklagt, dass in mehreren Regionen bewaffnete Konflikte und Terrorismus Entwicklungserfolge zunichtemachen. Und in der Tat sind es genau die Länder, in denen seit langem bewaffnete Konflikte toben und die fragil sind, in denen – wie die Schlussbilanzen zeigen, die globalen UN-Milleniumsentwicklungsziele (MDGs) nicht erreicht wurden – und zwar kein einziges der 8 Ziele. Deshalb wurde Frieden und die dazu erforderlichen Anstrengungen dieses Mal (anders als bei den MDGs) immerhin erwähnt.

Die desaströsen Auswirkungen von Gewalt auf die Arbeits- und Wirtschaftskraft, auf jede Form der Infrastruktur, der sozialen Dienstleistungen, der Landwirtschaft, der öffentlichen Dienstleistungen, auf den gesellschaftlichen Zusammenhalt sind vielfach beschrieben. Vier von fünf Hungerkrisen im Jahr 2014 wurden laut World Food Programm (WFP) durch gewaltsame Krisen verursacht. Der UN-Generalsekretär Ban Ki-Moon hat im Synthesebericht auch noch einmal darauf hingewiesen, dass die enormen weltweiten Ausgaben für Rüstung und Militär ein Hindernis für die notwendigen Investitionen in Entwicklung und Klimaschutz darstellen und es keine erfolgreiche Armutsbekämpfung und Konfliktursachenbewältigung ohne Abrüstung und Frieden gibt. Auch umgekehrt gilt: alle ernsthaften Bemühungen von Regierungen und Gesellschaften, in ihrem Land eine menschenrechtsbasierte nachhaltige Entwicklung einzuleiten, sind Friedensdienste, weil sie die Ursachen überwinden, die zur Gewalt führen.

Die empirische Evidenz weist auf, dass die Ursachen für (gewaltsame) Konflikte überwiegend in struktureller Ungerechtigkeit und struktureller Gewalt begründet liegen, die sich in den wirtschaftlichen, politischen, sozialen und kulturellen Beziehungen der Gesellschaften und zwischen den Völkern ausdrücken. Wer Frieden will, muss daher diese strukturellen Ursachen adressieren und Fähigkeiten und Kapazitäten als akzeptierter neutraler Mittler für den Brückenschlag zwischen Konfliktparteien, für die gemeinsame friedliche, konstruktive Bearbeitung von Spannungen und Widersprüchen entwickeln.

Auf lokaler/regionaler Ebene können Kirchen und andere lokale Akteure, wenn sie die Ursachen von Konflikten (immer häufiger Ressourcenkonflikte) frühzeitig erkennen, einerseits ihre sozialen Programme konfliktsensibel und friedensfördernd ausrichten und andererseits die Interessenskonflikte mit gewaltfreien und friedlichen Methoden bearbeiten und so indirekt und direkt dazu beitragen, die gewaltsame Eskalation von Konflikten zu vermeiden oder – einmal entstanden – ihre Deeskalation zu fördern. Darin können sie auf eigenen Wunsch von uns unterstützt werden.

Eine belastbare Alternative zu Gewalt und Unrecht aufzeigen zu können, schafft das größte Potential für friedliche Entwicklung. Die Arbeit unserer Partner im Bereich Konfliktprävention, friedlicher und konstruktiver Konfliktbearbeitung, Versöhnung, Post-Konfliktstabilisierung, Friedenserziehung und friedenspolitischer Lobbyarbeit zu unterstützen, ist daher für uns integraler Teil unseres entwicklungspolitischen Handlungsfeldes. Aber auch im eigenen Land trägt die Diakonie – z. B. im Kontext von Diskriminierung oder rassistischer Gewalt – durch Bildungs- und Präventionsarbeit zur Gewaltprävention und Deeskalation bei. Das Engagement und die Beharrlichkeit von Menschen, die die gewaltsame Eskalation von Konflikten verhindern oder Friedensbemühungen und Versöhnung vor Ort aktiv betreiben, zu unterstützen, sehen wir als Teil der Bemühungen um Armutsprävention. Das setzt voraus, dass es in den betroffenen Gesellschaften couragierte, von allen Konfliktparteien unabhängige und von der Bevölkerung als neutral geschätzte Akteure wie die Kirchen und andere zivilgesellschaftliche Akteure gibt und dass sie Handlungsspielräume haben – z. B. zur Durchführung von ›Runden Tischen‹ für alle Konfliktbeteiligten quer über alle Grenzen hinweg, oder z. B. um durch Bildungs- und Öffentlichkeitsarbeit Vorurteile und Missverständnisse übereinander abbauen zu helfen. Beziehungsweise setzt es voraus, dass diese Handlungsspielräume auch in sich zuspitzenden – sozialen, politischen, ethnischen, oder religiösen – Konflikten erhalten bleiben, toleriert und gestärkt werden.

Christliche Kirchen und Religionsgemeinschaften können sowohl zum Frieden als auch zur Gewalt beitragen und tun weltweit auch beides. Die Rolle von Religion und religiösen Akteuren ist ambivalent, denn sie kann sowohl friedensfördernd wie auch konfliktverschärfend Einfluss nehmen. Mit dem Erstarken des Terrors von Al-Qaida, IS und Boko Haram wird in der öffentlichen Wahrnehmung religiöse Überzeugung häufig mit Terror, Radikalisierung und Gewalt verknüpft. Dies lässt Religion in einem besonders hohen Maß als Quelle von Konflikten erscheinen. Doch die Ursachen für gewaltsam ausgetragene Konflikte sind vielfältig und lassen sich meist nicht auf einen Faktor zurückführen. Unbestritten ist jedoch, dass Religion eine wichtige Rolle in der Transformation von Konflikten spielen kann, nämlich vor allem durch. Dialog mit einflussreichen Vertretern anderer Religionen, um den Missbrauch von Religion durch radikale und fundamentalistische Interpretationen zu demaskieren.

Mancherorts lassen christliche oder andersreligiöse Organisationen zu oder beteiligen sich sogar daran, Konflikte, bei denen es gar nicht um Religion, sondern um den eigenen Machterhalt politischer oder wirtschaftlicher Eliten geht, religiös aufzuladen und zu instrumentalisieren. Sie beteiligen sich an der religiösen Verteufelung des vermeintlichen ›Gegners‹, d.h. andersreligiöser Gruppen (z. Zt. in einigen asiatischen Ländern). Anderenorts bemühen sie sich aktiv um den Brückenschlag zur anderen Religion und um gemeinsame interreligiöse Aktivitäten gegen die Versuche, die Bevölkerung eines Landes oder von Nachbarländern entlang religiöser oder ethnischer Linien zu spalten und gegeneinander aufzuhetzen. Am Horn von Afrika ist das christlichen und islamischen Religionsführern lange gelungen. Ebenso konnte und kann z. B. der Nationale Kirchenrat Kenias durch die jahrzehntelang während immer wieder aufflammender Gewalt einen sehr konstruktiven Beitrag in der Friedenserziehung, Konfliktprävention, De-Eskalation und Versöhnung spielen. Denn auch die Post-Konfliktarbeit ist von großer Bedeutung: Politische Einigungen oder die Unterzeichnung von Friedensabkommen sind keine Garantie für ein friedliches Zusammenleben ehemals verfeindeter Volksgruppen oder Völker. Damit in einer Nachkriegsgesellschaft nachhaltiger Frieden und ein neues Gemeinschaftsgefühl entstehen können, braucht es eine umfassende Vergangenheitsarbeit. Ähnliches gilt für die Versöhnung zwischen Völkern (die deutsch-französische Nachkriegsaustauscharbeit ist hier ein gutes Beispiel, mit dem Brot für die Welt allerdings mandatsgemäß nichts zu tun hatte). Erfahrungen von Partnern in den letzten Jahren, wie zum Beispiel im Kongo, Kenia oder Uganda, haben gezeigt, wie wichtig langfristige Versöhnungsprozesse sind. Dabei müssen auf lokaler Ebene Opfer und Täter wieder zusammen gebracht werden, um gemeinsam die Vergangenheit aufzuarbeiten, Traumata zu überwinden und an der gemeinsamen Zukunft zu arbeiten. So entstehen dann auch mithilfe kirchlichen Engagements neue und dauerhafte Formen des sozialen Zusammenlebens.

Gerade die christlichen Kirchen haben aufgrund ihrer ökumenischen Verbundenheit den einzigartigen Vorteil, dass sie sich für Frieden und Gerechtigkeit auf allen Ebenen miteinander verbinden können und den ersten Schritt aufeinander, aber auch auf andere Religionsgemeinschaften zu machen können. Grundorientierungen wie Feindesliebe und Gewaltlosigkeit sind in verschiedenen Religionen zu finden und bilden die Basis für den interreligiösen Dialog. Das oben erwähnte Ecumenical Peace Advocacy Network arbeitet auf dieser Grundlage religionsübergreifend an der Transformation von Konflikten. Transformation heißt Veränderung und macht deutlich, dass es um Prozesse geht, nicht um schnelle Lösungen. Prozesse in denen Not gelindert und neue Beziehungen geschaffen werden, Wahrheit ans Licht kommt und vergeben wird, Institutionen aufgebaut werden, Dialog zu Normen und Werten stattfinden kann, Kompetenzen geschaffen werden und Hoffnung entsteht.

Die formellen ökumenischen Beziehungen im Rahmen z. B. der KEK, aber auch des ÖRK, aber auch die informellen Netzwerke zwischen Kirchen, die unter anderem z. B. auch durch Stipendienarbeit (s. o.) entstehen, vertiefen das Verständnis füreinander und die gemeinsame christliche Verantwortung und schaffen und erhalten Brücken zwischen Kirchen und Einzelnen, die selbst in angespannten Situationen zwischen Völkern oder Bevölkerungsgruppen die Dialogfähigkeit erhalten können.

Диаконическая работа в Евангелических Церквях Германии, в том числе в »Евангелической организации диаконии и развития«

Корнелия Фюллькруг-Вайтцель

1 Проявления диаконической деятельности

Библейское слово διακονεῖν означает как деятельность каждого христианина, обусловленная чувством сострадания к ближним, так и работу Церкви в социальной сфере. В нашем понимании диаконическая деятельность является реакцией на конкретные случаи нужды и бедственного положения людей независимо от их релиозных убеждений, принадлежности к конкретной Церкви, национальности, этнической принадлежности, культурных традиций и т. д. В центре нашей деятельности находится сам человек, испытывающий как определенную духовную, физическую или материальную нужду, так и чувство унижения его достоинства. Милосердие и справедливость являются основными идеями диаконической деятельности. Раннецерковная классификация проявления диаконической деятельности свидетельствовала о семи сферах милосердия (ср. Мф 25,34–46): накормить голодающих, напоить жаждущих, принять странников, одеть нагих, ухаживать за больными, навещать заключенных, хоронить усопших.

Протестантские Церкви Германии оказывают помощь нуждающимся людям как внутри страны, так и за ее пределами:

1) делами милосердия через оказание непосредственной помощи нуждающимся:

(а) гуманитарная помощь в виде бесплатных столовых, предоставления продуктов питания, оказания экстренной медицинской помощи, предоставления временного жилья (самаритянская диакония);

(б) поддержание больниц, консультационных пунктов, учреждений для лиц с ограниченными возможностями, пожилых, умирающих, а также организация социальной работы на улице и душепопечительства для особо уязвимых групп людей как, например, бездомных, наркоманов, обремененных огромными долгами, лиц, принужденных к занятию проституцией, жертв индивидуального (например, домашнего или расистского) или коллективного (гражданская война, вооруженный конфликт) насилия или насилия, попирающего права человека, а также находящихся в заключении, преследуемых, беженцев и мигрантов, брошенных или находящихся в опасности детей и подростков и т. д. (институциональная диакония);

(в) среднесрочное и долгосрочное поддержание способности бедных и отверженных к мобилизации собственных возможностей (самопомощь), например, путем оказания консультаций в области ведения экологичного сельского хозяйства, предложения курсов обучения, выдачи стипендий, создания условий для заработка, а также проведения консультаций по правовым вопросам и т. д.

2) ведением общественной диаконической деятельности: превентивная деятельность (противодействие наркотикам, насилию, нарушению прав человека и т.д.), интеграция (лица с ограниченными способностями, мигранты и т. д.), сохранение или восстановление социального мира (борьба с предрассудками, посредничество в конфликтах, примирение и т. д.). Диаконическое служение в Германии проявляется также в тех случаях, когда выдвигаются требования соблюдения социальных прав, а также появляются социальные претензии при оказании социальных услуг со стороны государства и страховых компаний.

3) ведением политической или структурной диаконической деятельности: внесение конструктивных предложений и участие в процессе формирования законодательных актов Германии, ЕС и организаций ООН для общего и глобального блага, для формирования подобающего социального законодательства, а также для создания национальных и международных правовых, экономических и политических рамочных условий, обеспечивающих социальную безопасность, повышающих на системном уровне шансы по улучшению качества жизни бедных и маргиналов, способствующих отстаиванию их прав и норм справедливости и противодействующих дискриминации и устранению причин выдворения, бегства и насилия, возникновения изменения климата и других причин порождения нищеты и т. д.

4) пророческой диаконией, которая в критических случаях возвышает свой голос, призывая и предостерегая правительство своей страны и ЕС об угрозах систематического нарушения прав человек,

возникновения войн, изменения климата и появления других не-благоприятных факторов, которые отрицательно сказываются на жизни многих людей, в особенности бедных слоев населения, а также будущих поколений.

5) межцерковным сотрудничеством в области поддержки обра-зования и передачи знаний о диаконии, развитии, гуманитарной по-мощи и оказания церковно-диаконической помощи одаренным ли-цам:

(а) обеспечение институционального (поддержка учебных заве-дений, обучение в которых направлено на изучение политики развития, а также поддержка неформальных учебных заведений) и индивидуального (стипендии в рамках политики помощи развиваю-щимся странам, а также стипендии беженцам) доступа к получению образования для оказания поддержки одаренным лицам, которые в других обстоятельствах имели бы более низкие шансы на получение образования и участие в жизни общества.

(б) Оказание поддержки тех сферах образования, которые важны для диаконической и экуменическо-диаконической деятельности Церквей, связанных с нашей организацией (путем выдачи церковно-теологических стипендий) и поощрения молодых кадров, которые впоследствии могут стать церковными лидерами.

Повышение уровня образования и знаний, а также и опыт сту-дентов, получаемый при совместном обучении с учащимися по дру-гим направлениям обучения, с учащимися разных национальностей и культурных традиций, церковно-диаконические стипендии, воз-никающие диалоги и обмен накопленным опытом разрушают пред-рассудки и способствуют взаимопониманию и примирению, выхо-дящими по значимости за границы страны.

2 Совместная национальная и экуменическая диакония

Являясь Телом Христовым, неся миссию проповеди Царствия Божия, Церковь является по сути »экуменической«, то есть во всех про-явлениях церковной жизни и сущности служения дальним и ближ-ним нуждающимся ее миссионерский горизонт охватывает весь мир и никого не исключает. В »Евангелической организации диаконии и развития« объединены как национальная диакония, так и межна-циональная диакония, а также экуменическая диакония. Их значение все больше и больше возрастает в процессе глобализации, которая все явственнее демонстрирует тот непреложный факт, что нищета и социальная нужда являются мировыми феноменами со сложными взаимозависимыми и переплетенными друг с другом обстоятельствами. Многие социальные проблемы уже не могут быть описаны и тем более решены только в национальном ключе. Поток беженцев является самым последним тому примером: мировая и национальная диаконии теснейшим образом сотрудничают и работают над анализом проблем, над выработкой практической помощи в процессе политических консультаций в правительстве страны. Это уникальное в Германии и редкое в Западной Европе положение многими экспертами считается перспективным как внутри страны, так и за ее пределами.

Являясь головным объединением германской благотворительной помощи, диакония в Германии решает главным образом две задачи: осуществление консультаций при формировании германского социального законодательства и принятие активного участия в формировании системы социального обеспечения на федеральном уровне, а также координация и аттестация всех членов объединения (земельные и отраслевые объединения диаконии). Члены объединения работают в составе »Федеральной комиссии германской благотворительной помощи« (Bundesarbeitsgemeinschaft Deutscher Wohlfahrtspflege – BAGFW), в которую среди других входят также »Германский Союз благотворительных организаций Римско-Католической Церкви« и »Германский Красный Крест«.

В рамках программы »Хлеб для мира« экуменическая диакония за счет пожертвований и церковных средств оказывает поддержку более чем 1000 церковных и нецерковных партнеров более чем в 100 странах мира в соответствии с Целями устойчивого развития (Sustainable Development Goals), сформулированными в сентябре 2015 года. Поддержку им оказывают также реализации партнерских проектов, нацеленных на борьбу с нищетой и голодом, а также и сопредельных с ними сферах, такими как сохранение окружающей среды, адаптация к последствиям изменения климата, мир, демократия и права человека.

В рамках диаконии »Помощь при катастрофах« наша организация помогает (напрямую или через партнеров, которые преимущественно являются членами альянса ACT) людям, которые стали жертвами стихийных бедствий, войны или изгнания и которые не могут выйти из бедственного положения своими силами. Работа нацелена на восстановление стабильных жизненных условий в регионах, находящихся в бедственном положении. Сюда относятся также превентивные и предупредительные меры, которые должны способствовать предотвращению катастроф или по крайне мере ограничению размера ущерба, а также программы по реабилитации и восстановительным работам.

Организация »Хлеб для мира« и диакония »Помощи при катастрофах« тесно сотрудничают с экуменическими международными организациями, такими как, например, Всемирный совет церквей, Всемирная лютеранская федерациая и альянсом АСТ. Организация »Хлеб для мира« и многие ее партнеры участвуют в работе по сохранению мира в рамках Экуменической организации в защиту мира (Ecumenical Peace Advocacy Network – EPAN), которая была создана ВСЦ в конце 2014 года.

3 Сотрудничество Церкви и диаконии

Успешно реализуемые проекты диаконии, получившие признание во многих сферах деятельности, первоначально создавались в церковных общинах. Их появление зачастую стало возможным благодаря инициативной работе отдельных христиан и церковных групп. Такие проекты, как, например, сопровождение умирающих в хосписах, снабжение нуждающихся продуктами питания в т. н. благотворительных столовых реализовывались как инициативы отдельных лиц. Подобные инициативы и стали важными формами диаконической работы. Эффективность диаконического и общинного служения определяется тем, что в нем гармонично сочетаются профессионализм сотрудников учреждений и деятельность христиан, выполняющих свою работу на общественных началах.

Таким образом, будучи ориентированными прежде всего на оказание помощи нуждающимся людям, диаконические службы и учреждения в Германии, а также службы всемирной экуменической диаконии (диакония »Помощь при катастрофах« и программа »Хлеб для мира«) отличаются высокой степенью профессионализма. Повышение уровня профессионализма и развитие науки об обществе и диаконии привели к значительному разделению сфер деятельности диаконического служения. Германское социальное законодательство (Кодекс социального права) и позиционирование диаконии как поставщика услуг на рынке здравоохранения и социального обеспечения, а также в качестве получателя дотаций от своего же правительства, различные организации ЕС и ООН по оказанию гуманитарной помощи и развитию других видов сотрудничества также внесли свой вклад в развитие диаконии.

Тем не менее, при анализе взаимоотношений диаконии и Церкви основополагающим остается тот факт, что диакония является »проявлением жизни и сущности« Церкви: диаконическая деятельность не является случайной или произвольной деятельностью для Церкви. Она неотъемлемо принадлежит Церкви, так же как и вера, и богослужебные собрания общины. По этой причине церковные общины несут диаконическую ответственность. По этой же причине существуют и разнообразные социальные и диаконические проекты: от консультационных пунктов до службы посещений на дому, от домов для престарелых до реабилитационных центров, от интеграционных мастерских до больниц.

В институциональном отношении национальные и международные диаконические службы (известные как »Экуменическая диаконическая служба»), а также более крупные учреждения вследствие государственных предписаний (если они являются получателем дотаций) должны иметь гражданско-правовую форму в качестве зарегистрированного общества и т. п. При этом Церковь и диакония тесно связаны друг с другом как на национальном уровне (ЕЦГ), так и на уровне Церквей федеральных земель через органы, компетентные для вынесения решений. Так, например, в диаконических учреждениях (в том числе и в »Евангелической организации диаконии и развития») на руководящих постах зачастую находятся синоды и собрания членов общины, ведущие священнослужители. Священноначалие и наблюдательные советы диаконических учреждений часто тесно связаны друг с другом, причем официальный и неформальный информационный поток и обмен информацией многообразны, так что, несмотря на раздельные органы и различные задачи и подходы в соответствии с их миссиями, обеспечивается общность целей и их взаимодополняемость.

4 Сотрудничество Церкви и нецерковного гражданского общества

Выполняя свою миссию свидетельства и служения, Церковь не растворяется в мире, оставаясь при этом частью общества. Реализуя социальные проекты и расширяя сферы своей деятельности, она является частью как национального, так и международного гражданского общества. Диакония в Германии действует на национальном и европейском уровнях не в одиночку, а налаживая и укрепляя контакты с другими благотворительными организациями, конкурируя с другими поставщиками услуг. Экуменическая диакония работает над достижением своих целей через двусторонне сотрудничество с соответствующими партнерскими организациями и многостороннее сотрудничество с церковными сетевыми структурами, состоящими из более чем 140 организаций в области развития и гуманитарной помощи (альянс ACT). Кроме того, она сотрудничает с европейскими и всемирными секулярными альянсами и сетевыми структурами. При этом всегда оценивается, в какой степени возможно сотрудничество и в каких случаях следует держать дистанцию. Для принятия соответствующих решений необходимо руководствоваться тем, насколько совпадают цели и ценности.

Деятельность в рамках сетевых структур и альянсах, объединениях, а также в рамках долевого участия церковных деятелей во многих жизненных ситуациях является порой единственным инструментом для эффективной политической деятельности, что приводит к повышению эффективности социальных проектов и программ в том случае, если удастся задействовать все »рычаги«.

5 Сотрудничество Церкви и государства

Совокупность германских норм, регулирующих с 1918 года взаимоотношения государства и церкви, предусматривает отделение церкви от государства, прежде всего в области мировоззренческих и религиозных вопросов. Тем не менее, государство и Церковь поддерживают партнерские отношения и сотрудничают во многих общественных сферах: от поддержки теологического высшего образования до уроков религии в школах, от душепопечительства в тюрьмах и вооруженных силах ФРГ до взимания церковного налога, от работы, направленной на развитие, до оказания гуманитарной помощи. Разрешите пояснить это сотрудничество на двух примерах:

1) »Диакония Германия«: в рамках сотрудничества Церкви и государства существуют определенные ожидания и требования с обеих сотрудничающих сторон. Так, муниципальные власти и правительство ожидают от диаконии конкретного участия в формировании социального государства. Диакония, как и остальные религиозные и мирские союзы благотворительных организаций, должна поддерживать определенные местные учреждения и тем самым вносить свой вклад в предоставление необходимых социальных услуг гражданам, попадающим в различные жизненные обстоятельства и экс-

тремальные ситуации. Например, следуя принципу субсидиарности как общего структурного принципа социального устройства, отдается преимущество организациям, осуществляющим благотворительную и социальную помощь детям и несовершеннолетним из частных, а не государственных фондов.

Активными членами гражданского общества должны выноситься на обуждение с политиками все вопросы, связанные с потребностями социально обездоленных людей, с которыми они работают. Таким путем будет оказываться влияние на принимаемые политические решения, и государство в своих действиях будет руководствоваться нуждами и потребностями всех слоев населения. Помимо этого, от диаконии как церковной благотворительной организации ожидается, что предлагаемые ею услуги будут содержать в себе христианские ценности. Таким образом, диакония и Церковь должны вносить свой вклад в систему ценностей и социальное устроение общества. Диакония, со своей стороны, признает отделение Церкви от государства и не ожидает привилегированного отношения к ней со стороны последнего по сравнению с другими членами гражданского общества. Напротив, диакония ожидает, что государство не только реализует социальные права граждан, но и расширяет их, создает подходящие рамочные условия для оказания социальных услуг (предлагаемые как самой диаконией, так и нецерковными благотворительными организациями). При этом важное значение придается финансированию в достаточном объеме инициатив гражданского общества, в том числе Церкви и диаконии, при одновременном признании самостоятельности и особой миссии церковных организаций. Эта миссия заключается в проповеди Царства Божьего и поэтому выходит за рамки миссий нецерковных организаций.

2) Разделение труда в работе общественных организаций согласно принципу субсидиарности проявляется также в области помощи в целях развития. Федеральное правительство и обе большие христианские Церкви (евангелическая и католическая) осуществляют тесное сотрудничество в области политики помощи развивающимся странам. Это сотрудничество основывается на главной идее, заключающейся в том, что такие задачи, как борьба с бедностью, продовольственная безопасность и общая политика помощи развивающимся странам обязательно требуют участия всех сил общества. В этой связи федеральное правительство Германии признало за Церквями уникальную степень независимости, а именно: Церкви имеют право самостоятельно распоряжаться вверенными им госу-

дарственными финансовыми средствами и использовать их для помощи в целях развития. Так называемый »глобальный бюджет« обеспечивает независимость в церковной работе, направленной на развитие при выборе региональных и секторальных приоритетов, при выборе партнеров, режима и методов работы. Кроме того, он позволяет Церквам сопровождать работу компетентного федерального министерства, критикуя его или внося конструктивные предложения. Государство привлекает церковные организации развития к обсуждению своей деятельности, будучи открытым для любых отзывов, в том числе и критики. Последняя воспринимается государством как шанс обогатить или внести поправки в свою политику через расширяющееся сотрудничество с партнерами во всем мире. Независимость церковной работы, направленной на развитие и оказание гуманитарной помощи по всему миру, подкрепляется тем фактом, что объем собранных Евангелической Церковью в Германии пожертвований и церковного налога за последние годы и десятилетия был вполне сравнимым со средствами, полученными от государства. По этому показателю Евангелическая Церковь выделяется среди других организаций гражданского общества.

Экуменическая диакония, с одной стороны, решает задачи в области политики развития в соответствии с целями политической и пророческой диаконии, пунктуально соблюдая политические рамочные условия для развития, т.е. сопровождая в первую очередь германскую и европейскую политику, направленную на развитие. С другой стороны, сообразуясь с благотворительной и общественной диаконией, она помогает зарубежным партнерам, которые занимаются развитием в своей области деятельности. При этом на первый план выходит помощь для самопомощи. Местные Церкви, церковные учреждения, а также нецерковные организации получают поддержку для реализации своих программ и решения благотворительных задач, направленных на сокращение бедности и голода, на защиту справедливости и прав бедных, а также на обеспечение людям достойной и мирной жизни. Участвующие в этой работе партнеры являются независимыми и самостоятельными организациями. Эти организации, являясь неотъемлемой частью своего общества, способствуют тому, чтобы власть принимала такие решения по процессам развития, действие которых ограничивались бы границами этого же общества. Поэтому им необходимо участвовать в политическом дискурсе, т.к. Церкви, диаконические учреждения и иные организации гражданского общества зачастую бывают единственными организациями, представляющими интересы социально обездоленных людей, в том числе тех, которые не участвуют в политической жизни общества и не имеют возможности оказывать какое-либо влияния на политические рамочные условия их существования.

Для успешного решения этой задачи, необходимо обеспечить такие условия, при которых церковное и нецерковное гражданское общество могут развиваться, могут беспрепятственно предлагать свои услуги и идеи, а также участвовать в политическом дискурсе. Однако, необходимо отметить, что во многих странах на Церкви и другие организации гражданского общества оказывается все большее давление со стороны государственной власти. Вследствие принятия новых законов, которые ограничивают или даже пресекают деятельность негосударственных, в том числе и церковных организаций, из-за применения насилия против их сотрудников вплоть до случаев похищения людей, которые выступают за права обездоленных, возможности для активной работы церковного и нецерковного гражданского общества ограничиваются или находятся под угрозой. Таким образом, государство лишает себя важного индикатора и социального регулятора именно в сфере социальной работы и работы, направленной на развитие. Опасность состоит в том, что в таких условиях невозможно в достаточной мере учитывать различные интересы и нужды людей в этом обществе. Здесь кроется огромный потенциал возникновения конфликта. При этом чаще всего страдают самые слабые люди, находящиеся на задворках общественной жизни, право которых на достойную жизнь на политическом уровне не осуществляется. Поэтому вместе с нашими партнерами мы прикладываем все усилия в целях сохранения возможностей для активной работы на благо гражданского общества. Наличие таких возможностей является важнейшим элементом жизнедеятельности любого общества, в котором для каждого его члена появляется шанс обретения достойной жизни.

6 Вклад экуменической диаконии в поддержку мира

Новая Глобальная повестка дня в области развития (»Декларация« и »Цели устойчивого развития«), которая должна быть принята в сентябре на Генеральной ассамблее ООН и которая должна заменить »Цели развития тысячелетия«, призывает к созданию »мира без нищеты, голода, свободного от страха и насилия, в котором все люди должны жить в безопасности и достоинстве«. В аналитическом разделе Декларации выражается сожаление о том, что во многих регионах вооруженные конфликты и терроризм разрушают достигнутые успехи в области развития. И, действительно, именно в тех странах, в которых на протяжении долгого времени бушуют вооруженные конфликты, приводящие к ослаблению этих стран, согласно подведенным итогам, не были до сих пор решены задачи, сформулированные в »Целях развития тысячелетия ООН«. А именно – не была достигнута ни одна из восьми задекларированных целей. По этой причине необходимость установления мира и усилия, которые надо для этого приложить, в новой Декларации по крайней мере упоминаются (в отличие от »Целей развития тысячелетия«). Ранее многократно описано катастрофическое воздействие любых форм насилия на производственную и экономическую мощь государства, на состояние инфраструктуры, качества социальных и государственных услуг, на ведение сельского хозяйства, на сплоченность общества. Согласно данным Всемирной продовольственной программы, из пяти кризисов, вызванных голодом, четыре в 2014 году являлись кризисами с применением насилия. Генеральный секретарь ООН Пан Ги Мун в своем обобщающем докладе вновь указал на то, что чрезвычайно высокие траты во всем мире на вооружение и содержание армий являются препятствием для необходимых инвестиций в развитие, защиту климата, и без разоружения и установления мира нельзя успешно вести борьбу с бедностью и ликвидировать причины возникновения конфликтов. И наоборот, все серьезные усилия правительств и обществ, направленные на устойчивое развитие их страны при соблюдении прав человека, способствуют установлению мира, так как при этом устраняются причины, приводящие к насилию.

Согласно эмпирическим данным, причины возникновения конфликтов (с применением насилия) обусловлены большей частью структурной несправедливостью и структурным насилием, которые проявляются в экономических, политических, социальных и культурных взаимоотношениях как в конкретном обществе, так и между народами. Те, кто желает мира, должны заняться анализом этих структурных причин. Выполняя роль нейтрального посредника при наведении мостов между конфликтующими сторонами, они должны найти методы и ресурсы для совместного конструктивного снятия напряженности и разрешения противоречий. На локальном или региональном уровне Церкви и другие местные организации могут в случае своевременного обнаружения причин возникновения конфликтов (чаще всего из-за экономических и природных ресурсов), с одной стороны, поступить сообразно обстоятельствам, т.е. скорректировать свои социальные программы с учетом конфликтных ситуаций в целях установления мира. С другой стороны, они могут воздействовать на разрешение конфликтной ситуации ненасильственными и мирными путями и таким образом напрямую или косвенно предотвратить насильственную эскалацию конфликта и способствовать его деэскалации. В таких обстоятельствах они всегда могут при наличии желания получить поддержку с нашей стороны.

Показать надежную альтернативну насилию и беззаконию – вот где кроется самый большой потенциал для мирного развития. По этой причине поддержка работы наших партнеров в области предупреждения конфликтов, мирного и конструктивного их устранения, примирения, постконфликтой стабилизации, воспитания в духе мира и лоббирования миролюбивой политики является неотъемлемой частью нашей деятельности в области политики по оказанию помощи развивающимся странам. Но и в нашей стране диаконическая деятельность, например, в контексте дискриминации и расового насилия, приводит к предупреждению насилия и его деэскалации благодаря образовательной и превентивной работе. Она оказывает поддержку работе и упорству людей, которые предотвращают насильственную эскалацию конфликтов и которые активно вносят вклад в установление мира и примирение на местах. При этом важной предпосылкой является тот факт, что в обществе есть смелые, признанные всеми конфликтующими сторонами независимые организации, такие, как Церкви или другие организации гражданского общества. Они обладают свободой действий, например, для проведения »круглых столов« с участием всех конфликтующих сторон, не связанных с какими-либо ограничениями, или для ведения образовательной работы и работы по осуществлению связи с общественностью для искоренения предрассудков и устранения недоразумений. Очень важно, чтобы при обострении социальных, политических, этнических или религиозных конфликтов данная свобода действий сохранялась, допускалась и укреплялась.

Христианские Церкви и религиозные общины могут внести свой вклад в укрепление мира и искоренение насилия, что они и делают по всему миру. Вследствие активизации Аль-Каиды, ИГИЛ и Боко Харам мировая общественность часто связывает религиозную веру с террором, радикализацией и насилием. Религия по ее мнению считается в значительной мере источником возникновения конфликтов. На самом деле причины конфликтов, разрешаемых насильственным путем, многообразны. Их возникновение зачастую невозможно объяснить одним каким-либо фактором. Но при этом несомненно, что религия может играть важную роль в трансформации конфликтов. Роль религии (религиозных организаций) при этом двойственна, поскольку она может способствовать как установлению мира, так и усугублению возникшего конфликта. Диалог с влиятельными представителями других религий может сыграть важную роль в разоблачении злоупотребления религией через радикальную или фундаменталистскую интерпретацию.

В некоторых странах христианские или другие религиозные организации не препятствуют тому, что конфликты, направленные лишь на попытку сохранения власти политических или экономических элит, имеют религиозную окраску, или религия используется в качестве инструмента в конфликте. Они пытаются представить мнимого »противника«, т.е. другие религиозные группы, в самом черном свете с религиозной точки зрения (что наблюдается сегодня в некоторых азиатских странах). А в других местах они стараются активно наводить мосты с другими религиями и проводить совместные межрелигиозные мероприятия, направленные против попыток разделения населения страны или соседствующих стран по религиозным или этническим признакам и натравливания их друг на друга. На Африканском Роге это долго удавалось христианским и исламским религиозным лидерам. Таким же образом Национальный церковный совет Кении (страна, где в течении десяти лет постоянно вспыхивают междуусобные конфликты) вносил и может вносить в дальнейшем конструктивный вклад в воспитание населения в духе мира, предупреждения конфликтов, деэскалации и примирения. Конструктивная работа после завершения конфликта также играет немаловажную роль – процесс политического единения или подписание мирного соглашения не являются гарантией для мирного сосуществования групп населения или народов, состоявших ранее в конфликте. Для того, чтобы в постконфликтном обществе мог возникнуть устойчивый мир и новое чувство общности, нужна широкая переоценка прошлого. То же самое относится и к примирению между народами (послевоенная работа по обмену между Францией и Германией является хорошим тому примером, с которым, однако, программа »Хлеб для мира« напрямую не связана).

Накопленный за последние годы опыт наших партнеров (например, в Конго, Кении или Уганде) показал, насколько важны долгосрочные процессы примирения. Для этого необходимо собрать на одной площадке потерпевших и виновников конфликта, чтобы совместно переосмыслить прошлое, преодолеть травмы и начать работу над совместным будущим. Благодаря участию в этом диалоге

Церкви и других общественных организаций возникают новые и прочные формы социального сосуществования.

Именно христианские Церкви, благодаря экуменическому единению, имеют неоспоримое преимущество в том, что они могут на всех уровнях выступать за мир и справедливость, могут делать первые шагу навстречу как друг другу, так и другим религиозным организациям. Такие понятия, как »любовь к врагу« и »отказ от насилия«, присутствуют и в других религиях, что может явиться основой для межрелигиозного диалога. Опираясь на эти понятия, упомянутая выше Экуменическая организация в защиту мира (Ecumenical Peace Advocacy Network – EPAN) работает над трансформацией конфликтов независимо от религиозных убеждений участников. Такая трансформация означает определенные изменения, свидетельствуя тем самым, что речь идет о процессах, а не о быстрых решениях; о процессах, которые направлены на облегчение страдания людей, на создание новых взаимоотношений, на стремление к прощению, надежде и правде, появляние новых и раширение существующих учреждений по ведению диалога о нормах и ценностях.

Как формальные экуменические взаимоотношения в рамках, например, Конференции европейских церквей или Всемирного совета церквей, так и деятельность неформальных организаций с участием Церквей, которые создаются, в частности, при основании стипендиального фонда (см. выше), углубляют взаимопонимание и совместную христианскую ответственность, организуя и поддерживая связь между Церквями и отдельными группами или даже отдельными людьми, которые и в напряженных жизненных ситуациях способны сохранять диалог между конфликтующими народами или группами населения.

Zivilgesellschaftliches Statement: Kirche und Zivilgesellschaft – Unterschiede in Ost und West

Alexander Rahr

Exzellenzen,
Meine sehr verehrten Damen und Herren,

Zwischen Russland und Westeuropa gibt es hinsichtlich der Zivilgesellschaft und der Rolle der Kirche in der Gesellschaft gravierende Unterschiede.

Deutschland ist stolz auf seine Zivilgesellschaft. Sie ist Ausdruck höchster gesellschaftlicher Mitbestimmung, sozialen Engagements und folglich einer funktionierenden Demokratie. Das Internet und die sozialen Netzwerke haben der deutschen Zivilgesellschaft neue, effektive Instrumentarien der Vernetzung, des Informationsaustausches aber auch einer politischen Druckausübung verliehen.

Die deutsche Zivilgesellschaft hat sich das liberale Wertesystem als eine Art Verhaltenskodex auferlegt. Im Zusammenwirken mit den Medien des Landes, die einen ähnlichen Verhaltenskodex entwickelt haben, ist die Zivilgesellschaft zur bedeutsamsten gesellschaftlichen Kraft geworden – sie die Politik in vielen Fragen vor sich her treibt.

Die deutsche Zivilgesellschaft ist politisch. Sie sieht sich als Korrektiv und Gegengewicht zur Politik. Nach der »vierten Macht« – Medien – erhebt sie Anspruch auf den Status einer »fünften« Macht.

An sich ist gegen diese Art von Entwicklung einer echten Bürgerdemokratie nichts zu sagen. Nach westlicher Denkart kann es nichts Besseres geben, als eine aufgeklärte, kritische und sich selbstentfaltende Bürgergesellschaft. Negativ wirkt die Zivilgesellschaft dann, wenn ihren Aktivitäten bestimmte Ideologien oder Dogmen übergestülpt werden. Viele Mitglieder und Organisationen der Zivilgesellschaft sehen sich als Avantgarde einer neuen Revolution – eines neuen Freiheitsbegriffs, Humanismus' und des Niederreißens von imaginären Mauern. Hier wird die Zivilgesellschaft intolerant gegenüber andrem Denken.

Diese Entwicklung ist in der Flüchtlingspolitik zu beobachten. Besonders kategorisch äußert sie sich im Umgang mit Russland, vor allem innerhalb des Petersburger Dialogs – d e m bekanntesten zivilgesellschaftlichen außenpolitischen Forum Deutschlands.

Während die russische Seite den Petersburger Dialog als Plattform für den Ausgleich von Interessen sucht, sicherheitspolitische und wirtschaftliche Aspekte in den Vordergrund der Beziehungen schiebt, will versteht die deutsche Seite eine Modernisierungspartnerschaft explizit als westlichen Wertetransfer nach Russland. Mit anderen Worten: Russland muss erst demokratisch werden, bevor man es als Partner ernst nimmt.

Verständlich, dass aus einem solch geführten Dialog ein Monolog wurde …

Meine sehr verehrten Damen und Herren,
Im westlichen Bewusstsein wird die Kirche im 21. Jahrhundert als Teil der Zivilgesellschaft angesehen. Sie steht unter Druck, sich den neuen Regeln, der oft falsch verstandenen neuen Modernität, Konsens' und des imaginären Fortschritts unterwerfen zu müssen.

In Russland ist die Situation völlig konträr. Wenn man den Begriff der Zivilgesellschaft auf das heutige Russland überträgt, sieht man, dass die Entwicklung in Russland den Prozessen im »aufgeklärteren« Westen um 30 Jahre hinterherhinkt. In den 80er Jahren kannte Westeuropa diese Form der gesellschaftlichen Entfaltung, Freiheiten, Abbau von Tabus auch nicht.

Ein anderes Beispiel. Die heutigen Staaten Deutschland und Russland haben sich aus einer totalitären Vergangenheit befreien müssen. Diese Vergangenheitsbewältigung dauerte in Deutschland mehrere Jahrzehnte. Russland schüttelte 1991 das kommunistische System und Weltbild ab, also erlebte es seine Stunde Null (wenn man die Situation mit der deutschen Stunde Null 1945 vergleicht) vor 25 Jahren. Deutschland befand sich – 25 Jahre nach dem Ende des Krieges – also 1970, von einer funktionierenden Zivilgesellschaft sehr weit entfernt.

Russland entwickelt eine eigene Bürgergesellschaft, sie ist den Machthabern gegenüber durchaus kritisch. Die russische Gesellschaft besitzt aber andere Prioritäten und Ziele als die westeuropäische. Russland, Staat und Gesellschaft, stecken in einem Selbstfindungsprozess nach 80 Jahren Kommunismus, Atheismus, Totalitarismus. Gesucht wird eine geistige, politische Brücke zum Russland vor der Revolution 1917.

Die Kirche ist die einzig verbliebene Verbindungsbrücke in diese Zeit. Deshalb hat sie eine solch bedeutende moralische Rolle übernommen.

Natürlich erfreuen sich die Russen heute, wie die Westeuropäer, am Konsum und relativen Wohlstand, doch die Suche nach den vorrevolutionären Leitbildern, Traditionen ist wichtig. Das zeigt sich in Verlagshäusern, Medienberichten, Politik und Aktivitäten der Bürger. 80 Jahre lang wurde im kommunistischen Russland die Kirche und der Glaube verfolgt. Heute findet man seit 1991 keine atheistische Literatur oder antiklerikale Berichterstattung mehr. Es werden auch in den Medien keine Zweifel an Bibel, Religion, Jesusperson – wie in westlichen intellektuellen Kreisen – genährt.

Die russische Bürgergesellschaft sucht die Kirche als Partner, auch auf der Suche nach einem anderen Zeitgeist, als im Westen.

Auf seiner schwierigen lang Russland vor einigen Jahren zum Begriff des »anderen Europa«. In der russischen Publizistik wurde Russland als Erbe von Byzanz dargestellt, im Gegensatz zu Westeuropa, dem Erben West-Roms.

Die gegenwärtige russische Filmindustrie kreiert das neue Milieu. In den besten russischen Filmen, spielt der orthodoxe Glaube eine bedeutende Rolle. Zu nennen wären Kinofilme wie »Die Insel« von Pawel Lingin, oder die Verfilmungen von Dostojewski-Romanen. Würden diese Gefühle nicht auf Sympathien der Bevölkerung stoßen, gebe es diese Filme nicht.

Es gibt etliche enttäuschte Westeuropäer und Amerikaner, die sich von dieser konservativen Leitidee eines russisch angedachten Europas, angezogen fühlen. Und es sind beileibe nicht nur Rechtsradikale.

Wie so oft in seiner europäischen Geschichte, versucht Russland, seine Eliten und Gesellschaft sich in Europa wiederzufinden, ohne in dieses Europa integriert zu sein. Mitgestaltung, Interessenausgleich – ja. Übernahme westlicher Werte – nein. Natürlich leidet die russische Gesellschaft an einem Minderwertigkeitsgefühl nach dem Zusammenbruch der Sowjetunion, die als Nachkomme des russischen Imperiums galt. Russen wollen nicht, wie der Westen es oftmals von ihnen verlangt, als Verlierer des Kalten Krieges in die Geschichte eingehen. Und eine Entstalinisierung nach dem Vorbild der deutschen Entnazifizierung zu machen, findet in Russland keinen Konsens.

Auch die russische Kirche tut sich hier schwer. Einerseits verdammt sie die Verbrechen Stalins. Andererseits erkennt sie, wie die überwiegende Mehrheit des russischen Volkes, den Sieg der Sowjetunion über das faschistische Deutschland als die Rettung Russlands und auch Europas an. In diesen Fragen herrscht in der russischen Zivilgesellschaft Konsens. In dieser Frage stehen auch die ansonsten verfeindeten politischen Kräfte auf einer Linie. In jeder Familie gab es Opfer zu beklagen. Sie werden nicht vergessen.

Meine sehr verehrten Damen und Herren,
Im Westen wird die autoritäre NGO-Gesetzordnung der Regierung Putin scharf kritisiert. Für westliche Ohren ist die Einstufung vieler russischer NGOs als sogenannte ausländische Agenten unakzeptabel. Die Regierung argumentiert, sie wolle nur ausländische Finanzströme an die russische Zivilgesellschaft kontrollieren.

Richtig ist aber auch, dass russische Nichtregierungsorganisationen Anträge auf Finanzierung aus eigenen staatlichen Fonds stellen können. Russkii Mir, beispielsweise, finanziert seit Jahren zahlreiche Konferenzen, Aktivitäten minderbemittelter Nichtregierungsorganisationen, fördert den Kulturaustausch, auch den Dialog der Zivilgesellschaften von Ost und West.

In Deutschland herrscht eine breit entwickelte NGO Kultur vor, Tausende von Jobs sind in diesem Sektor kreiert worden, Tausende von Stiftungen unterstützen diesen Prozess, es existiert in diesem Bereich eine wahr Spendenindustrie.

In Russland ist diese Art von NGO-isierung der Gesellschaft und Politik noch unvorstellbar.

Kurzum: die russische Gesellschaft sucht nach identitätsstiftenden Momenten und Zielen. Dabei steht Findung einer eigenen europäischen Zivilisation, Tradition, Kultur im Vordergrund. In Deutschland beobachtet man in diesen Tagen ebenfalls eine bedeutsame Identitätsfindung innerhalb der Zivilgesellschaft, die etwas Revolutionäres auf sich hat: die Integration der Flüchtlinge, die sowohl die deutsche Leitkultur, Gesellschaft und Politik völlig verändern werden.

Die deutschen und russischen Zivilgesellschaften kommen an einem Diskurs und Dialog um konservative versus postmodernistische europäische Werte nicht herum. Nur muss er gleichberechtigt geführt werden.

Berichte und Reportagen zur Münchener Begegnung – die Rezeption der Begegnung in Zeitschriften, Online-Berichten und Rundfunkreportagen

Zeitschriften
Ökumenische Rundschau 1/2016 (B. Lehnhoff)
KNAI 15.12.2015, S. 7 (O. Hinz)
Orthodoxie Aktuell 1/2016 (N. Thon)

Internet

EKD
http://www.ekd.de/aktuell/102848.html (abgerufen am 15. Mai 2016)

epd (W. Rannenberg)
http://www.ekd.de/aktuell_presse/news_2015_12_09_6_orthodoxe_frieden.htm
l (abgerufen am 15. Mai 2016)

http://www.epd.de/zentralredaktion/epd-zentralredaktion/dialog-zwischen-ekd-
und-russisch-orthodoxer-kirche-wird-fortge (abgerufen am 15. Mai 2016)

Facebook
http://landesbischof.bayern-evangelisch.de/ (abgerufen am 15. Mai 2016)

Moskauer Patriarchat
https://mospat.ru/en/2015/12/13/news126039/ (abgerufen am 15. Mai 2016)

NÖK 49/15, 10.12.2015 Teil B
https://mospat.ru/en/2015/12/13/news126039/ (abgerufen am 15. Mai 2016)

Serbische Orthodoxe Kirche (I. Zeltner-Pavlovic)
http://www.spc.rs/sr/zajednichka_odgovornost_crkava_u_svedochenju_mira (abgerufen am 15. Mai 2016)

Rundfunk

NDR-info-Radio (B. Lehnhoff)
http://www.ndr.de/info/sendungen/blickpunkt_diesseits/Das-Magazin-aus-Religion-und-Gesellschaft,blickpunktdiesseits886.html (abgerufen am 15. Mai 2016)

WDR5 (B. Lehnhoff)
http://www.wdr5.de/sendungen/diesseitsvoneden/ (abgerufen am 15. Mai 2016)